Südstaaten

USA

Selma/Alabama
Seaside/Florida
Savannah

nächste v. Charleston:
State: Charles Towne Landing State
Historic site

Eine Übersichtskarte der Südstaaten mit den eingezeichneten Reiseregionen finden Sie in der vorderen Umschlagklappe.

Horst Schmidt-Brümmer

Südstaaten
USA

VISTA POINT VERLAG

Willkommen im amerikanischen Süden

Der Tiefe Süden ist ein weites Feld,
über das man immer wieder schreiben könnte.
(Henry Miller)

Willkommen in Charleston, South Carolina!

Es scheint, als hätten die Dichter schon immer an Dixieland gehangen. Musiker nicht minder. Hollywood sowieso. Ob Mark Twain oder Tennessee Williams, der »Charleston« oder »Vom Winde verweht«, William Faulkner oder Alex Haley, »Porgy and Bess« oder Gospel Songs – stets erwies sich der Süden als sprudelnde Quelle amerikanischer Mythen, Bilder und Legenden.

In der Fantasie fügen sie sich zu einer vorzugsweise romantischen, bisweilen melodramatischen Provinz in bewusster Distanz zum Rest der Nation, insbesondere dem Norden. Sie besteht aus Schwarzenhütten und weißen Villen, Baumwollfeldern und Baptistenkirchen, Blues und Bayous, Mississippi-Dampfern und Bürgerkriegskanonen unter moosdrapierten Eichen und zirpenden Zikaden. Der Alte Süden – ein historischer Roman? In gewissem Sinne ja. Im Süden sei, schreibt Faulkner, die Vergangenheit nicht tot; sie sei nicht einmal vergangen.

Aber die Region sorgt auch für Gegenbilder. Sie stammen vor allem von jenen amerikanischen Landsleuten, die behaupten, der

Süden sei eine kulturlose Hinterwelt, angefüllt mit sentimentalen Schwärmern und Dickköpfen, armen Schwarzen oder servilen Mohren, herumliegenden Autoreifen, korrupten Sheriffs, streunenden Hunden und dem Ku Klux Klan. Der Tiefe Süden – ein trauriges Sozialdrama? Auch dafür spricht einiges.

Wie aber vertragen sich die Bilder heroischer Rebellen, chevaleresker Kavaliere und reifberockter Frauen mit den weniger gefälligen Klischees? Und vor allem: wie passen beide zum jüngsten Image dieses Landstrichs, zur Vorstellung vom Neuen Süden und seiner Wirtschaftskraft, die angeblich alles wieder gutmacht, was Bürgerkrieg, missglückter »Wiederaufbau« und zählebiges Vorurteil angerichtet haben? Die rührend-pathetische Welt der Scarlett O'Hara oder die Umsatzzahlen von Coca-Cola, »Onkel Toms Hütte« oder Jesse Jackson, Ol' Man River oder Petro-Chemie – was prägt denn nun diese Südstaaten?

Reisen können da einigen Aufschluss bringen. Sie bewegen sich durch sieben der einst glorreichen elf Staaten, die um die Mitte des vorigen Jahrhunderts die Union verließen: nach Georgia, North und South Carolina, durch das nördliche Florida, Alabama, Mississippi und Louisiana, kurz, nach Dixieland. Wer nach Memphis und Nashville fährt, lernt mit Tennessee noch einen weiteren Staat der Konföderation kennen. Virginia, Maryland, Arkansas und Texas fehlen; nicht, weil sie weniger interessant wären, sondern weil alle Reisetage nun einmal gezählt sind und die ausgewählten Staaten schon eine hinreichende Menge Stoff (und Entfernungen!) bieten, um die südstaatlichen Regionen und Themen nach dem Prinzip des wandernden Blickpunkts auszuleuchten.

Hütten hinter den Palästen: Schwarzenviertel in Natchez

Einladend: Litchfield Plantation, South Carolina

Chronik
Abriss der Landesgeschichte

von Siegfried Birle

1513
Die Entdeckung des Südens beginnt mit der Landung des Spaniers Ponce de León auf »La Florida«. Als Nächster steuert der Spanier Gordillo 1521 South Carolina an, dann erkundet Giovanni da Verrazano für Frankreich die Ostküste und geht 1524 bei Cape Fear vor North Carolina an Land. Zwischen 1539 und 1542 dringt der Spanier Hernando de Soto auf der Suche nach Gold ins Landesinnere vor.

1565
St. Augustine in Florida wird als Stützpunkt gegen die Franzosen gegründet und damit zur ersten dauerhaften europäischen Siedlung in Nordamerika.

Hernando de Soto entdeckt den Mississippi

1607
Gründung von Jamestown, Virginia: die erste erfolgreiche englische Kolonie in Amerika – 13 Jahre bevor die Pilgerväter in Massachusetts landen.

1613
Jamestown exportiert den ersten Tabak, und die Produktion wächst, denn es kommt bei den Dandys in London in Mode und findet reißenden Absatz.

1619
Die ersten 20 afrikanischen Sklaven treffen auf einem holländischen Schiff in Jamestown ein.

1663
Die Carolinas werden von König Charles II. an acht hohe Adlige vergeben. Im Raum South Carolina erfolgt die Landvergabe in großen Trakten, die eine Plantagenkultur ermöglichen.

1670
Der Earl of Shaftesbury gründet Charleston. Schon bald im 18. Jahr-

hundert verdient die Stadt am Handel mit Reis, Indigo und Produkten. Einige der reichsten Pflanzer und Kaufleute des Südens bauen hier elegante Stadthäuser und fördern das Kulturleben.

1694
In South Carolina beginnt der Reisanbau. Die Investitionen sind so hoch, dass er zur Domäne großer Plantagen wird. Das Arbeitskräfteproblem lösen die Pflanzer mittels der Sklaverei. Erst nach dem Bürgerkrieg verschwinden diese Reiskulturen, vermutlich wegen Versandens der Anlagen durch Erosionsschäden im Oberland. Sie wandern in die Feuchtgebiete des südwestlichen Louisiana und nach Texas ab.

1699
Williamsburg wird zur Hauptstadt von Virginia und löst damit Jamestown ab; der Regierungssitz wird 1781 abermals verlegt, und zwar flussaufwärts nach Richmond.

1718
Französische Kolonisten gründen New Orleans als *La Nouvelle Orléans*. New Orleans wird zum Schmelztiegel der Völker und Rassen, in dem sich Franzosen, Spanier und Anglos, Indianer und Schwarze, Kreolen und Mulatten mischen. In dem sonst so homogen von Engländern und Iroschotten besiedelten Süden ist das Völkergemisch von New Orleans etwas Besonderes. Zu den ursprünglichen Kolonisten stoßen weitere Franzosen aus Frankreich, Kanada (die Akadier oder Cajuns) und den Westindischen Inseln. Letztere bringen ihre schwarzen Sklaven mit.

1733
Oglethorpe gründet Savannah, das zunächst als Ausfuhrhafen für den Reis aus den küstennahen Anbaugebieten dient. Im 19. Jahrhundert werden vor allem Baumwolle und Holz aus dem Piedmont von Georgia und South Carolina umgeschlagen.

1739
Indigo-Pflanzen werden aus der Karibik nach den Carolinas eingeführt. Indigo wird neben Tabak und Reis zum drittwichtigsten Exportgut der Kolonialzeit.

1742
Bei New Orleans wird die erste Zuckerrohrplantage angelegt. Bis zum Bürgerkrieg beherrschte Louisiana den Anbau mit 95 Prozent.

1755
Französisch-Kanada wird britisch, und es beginnen schwere Zeiten für die französischstämmigen Siedler in Akadien, das ab jetzt Nova Scotia heißt. Sie wandern aus und landen zwischen 1765 und 1785 in Louisiana und lassen sich an den Bayous und Sümpfen im Mündungsdelta des Mississippi nieder. Diese Akadier – oder Cajuns – vermischen sich mit Indianern und anderen Einwanderern aus Europa und entwickeln eine eigene Kultur französischer Sprache.

1763–67
Die englischen Astronomen Charles Mason und Jeremiah Dixon vermessen die Grenze zwischen Maryland und Pennsylvania. Diese Grenzlinie wird als Mason-Dixon-Linie politisch bedeutsam: Sie markiert nämlich die Grenze zwischen den Sklaven haltenden Staaten im Süden und den freien im Norden. Vielleicht stand Mr. Dixon auch Pate für den Begriff »Dixie«, seit dem Song »Dixie's Land« von 1859 ein weit verbreitetes Synonym für »Süden«. Eine andere Spur führt zu Banknoten mit dem Aufdruck »Dix« (französisch für zehn), die in Louisiana kursierten.

1793
Die Erfindung der »Cotton Gin«, einer Maschine zur Trennung der Baumwollfasern vom Kern, durch Eli Whitney macht Baumwolle zur wichtigsten Handelspflanze des Südens. Der Süden wird zum »Cotton Kingdom« und die Geographen haben ihren »Cotton Belt«. – Der Süden geht im Sezessionskrieg unter, aber »König Baumwolle« überlebt.

Alte Werbung für Plantagen-Sirup

1803
Präsident Thomas Jefferson kauft Louisiana für 15 Millionen Dollar von Frankreich. Die USA verdoppeln damit ihr Territorium. Frankreich hatte Louisiana erst 1800 von Spanien zurückgewonnen, aber Napoleon brauchte Geld für seine europäischen Kriege.

1808
Die USA verbieten die Einfuhr von Sklaven. Das Verbot des Sklavenhandels änderte nichts an der Sklaverei in den Südstaaten.

1835
Als sich der Seminolenhäuptling Osceola weigert, mit seinem Stamm von Florida nach Oklahoma umzuziehen, kommt es zu den Seminolenkriegen (1835–42, 1855–58). Es wird ein blutiger und langwieriger Guerillakrieg geführt. Die Seminolen waren schon Anfang des 18. Jahrhunderts vor den weißen Siedlern ins spanische Florida geflohen. Da sie geflohene Negersklaven aufnahmen und sich mit ihnen verbündeten, sahen sich die Amerikaner herausgefordert. Auch die Seminolen müssen schließlich den Weg nach Oklahoma antreten.

1836
Texas löst sich von Mexiko und erklärt sich zur Republik. Die *Lone Star Republic* besteht bis 1845 und wird dann von den USA annektiert. Dies löst den Mexikanischen Krieg aus (1846–48), der für die USA mit Landgewinnen bis zum Pazifik endet.

1837
Beim Bau einer Eisenbahnlinie durch den Piedmont von Georgia wird das Städtchen Terminus angelegt. Ein paar Jahre später laufen hier schon die Linien aus Charleston, Savannah und Tennessee zusammen. Bis 1920 sind es 15 Strecken, die sich in Atlanta – so

heißt der Ort inzwischen – treffen. Auch für das Fernstraßennetz und den Luftverkehr wird Atlanta zu einer Drehscheibe.

Mit den Schüssen auf Fort Sumter begann der Bürgerkrieg

1838
Etwa 16 000 Cherokee-Indianer gehen auf den »Trail of Tears« von Nord-Georgia über Tennessee und Missouri nach Oklahoma. Der Druck der weißen Siedler war zu stark geworden.

1851
Als Reaktion auf das *Fugitive Slave Law* von 1850, das die Auslieferung von geflohenen Sklaven verlangt, veröffentlicht Harriet Beecher-Stowe »Uncle Tom's Cabin« (Onkel Toms Hütte). Das Buch ist ein starker emotionaler Appell für die Abschaffung der Sklaverei.

1860
Abraham Lincoln wird zum Präsidenten der USA gewählt. Er möchte die Ausbreitung der Sklaverei abschaffen. Das musste von den Sklavenhaltern im Süden als Existenzbedrohung aufgefasst werden. Seine Extremisten trommeln daher zum Austritt aus der Union, zur Sezession. South Carolina prescht vor und verlässt noch Ende 1860 die Union; Mississippi, Florida, Alabama, Georgia, Louisiana und Texas schließen sich 1861 an. Diese sieben Staaten des Tiefen Südens, die einen großen Anteil Sklaven in der Bevölkerung haben, gründen am 11. März 1861 die *Confederate States of America*. Die vier Grenzstaaten des Oberen Südens – Virginia, Arkansas, North Carolina und Tennessee – zögern; erst nach Ausbruch der Feindseligkeiten im April 1861 beschließen sie den Austritt aus der Union. Die Sklaven haltenden Staaten Missouri, Kentucky und

Maryland bleiben unionstreu, und West Virginia spaltet sich von Virginia ab.

1861–65
Der Bürgerkrieg beginnt mit der Attacke konföderierter Truppen auf Fort Sumter im Hafen von Charleston; er endet nach schrecklichem Blutvergießen mit der Kapitulation der Südstaaten im Gerichtshaus von Appomattox. Primäres Kriegsziel der Nordstaaten war es zunächst, die Einheit der Nation zu bewahren. Mit der *Emancipation Proclamation* vom 23. September 1862 trat neben die nationale Zielsetzung die humanitäre der Befreiung der Sklaven. Die politische Rhetorik des Südens setzte dem einerseits das Recht auf Selbstbestimmung der Staaten entgegen; andererseits wurden die feudalen Strukturen der Plantagengesellschaft gegenüber den sozialen Missständen der Industriegesellschaft gerechtfertigt.

Der Norden war dem Süden an menschlichen und materiellen Ressourcen überlegen. Den 22,7 Millionen Menschen im Norden standen neun Millionen (darunter dreieinhalb Millionen Sklaven) im Süden gegenüber. Der Norden besaß beträchtliche Industriekapazitäten und ein entwickeltes Eisenbahnnetz; der Süden war vorwiegend Agrarland, auf die Ausfuhr seiner Produkte und somit auf freien Zugang zu den Weltmeeren angewiesen. Die Strategie des Nordens ging dahin, den Süden durch die Blockade der Seewege

Verklärter Blick zurück: Leben auf der Plantage (1872)

»Die Moos-Sammler« (1872)

vom Nachschub abzuschneiden. Die Bilanz: 800 000 Tote und Verwundete auf beiden Seiten. Der verlorene Krieg, die moralische und wirtschaftliche Vernichtung inmitten einer siegreichen Nation, sollte zum Trauma des Südens werden.

1863
Mit der *Emancipation Proclamation* Präsident Lincolns von 1862 werden die Sklaven, die sich im Machtbereich der Konföderation befinden, ab dem 1. Januar 1863 für frei erklärt. Das hat für diese Sklaven zunächst nur symbolische Bedeutung. Die formelle Abschaffung der Sklaverei erfolgt 1865 durch das *13. Amendment* (= Verfassungszusatz); das *14.* und *15. Amendment* (1868) räumen den ehemaligen Sklaven gleiche Rechte bzw. gleiches Wahlrecht zu.

1865–77
Reconstruction in der Nach-Bürgerkriegszeit bedeutet nicht so sehr den Wiederaufbau der zerstörten Wirtschaft des Südens als den Aufbau neuer politischer Strukturen nach den Rezepten des Nordens. Unter Truppenaufsicht werden Schwarze an der Regierung der Einzelstaaten beteiligt, um so das Machtmonopol der Weißen zu brechen. *Reconstruction* wird bei den weißen Südstaatlern als Rache und Demütigung durch den Norden empfunden. Sie führt letztlich zur Stärkung der konservativen Kräfte im Süden.

1881
Das Tuskegee Institute in Alabama wird als berufliche Bildungs-

stätte für Schwarze gegründet, und Booker T. Washington wird sein erster Direktor. Noch als Sklave auf einer Farm in Virginia geboren, holt sich Washington sein Wissen am Hampton Institute in Virginia und setzt fortan auf Ausbildung als Weg zum beruflichen Erfolg und zur Verbesserung der Lage der Schwarzen. Indem er sich mit Weißen über diesen Weg zu verständigen sucht, vertritt er in der Rassenfrage eine gemäßigte Linie.

1891
Die *Farmer's Alliance* (Farmerbund) erreicht mit drei Millionen Mitgliedern ihren größten Zulauf. Ziel des Bundes ist es, die hoffnungslose Lage der kleinen Farmer – besonders im Süden – durch Einrichtung von Genossenschaften, Reglementierung der Konzerne und Eisenbahnen, Schaffung von Lagerkapazitäten auf dem Lande und die Einrichtung einer Bundeskasse zur Finanzierung der Farmen zu verbessern. Die Farmer erhoffen sich davon, dem jährlichen Zyklus der Verschuldung bei ihren Händlern zu entrinnen.

1903
W.E.B. Du Bois veröffentlicht sein berühmtes Buch »The Souls of Black Folk«, eine drastische Beschreibung des Lebens der Schwarzen im Süden um die Jahrhundertwende. Im Gegensatz zu dem gemäßigten Booker T. Washington nimmt Du Bois den Kampf um die Bürgerrechte der Schwarzen ab sofort auf. Er wird Mitbegründer der *National Association for the Advancement of Colored People* (NAACP) im Jahre 1910 in New York.

1915
In Georgia gründet sich der Ku Klux Klan neu, nachdem er bereits 1869 aufgelöst und durch Gesetze von 1870 und 1871 verboten wurde. In den 1920er Jahren schwillt die Mitgliederzahl des Klans auf über zwei Millionen (landesweit) an. Was diese Superkonservativen zusammenführt, sind ein diffuses Nationalgefühl, Misstrauen gegen alles Fremde – ob katholisch, jüdisch oder schwarz – und die Überzeugung von der Vorherrschaft des weißen Mannes. Im Süden betreiben die Klansleute die Einschüchterung der Schwarzen. Sie verprügeln, teeren, federn und lynchen, wenn ein »Nigger« ihrer Meinung nach die Rassenschranken übertreten hat.

1917
J. Frank Norris aus Fort Worth, Texas, gründet die Zeitschrift, die später »The Fundamentalist« heißen wird. Norris gilt als »Vater« des südlichen Fundamentalismus, einer konservativen Richtung im Protestantismus, die gegenüber liberalen Tendenzen jener Zeit ein wörtliches Verständnis der Bibel betont. Zwischen 1921 und 1929 erlassen fünf Südstaaten Gesetze, die die Evolutionslehre an Schulen verbieten. Die Kirchenlandschaft des Südens ist von fundamentalistischen Ideen geprägt.

1919
In Enterprise, Alabama, wird dem Baumwollkäfer ein Denkmal errichtet. Aus Mexiko kommend, hatte der Käfer 1892 den Rio Grande überschritten und war alljährlich weiter nach Nordosten vorge-

drungen; 1903 hatte er Louisiana, 1907 Mississippi und in den 1920ern Georgia und South Carolina erreicht. Er zwang große Teile der Landbevölkerung zur Abwanderung in die Städte des Nordens und Westens; wer blieb, musste seine Landwirtschaft diversifizieren. Die Baumwollkulturen verlagerten sich in trockenere Zonen mit kälteren Wintern, wie die *High Plains* von Texas, oder konzentrierten sich auf die besten Böden, wie die des Mississippi-Yazoo-Deltas. Die motorisierten Pflückmaschinen waren auf großen, flachen Feldern besser einzusetzen als in den Hügellandschaften des Alten Südens.

1933
Mit dem *Agricultural Adjustment Act* wird eines der wichtigsten Farmprogramme des *New Deal* geschaffen. Sie erlösen den Süden aus der Zwangsjacke seiner Monokultur und zum Teil auch aus der Armut. Die Kehrseite sind massive Abwanderung und der Untergang der kleinen Familienbetriebe. Im Rahmen des *New Deal* F.D. Roosevelts wird das Gesetz über die Gründung der *Tennessee Valley Authority* (TVA) unterzeichnet. Es handelt sich dabei um ein gigantisches Regionalentwicklungsprogramm, das ein chronisches Notstandsgebiet um den Tennessee River herum sanieren soll.

1935
Der Roman »Gone with the Wind« von Margaret Mitchell erscheint und wird sofort zum Bestseller. Einerseits knüpft der Roman an den Mondschein-und-Magnolien-Mythos der konventionellen Plantagenromanze an: Er hat seine *Southern Belle,* galante Kavallerie und

Der Alte Süden in Hollywood: die nachgebaute »Tara«-Kulisse

treue Sklaven; andererseits werden die Charaktere psychologisch differenziert, Krieg und Nachkriegszeit realistisch und zum Teil brutal dargestellt.

Rosa Parks in Montgomery

1950
William Faulkner (1897–1962) erhält den Nobelpreis für Literatur. Faulkner ist der Schöpfer einer fiktiven Yoknapatawpha County – mit Hauptstadt Jefferson (alias Oxford) –, die die kollektiven Erfahrungen des Südens repräsentiert.

1955–56
Rosa Parks beweist Zivilcourage, als sie sich an einem Dezembertag im Jahre 1955 in Montgomery, Alabama, im Bus auf einen Platz setzt, der für Weiße reserviert ist. Sie wird verhaftet und löst damit eine der folgenreichsten Aktionen der Bürgerrechtsbewegung aus. Der 26-jährige Pastor Martin Luther King aus Atlanta nimmt sich des Falles an und organisiert einen Bus-Boykott in Montgomery. Dank der Ausdauer der schwarzen Bürger der Stadt wird die Rassentrennung im städtischen Busnetz aufgehoben. Der *Supreme Court* erklärt die Rassentrennung in Bussen 1956 für verfassungswidrig.

1957
M. L. King und Freunde gründen die *Southern Christian Leadership Conference* (SCLC) in der Ebenezer Baptist Church in Atlanta – King wird ihr erster Präsident. Die Organisation sammelt die fortschrittlichen christlichen Kräfte des Südens zum gewaltfreien Widerstand gegen die Rassentrennung.

1963
King führt 200 000 Teilnehmer auf den »Marsch nach Washington«. Dort hält er seine berühmte Rede »I Have a Dream«, in der er seine Vision des Miteinanders der Rassen entwirft.

1964/65
Präsident Lyndon B. Johnson setzt auf Druck der Bürgerrechtsbewegung im Kongress einschneidende Bürgerrechtsgesetze durch.

Hier predigte Martin Luther King Jr.

1965
M. L. King und die SCLC setzen sich in Selma, Alabama, gegen Einschränkungen des Wahlrechts für Schwarze ein. Es wird ein erster Versuch unternommen, von Selma nach Montgomery zu marschieren. Die Polizei schlägt brutal zu, die Filmaufnahmen von Einsätzen erregen im ganzen Land Empörung. Ein zweiter Marsch wird von der Polizei mit friedlicheren Mitteln verhindert. Die SCLC ruft die Gerichte um Hilfe an, und diese erklären den Marsch für rechtens. Er wird nun unter dem Schutz von Bundestrup-

pen durchgeführt. Die Abschlusskundgebungen vor dem Regierungssitz in Montgomery bilden den Höhepunkt der Bürgerrechtsbewegung der 60er Jahre. Als King 1968 in Memphis den Kampf der schwarzen Müllarbeiter für höhere Löhne und gewerkschaftliche Rechte unterstützt, wird er ermordet.

1979
Jerry Falwell, Fernsehpastor aus Lynchburg, Virginia, gründet die *Moral Majority*. Die Gruppe verbindet christlich-fundamentalistische Ideen mit den politischen Zielen der Neuen Rechten. Sie tritt ein gegen Abtreibung, Homosexualität und Pornographie und für das Gebet in öffentlichen Schulen. *Moral Majority* trägt dazu bei, Ronald Reagan 1980 zum Präsidenten zu wählen.

1996
Der Großraum Atlanta erreicht über drei Millionen Einwohner; aber nur knapp 400 000 leben im inneren Stadtbereich. Die Olympischen Spiele nehmen ihren Lauf.

2000
Im September wird James Perkins Bürgermeister von Selma, Alabama: der erste Schwarze in einer für die Bürgerrechtsbewegung wichtigen Stadt.

2001
Die letzte Volkszählung *(Census)* bescheinigt den Südstaaten ausnahmslos einen deutlichen Wachstumsboom. Am 11. September wird die Weltöffentlichkeit durch die Terroranschläge auf das World Trade Center in New York und das Pentagon in Washington erschüttert.

2004
Im Juni findet auf Sea Island, vor der Küste Georgias, das G-8-Gipfeltreffen statt.

Gleich vier mächtige Hurrikane beuteln Florida innerhalb von nur 6 Wochen (Charly, Ivan, Jeanne und Frances), so viele wie seit der Mitte des 19. Jahrhunderts nicht mehr.

Außerhalb der Städte erkennt man Gottesdienste zuerst an den Klumpen geparkter Autos mitten in der Landschaft. Insbesondere für die Schwarzen bedeutet die Kirche viel: Religion, Familie (im weitesten Sinn des Wortes) und nicht zuletzt – Entertainment. Der Zusammenhang von familiären Beziehungen, Heimatort und Gemeinde prägt traditionell ihr Selbstverständnis. Hier liegen die roots, die Wurzeln ihrer Herkunft, und das, was sie rootedness nennen, der sichere Halt.

Business as usual: Szene auf Peachtree Street in Atlanta

Die schönsten Reiseregionen der Südstaaten

Atlanta

Das »Tor zum Süden«

Gottesdienst: Our-Lady-of-Lords Church

Durchblick: Aussicht vom Peachtree Tower

»Wo ist Tara?« fragen viele Japaner, wenn sie auf dem Hartsfield Atlanta International Airport Südstaatenboden betreten. Natürlich gibt es kein »Tara«. Auch keine Reifröcke oder Mondlicht mit Magnolien. Vom Winde verweht sind sie alle. Nichts, aber auch gar nichts erinnert mehr an die Welt der Scarlett O'Hara. So wie der Kulisse des brennenden Bahnhofs, vor dem der tapfere Rhett Butler die schöne Scarlett in Sicherheit bringt, so erging es Atlanta und den Südstaaten auch: Dixieland ist abgebrannt.

Doch wie Phönix aus der Asche meldete sich die Stadt zurück, ja, sie prägte sich den Wundervogel sogar ins Siegel. Entsprechend glänzt »The Big A« heute: als Metropole von Georgia, als eine (neben New York und Chicago) der größten Kongress- und Messestädte in den USA, als wirtschaftlicher Motor im »Sunbelt«, in dem die Schwarzen zwei Drittel der Bevölkerung ausmachen. Längst hat Atlanta seine historische Bausubstanz und romantischen Winkel ersetzt durch monströse Ausmaße *(urban sprawl)* und große Portionen verschlungener Freeway-Spaghetti, die die fliehenden Einzelstadtteile verklammern. Und was nicht in die Breite drängt, geht in die Höhe: Stolz ragen die Geschäftszentren aus dem grünen Pelz der sie endlos umge-

benden Wälder des Piedmont, jener *rolling hills* zwischen den »Blauen Bergen« der Appalachian Mountains und der atlantischen Küstenregion.

Der Flughafen mit dem zweitgrößten Passagieraufkommen der Welt und die nationalen Hauptquartiere großer Firmen wie

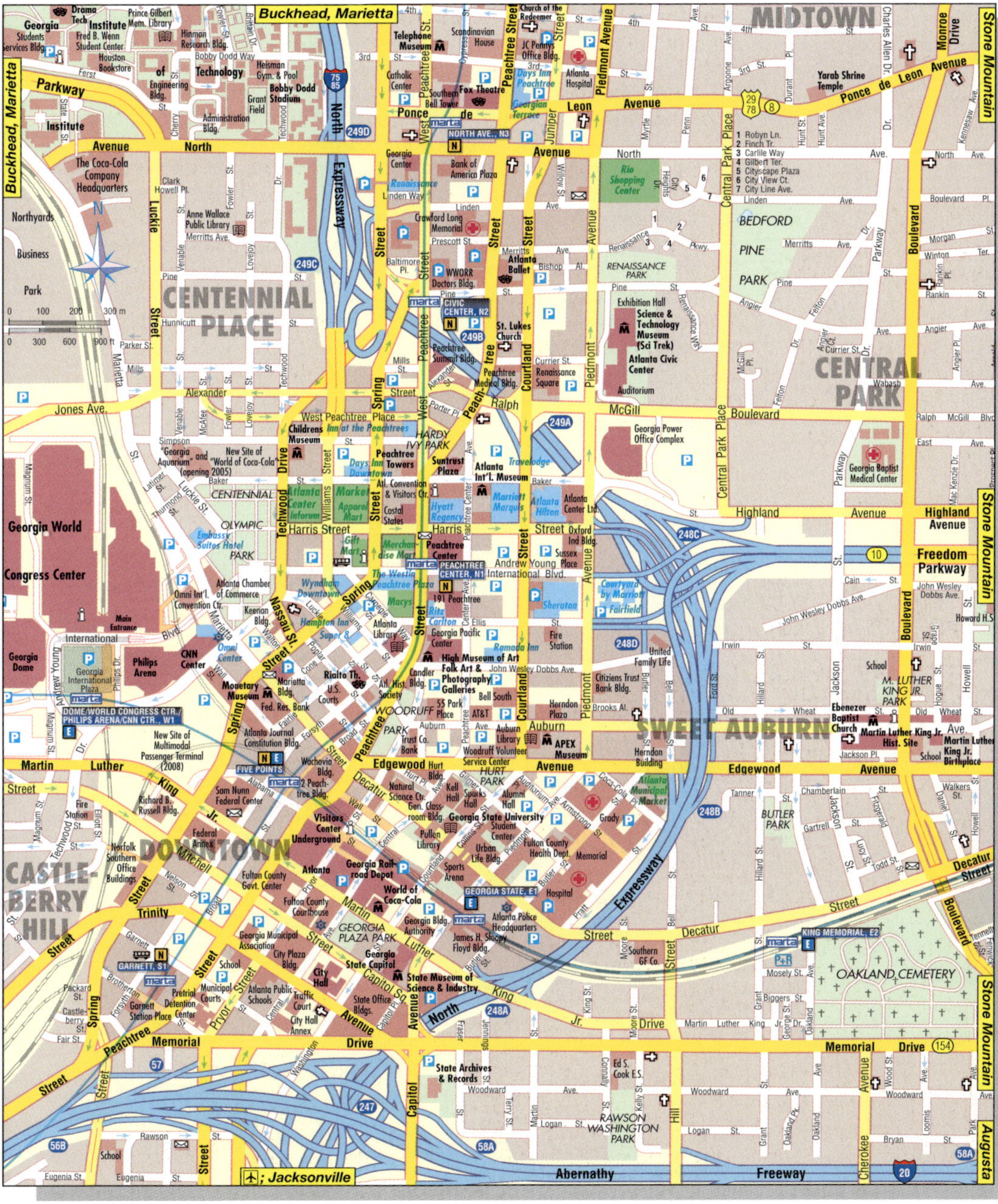

Midtown Atlanta ▷

Delta Air Lines, Coca-Cola, CNN und UPS spielen dabei tragende Rollen. Olympia sorgte für die bisher letzte Welle des lokalen Optimismus.

Dabei fing alles recht bescheiden an – mit einem Bahnhof. Aber es dauerte nur rund 150 Jahre, bis aus der Endstation einer Bahnlinie die heutige Metropole der Südstaaten heranwuchs. Wenn nämlich in Atlanta sich was veränderte, dann schnell. Die Stadtgeschichte ist reich an Schüben – solchen nach vorn, aber auch solchen nach hinten. Zuerst (das war 1837) schoss die Siedlung als Eisenbahnstadt aus dem dichten Grüngürtel der auslaufenden Piedmont-Berge. Während des Bürgerkriegs diente sie den Konföderierten als Waffendepot, und nachdem sie von Unionsgeneral Shermans Truppen bis auf die Grundmauern niedergebrannt wurde, verdoppelte sie ihre Einwohnerzahl schon binnen eines Jahres.

Die heutige Skyline spricht für sich: Gläsern, stählern und luftdicht abgeschottet recken sich die Highrise-Riesen wie Zeigefinger in den Himmel. Atlanta, das »Tor zum Süden« und Wirtschaftsraum von über drei Millionen Menschen steht hoch und weit der Zukunft offen.

Stadtrundgang

Wo in Europa meist die Kathedrale steht, ein Marktplatz liegt oder das Herz der Stadt schlägt, im Zentrum also, da strebt in Atlanta das **Peachtree Center** in die Höhe – eine Art »Rockefeller Center des Südens«. Mehr als ein Dutzend Straßenblocks vereinnahmt diese Kunstwelt aus Bürotürmen, Ladenlokalen und Hotel-Atrien, verbunden durch ein klimatisiertes System gläserner Aufzüge und *skyways*, das die meist schwüle Außenwelt ausgrenzt.

Der Urheber und Preisträger des Architekturwettbewerbs John Portman, gebürtiger Atlantaner, holte als erster das Urbane ins Hotel und inszenierte die Stadt im Atrium neu. Das **Peachtree Hyatt Regency**, 1967 entworfen, machte den Anfang und hob die damals kleine Motelkette Hyatt schlagartig auf internationales Niveau. Wer hier lustwandelt oder seinen Geschäften nachgeht, läuft nicht bloß an arrangierten Warenwelten vorbei, sondern auch über muntere Klangteppiche: Vivaldi, Glenn Miller, ein Mozart-Quintett. Das korrespondiert mit dem Rhythmus der Räume, dem Wechsel von engen Tunneln und offenen Hallen.

Das geht auf keine Kuhhaut: Straßenkunst in Atlanta

Weiter geht es mit der flotten **MARTA** (Metropolitan Atlanta Rapid Transit Authority), der Metro, die neben ihren Kollegen in Washington, San Francisco und Miami zur effizientesten in den USA zählt. Die Station unter dem Peachtree Center ist die tiefst gelegene von allen. Ihre schier endlosen Rolltreppenschläuche gleiten abwärts in die kühle Gruft des Bahnhofs, der aus einem gewaltigen Granitmassiv herausgesprengt wurde.

Die kurze Fahrt endet nicht an der frischen Luft, sondern erneut im klimatisch geschützten Untergrund, in **Underground Atlanta**,

SouthTrust

Georgias symbolisches Obst: Pfirsiche

www.centennialpark.com

dem einst städtischen Güterbahnhof, der heute als ein Stadtviertel im Stil des ausgehenden 19. Jahrhunderts täglich Tausende von Schau- und Kauflustigen anlockt.

Nur ein paar Schritte sind es über die brunnenbesetzte Plaza bis zur nächsten hermetischen Welt: der von Coca-Cola. In der offenen Eingangshalle von **The World of Coca-Cola** umkreisen sich Firmenlogo und Globus.

Coca-Cola als Nabel der Welt und Atlanta als sein Bauch: Firmen- und Stadtgeschichte hängen aufs Engste zusammen, zumindest seit 1886, als ein John S. (»Doc«) Pemberton in seiner bescheidenen Apotheke um die Ecke einen besonderen Saft mixte, ausgerechnet in dem Jahr, in dem die Saloons in Fulton County trockengelegt wurden. Als Ersatz schien der Cocktail aus dem Extrakt der Coca-Blätter und der koffeinhaltigen Cola-Nuss, verdünnt mit Soda, mehr als wünschenswert. Aber irgendwie entpuppte sich das süße und anfangs grünliche Gesöff mit dem Namen Coca-Cola, gemixt nach einem bis heute streng bewachten Geheimrezept, nicht gerade als Renner. Pemberton verkaufte deshalb sein Rezept, und zwar an den Drogisten Asa G. Candler, der darauf die Firma Coca-Cola gründete und steinreich wurde. Als er genug hatte, verkaufte auch er. Und so gelangte das Geheimnis der braunen Brause nach dem Ersten Weltkrieg an den Banker Charles Woodruff. Sein Sohn Robert, ein Verkaufs- und Marketing-Genie, schrieb damit die größte Erfolgsgeschichte eines Massenprodukts und leitete über sechs Jahrzehnte das Unternehmen. Wer so viel Erfahrung mit Erfrischungsfeldzügen gesammelt hat, der macht selbst ein Museum noch zum Werbeträger und Instrument seiner *corporate identity*. Und zu einem unterhaltsamen dazu. Jeder in den Warteschlangen bekommt es als Belohnung für seine Geduld zu Gesicht: Außer einer Abfüllstation als kinetische Plastik gibt es allerlei High-Tech-Schnickschnack und vor allem unzählige Memorabilien aus dem Bereich der Slogans, Gebrauchsgraphik und Verpackungen zu bewundern – eine Bilderfülle, die geradezu ein Lehrstück des visuellen Marketings und der Entwicklung einer Universalsprache im Dienste weltweiter Produktvermarktung bietet.

Zurück zur **Peachtree Street**. Atlanta ist geradezu besessen von »Peachtrees«. Im Stadtplan tragen 42 Straßen, Wege und Plätze einen Pfirsich im Namen. Gründe für diese besondere Obst-Liebe sind nicht zu erfahren, eher solche dagegen. Peachtree, heißt es, komme gar nicht von *peach*, sondern von *pitch trees*. Das waren harzige Nadelbäume, die hier früher mal wuchsen und die erst im nachhinein zum Träger jenes rosigen Obstes stilisiert wurden, das zur staats(symbol)tragenden Frucht von ganz Georgia avancierte, obwohl hier weit mehr Erdnüsse als Pfirsiche angebaut werden. Wie auch immer, eins steht fest: *There are no peach trees on Peachtree.*

Woodruff Park wirkt wie eine Oase der Entspannung im hektischen Szenario alter Baukästen und neuer Hochhäuser, wenn hier nicht Entertainment um sich greift – von der Rockband bis zum bibelschwingenden Wanderprediger. Marietta Street führt zum Omni Center, am **Centennial Olympic Park** vorbei, zum Sitz des Kabel-TV-Senders **CNN**. Dessen Innenleben offenbart sich den Medientouristen durch eine Führung hinter die Kulissen, in das Reich des umtriebigen Ted Turner, des terrestrischen Königs und Medienmoguls, der CNN seit 1980 erfolgreich führt. »The mouth from the South« nennt man ihn.

Die ebenso witzig wie fachkundig geleitete Betriebsführung artet unterwegs zu einer regelrechten Joggingtour aus, die über Treppen und Gänge durch die weiträumigen Gefilde des Omni-Komplexes führt – neben dem Peachtree Center ein weiteres Beispiel für Atlantas großzügige Binnenwelten.

Interessant wird es im Headline Newsroom, hinter deren schalldichten Glasscheiben ein Heer von Journalisten rund um die Uhr wie in einem Aquarium wuselt. Man erkennt die *anchor desks* und die Tricks beim Textablesen sowie die scheinbaren Lippenbewegung und die augentäuschenden Projektionen beim Vortrag des obligaten Wetters.

Noch einmal zum Woodruff Park, denn hier endet bzw. beginnt **Auburn Avenue** und mit ihr »Sweet Auburn«, der unbestritten bedeutendste wirtschaftliche Markstein in der Geschichte der Schwarzen in den USA und vom

Beginn des 20. Jahrhunderts bis in die 50er Jahre Lebensader und Modell ihrer Unternehmertätigkeit in Atlanta. Doch die Probleme sind gewachsen: Seit den 60er Jahren zerschneidet bereits eine Stadtautobahn brutal das Viertel, und weder politisch-moralische Nostalgie noch die vom National Park Service verwalteten Monumente der Bürgerrechtsbewegung können über die Erosion hinwegtäuschen, die Armut, Arbeitslosigkeit und Drogen hier wie anderswo in den Quartieren der Schwarzen schaffen. Und das, obwohl die Straße selbst ihren Charakter teilweise noch bewahrt hat: ihre zahlreichen Kirchen, *Soulfood*-Restaurants, Musikclubs (in denen jahrelang Ray Charles spielte), schwarze Radiostationen und Zeitungsredaktionen.

Am Anfang stehen das **APEX Museum** und das Gebäude der Atlanta Life Insurance. Das Museum widmet sich dem afroamerikanischen Erbe des Viertels, der Versicherungsbau der Erinnerung an einen der erfolgreichsten Schwarzen der Stadt, an Alonzo F. Herndon. Jenseits der Kreuzung von Piedmont Avenue folgen Wandmalereien prominenter Schwarzer, alte Ladenlokale, ab und an ein Nachtclub. Kurz vor der Ecke Hilliard und Auburn Avenue liegt auf der linken Seite oberhalb eines alten Department Store das Quartier der 1905 gegründeten Southern Christian Leadership Conference (SLSC). An der Ecke Jackson folgt die **Ebenezer Baptist Church**, in der Martin Luther King predigte wie zuvor schon sein Vater, das Zentrum der amerikanischen Bürgerrechtsbewegung. Selbst Aktionen, wie sie z.B. in Chicago, San Francisco, New York, Detroit liefen, sind hier geplant worden.

Ein paar Schritte weiter, in einem kleinen Museum, beginnen die Führungen durch das **Geburtshaus von M. L. King**. So bescheiden die Ausmaße des Hauses wirken, so stattlich erscheint es im Vergleich zu einigen restaurierten und ebenfalls unter Denkmalschutz gestellten Schwarzenhütten auf der gegenüberliegenden Straßenseite. Zu Kings Grab im Freedom Hall Complex des **Center for Nonviolent Social Change** kamen bei seiner Beerdigung rund 300 000 Menschen. Seitdem arbeitet diese Institution (lange unter Leitung von Coretta Scott King) an der Weiterentwicklung des »Traums« des Bür-

Woodruff Park

gerrechtlers von der ökonomischen und sozialen Chancengleichheit. Sie hat in Atlanta deutlichere Fortschritte gemacht als andernorts in den USA, nicht nur wegen der konzentrierten Bürgerrechtsbewegung, sondern auch, weil man hier den Schwarzen die Hochschulbildung früher ermöglichte als anderswo.

Freilich bestehen nach wie vor krasse Gegensätze zwischen der Innenstadt und den Vororten. Und vielleicht ist es ein Glück und ein gutes Zeichen, dass die Investitionen für die Olympischen Spiele ausnahmsweise einmal Downtown zugute kamen, während traditionell alles Neue und Zugkräftige in die Satellitenstädte floss. Dennoch: Atlanta bleibt auch weiterhin im Wesentlichen eine »geteilte« Stadt. Die Schwarzen wohnen überwiegend im Süden, die Weißen im Norden, vorzugsweise in Buckhead. Dennoch scheint es, dass die Kontraste weniger ethnisch als vielmehr durch die dramatische Fallhöhe zwischen dem Lebensstandard der Superreichen und dem der Habenichtse begründet sind. Schwarze Millionäre sind dabei durchaus eingeschlossen; sie sollen sogar die Mehrheit unter ihresgleichen bilden.

Und was gibt es sonst noch? Nun, **Buckhead** zum Beispiel. Elton John wohnt hier, wie andere Prominente vor ihm, Expräsident Jimmy Carter etwa oder der Patriarch von Coca-Cola, Robert W. Woodruff. Buckhead stieg von der Postkutschenstation im Hinterwald (1840) zum noblen Villenvorort auf, zum Vorzeigeviertel von Atlanta, nördlich von Midtown.

Die Zufahrt läuft wiederum über Peachtree Street. Dieser Hauptachse und städtischen Lebenslinie haftet etwas Besonderes an, weil sie – ob nun Street oder Road – den südlichsten Ausläufer der Appalachian Mountains bildet, d.h. eine Kammlinie oder Wasserscheide mit einer bemerkenswert konkreten Trennfunktion. Alles Wasser, das in den linken Rinnstein läuft (aus der Fahrtrichtung Buckhead – in Richtung Downtown), endet in den Marschen des Atlantiks, alles, was in den rechten läuft, endet letztlich in den Austernbänken des Golfs von Mexiko. Peachtree, die *Eastern Continental Divide* in Gestalt von zwei Gossen! An vielen Stellen merkt man das erst, wenn man darauf achtet: Die Seitenstraßen rechts und links der Peachtree-Achse sinken meist deutlich ab.

Wer sich in Buckhead umsehen möchte, startet am besten Ecke West Paces Ferry, Rosswell und Peachtree Road, also mitten im alten Buckhead. Früher, als dies noch eine eigene Stadt war, stand hier mal eine Taverne mit einem Hirschkopf *(buck's head)* über der Tür. Daher angeblich der Name. Weiter westlich taucht bald an der West Paces Ferry Road linker Hand das **Atlanta History Center** auf, das man (gleich dahinter links) vom Andrews Drive aus besuchen kann. Der Komplex umfasst neben dem Museum und den Gärten die Tullie Smith Farm, ein typisches Pflanzerhaus *(rural farm)* aus der Mitte des 19. Jahrhunderts, das an diese Stelle transloziert wurde, und das **Swan House**, eins der größten Herrenhäuser in Atlanta. Der symmetrische Bau mit gefälligen Wasserkaskaden, einst vom Entrepreneur Edward H. Inman in Auftrag gegeben, besticht vor allem durch sein edles Interieur.

Atlantas Nobelvorort Buckhead

Weiter westlich an der Ferry Road (am alten Friedhof mit deutschen Grabsteinen an der Chatham Road vorbei) trifft man auf die **Georgia Governor's Mansion**, ein unübersehbares, großes Backsteingebäude, das einen ganzen Block einnimmt. An der Ecke Tuxedo Road steht an einer pinkfarbenen Hauswand die Aufschrift VILLA JUANITA: eine Immobilie Jahrgang 1924, die ursprünglich von der Coca-Cola-Familie gebaut wurde. Wenn man an der Tuxedo Road rechts abbiegt, sieht man auf der linken Seite, praktisch gegenüber der Villa Juanita, eine raumgreifende italienische Villa, genauer gesagt, die Kopie einer solchen, inmitten schöner Gärten. Wie das Swan House wurde auch sie von dem einst namhaften Architekten Philip Trammell Shutze (gesprochen: schatzi) entworfen, ebenso wie die rechter Hand folgende Villa Whitehall (3425 Tuxedo Rd.), in der u.a. der Super-Golfer Robert T. »Bobby« Jones lebte.

Nach einer halben Meile thront links der Tuxedo Road auf einem Hügel ein großes weißes Landhaus (Nr. 3640) mit viel Bambus im Vorgarten: die ehemalige Residenz von Robert W. Woodruff, Atlantas größtem Geschäftsmann und zugleich größtem Mäzen für öffentliche Parks, Kunstmuseen und Hochschulen (Emory University, Georgia Institute of Technology). Auch an der Blackland Road setzt sich die gediegene Villenkultur fort, und mittlerweile wird immer klarer: Es blüht und grünt und wuchert so sehr, dass man das Gefühl hat, nicht mehr in Atlanta, sondern mitten im Urwald zu sein. Das liegt an den beträchtlichen Ausmaßen der meisten Grundstücke von zwei bis drei Hektar. Bei einem derartigen Abstand zwischen den Häusern bleiben die Bäume stehen, und damit sind sie letztlich besser und länger geschützt als außerhalb der Stadt, wo die meisten der Landwirtschaft weichen mussten; einige der größten Bäume im gesamten Osten der USA wachsen in der Nähe von Downtown Atlanta! Ein Wald auf der Suche nach einer Stadt: Buckhead. Besonders die abendlichen Jogger wissen diese Weitläufigkeit zu schätzen.

Die Rückkehr zur Ausgangskreuzung von W. Paces Ferry und Peachtree Road führt mitten in den Nightlife District von Buckhead mit seinen Nachtclubs und Restaurants. Die Büroriesen des Finanzviertels von Buckhead Avenue flankieren die Peachtree Road in nordöstlicher Richtung, bis schließlich die beiden Mega-Shopping-Centers **Lenox Square** und (gegenüber) **Phipps Plaza** auftauchen, jeweils das größte und das schickste seiner Art im Süden.

Atlanta Nightlife

Service & Tipps:

Atlanta Convention & Visitors Bureau
233 Peachtree St., N.E., Suite 100
Atlanta, GA 30303
✆ (404) 521-6600 oder 1-800-ATLANTA
Fax (404) 577-3293, www.atlanta.com
Mo–Fr 8.30–17.30 Uhr

Visitors Center
Underground Atlanta, 65 Upper Alabama & Pryor Sts.
Atlanta, GA 30303
✆ (404) 521-6688
Mo–Sa 10–18, So 12–18 Uhr
Auskünfte aller Art. Auch Reservierungen.

MARTA
✆ (404) 848-4711
Info Mo–Fr 6–22, Sa/So 8–16 Uhr
Metro mit 62 km langem Schienennetz und 33 Stationen. Auskunft über Bahnen und Busse.

Peachtree Center
Baker, Ellis, Williams & Courtland Sts.
MARTA: Peachtree
✆ (404) 6654-1255
www.peachtreecenter.com
(Innen-)Welt für sich: 13 Häuserblocks: Shops, Restaurants, Büros, drei Luxushotels.

Underground Atlanta
50 Upper Alabama & Peachtree Sts., Atlanta, GA 30303
MARTA: Five Points Station
✆ (404) 523-2311, www.underatl.com
Mo–Sa 10–18, So 12–18 Uhr
Über sechs Straßenblocks erstrecken sich diese kulinarischen Katakomben: populärer Markt- und Imbissplatz (Restaurants, Geschäfte, Galerien).

The World of Coca-Cola Atlanta
55 Martin Luther King Jr. Dr.
Atlanta, GA 30303
MARTA: Five Points Station

Tief unten im Granit: MARTA, die fixe U-Bahn von Atlanta

Geschichte eines Markenzeichens: Coca-Cola-Memorabilien

✆ (404) 676-5151 oder
✆ (770) 578-4325
www.woccatlanta.com
Mo–Sa 9–17 (Juni–Aug. bis 18), So 12–17 (Juni–Aug. ab 11) Uhr
Der 15-Millionen-Dollar-Pavillon präsentiert die Limonaden-Chronik von 1886 bis heute. Kostbarstes Schaustück der Limo-Historie ist der gläserne Prototyp der allseits bekannten geriffelten Cola-Flasche von 1915. Neben dem Augenschmaus untermalen *commercials* aus Radio und TV die Produkt-Show musikalisch, ganz zu schweigen von jenen kuriosen Amateurbeiträgen zur Firmenwerbung, Dutzenden von Songs (»My Coca-Cola Girl«, »Coca-Cola Waltz«), die Kunden aus Jux komponierten und einschickten. Von »Australien bis Zaire« reicht inzwischen die kosmopolitische Vorliebe für den süffigen Saft, behaupten die Erfolgsstatistiker, die sich zur Untermauerung ein besonders eindrucksvolles Display ausgedacht haben. Im Treppenhaus zeigt eine bis in die Trillionen reichende Zahlenreihe den Absatz von Coca-Cola in 200 Ländern der Welt an. Die sechs Zahlen rechts außen flitzen so schnell, dass sie unsichtbar werden. Mach mal Pause? Lieber nicht. Eintritt $ 7/4.

Georgia State Capitol
431 Capitol Ave. (Martin Luther King Jr. Dr.)
Atlanta, GA 30334
MARTA: Georgia State Station
✆ (404) 651-6996
Mo–Fr 8–17.30 Uhr, Führungen Mo–Fr 10–14 Uhr
Neben dem eindrucksvollen Gebäude (1885) gibt es eine beachtliche, auf Georgia bezogene naturkundliche Sammlung zu besichtigen. Die goldbeschichtete Kuppel erinnert an den ersten Goldrausch in den USA, der nicht in Kalifornien, sondern bereits 1828 in Georgia ausbrach, und zwar eine Stunde nordöstlich von Atlanta in den Bergdörfern Dahlonega und im (heute bajuwarisch inszenierten) Helen. Unter den zahlreichen Plastiken im Schatten des Capitols befindet sich auch die von Jimmy Carter. Eintritt kostenlos.

Schon zu Lebzeiten ein Denkmal: Jimmy Carter vor dem Georgia Capitol

Herndon Home
587 University Pl., N.W. (zwischen Vine St. & Walnut Sts., West End), Atlanta, GA 30314
✆ (404) 581-9813
Di–Sa 10–16 Uhr, Führungen zur vollen Stunde
Ein mächtiger Säulenportikus schmückt die elegante klassizistische Villa (1910) des Alonzo Herndon, eines Ex-Sklaven, der in den 1880er Jahren einen Friseurladen in der Peachtree St. aufmachte und später (ab 1905) die Atlanta Life Insurance Company gründete, lange Zeit die größte von Schwarzen geführte Versicherung in den USA. Die zeitgenössische Einrichtung zeigt den Lebensstil des Entrepreneurs und Millionärs am Anfang des Jh. Eintritt $ 5/3.

High Museum of Art
1280 Peachtree St., N.E.

Atlanta, GA 30309
MARTA: Arts Center Station
✆ (404) 733-4444, www.high.org
Di–Sa 10–17, So 12–17 Uhr
Hinreißender Baukörper von Richard Meier: europäische und amerikanische Malerei, Plastik und angewandte Kunst, Fotografie und Grafik. Eintritt $ 8.

Fernbank Museum of Natural History
767 Clifton Rd., N.E. (Ponce de Leon Ave., Fernbank Forest)
Atlanta, GA 30307
MARTA: North Avenue Station, dann Bus Linie 2
✆ (404) 370-0960
www.fernbank.edu/museum
Mo–Sa 10–17, Fr bis 22, So 12–17 Uhr
Der mit Zinnen besetzte, burgenartige Bau (1992) zeigt die Naturgeschichte zwischen den Georgia Mountains und dem Atlantik. Spektakuläres IMAX-Kino. Gutes Museumscafé. Eintritt $ 12/10.

SciTrek, The Science and Technology Museum of Atlanta
397 Piedmont Ave., N.W. (Plaza Level, Midtown), Atlanta, GA 30308
✆ (404) 522-5500, www.scitrek.org
Mo–Sa 10–17, So 12–17 Uhr
Naturwissenschaftliches und interaktives Museum zum Anfassen, das vor allem ein Riesenspaß für Kinder ist. Es geht um Elektrizität, Magnetismus, Licht, Mechanik, Wahrnehmung etc. Eintritt $ 9.50/7.50.

Jimmy Carter Presidential Center
1 Copenhill Ave. (North Highland/Cleburne Ave., Nähe Little Five Points), Atlanta, GA 30307
MARTA: Five Points, von dort Bus in Richtung Noble
✆ (404) 331-3942
www.cartercenter.org
Mo–Sa 9–16.45, So 12–16.45 Uhr
Bibliothek (Dokumente, Erinnerungen, Souvenirs), Museum (Geschichte der Präsidentenwahl, Rekonstruktion des Oval Office im Weißen Haus, Staatsgeschenke) und »Friedenszentrum«, das Carter immer noch für seine inoffiziellen diplomatischen Friedensmissionen nutzt. Das Gebäude thront auf einem Hügel östlich von Downtown, von dem aus einst General Sherman Atlanta brennen sah. Wer heute in der Lobby der Presidential Library steht, hat also die gleiche Aussicht auf die Innenstadt wie die Yankees damals. Café. Eintritt $7/0.

Atlanta bittet zur Kunst: High Museum of Art

1001 Nacht: Fox Theatre

Fox Theatre
660 Peachtree St., N.E. (Midtown), Atlanta, GA 30365
MARTA: North Avenue
✆ (404) 881-2100, www.foxtheatre.org
Wie aus 1001 Nacht mit Minarett und Zwiebelturm: Kino von 1929, ursprünglich als Tempel für Freimaurer geplant. Als ihnen während der Depression das Geld ausging, war es das Goldene Zeitalter von Hollywood, das den Bau zum Kino machte. Das »Fabulous Fox« – innen im prächtigen Art-déco-Stil ausgestattet – besitzt eine der größten Orgeln im Land. Nur vehementer Bürgerprotest bewahrte das Juwel vor dem Abriss. Führungen Mo, Mi und Do.

CNN Studio Tour (Turner Broadcasting System)
One CNN Center, Centennial Olympic Park Dr. & Marietta St.
Atlanta, GA 30303
MARTA: Omni Station
✆ (404) 827-2300
www.cnn.com/studiotour
Tägl. 9–17 Uhr, Führungen alle 20 Min. (Reservierung empfohlen)
Ted Turners Kabel-TV-Imperium: sammeln, sortieren, senden. 45-Minuten-Tour $ 8.

Wren's Nest
1050 Ralph D. Abernathy Blvd., S.W., Atlanta, GA 30310
✆ (404) 753-7735
Di–Sa 10–16, So 13–16 Uhr
Viktorianische Villa (1870), in der der Autor Joel Chandler Harris, der »Aesop von Georgia«, bis zu seinem Tod 1908 lebte. Von ihm, einem Weißen, der hauptberuflich als Zeitungsreporter arbeitete, stammen die Onkel-Remus-Geschichten, volkstümliche *black stories*, die er als Kind auf einer Plantage in Georgia gehört hatte. Manchmal werden hier auch Ge-

schichten erzählt *(storytelling)*, eine besondere Tradition des Südens; Termine vorher anfragen.

The Martin Luther King, Jr. Historic Site
450 Auburn Ave., N.E.
Atlanta, GA 30312
MARTA: King Memorial Station
✆ (404) 331-5190, tägl. 9–17 Uhr
Viktorianisches Geburtshaus (Nr. 501, ✆ 404-331-6922, www.thekingcenter.org, tägl. 10–17 Uhr, Führungen), **Ebenezer Baptist Church** (Nr. 407; ✆ 404-688-7263, Führungen Mo–Fr 9–17 Uhr, So Gottesdienst) und das **Martin Luther King, Jr. Center for Nonviolent Social Change** (Nr. 449, ✆ 404-524-1956, tägl. 9–17 Uhr; hier befindet sich auch das Grab Kings). Eintritt kostenlos.

The Margaret Mitchell House & Museum
990 Peachtree & 10th Sts., Atlanta, GA 30309
MARTA: Midtown Station
✆ (404) 249-7015, www.gwtw.org
Tägl. 9.30–17 Uhr
In dem nach diversen Brandanschlägen Ende der 1990er Jahre wieder eröffneten Haus schrieb Margaret Munnerlyn Mitchell den Roman »Vom Winde verweht«. Sie lebte hier zwischen 1925 und 1932. Zu sehen gibt es Archivmaterial, Gegenstände aus ihrem persönlichen Besitz einschließlich ihrer Schreibmaschine. Führung $ 12/5.

Atlanta History Center
130 W. Paces Ferry Rd., N.W. (Buckhead)
Atlanta, GA 30305-1366
✆ (404) 814-4000
www.atlantahistorycenter.com
Mo–Sa 10–17.30, So 12–17.30 Uhr
Bedeutendes Stadtmuseum, in dem man mühelos einen halben Tag zubringen kann, um sich das Leben in Atlanta zwischen 1840 und heute vor Augen zu führen. Außerdem: die (translozierte) Antebellum-Farm **Tullie Smith House** und die 1928 von Philip Trammell Shutze im palladianischen Stil entworfene Nobelvilla **Swan House** mit opulenter, von ionischen Säulen getragener Eingangshalle und einem spiralförmigen Treppenaufgang (1928). Shutze (1889–1982) gilt als der renommierteste unter den frühen Architekten Atlantas. Schöne terrassierte Gärten. Führungen auch auf Deutsch möglich. Eintritt $ 12/7.

Georgia Governor's Mansion
391 W. Paces Ferry Rd., N.W. (Buckhead)
Atlanta, GA 30305
✆ (404) 261-1858
Di–Do 10–11.30 Uhr, Führungen
Regierungsvilla im Greek-Revival-Stil.

Borders Books
3637 Peachtree Rd., N.E.
Atlanta, GA 30319
✆ (404) 237-0707 (Bücher) und ✆ (404) 233-5413 (Musik)
Mo–Sa 9–23, So 9–22 Uhr
Große, gut sortierte Buch-, Musik- und Videohandlung. Café.

Lenox Square/Phipps Plaza
3393 Peachtree Rd. (Buckhead)
MARTA: Lenox
✆ (404) 233-6767, ✆ (404) 262-0992 oder 1-800-810-7700
www.shipsimon.com
Mo–Sa 11–18, So 12–18 Uhr
Größter Konsumkomplex im gesamten Südosten und zugkräftige Touristenattraktion: Eleganz und Dekadenz in allen Preislagen. Kaum in einem Tag zu schaffen.

Lombardi's
94 Upper Pryor St. (Underground Atlanta)
Atlanta, GA 30303
✆ (404) 522-6568
Freundlicher Platz zum Lunch ($). Auch Dinner. So geschl. $$

La Grotta Ristorante Italiano
2637 Peachtree Rd., N.E. (Buckhead)
Atlanta, GA 30305
✆ (404) 231-1368, www.la-grotta.com
Versteckt in einem Apartmenthaus: hervorragende norditalienische Küche; beachtliche Weinkarte. Reservierung und formelle Kleidung empfohlen. Nur Dinner. So geschl. $$–$$$

Atlanta Fish Market
265 Pharr Rd., N.E. (zwischen Peachtree & N. Fulton Rds. in Buckhead)

Phipps Plaza

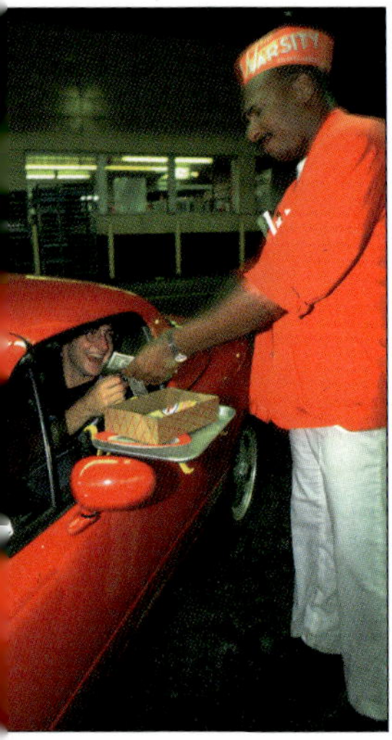

Drive-in »The Varsity«

Plaudertaschen: Lunch in Atlanta

Atlanta, GA 30305-2225
✆ (404) 262-3165
Gute Adresse für Meeresfrüchte und Pasta. Außerdem Feinkostgeschäft für anspruchsvolle Picknickfreunde. Lunch und Dinner. $$-$$$

Nava
3060 Peachtree Rd. (Buckhead Plaza), Atlanta, GA 30305-2230
✆ (404) 240-1984
Hochgelobt wegen seiner erlesenen Südwest-Küche. Prickelnde Margaritas. Lunch und Dinner. $$-$$$

Buckhead Diner
3073 Piedmont Rd., N.E. (E. Paces Ferry Rd.)
Atlanta, GA 30305-2625
✆ (404) 262-3336
www.buckheadrestaurants.com
American food – originell zubereitet; ein Stück von Atlanta. Lunch ($) und Dinner. $$

Blue Ridge Grill
1261 W. Paces Ferry Rd., N.E. (Buckhead)
Atlanta, GA 30327-2305
✆ (404) 233-5030
Neuamerikanische Küche und klassische Südstaatengerichte in Jagdhütten-Ambiente. Cocktail Lounge. Lunch und Dinner. $$$

Veni Vidi Vici
41 14th St. (W. Peachtree St., IBM Tower, Midtown)
Atlanta, GA 30309
✆ (404) 875-8424
Vorzügliche italienische Küche in ansprechendem Design. Besonders die Appetizer sind Spitze! Cocktail Lounge. Lunch ($) und Dinner. $$

Babette's Café
573 N. Highland Ave., N.E., Atlanta, GA 30307
✆ (404) 523-9121
www.babettescafe.com
Französisch eingefärbt und *shabby chic*. Leichte, feine Gerichte mit viel Geschmack. Kleine überdachte Terrasse. Nur Dinner. Mo geschl. $$

Café Tu Tu Tango
220 Pharr Rd., N.E. (Buckhead)
Atlanta, GA 30305-2226
✆ (404) 841-6222
www.cafetututango.com
Gemütlich für köstliche Tapas und andere Appetizer. Lunch und Dinner. $

The Varsity
61 North Ave., N.W. (Spring St., Downtown), Atlanta, GA 30308
✆ (404) 881-1706
So–Do 9–24, Fr/Sa 9–1 Uhr nachts
Seit 1928 wahrscheinlich der verrückteste Drive-in in den USA. Hoch gepriesen: *chili dogs* und *onion rings*. Fans gehen zum »V« nicht zum Essen, sondern zum »Ölwechsel« – wegen der fettigen *fast food*. Angeblich werden hier täglich 7 000 Hamburger verfüttert. Kulinarisch gesehen Niemandsland, aber Klasse-Service! $

Manuel's Tavern
602 N. Highland Ave. N.E. (Virginia-Highland), Atlanta, GA 30307-1433
✆ (404) 525-3447
www.manuelstavern.com
In ganz Georgia berühmt: riesige, altmodische Taverne und Debattierclub. Seit Mitte der 1950er Jahre Institution (und *hang out*) für Journalisten und demokratische Politiker *(politicos and media-types)*, auch Jimmy Carter trinkt hier gelegentlich sein Bier.

Blind Willie's
828 N. Highland Ave., N.E.
Atlanta, GA 30306-4507
✆ (404) 873-2583
So–Mo 20–1 Uhr, an Wochenenden bis 2 Uhr morgens
Populär in der Virginia-Highland-Gegend: Blues- und häufig Cajun-Musik. Am Wochenende meist Warteschlangen.

Club Anytime
1055 Peachtree St., N.E. (Midtown), Atlanta, GA 30309-3962
✆ (404) 607-8050
Non-stop high energy dance club – wie der Name sagt: *always open*.

George's Bar & Restaurant
1041 N. Highland Ave., N.E.
Atlanta, GA 30306-3550
✆ (404) 892-3648
Beliebte Kneipe mitten in Virginia-Highland. Wenn nicht gerade Streik ist, diskutieren alle über Baseball. Seit 40 Jahren derselbe Barkeeper.

Jefferson Davis, Robert E. Lee und Thomas Jackson auf dem Relief am Stone Mountain

Ausflugsziel:

Stone Mountain

Das klassische Ausflugsziel von Atlanta ist der **Stone Mountain Park**. Mittelpunkt des Parks ist der größte freiliegende Granitblock der Welt (Höhe 251 m), dessen unterirdische »Wurzeln« nicht nur bis in die U-Bahnhöfe Atlantas reichen, sondern durch den ganzen Norden des »Pfirsich-Staates« bis nach North Carolina.

Rechenkünstler wissen es ganz genau: Der Felsen, der »Mount Rushmore East«, wiegt eine Billion, 264 Milliarden, 740 Millionen, 884 Tausend und 505 Pfund und ist 300 Millionen Jahre alt, also noch älter als der Himalaya.

Einer spanischen Expedition fiel er besonders auf, weil der Hang, in allem und jedem potenzielle Wertgegenstände zu vermuten, sie die Quarzoberfläche des Felsens für Diamanten und Rubine halten ließ. »Crystal Mountain« tauften sie ihn deshalb. Doch ehe sie ihrer optischen Täuschung gewahr werden konnten, wurden sie von den hier heimischen Creek-Indianern verscheucht.

Auch die jüngere Geschichte hat Spuren ins Gestein getrieben – in Form eines patriotisch-kolossalen Reliefs der Konföderierten-Heroen Jefferson Davis, General Robert E. Lee und General Thomas »Stonewall« Jackson.

Mühelos kann man im Park ringsum den ganzen Tag zubringen – mit Bötchen, an Stränden und auf Wanderwegen im Grün am Fuße des »Felsendoms«. Am besten aber nimmt man die Seilbahn nach oben, genießt die frische Luft und das schöne Panorama und steigt über die blanke Kuppe wieder bergab – vorbei an winzigen Krabben und merkwürdigen Schalentieren, die hier scheinbar wie aus grauer Urzeit in den Spalten und Regenwassertümpeln des Gesteins schwimmen.

Anfahrt: Von Atlanta mit MARTA, Haltestelle Avondale Station, Weiterfahrt mit Bus Nr. 120.

Service & Tipps:

Georgia's Stone Mountain Park
Hwy. 78E (Exit 30-B)
Stone Mountain, GA 30086
© (770) 498-5690 oder
1-800-317-2006
www.stonemountainpark.com
Tägl. 6–24 Uhr
Landschaftlich abwechslungsreicher Freizeitpark für die ganze Familie: Baden, Wandern, Bootsfahrten, Angeln, Klettern, Radtouren, Tennis, Golf. Großer Popularität erfreuen sich die nächtlichen Lasershows von Mai bis September: Lichtspektakel über dem Granitfelsen. Neueren Datums: **Crossroads**, eine nachgebaute Südstaaten-Kleinstadt aus dem 19. Jh. Eintritt/Parkgebühr $ 7 pro Auto.

REGION 2 Georgia und North Carolina

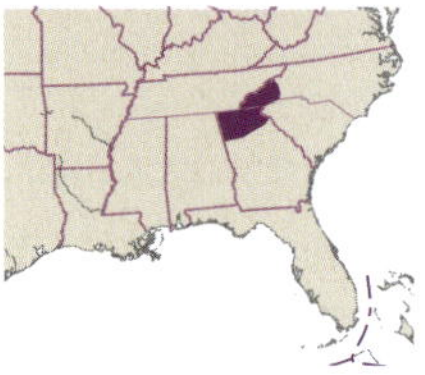

Grenzregion: Georgia und North Carolina

Für eine Weile galt der hügelige Nordosten Georgias als Goldgrube. Anfang des 19. Jahrhunderts wurde man in der Gegend um Dahlonega fündig. Ein bisschen davon strahlt noch heute in Atlanta – durch die vergoldete Kuppel des Kapitols.

Die Ausläufer des Appalachen-Gebirges im Grenzbereich von Georgia, North Carolina und Tennessee, die die Coastal Plains von den Höhenlagen des Cumberland-Plateaus wie eine Mauer trennen, bilden das so genannte *bluegrass country*, die musikalische Region des *hillbilly sound* und der *lonely bal-*

Meist im Dunst: die »Blauen Berge« am Blue Ridge Parkway

lads, die unter dem Markenzeichen Country & Western weltweit vermarktet werden.

Zwischen Cherokee und dem prächtig gelegenen Asheville schlängelt sich der Blue Ridge Parkway, der zur Zeit der Herbstfarben zu den schönsten im Süden gehört.

Die Grenze von Georgia nach North Carolina sollte man am besten auf Seitenwegen überschreiten, zum Beispiel durch das mit schönen Wasserfällen und tollen Aussichten reichlich gesegnete »Dreieck« zwischen Dillard, Highlands und Franklin, das, weil noch weitgehend »untouristisch«, durchaus noch als ein Geheimtipp gelten darf. In der Nordwestecke von Georgia, südlich von Chattanooga und nahe Tennessee, lohnen zumindest zwei Orte zum Verweilen: das gemütliche Rome und – für Bürgerkriegsforscher – eins der bedeutendsten Schlachtfelder im »War Between The States«, der Chickamauga and Chattanooga National Military Park.

Thomas Wolfe

REGION 2 Georgia und North Carolina

Mr. George W. Vanderbilt

❶ Asheville

Ein Rundgang durch **Asheville** zeigt die typischen Symptome vieler amerikanischer Innenstädte: harte Verwerfungen zwischen Saniertem und Ramponiertem. Inzwischen schreitet die Rettung voran, langsam deshalb, weil, anders als vielerorts in Europa, Kommunen und Staat sich finanziell bedeckt halten und es allein privaten Investoren überlassen bleibt, die historische Bausubstanz wieder in Schuss zu bringen.

Dabei kann das rund 70 000 Einwohner zählende Asheville auf ein vergleichsweise reiches architektonisches Erbe zurückgreifen. Der Ort entwickelte sich nämlich nach Ankunft der Eisenbahn 1880 zu einer gefragten *resort town*, der neben zahlreichen wohlhabende und prominenten Gäste aus dem Norden – allen voran George Washington Vanderbilt – auch solche anlockte, die schwach auf der Brust waren und die deshalb die gesunde Bergluft zu schätzen wussten.

So entstanden nicht nur üppige Paläste wie das Biltmore House oder Luxushotels wie der Grove Park Inn, sondern nach und nach auch besonders viele Bauten im Art-déco-Stil, und zwar nicht zuletzt deshalb, weil die Stadt eben jene Baumeister und Handwerker weiterbeschäftigte, die ohnehin für das Schloss der Vanderbilts arbeiteten. Das zahlte sich ästhetisch aus, denn die baulichen Ergebnisse während des ersten Drittels des vorigen Jahrhunderts gerieten meist eine Spur gekonnter und kesser als die des zeitgenössischen Standards im Land ringsum. Als geradezu verwegen galt das Rathaus, das bis heute den ohnehin schon einfallslosen Kasten des Landgerichtsgebäudes vis-à-vis noch ärmer aussehen lässt und das, obwohl die Landesväter dafür extra einen Architekten aus New York anheuerten! So sehr wollte man sich vom kühnen Design des Rathauses distanzieren.

Downtown Asheville

Architektonische Highlights in landschaftlich schönem Rahmen – diese reizvolle Wechselbeziehung blieb lange Zeit die Stärke von Asheville. Musterbeispiel: das **Biltmore Estate**, ein Super-Château, das auf den ersten Blick so aussieht, als sei es mit dem fliegenden Teppich von der Loire gekommen. Dabei ist das Schloss ganz und gar amerikanischer Herkunft, war es doch das ehemalige Sommer- und Gästehaus von Millionär George Vanderbilt, der Asheville schlichtweg für die schönste Stadt der Welt hielt, so dass er es zum Standort für seine Residenz erkor.

Heute macht das Biltmore den Besuchern mit dem Slogan »Imagine life if this were home« den Mund wässrig. Schließlich bietet das von Weingärten umgebene Anwesen in seinen 250 Zimmern und Salons Wohnkultur vom Feinsten: zum Beispiel den Palmengarten mit der aufwendigen Glaskuppel über tropischem Grün oder den Bankettsaal und die eindrucksvolle Bibliothek, Meißener Porzellan und Stiche von Dürer eingeschlossen. Für die raumgreifenden Gartenanlagen sorgte Frederick Law Olmsted, ein Designer-Gärtner, dem die amerikanischen Ostküstler viele schöne Stadtparks verdanken.

Die anspruchsloseren Sommerfrischler wohnten in einfacheren Pensionen, von denen zumindest eine »literarische Karriere« machte: das Gästehaus, in dem Thomas Wolfe (1900–1938) seine Kindheit verbrachte. Heute wird die hübsche Villa stolz als **Thomas Wolfe Memorial** angepriesen, aber nicht immer war das Andenken an den edlen Dichter so ungetrübt. Stadt und Bürger kamen in seinem Roman nämlich ziemlich schlecht weg, so dass jahrelang kein Exemplar davon in der Stadtbibliothek zu haben war. Wolfe mochte Asheville nicht. »Der Sonnenuntergang in Asheville – genauso schön wie der in Stuttgart, Edinburgh oder Avignon – macht es nur noch depressiver«, schrieb er. Im Roman »Schau heimwärts, Engel« kommt das Haus als *Old Kentucky Home boarding house* vor. Wolfe liegt auf dem Riverside Cemetery in Asheville begraben.

Der Verklärung der kulturellen Geschichte von Asheville tun diese poetischen Misstöne allerdings schon lange keinen Abbruch mehr. Im Gegenteil: Ein reges Theaterleben, eine lokale Volkskunst- und Musikszene erscheinen als selbstverständliche Fortschreibung der Tatsache, dass Asheville immer schon Künstler aller Art faszinierte, die es schafften, einen kosmopolitischen

Hauch in die Stadt hinterm Berge zu bringen. Henry James war auf Biltmore zu Gast, F. Scott Fitzgerald, quartierte sich 1936 im Grove Park Inn ein, wo er allerdings mehr der Flasche als der Literatur zusprach, und Béla Bartók komponierte sogar eine Sinfonie in Asheville. Im nahe gelegenen Black Mountain College unterrichteten Josef Albers, Walter Gropius und Buckminster Fuller.

Service & Tipps:

Asheville Area Chamber of Commerce/Convention & Visitors Bureau
151 Haywood St.
Asheville, NC 28801
✆ (828) 258-6101 oder 1-800-257-1300
Fax (828) 254-6054
www.exploreasheville.com
www.ashevillechamber.org

Blue Ridge Parkway
199 Hemphill Knob Rd.
Asheville, NC 28803
✆ (828) 298-0398
Fax (828) 271-4313
www.nps.gov/blri
Info über den 750 km langen Panorama-Highway auf den Höhen der südlichen Appalachen-Kette. Anfang des Jahrhunderts begonnen, wurde er Mitte der 1930er Jahre als Arbeitsbeschaffungsprojekt unter Präsident Roosevelt eröffnet. Seitdem windet er sich vom Shenandoah National Park in Virginia hierher nach Süden zum Great Smoky Mountains National Park. Seine Schokoladenseiten zeigt er im Herbst, wenn das bunte Laub der Dogwood-, Hickory- und Sassafrasbäume, die *foliage,* für *technicolor hotspots* sorgt.

Andere halten das Frühjahr für die beste Reisezeit, wenn die Wildblumen ringsum in Blüte stehen. Sie tun es je nach Höhenlage zu verschiedenen Zeiten, denn immerhin schwankt die Bergstraße beträchtlich - zwischen 50 und 600 m.

Thomas Wolfe Memorial
52 N. Market St.
Asheville, NC 28801
✆ (828) 253-8304, Fax (828) 252-8171
www.wolfememorial.com
Im Sommer Di–Sa 9–17, sonst 10–16 Uhr, Mo geschl.
Hübsche Villa aus dem Jahre 1883 im Queen-Anne-Stil, das in Wolfes Roman »Schau heimwärts, Engel« als das *Old Kentucky Home boarding house*

Grüße von der Loire: Biltmore Estate in Asheville, North Carolina

vorkommt. Wolfe hasste das Haus, in dem er noch nicht einmal ein eigenes Bett besaß, weil sein jeweiliger Schlafplatz davon abhing, wie viele Übernachtungsgäste seine Mutter gerade hatte. Die anspruchsloseren Sommerfrischler, die damals nach Asheville kamen, wohnten in solchen einfacheren Pensionen. Seit April 2004 nach langer Restaurierung wieder geöffnet. Eintritt $ 1.

Biltmore Estate
US 25, 3 Blocks nördl. der I-40, exit 50 oder 50B, Asheville, NC 28801
✆ (828) 255-1333 oder 1-800-922-0036
Fax (828) 274-6396
www.biltmore.com
Jan.–März tägl. 9–16, April–Dez. tägl. 8.30–17 Uhr
Vom damals berühmten Architekten Richard Morris Hunt 1895 für George Washington Vanderbilt entworfen, den reichen Enkel des New Yorker Eisenbahnmagnaten Cornelius Vanderbilt. Opulentes Schloss, blühende Gärten, edle Winzerei (in der ehemaligen Molkerei). Eintritt $ 36/18.

Mast General Store
15 Biltmore Ave.
Asheville, NC 28801
✆ (828) 232-1883
www.mastgeneralstore.com
Mo–Do 10–18, Fr/Sa 10–20, So 12–17 Uhr
Haushaltswaren-Sammelsurium mit langer Tradition.

Zambra
85 Walnut St.
Asheville, NC 28801
✆ (828) 232-1060
Lebendige Bodega mit großer Tapas-Auswahl. So geschl. $–$$

Laughing Seed Café
40 Wall St., Asheville, NC 28801
✆ (828) 252-3445
www.laughingseed.com
Eins der besten *veggie* Restaurants in den USA. Frühstück, Lunch und Dinner. Organisch angebaute Weine, selbst gebrautes Bier. *Wine and dine* heißt die Devise. Lunch und Dinner. Di geschl. $–$$

Flying Frog Cafe
1 Battery Park Ave. (Souterrain von Haywood Park Hotel)
Asheville, NC 28801
✆ (828) 254-9411
Gute internationale Küche, gute Weine. *Dinner only*. Di geschl. $$–$$$

The Market Place
20 Wall St., Asheville, NC 28801
✆ (828) 252-4162
www.marketplace-restaurant.com
Einfallsreiche Küche in New-Wave-Dekor. Nur Dinner. So geschl. $$–$$$

Café on the Square
1 Biltmore Ave. (Pack Sq.)
Asheville, NC 28801
✆ (828) 251-5565
Nettes Straßenbistro, mitten im Zentrum: Frühstück, Lunch und Dinner. Auch Kleinigkeiten und zum draußen Sitzen. Zwischen Nov. und Mai So geschl. $–$$

Magnolia's Raw Bar & Grille
26 Walnut St. (Market St.)
Asheville, NC 28801
✆ (828) 251-5211
Gut zum Lunch (auch draußen). Frische Meeresfrüchte nach Südstaatenart. Bar. Lunch ($) und Dinner. Im Winter So geschl. $$

Tupelo Honey Cafe
12 College St.
Asheville, NC 28801
✆ (828) 255-4863
www.tupelohoneycafe.com
Southern food in Hip-Atmosphäre. Gute Reibekuchen, *catfish*, viele Appetizer. Beliebt spät in der Nacht, wenn die Bars der Stadt schon geschlossen haben. $–$$

Feste & Feiern
In der ersten Augustwoche kann man in Asheville seit 1927 den *lonesome ballad sound* hören, die einsamen Balladen der Berge. Dazu treffen sich Banjo-, Fiedel-, Mundharfen- und Gitarrenspieler, Bluegrass Bands, Tanzgruppen und Geschichtenerzähler der südlichen Appalachenregion.

Heißes Eisen: Plastik am Eingang der Wall Street in Asheville

»Praise the Lord« ... Gospelchor im Einsatz

Ausflugsziel:

Black Mountain

Die kleine Berggemeinde ist eine Welt für sich und hat sich durch Billy Graham, der von hier stammt, einen Namen gemacht. Heute lebt der Alt-Reverend im angrenzenden Montreat mit nicht gelisteter Telefonnummer. Außer seinem Hauptquartier in Minneapolis unterhält er in Asheville noch ein Billy Graham Training Center. Die Interstate 240 rund um Asheville heißt Billy Graham Highway.

Im Gegensatz zur feudalen Schatztruhe der Biltmore-Villa in Asheville scheint Black Mountain sich eher Höherem verschrieben zu haben – als Hort kirchlichen Seminaristentums und diverser New-Wave-Gruppen.

Rund um **Cherry Street** geben sich einige Antiquitäten-, »Black Mountainbikes«-Läden und das »Berliner Kindl German Restaurant & Deli« zwar noch handfest, aber andere Akzente überwiegen. Zum Beispiel Bioläden und Handwerksbetriebe, in denen Silber- und Ofenschmiede tätig sind. Besonderer Wert wird auf den Nachbau von Instrumenten der lokalen Bluegrass-Musik gelegt. Was nicht vergessen machen sollte, dass die ursprüngliche Musik von North Carolina die der Schwarzen ist, allem voran der Blues, wie die großen Namen Dizzy Gillespie und John Coltrane belegen.

Als eine Art kreatives Labor erwies sich auch das kleine Black Mountain College, weil dort u.a. Josef Albers, Walter Gropius und Buckminster Fuller unterrichteten.

Die wohl ausgefallenste Art, Kontakte mit dem Jenseits aufzunehmen, praktiziert die Gemeinde des **Light Center** in den nahen Bergen – in einem leuchtend weißen Kuppel-Dom, der dem Gebet, der Meditation und Yoga-Kursen dient.

In der **Black Mountain Bakery** (Church St.) lockt Leckeres zum Lunch, die urige **Town Pump Tavern** (Cherry St.) zur Geselligkeit (abends sogar mit Musik); und wer den schwarzen Zauberberg gar nicht mehr verlassen möchte, kann es sich in einem der schönen Bed & Breakfast-Häuser gemütlich machen oder zumindest im Schwimmbad des Lake Tomahawk baden gehen.

Service & Tipps:

Black Mountain/Swannanoa Chamber of Commerce
Visitors Center, 201 E. State St.
Black Mountain, NC 28711
✆ (828) 669-2300 und 1-800-669-2301
Fax (828) 669-1407
www.blackmountain.org
www.blackmountain-nc.com
www.visitblackmountain.com
Infos zur *Front Porch of Western North Carolina*, wie sich der Ort selber nennt.

Light Center
Black Mountain, NC 28711
✆ (828) 669-6845
Fax (828) 669-8037
www.urlight.org
Ca. 20 Min. (14 km) fährt man von Black Mountain auf SR 9 und folgt den Schildern zum weißen geodesischen *Dome* des Meditationszentrums.

Black Mountain Bakery
102 Church St.
Black Mountain, NC 28711
✆ (828) 669-1626
Süßes und Leichtes. Lunch. $

Berliner Kindl German Restaurant & Deli
121 Broadway
Black Mountain, NC 28711
✆ (828) 669-5255
Für den kleinen Hunger: Wurst, Brote, Kaffee und Tee, Plätzchen und Schokolade. So geschl. $

2 Cherokee

Die Cherokee-Indianer leben im »Land of Thousand Smokes«, wie sie es nennen, seit mehr als 10 000 Jahren. Der Batzen Land ist inzwischen zu einem Reservat geschrumpft, das sich südlich an den Great Smoky Mountains National Park schmiegt. Rund 12 500 Indianer leben heute in den Canyons, Bergen und auf dem umgebenden Farmland von North Carolina unter Selbstverwaltung, der größten östlich des Mississippi.

Der Ort freilich entpuppt sich als alles andere als ein Indianerdorf, eher schon als ein indianisches Disneyland. Kommerzielle Tipis, *Gift Shops*, Restaurants und Indianer-Shows schielen auf den eiligen Touristen, das **Harrah's Cherokee Casino** auf solche mit Risikobereitschaft. Ein Freilichttheater erinnert ein wenig an das Szenario von Bad Segeberg, und im **Oconaluftee Indian Village**, obwohl einer Indianersiedlung von vor rund 230 Jahren authentisch nachgebaut, spielen Indianer Indianer.

Keine Frage, in Cherokee ist das Thema Indianer auf Familienspaß und Spektakel reduziert. Ganz anders dagegen das **Museum of the Cherokee Indian**, das sich auf ebenso ernst zu nehmende wie anschauliche Weise der Geschichte und Kultur der Cherokee Nation widmet. In North Carolina beherrschen heute nur noch etwa tausend Menschen Cherokee als Sprache. Die weitaus meisten, die diese Sprache noch sprechen (rund 10 000), leben dagegen in Oklahoma. Der Grund: Oklahoma war einst Ziel des berüchtigten »Pfads der Tränen«, der gewaltsamen Deportation der Cherokee im Jahre 1838. Der damalige US-Präsident, Martin Van Buren, hatte sich zuvor klar genug ausgedrückt: »Kein Staat kann es je zu Kultur, Zivilisation und friedlichen Entwicklungen bringen, solange man den Indianern erlaubt, dort zu bleiben, wo sie sind.«

Zwei Jahre blieben ihnen, um das Land zu verlassen. Dann trieb man sie in Konzentrationslager, anschließend 800 Meilen nach Westen, auf den *Trail of Tears*. Von den 17 000 Vertriebenen starben ein Viertel. Die Nachfahren jener, die sich der Vertreibung durch Flucht in die Berge entzogen, leben heute im Reservat.

Gegenüber vom Museum lohnt sich ein Besuch des **Arts Center**, einer Kooperative für indianisches Kunsthandwerk, wo es unter anderem geschnitzte Holzmasken und Flechtkörbe zu erstehen gibt.

CHEROKEE
INDIAN RESERVATION

Cherokee ...
Ein Museumsdorf, die Rekonstruktion alter Kulturtechniken und jede Menge kunstgewerbliche Produkte und Souvenirs erwarten heute den Besucher. Man stößt auch auf kleine Säckchen mit blauen Maiskörnern, aus denen Halsketten gemacht werden. Man trägt sie, heißt es, zur Erinnerung an die Vertreibung der Stammesbrüder, denn die dunklen Körner ähneln den Tränen, die auf dem »Trail of Tears« vergossen wurden.

Cherokee-Schnitzer im Oconaluftee Indian Village

Pose fürs Familienalbum: in Cherokee, North Carolina

Service & Tipps:

Cherokee Visitor Center
US 441 Business
Cherokee, NC 28719
✆ (828) 497-9195 oder 1-800-438-1601
Fax (828) 497-3220
www.cherokee-nc.com
Info über alle *Indian Affairs* der Region. Identisch mit Cherokee Tribal Travel And Promotion.

Cherokee Indian Reservation
US 441 N., Cherokee, NC 28719
✆ (828) 497-9195 oder 1-800-438-1601
Fax (828) 497-3220
www.cherokee-nc.com

Museum of the Cherokee Indian
US 441 N. & Drama Rd.
Cherokee, NC 28719
✆ (828) 497-3481
www.cherokeemuseum.org
Im Sommer Mo–Sa 9–20, So 9–17, Sept.–Mai tägl. 9–17 Uhr
Bemerkenswertes Museum: Schautafeln und Exponate erläutern die mündliche Tradition und die gesamte indianische Kosmogonie. Audiovisuelle Shows erhellen die Stammesgeschichte: von der ursprünglichen Besiedlung seit der letzten Eiszeit über die Abspaltung der Cherokee von den Irokesen, ihren nächsten linguistischen Verwandten, vor 3 500 Jahren bis zu den ersten Berührungen mit den weißen Siedlern und dem Verlust ihres angestammten Landes etwa seit Ende des 18. Jh. und der heutigen Lage im Reservat.

Während die Kunstwerke, Haushaltsgeräte und Waffen die Geschichte vor Augen führen, bringen die Kopfhörer dem Besucher die Legenden in der Originalsprache nahe. Spätestens in diesem Zusammenhang stößt man auf die besondere Rolle des berühmten Sequoia, des indianischen Kriegers und Silberschmieds aus Tennessee (1760–1843), der von dem bedruckten Papier der Weißen – dem *talking leaf* – so beeindruckt war, dass er der Frage nachging, wie ein indianisches »sprechendes Blatt« aussehen könnte.

Ohne selbst schreiben und lesen zu können, gelang es ihm 1821 nach zwölfjähriger Arbeit, eine Lautschrift bzw. Silbentabelle aus 85 Zeichen zu erfinden, die jedes für sich einen Laut der Cherokee-Sprache repräsentiert. Die phonetische Umschreibung dieses so genannten *sequoian syllabary* erlernten die Stammesgenossen derart spielend, dass praktisch über Nacht eine literarische Kultur entstand. Eintritt $ 8.

Oconaluftee Indian Village
US 441 N., Cherokee, NC 28719
✆ (828) 497-2111
www.oconalufteevillage.com
Im Sommer 9–17.30 Uhr, Führungen
In dem rekonstruierten Dorf werden traditionelle Kulturtechniken vorgeführt: geschnitzte Holzmasken, Perlenschmuck, Einbaum-Kanus (mit Feuer und Axt), Webarbeiten, Keramik und Flechtkörbe. Eintritt $ 12/5.

Nantahala Village Restaurant
9400 US 19 W. (10 Meilen südwestl. von Cherokee)
Bryson City, NC 28713
✆ (828) 488-2826
Populär, einfache, reichliche Portionen. Nov.–Anfang März geschl. $$

Harrah's Cherokee Casino
777 Casino Dr. (Ecke US 19 & Business 441)
Cherokee, NC 28719
✆ (828) 497-7777 oder 1-800-HARRAHS
Rund um die Uhr geöffnet, 3 Restaurants, Kinderbetreuung, Unterhaltungspavillon, Hotel.

3 Dahlonega

Dahlonega (gesprochen: da-LON-e-ga) ist ein Cherokee-Wort und bedeutet »kostbares Gelb« – wen überrascht es also, dass hier 1828 Georgias erstes Goldfieber ausbrach! Der Ansturm hat sich längst gelegt, und die kleine Kreisstadt *(county seat)* pflegt ihr gastfreundliches Image und lebt von ihrer Funktion als Basislager für Bergexpeditionen und Goldsucher sowie Kanu- und Kajaktrips. Rund um das Gerichtsgebäude, in dem auch das **Gold Museum** untergebracht ist, lässt sich schön spazieren, während ein Gebäudeturm mit vergoldetem Dach aus der Ferne leuchtet.

Die Goldhaube deutet es an: Im historischen Gerichtsgebäude von Dahlonega ist das Gold Museum untergebracht

Service & Tipps:

Dahlonega-Lumpkin County Chamber of Commerce
13 S. Park St., Dahlonega, GA 30533
✆ (706) 864-3711 oder 1-800-231-5543
www.dahlonega.org
Tägl. 9–17.30 Uhr

Consolidated Gold Mine
185 Consolidated Rd.
Dahlonega, GA 30533
✆ (706) 864-8473
www.consolidatedgoldmine.com
Im Sommer tägl. 10–17, sonst 10–16 Uhr
Führungen durch die ehemalige Goldmine zeigen Wasch- und Bohrtechniken ebenso wie das Labyrinth der Schächte. Eintritt $ 10.

Gold Museum
1 Public Sq., Dahlogena, GA 30533
✆ (706) 864-2257
Mo–Sa 9–17, So 10–17 Uhr
Im Gerichtsgebäude von 1863 erzählen Nuggets, Geräte, Fotos und ein Film die Geschichte des ersten amerikanischen Goldfiebers. Eintritt $ 2.50.

Smith House
84 S. Chestatee St.
Dahlonega, GA 30533
✆ (706) 864-2348
www.smithhouse.com
Beliebtes Restaurant für die ganze Familie mit guter und reichlicher Südstaatenkost. Mo geschl. $$

4 Dillard

Seit Generationen ist dieser Fleck auf der Landkarte in Besitz der Familie Dillard; neben einigen Geschäften des Ortes lohnt wegen des reichhaltigen Essensportionen vor allem:

Service & Tipps:

Dillard House Restaurant
768 Franklin St. (US 441)
Dillard, GA 30537
✆ (706) 746-5348
www.dillardhouse.com
Gutes Restaurant mit Südstaatenküche und reichlichen Portionen. $$

Pfefferkuchen-Idylle im Norden von Georgia

5 Flat Rock

Service & Tipps:

Carl Sandburg Home National Historic Site (Connemara)
81 Carl Sandburg Lane (Nähe Hwy. 25)
Flat Rock, NC 28731-8635
✆ (828) 693-4178, Fax (828) 693-4179
www.nps.gov/carl, tägl. 9–17 Uhr
Lange Zeit (bis 1945) war das Leben des späteren Lincoln-Biographen und mehrfachen Pulitzer-Preisträgers Carl Sandburg unstet gewesen. In Illinois als Sohn schwedischer Immigranten geboren, schlug er sich als Poet, *hobo*, Soldat und Sozialreformer durch und feierte in seinen Gedichten Streckenarbeiter, Holzfäller und Cowboys in den ihm eigenen rhapsodischen Rhythmen. Erst 1914 machte ihn sein Lyrikband »Chicago« bekannt. Rundgänge durch die Ziegenfarm; Führungen durchs Haus (1838). Eintritt $ 3/0.

15 km südlich von Chattanooga an US 27.

6 Fort Oglethorpe

Service & Tipps:

Chickamauga and Chattanooga National Memorial Park
Fort Oglethorpe, GA 30742
✆ (706) 866-9241
Park tägl. 8 Uhr bis Sonnenuntergang, Visitor Center tägl. 8–17.45 Uhr
Landschaftlich attraktiver Park mit blutiger Vergangenheit. Visitor Center, Museum und Multimedia-Show des Schlachtenverlaufs.

7 Gainesville

Kleinstadt (26 000 Einwohner) am Ufer des Lake Lanier, eine Stunde nördlich von Atlanta in den südlichen Ausläufern der Appalachen: Hier finden alljährlich im September die Kanuweltmeisterschaften statt.

Service & Tipps:

Greater Hall County Chamber of Commerce
230 E. E. Butler Pkwy.
Gainesville, GA 30501
✆ (770) 532-6206, Fax (770) 535-8419
www.ghcc.com

Rudolph's on Green Street
700 Green St.
Gainesville, GA 30501
✆ (770) 534-2226
Restaurant in historischem Ambiente mit guter, solider Küche. Lunch ($) und Dinner.
So geschl. $$

❽ Helen

Helen – »No Passport Required« – sieht so aus wie Bavaria im Miniformat mit Fachwerkbauten und Hofbräuhaus in den Hügeln am lauschigen Chattahoochee River. Kaffee und Kuchen, Sauerkraut und Schnitzel sind reichlich zu haben. Aus dem »Wursthaus« tönt »Freut Euch des Lebens ...«.

Service & Tipps:

Alpine Helen/White County Convention & Visitors Bureau
P.O. Box 730, Helen, GA 30545
✆ (706) 878-2181 oder 1-800-858-8027
www.helenga.org

Hofer's Bakery
8758 N. Main St.
Helen, GA 30545
✆ 1-866-DAS-BROT
www.hofers.com
Neben diversen Torten und Gebäck gibt es gutes Brot, Brezeln und deutschen Kaffee. $

Paul's Steakhouse
8537 S. Main St.
Helen, GA 30545
✆ (706) 878-2468
Mit dem Chattahoochee River vor Augen und Country Music im Ohr schmecken Meeresfrüchte und Steaks besonders gut. Cocktail Lounge. Nur Dinner. $-$$

❾ Hendersonville

Ein hübsches und beinah lückenlos geliftetes Musterstädtchen mit typisch einstöckigen alten Backsteinhäusern und pittoresken Shops. Die Main Street in Hendersonville wirkt wie eine jener Straßen, mit denen Amerika aufwuchs. Drei, vier Blocks von hier entfernt posiert mit spitzen Flügeln der heimwärts schauende Engel à la Thomas Wolfe.

Service & Tipps:

Expressions
114 N. Main St.
Hendersonville, NC 28792
✆ (828) 693-8516
Elegantes Bistro in Downtown mit kreativer amerikanischer Küche. Cocktail Lounge. So geschl. $$

❿ Highlands

In diesem schön gelegenen Bergort (3 000 Einwohner) inmitten der Waldhänge der Blue Ridge Mountains gehen die Uhren zwar noch etwas nach, aber in den letzten Jahren hat die wachsende Zahl der Sommergäste für mehr Bewegung gesorgt. Dennoch nehmen hier die Dinge meist ihren ruhigen Gang – ein bisschen Antiquitäten-Shopping, mal eine

Theateraufführung, ein Weilchen im Schaukelstuhl oder in der Hängematte. Kur-Atmosphäre eben, unterstützt von idyllischen Inns, kulinarischen Oasen, strikten Alkoholgesetzen und viel frischer Bergluft.

Service & Tipps:

Highlands Chamber of Commerce
Oak & 4th Sts. (P. O. Box 404)
Highlands, NC 28741
✆ (828) 526-2112, Fax (828) 526-0268
www.highlandschamber.org

Wolfgang's on Main
474 Main St.
Highlands, NC 28741
✆ (828) 526-3807, www.wolfgangs.net
Attraktiver Küchenzettel: von Spezialitäten aus New Orleans (der Chef war lange dort) bis zu Schweinshaxe und Rostbraten. Ergiebige Weinkarte. Dazu historisches Ambiente und ein Gartenpavillon. $$

Paoletti's
440 Main St.
Highlands, NC 28741
✆ (828) 526-4906
Gute italienische Küche und Weinauswahl. $$

On The Verandah
1536 Franklin Rd. (Hwy. 64E)
Highlands, NC 28741
✆ (828) 526-2338
www.ontheverandah.com
Mit schönem Blick auf den Lake Sequoyah: feine amerikanische Speisen zum Drinnen- oder Draußensitzen. $$

Lakeside Restaurant
531 Smallwood Ave.
Highlands, NC 28741
✆ (828) 526-9419
Gute Küche mit europäischer Prägung. Bier kann (muss) man selbst mitbringen, Wein aber kann bestellt werden – Regeln eines so genannten *dry county.* $$

Main Street in Highlands, North Carolina

Spritzig: auf dem Nantahala River

11 McCaysville

Die zünftigen Kleinstädte **McCaysville** (GA) und Copperhill (TN) liegen im Dreiländereck von Georgia, North Carolina und Tennessee, eine abgeschiedene Region der Waldeinsamkeit, Seen und Flüsse. So still war es hier nicht immer, denn seit Mitte des vorigen Jahrhunderts hat der Abbau von riesigen Kupfervorkommen der Natur drastisch zugesetzt. Den besten Beweis dafür liefert der flotte **Ocoee River**, der unweit vorbeirauscht und dessen klares Wasser aus einem nahe gelegenen Kraftwerk gespeist wird.

Alles Leben im Fluss erlosch durch den Zustrom von Schwefelsäure – Abfall- und Nebenprodukt der Kupfergewinnung. Während der Zeit der Olympischen Spiele in Atlanta wurde der Wildbach dazu auserkoren, den Kanu-Slalom in Fahrt zu bringen. In McCaysville, mitten im *copper basin*, ist man deshalb zuversichtlich: Die »Kupferstecher« sind auf dem Rückzug und viele Umweltschäden schon wieder gutgemacht, vor allem durch Wiederaufforstung. Abgesehen vom Ocoee erfreuen sich andere Flüsse und Seen inzwischen wieder eines regelrechten Fischsegens.

Service & Tipps:

Eagle Mountain Ranch/Eagle Adventure Co.
P.O.Box 970
McCaysville, GA 30555
© (706) 492-2277 oder
© 1-800-288-3245
Fax (706) 492-2280
www.eagleadventures.com
Einfache Unterkünfte und viel frische Luft. Hier kann man Gold waschen und in die Berge reiten; auch Kanu- und Schlauchbootfahrten auf dem Ocoee (15 Min. entfernt) wie auch auf dem Nantahala River (knapp 90 km von Copperhill) sind möglich. Abends beim romantischen Schein des Lagerfeuers und zünftigem BBQ machen alte Geschichten die Runde, was nicht wundert, denn hier und ringsum lag einmal die Heimat der *moonshiner*, der illegalen Schnapsbrenner zur Zeit der Prohibition. Deren Musik klingt bis heute nach, in der *mountain music*.

Vor nicht allzu langer Zeit soll es hier mal einen gegeben haben, der sein Banjo mit den Füßen spielte, und zwar so toll, dass die Leute übers Wochenende herkamen, lauschten und tranken. $$

Südlich von Chattanooga an US 27.

⓬ Rome

Das Einzige, was das Städtchen Rome in Georgia (35 000 Einwohner) mit Rom gemeinsam hat, sind die sieben Hügel, auf die es sich verteilt. Broad Street hat durchaus Kleinstadt-Charme, und das **Chieftains Museum** widmet sich der Vergangenheit der Cherokee-Indianer, auf deren ehemaligem Land Rome erbaut wurde.

Service & Tipps:

Greater Rome Convention & Visitors Bureau
402 Civic Center Dr.
Rome, GA 30162-5823
✆ (706) 295-5576 oder 1-800-444-1834
www.romegeorgia.org

Chieftains Museum
501 Riverside Pkwy.
Rome, GA 30162
✆ (706) 291-9494
www.chieftainsmuseum.org
Di–Fr 9–15, Sa 10–16 Uhr
Hier wohnte einst der Cherokee-Häuptling Major Ridge, der beim Versuch, das eigene Erbe zu bewahren und sich gleichzeitig der Kultur der Weißen anzupassen, aufgerieben wurde. Das Holzhaus stammt aus dem späten 18. Jh. und zeigt Dokumente der indianischen Geschichte. Eintritt $ 3.

The Country Gentleman
26 Chateau Dr., Rome, GA 30161
✆ (706) 232-700
Küche eher kontinentaleuropäisch als »country«: Forellen, Steaks, Shrimps, Austern und Pasta. Lunch ($) und Dinner. So/Mo geschl. $–$$

La Scala
413 Broad St., Rome, GA 30162
✆ (706) 238-9000
Gutes italienisches Lokal mit frisch zubereiteten Gerichten. Versuchen Sie die *cioppino*! So geschl. $–$$

Südlich von Clayton an US 441.

⓭ Tallulah Falls

Service & Tipps:

Tallulah Gorge State Park
US Hwy. 441
Tallulah Falls, GA 30575
✆ (706) 754-7970
www.ngeorgia.com/parks/tallulah.html
Mo–Fr 8 Uhr bis zur Dunkelheit, Sa/So 10–18 Uhr
Wald und Wasserfälle: Picknick, Tennisplätze, Schwimmen, Angeln, Paddelboote, Camping (Reservierung: ✆ 706-754-7979). Das Interpretative Center zeigt Lehrreiches aus Siedlungsgeschichte, Flora und Fauna. – Von hier aus kann man kleine Wanderungen zu diversen *vista points* machen, von denen man die 300 m tiefe Schlucht sehen kann.

Thema Schwimmen: Bevor man zu den beiden östlich der US 441 gelegenen Swimmingpools des Flusses hinabsteigt (589 Stufen oder einen steilen Pfad), benötigt man ein *permit*, das im Visitor Center erhältlich ist. Die einfachere Möglichkeit, ans Wasser zu kommen, bietet sich von SR 441, kurz nach Überquerung des Damms links.

Am **Tallulah Point Overlook** stehen ein netter Shop und ein Café. Parkgebühr $ 4 pro Auto.

Wasserfall in Tallulah Gorge State Park ▷

REGION 3
Georgias Antebellum Trail

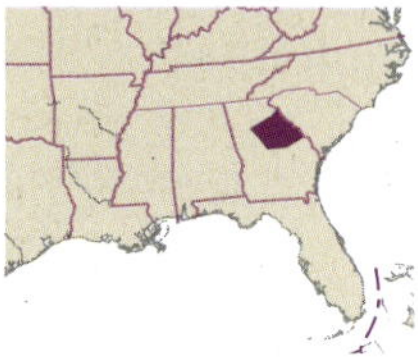

Georgias Antebellum Trail

Der so genannte Antebellum Trail in Georgia führt durch hübsche Kleinstädte mit viel konservierter Bausubstanz. Die 190 Kilometer lange Strecke beginnt in Athens und folgt den Highways 441, 22 und 129 über Madison, Milledgeville nach Macon. Viele der alten Herrenhäusern haben den Abriss überlebt, weil sie zu Bed & Breakfast Inns gemodelt wurden: Tourismus fördert Denkmalpflege. In diesen Pensionen inszenieren die Gastgeber gern eine heile Welt aus mehr oder weniger gemütlichen Antiquitäten, mit Puppen und Deckchen. Die Himmelbetten in den alten Häusern erinnern trotz ihrer Robustheit ein bisschen an die Schlafgewohnheiten der Prinzessin auf der Erbse. Manche dieser *rice beds* tragen Holzpfosten aus vier gedrechselten und gebündelten Säulchen – für jeden Apostel eine: Stützen für das Nachtgebet im *bible belt.*

Der Trail führt durch das zentrale Georgia, *The Heartland*, eine Melange aus verschlafenen Nestern, Pfirsichplantagen und adretten Kleinstädten. Einzig die donnernden Holzlaster erinnern daran, dass die gute alte Zeit der Reiskultur vorüber und die Neuzeit angebrochen ist. Dazu zählt nicht bloß der Holzhandel (Motto: TREES GROW JOBS), sondern auch der mit der Milch. Putnam County zum Beispiel fühlt sich als *Dairy Capital of the Georgia.* Informationen zum Villenpfad: www.antebellum.com und www.heritagehighway.org.

<u>*Antebellum?*</u>
Ja, so nennt man im Süden die Zeit vor dem Bürgerkrieg. Wie meinte Mark Twain? »Im Süden ist der Krieg, was A.D. sonst wo ist; sie benutzen ihn als Datum.« Tatsächlich kreisen viele Gespräche über die Vergangenheit um Geschehnisse, die entweder »lange vor«, »unmittelbar nach« oder »im« Bürgerkrieg passierten.

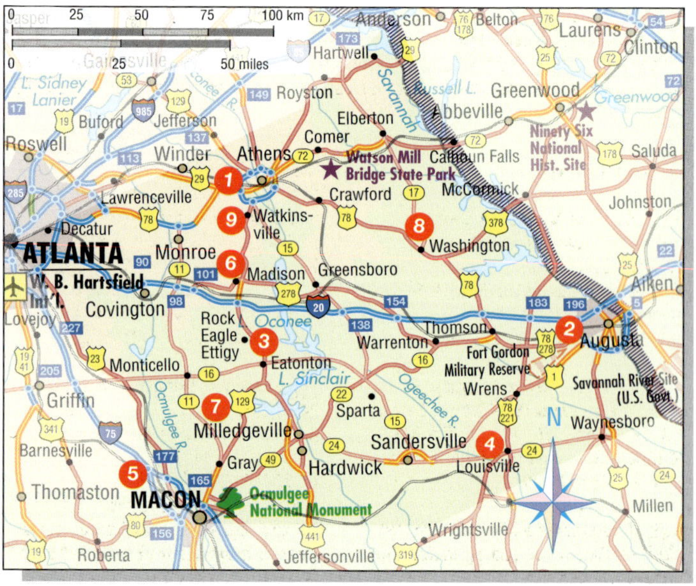

1 Athens

Eigentlich bekam Athens nur aus moralischen Gründen seine Universität. Gegen Ende des 18. Jahrhunderts nämlich, kaum dass sich die kleine Siedlung an der Kreuzung des Oconee River mit einem alten Handelspfad der Cherokee-Indianer etabliert hatte, suchten die Gründungsväter der **Universität von Georgia** nach einem geeigneten Standort. Weder Savannah noch Charleston kam für den Senatus Academicus in Frage, denn Alkohol, Matrosen und Mädchen konnten dort gefährlich werden.

Man entschloss sich deshalb, die Vision einer klassischen Freistatt des Lernens, das neue Athen, weiter landeinwärts zu errichten, um die Verlockungen des Lebens vom Campus, wie in den USA oft, fern zu halten. Bald nach der Gründung 1785 entwickelte die Uni ein lebhaftes kulturelles Leben und zog wohlhabende Familien an, die sich hier niederließen, standesgemäß meist im Greek-Revival-Stil, den der Ortsname ja auch nahe legte.

Heute ist die University of Georgia (UGA) nicht nur der größte Arbeitgeber des Kleinstädtchens, sondern ihre rund 30 000 Studenten stellen mehr als die Hälfte der Einwohner (47 000). Den Rest bilden Anwaltskanzleien, Kliniken, Banken und Einzelhandel.

Die College-Gemeinde hält das Leben in Schwung, neben einem sehenswerten Kunstmuseum ungewöhnlich viele Cafés und Restaurants, Galerien, Musikclubs und Programmkinos. In der Nähe von Broad und College Street erinnern ein paar historische Architekturreste noch schwach an die Wunschvorstellung der frühen Athener, hier die »Wiege der Kultur des Südens« einzurichten. Eindrucksvolle Zeugen der alten Tage säumen Milledge und Prince Avenue: klassizistische Villen, viele von ihnen Sitz von Studentenverbindungen. Auch kulinarisch ist Athens gut aufgestellt. In einigen hübschen Restaurants entlang **Broad Street** serviert man leckere Gumbo-Suppen und andere scharfe Sachen aus der Südstaatenküche.

Café-Kultur in Athens

Service & Tipps:

Athens Welcome Center
280 E. Dougherty St.
Athens, GA 30601
✆ (706) 353-1820, Fax (706) 353-1770
www.visitathensga.com
Mo–Sa 10–17, So 12–17 Uhr

Athens-Clarke County Convention & Visitors Bureau
300 N. Thomas St., Athens, GA 30601
✆ (706) 357-4430 oder 1-800-653-0603
Fax (706) 549-5636

The Georgia Museum of Art
90 Carlton St. (Campus der University of Georgia)
Athens, GA 30602-1719
✆ (706) 542-4662, Fax (706) 542-1051
www.uga.edu/gamuseum
Di–Sa 10–17, Mi bis 21, So 13–17 Uhr
Der helle ansprechende Neubau von 1996 versammelt Werke von bildenden Künstlern aus Georgia. Wechselnde Sonderausstellungen.

State Botanical Garden of Georgia
2450 S. Milledge Ave.
Athens, GA 30605
✆ (706) 542-1244
www.uga.edu/botgarden
Gärten tägl. 8 Uhr bis Sonnenuntergang, Visitor Center Di–Sa 9–16.30, So 11.30–16.30 Uhr

Vielseitige Flora am Ufer des Oconee River, Wanderwege in stiller Umgebung, schönes Gewächshaus mit hübschem **Garden Room Cafe** (beliebt für Salate, Sandwichs, Quiches und Suppen). Eintritt kostenlos.

Double Barreled Cannon
College & Hancock Sts., Athens
Kuriosum am Rande von 1863. Die beiden aneinander geketteten Kanonenkugeln sollten einst die verhassten Nordstaatler niedermähen. Aber bei der Zündung klappte das Timing nicht. Das Geschoss erwies sich als Bumerang, verhedderte sich und kam auf die eigenen Leute zurückgeflogen.

Morton Theatre
195 W. Washington St.
Athens, GA 30603
✆ (706) 613-3770
Fax (706) 613-3772
Das 1910 von Schwarzen erbaute und jüngst sanierte Vaudeville-Theater ist eine der ältesten Bühnen im Lande und mit gut 500 Sitzen ideal für Konzerte und kleine Theaterproduktionen. An seinem Standort befand sich am Anfang des Jh.s einmal die *African-American business section* der Stadt.

Harry Bissett's New Orleans Cafe & Oyster Bar
279 E. Broad St., Athens, GA 30601
✆ (706) 353-7065
Bar und Restaurant (seit 1885), um der Südstaatenküche auf den Geschmack zu kommen – z.B. *shrimp creole* oder *jambalaya.* Lunch (außer Mo, $) und Dinner. $$

Last Resort Grill
174 W. Clayton St.
Athens, GA 30601
✆ (706) 549-0810
Frisch, würzig, leicht und gemütlich, auch zum Draußensitzen. $$

Five and Ten
1653 Lumpkin St. (Milledge Ave.), Athens, GA 30606
✆ (706) 546-7300
Eklektische Küche, viele offene Weine. Lunch und Dinner. $–$$

East West Bistro
351 E. Broad St.
Athens, GA 30605
✆ (706) 546-9378
Fusion-Küche, wo man u.a. Tapas mit west-östlicher Geschmacksrichtung bekommt.
So/Mo geschl. $–$$

Kriegerisch und kurios: Athens doppelläufige Kanone

40-Watt Club
285 W. Washington St., Athens
✆ (706) 549-7871
Beste Adresse für die lokale Rock- und R&B-Szene. So geschl.

Ausflugsziel:

Watson Mill Bridge State Park
5 km auf SR 22 nach 560 Watson Mill Park Rd. südlich von Comer
✆ (706) 783-5349
Tägl. 7–22 Uhr
Hübsche überdachte Holzbrücke *(covered bridge)* von 1885. Erholsamer Naturpark für Picknick und Kanufahren, Baden und Angeln im Fluss.
Parkgebühr $ 2.

2 Augusta

Gut betucht: Modell eines Baumwollhändlers im Museum der Augusta Canal National Area

Zwischen dem Piedmont, dem hügeligen Ausläufer des Appalachengebirges, und der atlantischen Küstenebene (der Coastal Plain), genau auf dieser Fall-Linie (und an der Grenze zu South Carolina) liegt Augusta.

Die Stadt, kurz nach Savannah vom britischen General James Oglethorpe 1735 gegründet, ist die zweitälteste Stadt in Georgia. Lange stand hier ein Trading Post der Indianer, und diese Handelstradition entwickelte sich auch während der Kolonialzeit weiter. Zunächst basierte die Landwirtschaft im Wesentlichen auf Tabak, später dann auf Baumwolle. Kurze Zeit war Augusta sogar Hauptstadt von Georgia. Beflügelt wurde ihr industrieller Aufschwung durch den Bau der Eisenbahn (1837) und des Augusta-Kanal (1845).

Trotzdem die größte Munitionsfabrik der Konföderierten in Augusta stand, überlebte die Stadt im Bürgerkrieg General Shermans blutigen »Marsch zum Meer« ebenso unbeschadet wie Madison. Schon früh arbeitete man am Image des Neuen Südens und bemühte sich um zahlende Gäste aus dem kalten Norden, schließlich hatte man milde Winter anzubieten. Gegen Ende des 19. Jahrhunderts profilierte sich Augusta bereits als gefragter Winterkurort – für eine überwiegend betuchte Yankee-Klientel, die der nordischen Kälte, und reiche Südstaatler, die dem Gelbfieber entfliehen wollten. Das Angebot von Zweitwohnungen und der Bau von Golfplätzen kamen dem entgegen; Turniere erst recht.

Heute setzt der exklusive **Augusta National Golf Club** die lukrative Sportgeschichte fort. Nicht immer ohne Kontroversen. Schwarze konnten hier erst ab 1990 teilnehmen, Frauen erst nach 2002. Das jährlich im April durchgeführte Augusta National Masters Golf Tournament ist sogar das Einzige, was die meisten Amerikaner mit dem Namen Augusta verbinden. Zwar hat die Stadt und ihre knapp 200 000 Einwohner auch sonst im Sport die Nase vorn, vor allem bei Regatten und Reitturnieren, aber der Herzenswunsch der Stadtväter bleibt unerfüllt: Augusta auch jenseits des Golfturniers in die Schlagzeilen zu bringen.

Neben breiten Boulevards mit Schatten spendenden Magnolien bestimmen zahlreiche Baudenkmäler das Stadtbild, besonders in Olde Towne (Telfair und Greene Sts.). Der fußgängerfreundliche **Riverwalk** zeigt über die Länge von fünf Straßenblocks die Schokoladenseite Augustas: Auslauf für Spaziergänger, Jogger oder Leute, die picknicken wollen. Der geklinkerte Parcours zwischen 5th und 10th Street verbindet auf mehreren Ebenen Restaurants, Gärten, Brunnen (Eight Street Plaza), Shops sowie die **Cotton Exchange,** das **Fort Discovery** und das **Morris Museum of Art**. Hier gewinnt die Stadt eine gewisse Kompaktheit, die ihr ansonsten weitgehend fehlt. Hübsche Nachbarschaftsviertel wie beispielsweise Summerhill liegen eher abseits und sind ohne Auto schwer erreichbar.

Service & Tipps:

Augusta's Visitor Information Center
560 Reynolds St. (6th St. zwischen Broad und Reynolds Sts.)
Augusta, GA 30901
✆ (706) 724-4067 oder 1-800-726-0243
Mo–Sa 10–17, So 13–17 Uhr
Informationszentrum im Augusta Museum of History.

Augusta Metropolitan County Convention & Visitors Bureau
1450 Greene St.
Augusta, GA 30903-1331
✆ (706) 823-6600, 1-800-726-0243 oder ✆ 1-877-284-8782
Fax (706) 823-6609
www.augustaga.org

Cotton Exchange Building
32 8th St. (Riverwalk)
Augusta, GA 30901
✆ (706) 724-4067
Mo–Sa 9–17, So 13–17 Uhr, Führungen
Die Baumwollbörse von 1886 zählte einst (nach Memphis) zu den größten Märkten des »weißen Goldes« der Welt. Man erzählt, früher wären so viele Baumwollballen am Savannah River gelagert gewesen, dass ein Kind eine Meile hätte darüber laufen können, ohne den Boden zu berühren.

Das restaurierte viktorianische Gebäude diente lange als Museum zum Thema Baumwolle. Bemerkenswertes Detail: das prächtige klassizistische Eckportal. Nun hat eine Bank das Gebäude gekauft, die hier eine Geschäftsstelle einrichten, Führungen aber auch weiterhin ermöglichen will.

The National Science Center's Fort Discovery
17th St. (Riverwalk)
Augusta, GA 30901
✆ (706) 821-0200 und 1-800-325-5445
www.nationalsciencecenter.org/fortdiscovery
Mo–Sa 10–17, So 12–17 Uhr
Mischung aus Wissenschaftsmuseum und Spaßbude. Interaktive Spiele mit Laserkanonen, Robotern und anderen technologischen Geräten. Eintritt $ 8/6.

Morris Museum of Southern Art
One 10th St. (Riverwalk)
Augusta, GA 30901
✆ (706) 724-7501
www.themorris.org
Di–Sa 10–17, So 12–17 Uhr
Sammlung regionaler Kunst vom 18. Jh. bis heute. Porträts und Stillleben aus der Zeit vor dem Bürgerkrieg. Auch Werke von Robert Rauschenberg und Jasper Johns, der aus Augusta stammt. Forschungsbibliothek. Der Museumsshop hält eine reizvolle Auswahl an Reproduktio-

nen, Büchern und Postkarten bereit. Eintritt $ 3.

Augusta Canal National Heritage Area
1450 Greene St. (Enterprise Mill), Augusta, GA 30901
✆ (706) 823-0440 oder 1-888-659-8926
www.augustacanal.com
Mo–Sa 10–18, So 13–18 Uhr
Spannende Ausstellung zum Thema Baumwollhandel und -verarbeitung in der ehemaligen Textilfabrik; Bootsfahrten auf dem Kanal.
Eintritt $ 5/3.

La Maison on Telfair
404 Telfair St.
Augusta, GA 30901
✆ (706) 722-4805
Elegante viktorianische Villa (1855) mit südstaatlichem Charme: Melange aus französischer und regionaler Küche auf hohem Niveau. Gut bestückte Weinbar. Nur Dinner. So geschl. $$$

Bistro 491
491 Highland Ave.,
Augusta, GA 30909
✆ (706) 738-6491
Eklektische Küche, internationale Gerichte, reiche Weinkarte, viele offene Weine. Nur Dinner. So geschl. $$–$$$

Bambu
2110 Walton Way (im Partridge Inn), Augusta, GA 30904
✆ (706) 312-7777
Schick inszeniertes Lokal mit raffinierter Fusion-Küche und Sushi Bar. So/Mo geschl. $$

The Boll Weevil – A Cafe & Sweetery
10 Ninth St., Augusta, GA 30901
✆ (706) 722-7772
Diverse Kleinigkeiten (Suppen, Salate, Sandwichs, Pizza), spezialisiert auf Desserts. Lunch und Dinner. Bar. So/Mo geschl. $

Café Du Teau
1855 Central Ave.
Augusta, GA 30904
✆ (706) 733-3505
Cajun- und französische Spezialitäten, große Weinauswahl – Musikprogramm. Nur Dinner. Reservierung empfehlenswert. Mo geschl. $–$$

French Market Grille
425 Highland Ave.
Augusta, GA 30909
✆ (706) 737-4865
Munter und meist rappelvoll: scharfe Sachen aus südstaatlichen Kochtöpfen (z.B. *creole gumbo*). Cocktail-Bar. Lunch ($) und Dinner. So geschl. $–$$

3 Eatonton

Umgeben von Milchfarmen, von deren Produkten viele der knapp 7 000 Einwohner von Eatonton leben, zieht die Kleinstadt Besucher vor allem aus zwei Gründen an: aufgrund der Hasenplastik auf dem Rasen des stattlichen **Courthouse Square** – eine Hommage an Joel Chandler Harris. Der Autor der in den USA populären Uncle-Remus-Geschichten, wurde hier 1848 geboren. Und ganz in der Nähe gibt es eine den Creek-Indianern zugeschriebene in Stein gehauene Figur, *land art* aus prähistorischer Zeit – den so genannten **Rock Eagle Effigy Mound**. Ansonsten kann man ein paar hübsche Antebellum-Residenzen bewundern, die Sherman vorschonte, während er alle kommerziellen Gebäude der Stadt niederbrennen ließ.

Service & Tipps:

Eatonton-Putnam Chamber of Commerce
105 W. Sumter St.
Eatonton, GA 31024
✆ (706) 485-7701, Fax (706) 485-3277
www.eatonton.com

The Georgia Antebellum Trail Association
P.O. Box 4088
Eatonton, GA 31024
✆ (706) 485-7701
Fax (706) 485-3277
Informationen und Publikationen zum Thema.

Crême brulée vom Feinsten: Chef Heinz Sowinski serviert sie in seinem Maison on Telfair in Augusta

Uncle Remus Museum
214 S. Oak St. (Route 441 S., Turner Park)
Eatonton, GA 31024
✆ (706) 485-6856
Mo–Sa 10–12, 13–17, So 14–17 Uhr
Kleine, von Sklaven erbaute Blockhütte mit Objekten aus den Uncle-Remus-Geschichten von Joel Chandler Harris. Eintritt $ 0.50.

Adelle Theater
107 N. Madison Ave.
Eatonton, GA 31024
Mo–Sa 9–17 Uhr, Mi und So geschl.
Hübsches Stummfilmkino von 1914.

Magnolia House
1130 Greensboro Rd.
Eatonton, GA 31024
✆ (706) 484-1833
www.themagnoliahouse.net
Am Ufer des Lake Oconee in einem alten Farmhaus: gute Südstaatenküche, gute Weinkarte. Nette Bar. Nur Dinner. So geschl. $$

Ausflugsziel:

Rock Eagle Effigy
Off Rt 441, 7 Meilen nördl. von Eatonton an US 441
✆ (706) 484-2800
Ein aus Quarzsteinen und vermutlich von den Creek-Indianern geformter Vogel – *land art*, angeblich über 5 000 Jahre alt.

4 Louisville

Noch bevor es hier überhaupt Einwohner gab, waren in **Louisville** bereits das Kapitol und der Sitz des Gouverneurs gebaut, denn zwischen 1795 und 1805 war dies die Hauptstadt von Georgia. Eilfertig sollten damit Siedler entlang der Küste ins Hinterland angelockt werden, hinein in den Baumwollgürtel. Einige kamen auch, die Anzahl hielt sich jedoch in Grenzen. Daran hat sich bis heute nicht viel verändert, und die Stadt (2 700 Einwohner) wirkt, als läge sie im Tiefschlaf.

Service & Tipps:

Jefferson County Chamber of Commerce
302 Broad St., Louisville, GA 30434
✆ (478) 625-8134 oder 1-866-527-2642
Fax (478) 625-9060
www.jeffersoncounty.org

Gaumenfreuden …

5 Macon

275 000 blühende Kirschbäume in der Stadt! Wenn das kein Grund für ein **Cherry-Blossom-Festival** ist! Jedes Jahr heißt es deshalb Ende März: *Macon goes pink* – egal, ob Jacketts, Hosen, Blusen, Hemden oder Hüte, ja sogar das Eis, das auf den Straßen geschleckt wird – alles ist rosa. Groß und Klein sind auf den Beinen oder breiten ihre Decken auf dem Rasen zum Picknick aus. Der swingende Gospelchor heizt die Stimmung auf.

Macon, am Endpunkt des Antebellum Trails, präsentiert sich den Rest des Jahres über als eine aufgeräumte Stadt, ethnisch divers und mit einem großen musikalischen Erbe versehen. Sie wurde 1823 als Fort am Ufer des Ocmulgee

... und Ohrenschmaus – das Kirschblütenfest in Macon bringt Spaß für alle

River gegründet und ist heute mit 115 000 Einwohnern drittgrößte Stadt in Georgia, die im Wesentlichen von diversen Herstellungsbetrieben und vom Tourismus lebt.

Das Stadtbild setzt sich aus einigen historischen Straßenblocks (Mulberry und Cherry Sts.) und drei Dutzend Antebellum-Villen zusammen, darunter die wohl Schönste im ganzen Staat, das **Hay House**. Zu den übrigen städtischen Highlights zählt die **Georgia Music Hall of Fame** (Little Richard, Lena Horne und Otis Redding stammen aus Macon!) – ein vorzüglich inszenierter Musik-Kosmos, aufgebaut wie eine georgianische *small town* mit diversen »Gebäuden«, die jeweils mit Themen besetzt oder Musikern gewidmet sind. Auch eine Gospelkirche ist dabei. Überall gibt es Hörproben, selbst die Toiletten sind beschallt. Eine Mitarbeiterin im Hause erzählt von den vielen alten Musikern, die in den 20er und 30er Jahren gespielt haben und die heute noch in der Stadt leben. Man versuche, Kontakt mit ihnen aufzunehmen, um die eine oder andere Gruppe daraus zu rekrutieren.

Außerdem sehenswert: das **Tubman Museum of Afro-American Culture** (Geschichte der Schwarzen), das **Douglass Theatre** (1921 als Theater für Farbige gebaut) sowie das außerhalb gelegene **Ocmulgee National Monument**, ein Friedhof der Creek-Indianer. Deren Geschichte endete, als sie 1821 ihr Land an die Regierung abtraten und alsbald vertrieben wurden.

REGION 3 Georgias Antebellum Trail

Grandiose Pracht: Das Hay House in Macon zählt zu den schönsten Antebellum-Villen des Südens

Service & Tipps:

Macon-Bibb County Convention and Visitors Bureau
200 Cherry St. (Terminal Station)
Macon, GA 31208-6345
✆ (478) 743-3401 oder 1-800-768-3401
www.maconga.org, Mo–Sa 9–17.30 Uhr

Trolleybusse
in Downtown Macon sind bequem und billig. Sie fahren alle Sehenswürdigkeiten an und sammeln die Leute auch wieder ein. Eine Rundfahrt dauert 30 Min. Man kann aber auch Teilstrecken fahren, den Rest zu Fuß gehen, Pausen machen und mit dem nächsten Bus weiterfahren.

Hay House
934 Georgia Ave.
Macon, GA 31201-6708
✆ (478) 742-8155
www.georgiatrust.org/hay.html
Mo–Sa 10–17, So 13–17 Uhr
Prächtige klassizistische Villa im Stil des so genannten *Italian Renaissance Revival* (1855–60). Die Möblierung der 24 Zimmer stammt aus dem Anfang des 20. Jh. Eintritt $ 6.

Georgia Music Hall of Fame
200 Martin Luther King Jr. Blvd.
Macon, GA 31202
✆ (478) 750-8555 oder
✆ 1-800-GA-ROCKS
Fax (478) 750-0350
www.gamusichall.com
Mo–Sa 9–17, So 13–17 Uhr
Museum als permanentes Musikfestival: Laser-Videos, Gospel, Memories made in Georgia. U.a. Dokumente von Little Richard, Ray Charles, James Brown, Gladys Knight, Otis Redding und den Gruppen R.E.M. und B-52's. Eintritt $ 8.

Tubman African American Museum
340 Walnut St., Macon, GA 31201-3406
✆ (478) 743-8544
www.tubmanmuseum.com
Mo–Sa 9–17, So 14–17 Uhr
Museum zur Kunst- und Kulturgeschichte der Afro-Amerikaner. Eintritt $ 3.

Douglass Theatre
355 Martin Luther King Jr. Blvd.
Macon, GA 31201
✆ (478) 742-2000
Charles Douglass, Georgias erster afro-amerikanischer Millionär, eröffnete dieses Vaudeville-Theater 1921.

Ocmulgee National Monument
1207 Emery Hwy.

Macon, GA 31217
✆ (478) 752-8257
www.nps.gov/ocmu
Tägl. 9–17 Uhr
Überreste einer 12 000-jährigen Indianerkultur: Erdhütte, Kunstgegenstände und Grabhügel *(burial mounds)* verstreut über ein parkähnliches archäologisches Gelände. Visitor Center, Picknick, Wandern, Angeln. Eintritt kostenlos.

Natalia's
2720 Riverside Plaza
Macon, GA 31204
✆ (478) 741-1380
Italienisch geprägt: v.a. Fisch, Lamm, Rippchen und Pasta. Ergiebige Weinkarte. Cocktail Lounge. Nur Dinner. So geschl. $$-$$$

Tic Toc Room
408 Martin Luther King Jr. Blvd.
Macon, GA 31201
✆ (478) 744-0123
Historisches Gebäude, wo früher berühmte Musiker auftraten: heute raffinierte Südstaatenküche, viele Weine und Martinis. Nur Dinner. So/Mo geschl. $$

Len Berg's
240 Old Post Office Alley (Downtown), Macon, GA 31201
✆ (478) 742-9255
Seit 1908 bewährte Portionen aus amerikanischer und regionaler Küche. Nur Lunch. So geschl. $

Nu-Way Weiners
480 Cotton Ave., Macon
✆ (478) 743-1368
6 Filialen in Macon: Hot Dogs, von denen alle sprechen. Die Karriere des Unternehmens kam durch den Schreibfehler im Firmennamen in Gang. So geschl. $

Trio
430 Cherry St., Macon, GA 31201
✆ (478) 738-8746
Beliebter Musikclub.

550 Blues
550 Riverside Dr.
Macon, GA 31201
✆ (478) 750-0005
Gutes Musiklokal.

6 Madison

Das hübsche **Madison** darf sich ohne Frage zu den besterhaltenen Kleinstädten (3 500 Einwohner) des amerikanischen Südens zählen. Obwohl im Bürgerkrieg auf der Route der Zerstörung gelegen, verschonte General Sherman die Stadt dank ihrer friedlichen Kapitulation. Nur ein paar kommerzielle Gebäude gingen in Flammen auf. Die alte Bausubstanz, der moosdrapierte Baumbestand und die gepflegten Gärten tun daher heute so, als sei die Zeit stehen geblieben. Sehenswert: unter anderen das Hunter House von 1883, die üppige **Heritage Hall**, im klassizistischen Greek-Revival-Stil aus dem gleichen Baujahr (die Historische Gesellschaft arbeitet hier), oder das Rogers House and the Rose Cottage, ebenfalls aus dem 19. Jahrhundert. Wie vielerorts im Süden, öffnen die meisten von ihnen ihre Türen für die Öffentlichkeit (Mai und Dezember). Wer sich Stücke der Vergangenheit lieber gleich kaufen möchte, der liegt am **Town Square** richtig, denn hier konzentriert sich der Handel mit antiken bzw. dekorativen Sammlerstücken.

Service & Tipps:

Madison/Morgan County Chamber of Commerce & Convention & Visitors Bureau
115 E. Jefferson St., Madison, GA 30650
✆ (706) 342-4454 oder 1-800-709-7406
Fax (706) 342-4455
www.madisonga.org
Mo–Fr 8.30–17, Sa 10–17, So 13–16 Uhr

Mitten in Madison: das Morgan County Court House

Infozentrum im ehemaligen Gebäude der Feuerwehr.

Madison-Morgan Cultural Center
434 S. Main St., Madison, GA 30650
✆ (706) 342-4743
Fax (706) 342-1154
www.madisonmorgancultural.org
Di–Sa 10–17, So 14–17 Uhr, Mo geschl.
Dieses vorzügliche regionalgeschichtliche Kunstmuseum ist in einem alten Schulgebäude von 1895 untergebracht, eine der ersten Grundschulen des Südens, die aus soliden Ziegelsteinen errichtet wurde. Eintritt $ 3.

Morgan County African American Museum
156 Academy St. (im Horace Moore House), Madison, GA 30650
✆ (706) 342-9191
Di–Fr 10–16, Sa 12–16 Uhr, So/Mo geschl.
Ausstellungen zur Geschichte, Kultur und Kunst Afro-Amerikaner im Süden.

Heritage Hall
277 S. Main St.
Madison, GA 30650
✆ (760) 342-9627
Mo–Sa 10–16.30, So 13.30–16.30 Uhr, Führungen
Elegante Villa, 1811 im Greek-Revival- Stil erbaut.

Madison Chophouse Grille
202 S. Main St. (Historic Town Sq.), Madison, GA 30650
✆ (706) 342-0910
Muntere Bistro-Atmosphäre: typische amerikanische Kost und reichlich. Bier und Wein, Espresso und Cappuccino. Lunch und Dinner. $-$$

Ye Olde Colonial Restaurant
108 E. Washington St. (Historic

Town Sq.), Madison, GA 30650
✆ (706) 342-2211
Einfache Cafeteria in altem Bankgebäude. Frühstück, Lunch und Dinner. So geschl. $

Adrian's Place
325 W. Washington St.
Madison, GA 30650
✆ (706) 342-1600
BBQ-Rippchen, Steaks etc. *Soulfood*-Restaurant. $

Madison Drug Co.
213 N. Main St.
Madison, GA 30650
✆ (706) 342-1722
Populäre Drogerie für den kleinen Hunger: Soft Drinks und Sandwichs, Burger und so weiter. $

7 Milledgeville

Die 1889 gegründete Georgia College & State University beherrscht heute weitgehend das Stadtbild der gepflegten Kleinstadt, vor allem aber sind es die Studenten selbst, die Leben in die überwiegend historische Stadtkulisse bringen. Denn aus einigen Blickwinkeln sieht das heutige Milledgeville (mit knapp 19 000 Einwohnern) noch so aus wie zu seiner Gründerzeit von 1803, als es einmal die Hauptstadt von Georgia war (1803-63). Neugotische und viktorianische Bauformen beherrschen das **Old State Capitol Building**, das **Baldwin County Courthouse** und eine ganze Reihe von Antebellum-Villen. Die historische Altstadt wird begrenzt von den Straßen Thomas, Franklin, Tattnall

Old Baldwin County Court: das alte Gerichtsgebäude auf dem Gelände der Universität von Milledgeville

und Elbert Streets. Eine **Trolley-Tour** schafft den Überblick über die »First Lady of Georgia«, wie sich Milledgeville gern sieht; außerdem sind die Kommentare der Reiseleiter mitunter äußerst unterhaltsam.

Service & Tipps:

Milledgeville-Baldwin County Convention & Visitors Bureau
200 W. Hancock St.
Milledgeville, GA 31061
✆ (478) 452-4687 oder 1-800-653-1804
www.milledgevillecvb.com
Mo–Fr 8.30-17, Sa 10–16 Uhr

Public Guided Trolley Tours
Mo–Fr 10, Sa 14 Uhr
Die roten Busse starten am Convention & Visitors Bureau. Fahrpreis $ 10/5.

Old State Capitol Building
201 E. Green St.
Milledgeville, GA 31061
Bau von 1807, Regierungssitz zwischen 1807–68. Heute Sitz eines Militär-Colleges. Im Erdgeschoss ist das **Georgia's Antebellum Capitol Museum** untergebracht (✆ 478-453-1803, www.gacmuseum.com).

Old Governor's Mansion
120 S. Clark St.
Milledgeville, GA 31091
✆ (478) 445-4545
Di–Sa 10–16, So 14–16 Uhr, Mo geschl.
Klassischer Greek-Revival-Bau von 1838 – hier hat auch General Sherman übernachtet.

Margarita's Mexican Grill
2400 N. Columbia St.
Milledgeville, GA 31061
✆ (478) 453-9547
Lebendiges mexikanisches Lokal. Cocktails, Lunch und Dinner. $–$$

Brewers Downtown Café
138–140 W. Hancock St.
Milledgeville, GA 31061
✆ (478) 452-5966

»Schöner Wohnen« in Milledgeville

Lockeres Kaffeehaus mit eklektischer Küche. Lunch und Dinner. So geschl.
$

Cafe South
132 Hardwick St.
Milledgeville, GA 31061-4686
✆ (478) 452-3164
Täglich wechselnde Karte mit delikater Südstaatenküche. Vorwiegend Lunch (außer Sa), Dinner nur Fr/Sa.
$-$$

8 Washington

Washington besitzt einen ansprechenden Stadtkern. Besonders sehenswert: das **Haus von Robert Toombs**, eines Schatzmeisters der Konföderierten, der angeblich mit der Kriegskasse durchbrannte. Sie soll immer noch in der Nähe des Hauses versteckt sein. Ein Besucher fragt die alte Dame, die in der Villa Dienst tut: »Wo ist das Gold?« – »Wenn ich das wüsste, würde ich hier nicht samstags arbeiten.«

Service & Tipps:

Washington-Wilkes Chamber of Commerce
104 E. Liberty St.
Washington, GA 30673
✆ (706) 678-2013
www.washingtonga.org

Robert Toombs House State Historic Site
216 E. Robert Toombs Ave.
Washington, GA 30673-2037
✆ (706) 678-2226
Di–Sa 9–17, So 14–17 Uhr
Sehenswerte Villa eines ehemaligen Südstaatenpolitikers von 1797. Eintritt $ 3.

Another Thyme
5 E. Public Sq.
Washington, GA 30673
✆ (706) 678-1672
Bestes Restaurant der Stadt, regionale Küche, auch für Vegetarier. Lunch ($), Fr/Sa Dinner. $-$$

9 Watkinsville

Die ruhige Kleinstadt zwischen Athens und Madison bietet ein paar schöne alte Gebäude (u.a. **Eagle Tavern** und **Ashford Manor**) und eine Künstlergemeinde aus Glasbläsern, Keramikern und Metallbildnern.

Service & Tipps:

Oconee County Visitors Bureau & Welcome Center
26 N. Main St. (Route 441)
Watkinsville, GA 30677
✆ (706) 769-5197
www.visitoconee.com
www.oconeecounty.com
Mo–Sa 10–17 Uhr
Untergebracht im Eagle Tavern Museum, einer der ältesten Postkutschenstationen und Tavernen des Landes. Leider ist die Bar nur noch eine Abstellkammer. Zu besichtigen sind noch einige historische Einrichtungsgegenstände.

Le Maison Bleu
124 Greensboro Hwy.
Watkinsville, GA 30677
✆ (706) 769-6480
www.maison-bleu.com
Europäisch beeinflusste Küche mit regionalem Touch in Bistro-Atmosphäre. Lunch ($) und Dinner. BYO empfohlen. So/Mo geschl.
$$-$$$

Duft statt Moder
Wer in einem der historischen Bed & Breakfast-Häuser übernachtet, kommt mit einer weiteren Eigenart des Landes in Berührung – mit dem Geruch von Zimt und Nelken, einem süßlichen Duft-Potpourri (gesprochen: POPeri), das, durch die Feuchtigkeit des Holzes entfesselt, dessen feuchtmodrigen Geruch wiederum überdecken soll.

Southern Georgia

Savannah, Inseln und Hinterland

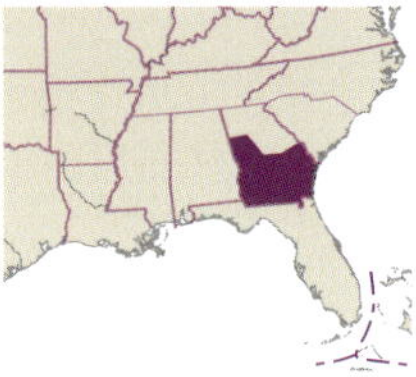

Streng gesehen lockt der Süden von Georgia mit vier attraktiven touristischen Zielen: mit einer erholsamen Atlantikküste, mit der lange notorisch unterschätzten Hafenstadt Savannah, mit einem faszinierenden Sumpf und mit ein paar wenig bekannten, hübschen Kleinstädten – Valdosta und Thomasville zum Beispiel.

Die weitgehend naturbelassene Küste zählt zweifellos zu den Überraschungen auf einer Südstaatenreise. Das liegt vermutlich daran, dass Strandhafer und Priele, Brandung und Dünen nicht ins geläufige Bild des Südens passen. Gleichwohl, die internationalen Turnierplätze und gepflegten Ferienhotels (Sea Island, Saint Simons Island), die malerischen Salzmarschen (Marshes of Glynn), die nostalgischen Kurhotels und menschenleeren Strände im Windschatten des Tourismus (Jekyll Island) und die insularen Naturparadiese für Vögel und Vogelfreunde (Cumberland Island) – kurz, die Strand- und Inselket-

Marshes of Glynn: Marschlandschaft zwischen Brunswick und den Golden Isles, Georgia

te zwischen Savannah und der Grenze Floridas, die *Barrier Islands,* gehört neben den »Outer Banks« von North Carolina zu den reizvollsten an der gesamten US-Ostküste.

Savannah verliert im Schönheitswettbewerb mit Charleston meist nach Punkten, weil es nicht so leicht konsumierbar ist. Doch wer sich auf die duftenden Magnolien und den Charme des stellenweise abblätternden Putzes, auf die schattigen Plätze und stillen Friedhöfe näher einlässt, der wird seine Freude an dieser ungewöhnlichen Stadt haben, die wie kaum eine andere südliche Sinnlichkeit ausstrahlt.

Die Plätze sind dabei das Schönste in Savannah – und das, was dort so los ist: Hochzeiten, Kindtaufen, Schulabschlussfeiern, Picknicks. Zur Ferienzeit bekommen die Schulkinder im Forsyth Park ein *free lunch,* und abends spielt eine Band aus schwarzen Musikern Jazz unter freiem Himmel.

Sümpfe gelten gemeinhin als schmutziges, stinkendes und gefährliches Terrain. Der Okefenokee Swamp, der mit Abstand größte Sumpf im Süden, bildet da keine Ausnahme. Amerikanische Touristen mögen ihn nicht sonderlich, und die großen Highways machen einen entsprechenden Bogen um ihn. Dennoch verbirgt sich hier eine amphibische Welt für sich, denn Wasser und Land dieser »bebenden Erde« – was *Okefenokee* in der indianischen Sprache bedeutet – sind auf das Innigste liiert.

❶ Brunswick

Am besten fährt man in Brunswick erst mal zum **Shrimp Dock** beim Mary Ross Waterfront Park am Ende von Gloucester Street, wo jene Kutterflotte vor Anker liegt, die Brunswick, dem Regierungssitz von Glynn County, den Titel »Shrimp Capital of the World« eingebracht hat.

Brunswick kommt von Braunschweig, dem ursprünglichen Sitz des hannoveranischen Adelsgeschlechts von England, dem König George II. entstammte und dem ja ganz Georgia seinen Namen verdankt. Brunswick blieb dieser Tradition seit seiner Gründung 1771 offenbar besonders treu, denn im Gegensatz zu allen anderen Städten wechselte man hier nach der amerikanischen Revolution die Straßennamen nicht. Nach wie vor lesen sie sich in Brunswick wie ein Who's Who anglo-feudaler Herkunft.

Die Ortswahl kam nicht von ungefähr. Die Spanier betrachteten zu jener Zeit alles Land südlich des Altamaha River als ihr Eigentum, ein Anspruch, der England missfiel und der letztlich in der Schlacht der »Bloody Marsh« zurückgewiesen wurde. Im Friedensvertrag von 1763 trat Spanien die Gebiete des südlichen Georgia an England ab. Daraufhin verfielen die militärischen Stützpunkte auf den Inseln, allen voran das 1736 auf St. Simons Island gegründete **Fort Frederica**. Die Kolonisten suchten sich anschließend einen neuen Hafen auf dem Festland.

Eine Fahrt durch Brunswick bringt von seiner vergleichsweise langen Geschichte kaum etwas mehr zum Vorschein, wohl aber einige sehenswerte Viktorianer, besonders im so genannten Southend an Union Street.

Krabbenflotte in Brunswick

Service & Tipps:

Brunswick-Golden Isles Visitors Bureau
4 Glynn Ave.
Brunswick, GA 31520
✆ (912) 265-0620 und 1-800-933-2627
Fax (912) 265-0629
www.bgivb.com, Mo–Fr 8.30–17 Uhr
An der Brückenauffahrt nach St. Simons Island: Informationen über Brunswick, St. Simons, Little St. Simons, Sea und Jekyll Island.

Ritz Theatre
1530 Newcastle St.
Brunswick, GA 31520
✆ (912) 262-6934
www.goldenislesarts.org
Altes Kino von 1898 und rundum wiederhergestellt für wechselnde Produktionen.

Too'can Café
1618 Newcastle St.
Brunswick, GA 31520
✆ (912) 262-1402
Familiärer Platz zum Lunch. $

Oak Grill
1312 Newcastle St.
Brunswick, GA 31520
✆ (912) 267-1711
Gute Adresse für Lunch und Dinner. So geschl. $–$$

Ausflugsziel:

Hofwyl-Broadfield Plantation
Reizvoll gelegenes Bau-Ensemble: das von moosbärtigen Eichen und Palmettos umstandene Herrenhaus (1850) und Sklavenquartiere. Die Nachfolger des Gründers ergänzten den Namen Broadfield durch Hofwyl in Anspielung auf eine Schweizer Schule, die sie besucht hatten.

Gleich am Anfang des 19. Jh. kaufte ein gewisser William Brailsford aus Charleston einen Batzen Land an dieser Stelle, nannte ihn Broadfield und ließ dort von Hunderten von afrikanischen Sklaven Reisfelder aus dem Zypressensumpf herausschneiden. Wie das aussah, ist im Haus zu besichtigen. Bis zum Bürgerkrieg blühten die Felder, aber dann, wie sonst im Süden auch, machten Krieg, Hurrikane, Erosion und wachsende Konkurrenz aus Louisiana, Arkansas, dem Osten von Texas und das Fehlen billiger Arbeitskräfte der Reiswirtschaft langsam den Garaus.

Garage, Eishaus und Scheune sind jüngeren Datums und stammen aus den ersten Jahrzehnten des vorigen Jahrhunderts, als das Reisimperium bereits zusammengebrochen war und Hofwyl auf Milchwirtschaft umgestellt wurde.

Bis in die späten 1940er Jahre versorgten unter anderem Kühe aus Schleswig-Holstein Glynn County mit Milch und Butter – übrigens auch die Millionäre, die im Winterurlaub auf Jekyll Island weilten. Man sagt, sie hätten bis zu 200 Liter täglich erhalten.

Service & Tipps:

Hofwyl-Broadfield Plantation
5556 US 17 N. zwischen Darien und Brunswick
Brunswick, GA 31520
✆ (912) 264-7333
www.gastateparks.org/info/hofwyl
Di–Sa 9–17, So 14–17.30 Uhr, Mo geschl. Eintritt $ 5/2

REGION 4
Southern Georgia

❷ Columbus

In der 1828 gegründeten Textilstadt bildet die **Heritage Corner** ein sehenswertes Stadtviertel mit zahlreichen Südstaatenvillen.

Service & Tipps:

Columbus Convention & Visitors Bureau
1000 Bay Ave., Columbus, GA 31902
✆ (706) 322-1613
www.columbusga.com

Columbus Museum
1251 Wynnton Rd.
Columbus, GA 31906
✆ (706) 649-0713
Di–Sa 10–17, Do 17–21, So 13–17 Uhr
Kleines Museum mit eindrucksvoll präsentierter Geschichte des Chattahoochee-River-Tals seit den Creek-Indianern. Weiteres Ausstellungsthema: lokale Kunst und Volkskunst der Region. Eintritt kostenlos.

Minnie's Uptown Restaurant
104 8th St.
Columbus, GA 31901
✆ (706) 322-2766
Freundliche Lunch-Cafeteria mit Südstaatenküche. Ja, und einer Herrentoilette als Canyonlandschaft mit Blitz und Donner. Sa/So geschl. $

Country's Barbecue
1329 Broadway
Columbus, GA 31901
✆ (706) 596-8910
Im alten Busbahnhof dominieren regionale Landküche und BBQ-Gerichte. $$

Ausflugsziel:
11 km westlich von Lumpkin via SR 39C.

Providence Canyon
Am besten parkt man am Parkeingang, hart am Abgrund des bis zu 50 Meter tiefen Canyons mit seinen vielfarbigen Schluchten und scharfkantigen Sandsteinsäulen. Im Besucher-

Der »Little Grand Canyon« von Georgia: Providence Canyon

zentrum erfährt man einiges über die geologische Geschichte dieser seltenen Gesteinsformation, die sich in ein gutes Dutzend »Finger« auffächert.

Der Wanderweg zum Grund enthüllt die geomorphologischen Prozesse während vieler Millionen Jahre. Dabei ist der »Little Grand Canyon« von Georgia gerade mal um die 150 Jahre alt. Anders als beim großen Bruder in Arizona, der seine gigantischen Ausmaße dem Colorado River verdankt, war es hier im Osten der sorglose Ackerbau der ersten Siedler im vorigen Jahrhundert, der die bizarren Einschnitte verursachte.

Nach den Rodungen der Wälder und der übrigen Vegetation konnte das Regenwasser ungehindert ablaufen und Rinnen und Gullys bilden, die sich immer tiefer in den weichen Boden fraßen und die verschiedenen Erdschichten freilegten. Ihr Aussehen ändert sich auch heute noch ständig; schon nach einem schweren Regenguss kann die Canyontiefe deutlich wachsen und das Profil anders aussehen lassen.

Der unstete Wechsel von Erosion und Ablagerung lässt sich vor allem am Farbenspiel des Sedimentgesteins ablesen. Was weiter oben orangerot und eisenhaltig leuchtet, setzt die darunter liegende Formation mit weißen, rosa und schließlich braungrauen magnesiumhaltigen Tönen fort.

Wer mehr über dieses Naturschutzgebiet wissen will, der kann auf den diensthabenden Ranger zählen, der, wie es sich für seinen Berufsstand gehört, nicht nur viel weiß, sondern vorbehaltlos alles liebt, was *mother nature* hervorgebracht hat. Nur den Kudzu, auch wenn man aus seinen Ranken so nützliche Dinge wie Körbe flechten kann, hasst er wie die Pest. Der hält, so schimpft er, landesweit nicht nur Bäume, Scheunen und Telefonmaste millionenfach umschlungen, sondern der klettert sogar an den Wänden des Providence Canyon hoch und mindert so die ästhetische Wirkung der kahlen Formation, auf die alle hier gerade stolz sind.

Service & Tipps:

Providence Canyon State Park
Hwy. 39 C (Box 158, Route 1)
Lumpkin, GA 31815
✆ (229) 838-6202
Tägl. im Sommer 7–21, im Winter bis 18 Uhr, Visitor Center tägl. 8–17 Uhr
Interpretative Center: Info, Ausstellung, Literatur, Beginn des Trail zum Grund des Canyon. Parkgebühr $ 2.

❸ Cumberland Island

Oldtimer auf Cumberland Island

Wer einmal Robinson Crusoe spielen möchte, dem bietet sich dazu auf einem Tagesausflug zu dieser südlichsten, größten und unberührtesten aller *Barrier Islands* von Georgia die Gelegenheit – ein Vogel- und Schildkrötenparadies aus Dünen, Süßwasserseen, fruchtbaren Marschen und wildreichen Wäldern (z.B. Hirsche, Rehe, Wildschweine). Natur ist hier Trumpf, seit die Depression das Ende der Ära der Großindustriellen einläutete und in den 1960er Jahren die Carnegie-Erben die Insel dem National Park Service unterstellten.

Das bedeutete praktisch *off-limits* für jede kommerzielle Erschließung und Autos, Dienstfahrzeuge der Parkverwaltung ausgenommen. Dafür springen muntere Wildpferde herum, die noch vom Besuch der Spanier stammen. Entsprechend streng geht es bei der Anmeldung zu. Höchstens 300 Personen dürfen gleichzeitig auf dieser Schatzinsel der Erholsamkeit weilen.

In der Regel reicht der Halbtagsaufenthalt (mit Selbstverpflegung) auf der Insel zu einer geruhsamen Wanderung durch die Memos der Inselgeschichte, am Strand entlang und durch den maritimen Urwald. Erster Stopp: die malerisch verfallene **Carnegie-Ruine** (**Carnegie's Dungeness**; Lucie Carnegie starb 1966), die im erhaltenen Zustand prächtig dastand – als subtropisches Mekka für extravagante Parties mit Stars und Senatoren.

Kurgast auf Cumberland Island

Die schöne Seeseite wirkt wie ein retuschiertes Foto eines amerikanischen Seebads, d.h. kein Bauwerk, kein Hotel. Stattdessen ein breiter Dünengürtel, Krabbenkutter auf See, Egrets, Falter, Sanderlinge. Ja, und dann die wilden maritimen Wälder, ein verschlungenes Gewächs aus moosbehangenen Eichen und Magnolien, umgeknickten Bäumen, Luftwurzeln und *resurrection fern* – der »Wiederauferstehungsfarn«, der an den Stämmen festgemacht hat.

Aber, aufpassen! Wer sich von Mutter Natur fesseln lässt, kann leicht in Schwierigkeiten geraten, denn wer beim Tuten nicht an Bord des Schiffes ist, dessen Status wechselt in Sekunden zum wirklichen Robinson.

Service & Tipps:

Cumberland Island National Seashore
107 Saint Marys St.
Saint Marys, GA 31558
✆ (912) 882-4335 oder 1-888-817-3421
Fax (912) 673-7747
www.nps.gov/cuis , www.stmaryswelcome.com/cumberland.cfm
Größte und südlichste der Golden Isles. Reservierungen Mo–Fr 10–16 Uhr unter ✆ 1-888-817-3421. Schöner, schattiger Campingplatz unter Eichen (vorher reservieren!) und abgelegenere einfache Plätze für das eigene Zelt. Anfahrt: Von Brunswick I-95, S 40 nach Saint Marys (ca. 1 Std.), wo morgens die Fähre ablegt, 3/4 Std. Überfahrt. Telefonische Voranmeldung und Abfahrtszeiten: ✆ (912) 882-4335. Möglich auch, dass man einen Skipper findet, der privat übersetzt. Tägl. März–Nov.: Abfahrt der Fähren von Saint Marys um 9 und 11.45, Rückkehr 10.15 und 16.45 Uhr; nicht mehr als 300 Personen täglich. Abfahrt während des übrigen Jahres: Do–Mo 9 und 11.45 Uhr. Fähr- und Dockgebühren ca. $ 15.

4 Georgetown

Georgetown tritt eher bescheiden auf: ein netter kleiner Ort mit hübscher Methodistenkirche. Sein historisches Kleinod, das **Old Quitman County Jail**, ein typisches Landgefängnis aus dem Jahre 1891, versteckt sich hinter dem Gerichtsgebäude.

5 Jekyll Island

Jekyll Island mischt Nordsee und Südsee, Herbes und Üppiges aufs Angenehmste. Am Wasser lädt der weite Sandstrand zum Laufen, Schwimmen, Windsegeln oder Sammeln von Sanddollar. Gewöhnlich genießen das nur ein paar Einzelgänger. Statt Poolradau, Transistorengeplärre von *All you can eat*-Ausflüglern tummeln sich Delphine vor der Küste, flitzen Strandkrebse in Richtung Dünen, zeigen Pelikane ihre Flugkünste und steigen Drachen auf. Und zwischen Mitte Juni und Mitte August kommen am Südende der rund

Wo früher die Millionäre tafelten: der Jekyll Island Club auf der gleichnamigen Insel

REGION 4
Southern Georgia

Damen beim Krocket

zwölf Kilometer langen Insel sogar die riesigen Meeresschildkröten an Land, um im Vollmondlicht ihre Eier in den Dünen zu vergraben. Jeder Strandhaferhalm steht hier unter Naturschutz. Die Vogelkolonie erst recht.

Über hölzerne Stege, die meist von den wenigen Hotels an der Seeseite aus die Dünen überqueren, gelangt man an den Strand. Die geduckten Bäume tragen Sturmfrisuren: Wind und Salz-Spray haben die Kronen so schräg und glatt gebürstet, als hätte Grace Jones Pate gestanden. Auf, unter und in ihnen krächzen und zwitschern die *black birds*, die grauen und gierigen *starlings*, die hübschen *blue jays* (Blauhäher) und die feuerroten *cardinals*.

Hier draußen gehen die Brandungsfischer gern ans Werk, um sich per Angel oder kleinem Schleppnetz ein paar Früchte des Meeres an Land zu ziehen. Beliebt sind Shrimps und *sea trout*, die gesprenkelte Meeresforelle. In bedächtigem Abstand wartet ein Reiher auf seinen kostenlosen Lunch, denn die wählerischen Angler werfen den größten Teil ihres Fangs ins Wasser zurück: blaue Taschenkrebse *(blue crabs)* – die Weibchen tragen auf der Unterseite gepanzerte Eiertaschen, deren Inhalt sie im Meer ablegen; *squid*, Mini-Tintenfische mit großen perlmuttfarbenen Augen, die sich mit einem regelrechten Raketenantriebssystem wie kleine *bubble jets* im Wasser bewegen und bei Gefahr schwarzblaue Tinte ausstoßen, um den Angreifer zu ärgern. Ab und zu schnappen auch mal Baby-Haie nach dem Köder, um die 50 Zentimeter lang sind sie schon. Meist macht ein großes Messer auf der Stelle zwei Filets aus ihnen: keine Gräten, reiner Muskel, leerer Magen, das heißt der Hunger treibt die Tiere so nah an die Küste. Keine Angst, die größeren bleiben weit draußen.

Meilenweite Radwege kreuzen durch abwechslungsreiches Gelände: schilfige Feuchtgebiete, tadellose Golfplätze und ruppiges Urwaldgehölz, in dessen Süßwassertümpeln auch schon mal ein Alligator lauert. Aber auch hier muss man sich keine Sorgen machen. Die lokalen Behörden beteuern, dass man die Burschen immer dann transloziere, wenn sie zu groß werden und die Radler zu sehr entsetzen.

Am Spätnachmittag zeigt sich das alte Dorf an der Wattseite von seiner besten Seite. Dann wird es allmählich Zeit, den Sonnenuntergang auszukos-

Jekyll Island, Georgia

Strandpartie auf Jekyll am Anfang des 20. Jahrhunderts

ten. Vom Anleger aus oder besser noch (mit oder ohne Margarita) in den Schaukelstühlen auf der Holzveranda des **Jekyll Island Club Hotel**. Die blauschwarzen *black birds* krächzen, das rasselnde Crescendo der Zikaden in den alten Bäumen schwillt an und ab, die niedlichen Moppel machen Freudensprünge, die Hasen mümmeln, und über der friedlichen Erde treiben pastellfarbene Wolken, besonders im Nachsommer. Schrammte da nicht irgendwo ein Skateboard-Fahrer vorbei, könnte man sich glattweg in die gute alte Zeit zurückversetzt fühlen, als Jekyll Island das Winterparadies für eine handverlesene Sorte von Insulanern war: für Millionäre.

Das war gegen Ende des 19. Jahrhunderts, als die Insel ihren für diese Küstenregion typischen geschichtlichen Zyklus bereits hinter sich hatte: die Goldsucher aus Europa, die Guale-Indianer, die missionarischen Spanier, jede Menge Piraten, die Briten unter Oglethorpe (dessen Freund Sir Joseph Jekyll unterstützte ihn finanziell, zum Dank gab Oglethorpe der Insel seinen Namen), französische Siedler in der Plantagenzeit und deren jähes Ende nach dem Bürgerkrieg.

Dann geschah es. Im Jahre 1886 kaufte ein Konsortium steinreicher Industrieller die Insel, um dort einen Club einzurichten, der als Winterkurort und Jagdrevier Abwechslung vom Alltag im kalten Norden bieten sollte. Wie exklusiv dieser Club war, verraten Namen wie William Rockefeller, Joseph Pulitzer, Vincent Astor, William Vanderbilt und Frank Henry Goodyear. Damals, heißt es, hätte die Hand voll Mitglieder des **Jekyll Island Clubs** auf einem Sechstel des gesamten Weltvermögens gesessen. Aber man mochte das nicht unbedingt zeigen. Der Landschaftsarchitekt hatte Anweisung, elegant zwar, aber schlicht zu bauen, und auch die nach und nach um das Clubhaus (das gesellschaftliche Zentrum) gruppierten Villen, die sich bescheiden *cottages* nannten, mieden jeden Protz und Prunk.

Der Geldadel und seine illustre Gästeschar blieben gewöhnlich von Januar bis Anfang April, dann nämlich kamen die Mücken. Man reiste per Zug an (bis Brunswick) oder in luxuriösen Privatjachten. Gut aufgehoben in ihrem exquisiten Shangri-La mit eigener Kirche, Bibliothek und Hospital, umsorgt von einer Armee von Köchen, Zimmermädchen und anderem Dienstpersonal, frönte man anfangs meist der Jagd.

Wachteln, Fasane, Kaninchen, wilde Truthähne und Enten mussten ebenso dran glauben wie Waschbären *(raccoons)*, Wildschweine, Alligatoren und jenes (auch heute noch) clevere Marsch-Huhn *(marsh hen)*, das sein Nest mit einer Schlinge so an das Schilfrohr bindet, dass es bei Ebbe und Flut nicht wegschwimmt, sondern mitsteigt und – fällt.

Bald verdrängten Radfahren und Reiten die Jagd vom vordersten Rang der Freizeitvergnügen, und 1900 tuckerte das erste Automobil über Jekyll Island.

Doch selbst als Tennis und Golf in Mode kamen, regierten nicht nur Spiel und Spaß den Millionärsclub, sondern stets auch Visionen und Pläne der Banker, Zeitungszaren und Eisenbahnmagnaten. So nahm die Bankreform, die letztlich zum Federal Reserve System führte, von Jekyll ebenso ihren Ausgang wie das erste öffentliche transkontinentale Telefongespräch, eine Konferenzschaltung zwischen der Insel, Washington, New York und San Francisco.

Die Depression stürzte den Club in die Finanzkrise und der Zweite Weltkrieg, als Versorgung und Personal knapp wurden, machte ihm endgültig den Garaus (1942). Die jungen Erben konnten ohnehin mit der Stille des Eilands und simplen Vergnügen wie Strandspaziergängen, Picknicks und Kutschenausflügen wenig anfangen. Sie bevorzugten spritzigere *hot spots* in Europa. Für eine Weile kursierte der Plan, aus dem altmodischen Baubestand eine Art Feriendorf zu entwickeln, im Stil des heutigen »Cloister« auf dem benachbarten Sea Island. Doch schließlich (1947) tat der Staat Georgia einen Glücksgriff, kaufte die Insel für ganze $ 675 000 und machte daraus jenen State Park, wie ihn heute jedermann genießen kann.

Seither bemüht sich die Jekyll Island Authority, natürliche Landschaft und historisches Erbe gleichermaßen zu pflegen; der Flächennutzungsplan sieht für die Zukunft nur bescheidene bauliche Erschließungen vor. Das alte Dorf rund um das ehemalige Clubgebäude steht komplett unter Denkmalschutz, was nicht ausschließt, dass zumindest zwei Villen heute als elegante Dependancen des Club-Hotels dienen: Cherokee und das hinreißende **Crane Cottage** mit seinem schönen formalen Garten.

Skulpturen und Kohl-Palmen *(cabbage palmetto)*, Landhäuser und Gärten – jeder Rundgang weckt romantische Reminiszenzen an die Gründerzeit. Nachmittags erfreuen sich beim Resort Hotel mitunter ältere Damen mit rotbebänderten Strohhüten am Krocketspiel auf manikürtem Rasen, während die gesetzten Herren versuchen, ihren Mercedes unter den tief hängenden, moosbeladenen Ästen der Eichen im Schatten zu parken.

Wenn dann abends im altmodischen Grand Dining Room des Hotels beim Dinner dezent die Bestecke klappern, wird aus Spiekeroog ein kleines Baden-Baden. Und noch etwas scheint seit den Geldmogulen von einst unverändert: die milden Winter, die ruhigste und erholsamste Saison auf Jekyll Island.

Service & Tipps:

Jekyll Island Welcome Center
45 Beachview Dr.
Jekyll Island, GA 31527
✆ (912) 635-3636
www.jekyllisland.com

Jekyll Island Convention & Visitors Bureau
1 Beachview Dr.
Jekyll Island, GA 31527
✆ (912) 635-2236
www.jekyllisland.com
Infos zu Unterkunft, Golf, Tennis etc.

Jekyll Island Bicycle Rental
N. Beachview Dr., beim Minigolfplatz
✆ (912) 635-2648
Fahrradverleih.

Beach Trail Rides
Visitors Center Stable Rd.
Jekyll Island, GA 31527
✆ (912) 635-9500
Mi und So geschl.
Ausritte an der Nordspitze der Insel durch Marschen, Urwald und am Strand.

Jekyll Island Museum
Jekyll Island, GA 31520
Im nahe gelegenen **Museum Orientation Center** (Stable Rd.) starten die Touren durch den historischen Distrikt mit Besichtigung der Villen.

Summer Waves
210 S. Riverside Dr.
Jekyll Island, GA 31527-0935
✆ (912) 635-2074 oder
✆ 1-877-453-5955
Im Sommer So–Fr 10–18, Sa 10–20 Uhr
Wasserspielplatz für die ganze Familie. Eintritt $ 15, Kinder (nach Größe) $ 7.50–13.

Blackbeard's Restaurant
200 N. Beachview Dr.
Jekyll Island, GA 31527
✆ (912) 635-3522
Auf der Düne, schöner Seeblick, gut zum Lunch. Auch Dinner. $-$$

Grand Dining Room (Jekyll Island Club Hotel)
371 Riverview Dr.
Jekyll Island, GA 31527
✆ (912) 635-2600
www.jekyllclub.com
Altmodisch-feiner Speisesaal im ehemaligen Clubhaus der Millionäre aus dem Jahr 1887 mit elegant-gediegenem Flair. $$-$$$

Grand Dining Room im Jekyll Island Club Hotel

6 Midway

Das stille Midway überrascht durch seine hübsche **Midway Church** in der Stadtmitte (US 17) mit hoher Kanzel und Sklavengalerie, deren Vorläufer im Mittelpunkt einer christlich-utopischen Gesellschaftsgründung stand – der so genannten Midway Society des Jahres 1754, die Christentum und alltägliches Leben der frühen Siedler eng miteinander verbinden wollte.

7 Okefenokee Swamp

Der Okefenokee Swamp zählt nicht nur zu den ältesten und größten semitropischen Sumpfgebieten der USA, sondern auch zu den ökologisch gesündesten. Sein Name stammt von den Indianern, die hier vor langer Zeit lebten. Er bedeutet »bebende Erde«. Zuletzt waren es die Seminolen, die sich hier unter Führung des legendären Chief Billy Bowlegs am Anfang des 18. Jahrhunderts vor den weißen Siedlern zurückzogen und diesen das Leben schwer machten. Eine weiße Miliz vertrieb sie schließlich 1850 in die Everglades in Florida.

Mit der bebenden Erde hat es nach wie vor seine besondere Bewandtnis. Wenn man an bestimmten Stellen fest auftritt, zittern tatsächlich Boden und Büsche. Der Moorgrund gibt nach. Da die neue Vegetation schneller emporschießt, als die alte verrotten kann, wächst die Torfschicht oberhalb des alten Sandbodens, der in uralten Zeiten einmal der Meeresboden war. Die Schicht bildet zusammen mit den Wurzeln der Wasserpflanzen eine ein bis drei Meter dicke schwimmende Masse, eine Art Superschwamm, der sich stellenweise zu dahintreibenden Inseln verdichtet.

Zwei Okefenokeeianer

Bei Regen verkauft die Kleiderkammer des Bootsverleihers grüne Plastik-Ponchos, die einen OP-Hauch in den Sumpf hinaustragen. Die Vermummung hat auch Vorteile, denn bei schönem Wetter müsste man sich wieder seiner meist streng riechenden Repellentien erinnern. Besonders die gelben Stechmücken haben es in sich – viel Blut. Und sie lieben, genauso wie ihre Opfer, den Schatten.

Im schwarzbraunen, teefarbenen **Suwannee Canal** brummt das Boot vorbei am Dickicht der Büsche und Zypressen und deren exakten Spiegelbildern im Wasser. Trotz der abschreckenden Farbe zählt das (übrigens 90-

prozentige) Regenwasser im Sumpfgebiet zu den Reinsten im Lande. Eine Schlange taucht ab, eine Schildkröte rutscht vom Ast ins Wasser, während Libellen das Boot wie Mini-Helikopter begleiten.

Hier und da äugen **Alligatoren** faul aus dem Wasser. »You don't want to fool with them«, hatte der Mann im Shop gewarnt. »Just stick to the boat.« Etwa 10000 Exemplare sollen sich in Okefenokee tummeln; sie stehen, wie alles andere hier, unter strengem Schutz. Man ist also keineswegs allein auf weiter Flur. Da tut es gut zu wissen, dass ihnen Menschenfleisch eigentlich nur zweite Wahl bedeutet. Als absolute Delikatesse gelten nämlich Hunde. Fische schmecken ihnen auch, was den Anglern bei niedrigem Wasserstand gar nicht passt, denn dann knabbern die Alligatoren alles vom Haken.

Zur Abwechslung öffnet sich an einigen Stellen der Busch und gibt den Blick frei auf schwimmende Gärten: blühende, mit Seerosen, Lilien und Hyazinthen gespickte Wasserprärien, die zu den besonderen Schönheiten dieser Sumpfregion gehören. **Chesser Prairie** und andere (Grand und Mizell) sind aber für Motorboote unzugänglich und den stillen Kanufahrern vorbehalten, die die Schönheiten dieses einmaligen Habitats optimal ausschöpfen können, vor allem seinen Vogelreichtum: 225 Arten hat man gezählt, vom Wasserstorch bis zum Ibis und dem American *bald eagle*.

Okefenokee, ein Swamp? Ja, aber keiner, wie er im Buche steht; eher ein riesiger Wasserspeicher, denn das Terrain liegt völlig untypisch (ca. 40 Meter) über, statt, wie für Swamps sonst üblich, unter dem Meeresspiegel. Und während normalerweise das Wasser im Sumpf stagniert, sind die Wassermassen vom Okefenokee in ständiger Bewegung, ja sie bilden sogar zwei Flüsse: den legendären Suwannee River, der in den Golf von Mexiko fließt, und den St. Marys River, der die Grenze zwischen Georgia und Florida markiert.

Seit 1936 unter Staatsschutz, ist der Okefenokee Swamp ökologisch weit besser dran als beispielsweise die Everglades in Florida, die unter Schwund leiden. Seit Ende des 19. Jahrhunderts hatten es verschiedene Firmen durch den Bau von Sägewerken auf die Zypressen abgesehen: erst die Suwannee Canal Company, die den Sumpf durch einen Kanalbau trockenlegen wollte, und später die Hebard Lumber Company, die sogar eine Eisenbahn baute. Aber die Bäume überlebten, ebenso wie die Alligatoren, denen es zeitweilig so böse an den Kragen ging, dass sie auszusterben drohten. Zu lange galt ihr massenhaftes Abschlachten als populäres und einträgliches Geschäft. (Zugänglich ist der Park von Folkston, Fargo und Waycross aus.)

Service & Tipps:

Okefenokee Chamber of Commerce and Folkston/ Charlton County Development Authority
202 W. Main St., Folkston, GA 31537
✆ (912) 496-2536, Fax (912) 496-4601
www.folkston.com

Okefenokee National Wildlife Refuge
Suwannee Canal Recreation Concession, Inc.
Folkston, GA 31537
✆ (912) 496-3331 (Refuge Manager, Kanutouren)
✆ (912) 496-7836 (Bootstouren)
Im Sommer: halbe Std. vor Sonnenaufgang bis 19.30, Okt.–März bis 17.30 Uhr
Man sollte vorher anrufen, ob der Wasserstand für Kanu- und Motorbootstouren ausreicht. Eintritt $ 5 pro Auto.

Stephen C. Foster State Historic Park
30 km nordöstl. von Edith/Fargo via SR 177, Fargo, GA 31631
✆ (912) 637-5274
www.gastateparks.org
Tägl. 7–19 Uhr
Szenischer (und größere Wassertiefe) als der Einstieg beim Suwannee Canal. Motorboot- und Kanuverleih, Campingplatz, Cottages und »Lehrpfad der zitternden Erde«. Stephen Foster komponierte außer seinem berühmten Lied über den Suwannee River u.a. die Staatshymne von Florida: »Old Folks At Home.«

◁ *Okefenokee Swamp*

»Fantasy in Lights«
Jedes Jahr zur Weihnachtszeit versetzen acht Millionen Glühbirnen das Riesen-Areal des Callaway Gardens Resorts in hellen Glanz. Die Lampen bilden spektakuläre und märchenhafte Figuren, wie den »Santa's Workshop«, den »Marsch der Spielzeugfiguren«, die »Zwillingsbäume«, »Weihnachten«, das »Schneeflocken-Dorf« und den »bezaubernden Regenwald«: Weihnachtsromantik in der Neuen Welt.

8 Pine Mountain

Ganz in der Nähe des gemütlichen Städtchens liegt eine der schönsten Parklandschaften Georgias:

Service & Tipps:

Callaway Gardens
US 17 (SR 18 und 354)
Pine Mountain, GA 31822-2000
✆ (706) 663-2281 oder
✆ 1-800-225-5292
Tägl. 9–17 Uhr
Erholsames Ferienparadies mit Wäldern, Seen und prächtigen botanischen Gärten. Der knapp 5 000 Hektar große, 1952 aus ausgelaugten Baumwolläckern vom philanthropischen Textil-Tycoon Cason J. Callaway aus dem Boden gestampft. Der Park bietet außer 4 Golf- und 17 Tennisplätzen Badestrand, Fitnesszentrum, Rad- und Pferdeverleih, Segeln, Wasserski, Angeln und Wachteljagd. Außerdem Hotel und luxuriöse Ferienhäuser. Ein Highlight sind u.a. die Schmetterlinge: 1 000 unterschiedliche Exemplare düsen im klimatisierten Gewächshaus herum. Eintritt $ 12.

9 Plains

Noch heute wäre Plains ein No-Name-Provinzdorf (637 Einwohner), gäbe es nicht inzwischen James Earl Carter. Und weil es ihn gibt, ist Plains eine Stippvisite wert, zumal der Ex-Präsident und seine Frau Rosalynn ab und an hier mit dem Fahrrad unterwegs sind.

Service & Tipps:

Georgia Visitor Information Center
1783 US 280, 1,6 km östlich von Plains, GA 31780
✆ (229) 824-7477
Tägl. 8.30–17.30 Uhr

Jimmy Carter National Historic Site
300 N. Bond St., Plains, GA 31780
✆ (229) 824-4104, www.nps.gov/jica
Tägl. 9–17 Uhr
Selbst geführte Rundfahrt (ca. 1 Std.) durch die Heimatstadt des ehemaligen US-Präsidenten: sein Geburtshaus, Bauernhaus seiner Kindheit, Schule, die Tankstelle von Bruder Billy, das Lagerhaus für die Erdnüsse und der Bahnhof, der im Wahlkampf um die Präsidentschaft als Hauptquartier diente und jetzt ein Museum beherbergt. Eintritt frei.

10 Saint Simons Island

Das Zentrum von Saint Simons Island bildet ein kleines Inseldorf mit zahlreichen kleinen Geschäften, Restaurants und einem populären Pier, der meist fest in der Hand der Angler ist. Mit den öffentlichen Stränden ist es nicht so weit her, wie die Reisebroschüren vermuten lassen. Die meisten sind privat oder einfach unzugänglich; nur **Neptune Park** (550 Beachview Dr.) und **Massengale Park** (nördlich vom King & Prince Hotel) stehen für den Besuch am Meer offen. Nördlich vom Dorf erstreckt sich ein Feuchtgebiet mit historischem Tiefgang: das legendäre Schlachtfeld der *Battle of Bloody Marsh* von 1742, auf dem die Engländer unter Oglethorpe, dem Gründungsvater von Georgia, die eindringenden Spanier schlugen. Diese rückten von Florida aus zum Sturm auf **Fort Frederica** an, das Jahre zuvor (1736) eigens zum Schutz der englischen Siedler gegen die Spanier errichtet worden war. Vom »Blutigen Marschland« führt die Frederica Road zu den Resten dieses Forts und der alten Siedlung, die sich bildete, nachdem die Spanier geschlagen waren und Reis- und Baumwollplantagen auf der Insel entstanden. Einen hübschen Akzent setzt der Neubau der **Christ Church**.

Am Strand von Saint Simons Island ▷

Service & Tipps:

Saint Simons Island Visitors Center
530B Beachview Dr.
Saint Simons Island, GA 31522
✆ (912) 638-9014 oder 1-800-933-2627

Ocean Motion Surf Co.
1300 Ocean Blvd.
Saint Simons Island, GA 31522
✆ (912) 638-8053 oder 1-800-669-5215
www.oceanmotion.biz
Fahrradverleih.

Fort Frederica National Monument
RR 9 Box 286 C (Visitor Center)
Saint Simons Island, GA 31522
✆ (912) 638-3639
www.nps.gov/fofr, tägl. 8–17 Uhr
Ruinen des Forts (1736), das eine bedeutende Rolle bei den Auseinandersetzungen zwischen Engländern und Spaniern spielte, und Besucherzentrum mit Museum. Führungen, Wandern, Angeln. Eintritt $ 5 pro Auto.

Christ Episcopal Church
6329 Frederica Rd.
Saint Simons Island, GA 31522
✆ (912) 638-8683
www.christchurchfrederica.org
Tägl. 14–17 Uhr
Fotogene Kirche von 1886, umgeben von einem alten Friedhof. Sie stammt von anglikanischen Missionaren im Gefolge Oglethorpes; unter ihnen waren die Brüder Charles und John Wesley, die später in England die methodistische Kirche gründeten. Damit zeigten sich die Engländer auch in geistlicher Hinsicht erfolgreicher als ihre spanischen Kollegen zuvor, jene Jesuiten und Franziskaner, die mit ihren Bekehrungsversuchen bei den auf St. Simons Island lebenden Indianern nicht zurechtkamen. Anstatt das Wort Gottes zu befolgen, müpften sie auf und flohen.

J. Mac's Restaurant, Piano & Martini Bar
407 Mallery St.
Saint Simons Island, GA 31522
✆ (912) 634-0403
www.jmacsislandrestaurant.com
Überdurchschnittlich gute Küche, gemütliche Atmosphäre, freundlicher Service. Di geschl. $$-$$$

Dressner's Village Cafe
223 Mallery St.
Saint Simons Island, GA 31522
✆ (912) 634-1217

Strandhafer und Dünen: Saint Simons Island

Erste Wahl bei den *locals* zum Frühstück oder Lunch. $

Barbara Jean's Restaurant & Bar
214 Mallery St.
Saint Simons Island, GA 31522
✆ (912) 634-6500
www.barbara-jeans.com
Klein und sehr beliebt für Meeresfrüchte. Lunch und Dinner. $$

Moosverhangen: Christ Church auf Saint Simons Island

Frannie's Place Restaurant
318 Mallery St. (Village)
Saint Simons Island, GA 31522
✆ (912) 638-1001
Breakfast und Lunch. Probieren Sie mal das preisgekrönte *Brunswick Stew*! Mo/Di geschl. $

Rafters Blues Club, Restaurant & Raw Bar
315 1/2 Mallery St.
Saint Simons Island, GA 31522
✆ (912) 634-9755
Von Mittwoch bis Samstag gibt es Live-Musik!

11 Sapelo Island

***Anfahrt:* US 17 nach Darien, dort GA 99 ca. 8 Meilen nach Osten bis Meridian und Schildern folgen.**

Wie einige andere *Barrier Islands* verdankt **Sapelo Island** seine weitgehende Unberührtheit der Tatsache, dass einst Magnaten diese Inseln kauften, aus denen dann später Naturschutzgebiete wurden. Erst gehörte Sapelo dem Automobilhersteller Howard Coffin, 1933 dann dem Tabakkönig R. J. Reynolds. Dessen Erben vermachten die Insel dem Staat, der hier ein (renommiertes) Universitätsinstitut für Meeresbiologie unterhält.

Unter Naturfreunden steht das autolose Eiland hoch im Kurs. Die Gullah-Kultur, die Sprache in der Nachfolge der Sklaven, wird hier noch gepflegt. Ein Boot bringt die Besucher morgens auf die Insel und holt sie abends wieder ab. Zu erkunden zu Fuß, mit dem Rad oder Bus.

Plusterer: »Snowy Egret«

Service & Tipps:

Sapelo Island Visitors Center
Am Dock (I-95, Exit 11, SR 99
South bis 1 Landing Rd.)
Meridian, GA 31319
✆ (912) 437-3224
www.sapeloislandreserve.org
www.gastateparks.org
Information und Reservierungen für die Insel. Abfahrt der Fähre Mi 8.30 und Sa 9 Uhr (im Sommer auch Fr 8.30 Uhr); 3 Std. Aufenthalt auf der Insel. Überfahrt $ 10. – Die Bustour auf der Insel fährt die Villa von R.J. Reynolds (1925), den Leuchtturm und das Forschungsinstitut der Universität an.

⓬ Savannah

»Savannah gleicht einem lebenden Grabmal, um das noch eine sinnliche Aura schwebt wie um das alte Korinth«, schrieb Henry Miller, aber seine Bemerkungen erhöhten nicht eben den Beliebtheitsgrad der Stadt. Erst als John Berendt in seinem Roman »Mitternacht im Garten der Lüste« Savannah durch seine Erzählung verlebendigte, kam die Wende. Das Buch und seine anschließende Verfilmung durch Clint Eastwood hat der Stadt seither einen sprunghaften Besucheranstieg beschert.

Savannah verfügt dank seines Stadtgründers **General James Oglethorpe**, der hier zusammen mit einigen englischen Siedlern 1773 eintraf und mit der Grundsteinlegung die Besiedlung von Georgia aus der Taufe hob. Den Namen »Savannah« wählte er wegen der weiten Marschen und der hohen Gräser ringsum. Seine philanthropische Gesinnung kam nicht nur darin zum Ausdruck, dass er den armen Kerlen aus der Alten Welt – Verschuldete, Dissidenten, mittellose Arbeiter – in der dreizehnten und zugleich letzten englischen Kolonie eine neue Chance durch die Ernte von Wein, Gewürzen und Seide geben wollte. Er versuchte dies auch auf besonders moralische Weise durchzusetzen, indem er Sklavenhaltung und Alkohol – auch als Betrugsmittel gegenüber den Indianern – zum Tabu erklärte. Die neue Siedlung sollte ihre Ordnung haben.

Dazu legte er jenen bis heute allseits gewürdigten Plan vor, mit einer Serie urbaner Module, so genannter *wards*, rechteckiger Stadtbezirke mit öffentlichen und privaten Bauten und, vor allem, gruppiert um einen zentralen öffentlichen Platz: grüne Oasen der Ruhe und gesellschaftlicher Treffpunkt unter weit ausladenden Baumkronen, mit Brunnen und Blumenbeeten. 22 solcher »Wohnzimmer« verteilen sich in der Innenstadt, umsäumt von stattlichen Südstaatenvillen mit obligatorischen Balkongeländern und schmiedeeisernen Zutaten, die immer schon als Statussymbole galten. Diese Plätze mit ihrem üppig wuchernden Grün und anmutigen Gazebos werden gern dazu benutzt, sich hier die ewige Treue zu schwören, denn die Hochzeitsfeiern an der frischen Luft sind kostenlos. Kein Zweifel, die Oglethorpeschen Freiräume sind die Sahne in der Savannah-Torte.

Durchweg befinden sich Häuser und Ziergärten in tadellosem Zustand. Begonnen hat die Denkmalpflege in den 1950er Jahren, als einige couragierte Damen das Heft in die Hand nahmen und die **Historic Savannah Foundation** gründeten. Die Zeit war reif. Seit der Jahrhundertwende, seit die Baumwollpreise absackten war Savannah praktisch am Ende und sein Stadtbild entsprechend abgewirtschaftet. Die Ladies kauften verfallende Objekte und verkauften sie wieder mit Sanierungsauflagen. Das half dem historischen Distrikt auf die Beine – nur die Schwarzen gingen leer aus. Das durch die Verschönerungsmaß-

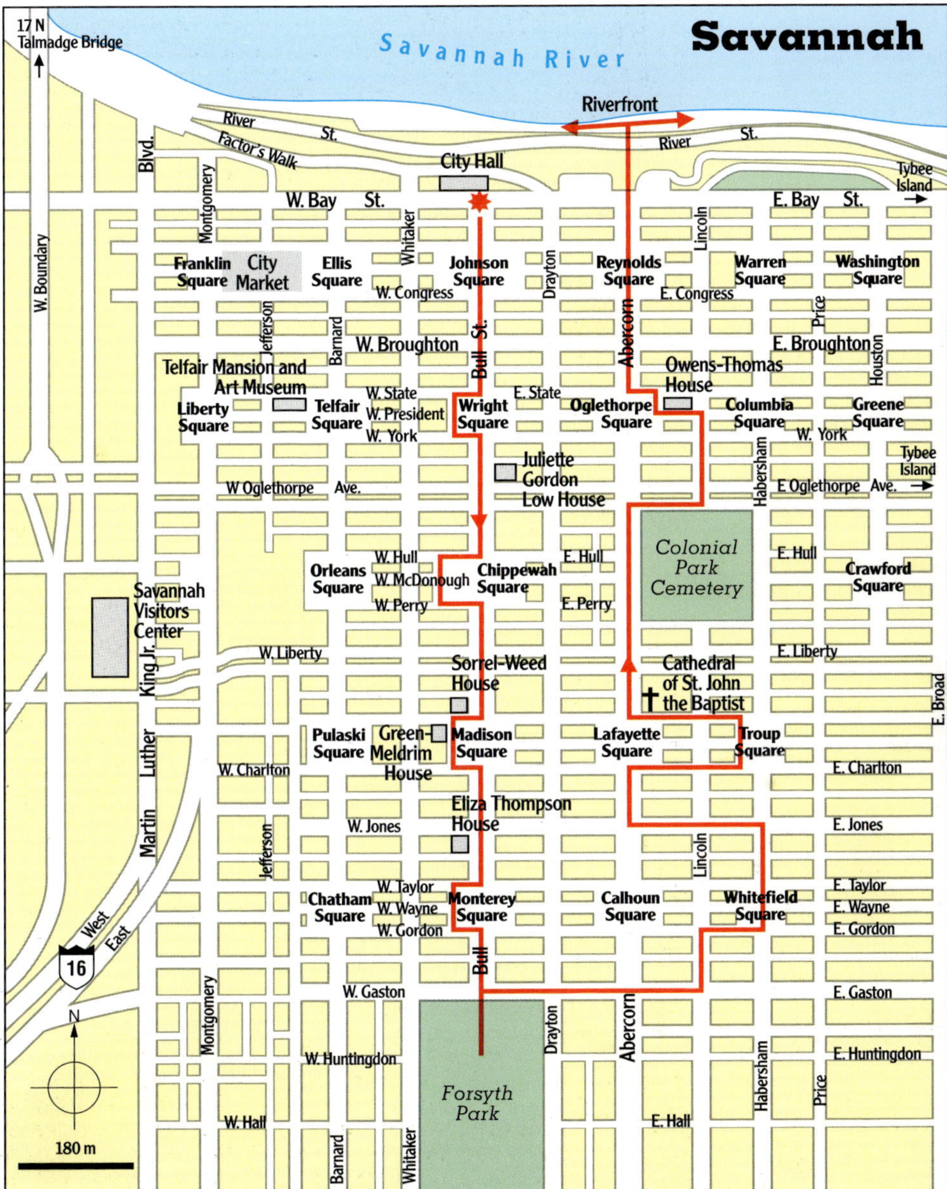

nahmen steigende Preisniveau drängte sie aus dem Stadtkern. Erst in den 1970er Jahren halfen Sanierungsmaßnahmen, Teile des an die Innenstadt grenzenden viktorianischen Viertels in Schuss zu bringen und für sozial schwächere Gruppen erschwinglich zu machen.

Es liegt nahe, sich mit der Stadt bei den alten Lager- und Fabrikhallen am Fluss anzufreunden, bei den eisernen Brücken und kopfsteingepflasterten Rampen, die von Bay Street und Factor's Walk auf die River Front Street hinunterführen, wo der Reichtum der Stadt durch den Baumwoll-Boom zu Beginn des 19. Jahrhunderts seinen Ausgang nahm.

Fußgängerfreundlich erweisen sich auch die historischen Straßenblocks von **City Market**, die einem bunten Ensemble aus Restaurants, Jazzclubs, Bars und Boutiquen Unterschlupf bieten, die zur Lunchzeit, vor allem aber abends lebendig werden.

Savannah zu Fuß

Am besten beginnt man den Spaziergang am Rathaus, also Ecke Bay und Bull Street. Stadteinwärts trifft man auf den Johnson Square. Danach kreuzt die kommerzielle Schneise von **Broughton Street** die Idylle. Lange Zeit in marodem Zustand, zieht sie jetzt Honig aus der Stadterneuerung: neue Fassaden, neue Lokale haben den Alltag der Hauptgeschäftsstraße aufgemuntert.

Das nächste »Wohnzimmer« der Stadt heißt **Wright Square** (1773), der vom neoklassizistischen Postamt, einem reichlich überladenen Denkmal des Eisenbahngründers W. P. Gorden in der Mitte und einem schönen alten Backsteingebäude an der Ecke York und Bull dominiert wird. Linker Hand, an der Ecke Bull und Oglethorpe, liegt das massive Geburtshaus der Juliette Gordon Low (1820), der Gründerin der US-Pfadfinderinnen, die den Bau heute als Hauptquartier nutzen.

Jenseits der elegisch-moosverhangenen Oglethorpe Avenue folgt Chippewah Square (1813) mit seiner Baptistenkirche und der bronzenen Statue von Oglethorpe. Eine Kleinigkeit am Rande: Kurz bevor man den Platz verlässt, verwandelt sich am Eckhaus die Regenrinne vom Dach am Boden in einen prächtigen Wasser speienden Fisch. Kleine Läden mit Mode, Schmuck und Antiquitäten und ein 1001-Nacht-Lokal beleben **Bull Street** und mildern ein wenig den Eindruck, dass das historische Savannah eigentlich ein ziemlich exklusives Wohnviertel ist.

Madison Square (1839) ziert an seiner ersten Ecke das **Sorrel-Weed House** (1841) mit einem Portikus im Greek-Revival-Stil und schönem Gitterwerk, in dem sich jene Frucht eingearbeitet findet, der man im Süden als Symbol der Gastfreundschaft häufig begegnet: die Ananasfrucht. Neben der St.-John-Kirche steht das **Green-Meldrim House**, das Sherman auf seinem Zerstörungsmarsch 1864/65 als Quartier benutzte. Er verschonte Savannah, das sich ihm kampflos ergeben hatte, und »schenkte« die Stadt unversehrt Präsident Lincoln zu Weihnachten.

Gegenüber dem martialischen Freimaurergebäude an der Ecke Charlton und Bull erhebt sich ein roter Backsteinbau mit grünspangrünen Hütchen, das **Savannah College of Art and Design** – eine der besten Kunstschulen des Landes, die beträchtliche Summen für die städtische Denkmalpflege bereitgestellt hat, ohne dass man immer gewusst hätte, woher das Geld stammt.

Bei der Überquerung von Jones Street erkennt man rechter Hand das Eliza Thompson House, einen der zwei Dutzend historischen Bed & Breakfast Inns in der Stadt. Sie bewähren sich durchweg als einträgliche Gewerbe und bringen daher am schnellsten das in die Restauration der alten Häuser investierte Geld zurück.

Am **Monterey Square** (1847) entdeckt man wieder eine Fülle handwerklicher Finessen, die die Architektur von Savannah so reich machen. Kraniche zieren einen Treppenkopf, besonders schöne Verandabrüstungen und Geländer haben die Villen Nummer 423 und 425, wucherndes Grün und italienische

Palazzo mit Grün: Mercer House am Monterey Square

Anmut hat der Palazzo mit der Nummer 429, das **Mercer House** - der mysteriöse »Tatort« in der Mordgeschichte von John Berendt - das seit kurzem für die Öffentlichkeit zugänglich ist.

Insgesamt wirkt das Grün von Savannah wilder und üppiger als in anderen Städten, es lässt Haus und Garten, Stein und Natur sehr viel unordentlicher zusammenwachsen als etwa in Charleston, wo Haus und Garten in der Regel sauberer und strikter voneinander getrennt sind.

Der **Oglethorpe Club** (1857) am Park zählt zu den elitärsten Clubs der Stadt. Reichtum allein nützt hier gar nichts; es gibt lange Wartezeiten und man braucht viele Fürsprecher, um Mitglied zu werden. Dagegen ist der **Forsyth Park** offen und für alle da - für Tennis, Basketball, Konzerte oder einfach zum Nichtstun. Am Park, in Richtung Süden, beginnt der viktorianische Teil von Savannah - über 40 Häuserblocks mit Holzvillen im formen- und variantenreichen »Pfefferkuchenstil«, dem so genannten *gingerbread*.

An **E. Gaston Street** liegen die stets gepflegten Vorgärten einmal ausnahmsweise vor und nicht - wie sonst meist - neben oder hinter den Häusern. Wer von der Menge gediegener Wohnqualität überwältigt zu werden droht, der sollte die beschauliche Wanderung an dieser Stelle einmal kurz unterbrechen - für einen Blick hinter die Kulissen kolonialer Kultur. Dazu reichen ganze drei Blocks: Gaston Street weiter folgend, und zwar über Price Street hinaus, dieser Schneise zwischen Arm und Reich, Schwarz und Weiß. Jenseits von Price fährt kein Pferdewagen oder Touristenbus, denn hier liegen die Quartiere der Schwarzen, alte Bretterbuden mit schweren Oldtimer-Schlitten vor der Haustür. Je schäbiger die Hütten, um so älter und größer die Autos. Ein Mann fährt im Rollstuhl über den Asphalt; Jugendliche albern auf einer Veranda.

Zurück in den historischen Teil der Stadt, in dem heute immer noch so gut wie kein Schwarzer wohnt. Die kleinen Steinpodeste und -stufen, die ab und zu in der Nähe der Bordsteinkante sitzen, waren die Trittbretter für die Pferdekutschen. Auch ihre alten Garagenplätze sieht man gelegentlich noch, es sind die unmittelbar neben den Villen gelegenen *carriage houses* mit den großen Toren. Ein weiteres Merkmal südstaatlicher Bauweise: efeuberankte (durch Versetzung von porösen Ziegelsteinen), luftdurchlässige Mauern *(lace brick wall)* mit der Funktion, für gute Belüftung zu sorgen. Häufig findet man offen stehende Gartentore, offenes Mauerwerk: Savannah wirkt da weniger narzisstisch als Charleston.

Über E. Wayne Street gelangt man zum Whitefield Square (1851) und dessen zentralem Gazebo. Am Treffpunkt von Habersham und **Jones Street** thront das »Castle«, eins der wenigen moderneren Wohnhäuser im Zentrum überhaupt, dessen strenger Hauch von Bauhaus sich nur deshalb abschwächt, weil es grün berankt ist. Jones Street präsentiert sich als der ebenso schattige wie

Viele Bed & Breakfast Inns im Süden wirken wie wohnliche Antiquitätenläden

grüne Boulevard der Zahnärzte und Anwälte. Ab und zu hat ein Dentist einen überdimensionierten Backenzahn als Werbeschild an die Straße gestellt. Unter den Treppenabsätzen befanden sich früher die Lagerräume zur Kühlung. Und immer wieder trifft man auf Beispiele der ornamentalen Begabung der alten Eisenschmiede: »Fenster-Grills«, eiserne Pelikane, Kraniche, Ananasfrüchte, Obstschalen und das leitmotivisch häufig wiederkehrende *love bird design* - ein turtelndes Vogelpaar.

Wir passieren die schöne, seitwärts geschwungene Treppe des **Eliza McCormick House** aus dem späten 19. Jahrhundert. Auf der linken Straßenseite zwischen Lincoln und Abercorn - gegenüber vom Backenzahn - steht ein Beispiel moderner Stadtreparatur in Form einer architektonischen »Füllung«: ein so genanntes *infil house*, neu gebaut, aber im Stil seinen historischen Nachbarn nachempfunden (Nr. 219 und 217). Kurios wirkt der stille **Troup Square** (1851), bekannt als Mekka der Hundefreunde. Das beweisen zunächst der tierfreundliche Brunnen, vor allem aber die lustwandelnden Zwei- und Vierbeiner. Während der *happy dog hour* plaudern Frauchen und Herrchen über die bewegenden Fragen ihrer Schützlinge, über Finessen ihrer Gesundheit, ihrer Diät. Im Umkreis darf man überhaupt nur wohnen, wenn man einen Hund hat.

Weniger Schrulliges als Sentimentales steht an der Nordwestecke des Plätzchens zur Debatte, am Wallfahrtsort vieler Amerikaner, weil in der bescheidenen Baptistenkirche die Weise von den Jingle Bells erfunden wurde.

Über Harris Street, vorbei an der Kathedrale, geht es auf Abercorn Street zurück, die über kurz oder lang zum **Colonial Park Cemetery** führt, dessen sehenswerte Gräber (zwischen 1750 und 1853 fanden hier die frühen Kolonisten ihre letzte Ruhe) eindrucksvoll unter alten Eichen leuchten, während das Spanische Moos im späten Licht Haarbüscheln ergrauter Engel ähnelt.

Die verklärende Beleuchtung kommt auch den weiß getünchten Häusern entlang der Lincoln Street zugute, insbesondere dem hübschen Gasthof 17 Hundred 90 an der Ecke zu E. President. Erst recht natürlich dem berühmten **Owens-Thomas House** am Oglethorpe Square, dessen in warmen Tönen gehaltene Front die Eleganz und lässige Lebensart von Savannah vielleicht am besten zum Ausdruck bringt. Der Putz blättert ab, der Grünspan hat den Stein erwischt: Dem Stil tut das keinen Abbruch. Besonders filigran: der seitliche Balkon mit seinen vier prächtigen Stützen.

Reynolds Square ehrt in seiner Mitte zwar den Methodistengründer John Wesley, aber erheblich stärker lockt doch zu dieser Tageszeit die ganz in Pink gehaltene Taverne zur Linken, das **Olde Pink House**, eines der ältesten Gebäude der Stadt mit einladendem Treppenaufgang und palladianischen Fenstern. Im kühlen Keller werden erfrischende Drinks serviert: nicht schlecht nach einem verschwitzten Stadtrundgang.

Wem die unterirdische Atmosphäre zu britisch und fein wirkt, der kann sich auch mit einem kühlen Gläschen in einer Kneipe am Fluss belohnen (immer geradeaus bis zur River Street). Dort hat es sich ebenso wenig abgekühlt wie in der Stadt. Viele Schwarze flanieren vor den alten Baumwollspeichern, in die heute Boutiquen, Studios und Restaurants eingezogen sind. Piepsen erfüllt die Luft, denn die Zeit der Mauersegler ist angebrochen.

Service & Tipps:

ⓘ **Savannah Visitors Center**
301 Martin Luther King Jr. Blvd.
Savannah, GA 31401
✆ 912) 944-0455 und 1-800-444-4247
Fax (912) 944-0468
Mo–Fr 8.30–17, Sa/So 9–17 Uhr

Green-Meldrim House
1 W. Macon St. (Madison Sq.)
Savannah, GA 31401-4307
✆ (912) 233-3845
Di, Do/Fr 10–16, Sa 10–13 Uhr
Schmiedeeisern sind die Veranden dieser Villa eines Baumwollhändlers von 1853 eingefasst; im Bürgerkrieg Quartier von General Sherman, heute Gemeindehaus für die danebenliegende Episkopalkirche St. John. Eintritt $ 5.

Ships of the Sea Maritime Museum
41 Martin Luther King Jr. Blvd. (Nähe City Market)
Savannah, GA 31401
✆ (912) 232-1511

Trio im Gazebo: Gärten und Plätze machen den Reiz von Savannah aus

Doktorandenseminar am Whitefield Square

REGION 4 Southern Georgia

Gospel-Messe in Savannah
Am Eingang der First African Baptist Church bekommt jeder das Programm des Gottesdienstes ausgehändigt, einen Papierfächer gegen die Hitze und einen Briefumschlag, auf dessen Vorderseite gedruckt ist, was man dem Herrn schuldet – nach alter Sitte entsprechend seinem wöchentlichen Einkommen. Nach und nach füllen sich die Bankreihen mit herausgeputzten Kindern, fein gekleideten Männern und Damen mit tollen Hüten. Zwischen Begrüßung, Gebeten und Predigt wiegt der Himmlische Gospelchor seine wallenden Gewänder zum flotten Swing der Kirchenmusiker ...

www.shipsofthesea.org
Di–So 10–17 Uhr
Das elegante **Scarbrough House** von 1819 bildet den passenden Rahmen für die bunte Sammlung von Galionsfiguren und Schiffsmodellen (innerhalb und außerhalb der Flasche); Schiffsbauerwerkstatt. Eintritt $ 5.

Owens-Thomas House and Museum
124 Abercorn St.
Savannah, GA 31401-3732
✆ (912) 233-9743
Di–Sa 10–17, So 13–17, Mo 12–17 Uhr
1816–19 für einen Baumwollhändler und Banker gebaut. Mit zeitgenössischen Möbeln und Kunsthandwerk. Eintritt $ 8.

First African Baptist Church
23 Montgomery St. (Franklin Sq.)
Savannah, GA 31401
✆ (912) 233-6597
1773 gegründet und damit eine der ältesten Kirchen von Schwarzen in den USA. Gospelmesse So 11.30 Uhr, Gäste sind willkommen.

City Market
Zwischen Franklin, Ellis Sq. & W. Congress St.
Savannah, GA 31401
✆ (912) 236-2949
Restaurierter Backsteinbezirk mit Shops, Musikkneipen und Restaurants. Besonders abends eine gute Adresse.

Savannah Siesta

Bonaventure Cemetery
330 Bonaventure Rd.
Savannah, GA 31404
✆ (912) 651-6843
Tägl. 8–17 Uhr
Schöner alter Friedhof am Ufer des Wilmington River, der im Roman »Mitternacht im Garten der Lüste« von John Berendt eine Rolle spielt und auf dem u.a. die Schriftsteller Conrad Aiken und Johnny Mercer begraben sind: Liberty St. stadtauswärts, halb rechts auf Wheaton St., dann Skidaway, bei McDonald's links auf Bonaventure Rd.

Der Friedhof mit seinen moosverhangenen Eichen und schönen alten Gräbern liegt am Wasser. Leider aber sucht man die Statue auf dem Grab von Johnny Mercer, die auch das Titelbild des Romans ziert, vergebens. Schon bald nach der Veröffentlichung wurde sie von der Familie in Sicherheit gebracht. Sie steht jetzt im Telfair Museum in Savannah, wo sie nicht beschädigt oder gestohlen werden kann.

Soho South Café
12 W. Liberty St.
Savannah, GA 31401
✆ (912) 233-1633
www.sohosouthcafe.com
Früher Tankstelle, heute kunterbunt und beliebt: Café, Bäckerei, Restaurant, Buchladen. $

Parker's Market Urban Gourmet
222 Drayton St.
Savannah, GA 31401
✆ (912) 233-1000
Prall gefülltes Gourmet-Paradies in einer Tankstelle: Sandwichs, Deli, Wein, Getränke – alles zum Mitnehmen, z.B. für ein Picknick in einem der Parks.

Bistro Savannah
309 W. Congress St. (City Market)
Savannah, GA 31401
✆ (912) 233-6266
Vorzügliche Küche; angenehme Atmosphäre. Nur Dinner. $$

Nita's Place
129 E. Broughton St.
Savannah, GA 31401
✆ (912) 238-8233

Juanita Dixon serviert hervorragende Gerichte aus der schwarzen Südstaatenküche: *Southern soulfood*. Sehr beliebt! Keine Reservierungen. Lunch, Dinner nur Fr/Sa. So geschl. $

Gebäude eines ehemaligen Drugstores) für Frühstück, Lunch ($) oder Dinner: besondere Teesorten, passende Sandwichs und Desserts. So geschl. $$

Boulevard mit Baldachin: Oglethorpe Avenue, Savannah

Mrs. Wilkes' Dining Room
107 W. Jones St.
Savannah, GA 31401-4507
✆ (912) 232-5997
Institution in Savannah: populäres Esszimmer für Liebhaber reichlicher Portionen traditioneller südstaatlicher Gerichte an großen Tischen. Frühstück 8–9 und Lunch 11–15 Uhr; oft lange Warteschlangen. Keine Reservierungen, keine Kreditkarten. $

Garibaldi's Cafe
315 W. Congress St.
Savannah, GA 31401
✆ (912) 232-7118
Norditalienische Küche, Fischspezialitäten. Nur Dinner. $$–$$$

Tea Room
337 Bull St. (Madison Sq.)
Savannah, GA 31401-4520
✆ (912) 525-5880
Eleganter Teeraum (im historischen

Il Pasticcio
2 E. Broughton St.
Savannah, GA 31401
✆ (912) 231-8888
Meeresfrüchte und Nudeln nach italienischer Machart. Reservierung empfohlen. Nur Dinner. Am Wochenende Tanz. $$–$$$

Planters Tavern/The Olde Pink House
23 Abercorn St. (Reynolds Sq.)
Savannah, GA 31412
✆ (912) 232-4286
Gemütliche Souterrain-Taverne in historischem Haus (1771) und feines Restaurant (oben). Nur Dinner. Reservierung empfohlen. $$$

Feiern/Feste
Von den 5,4 Millionen Besuchern kommen allein 400 000 zum irischen Nationalfeiertag **St. Patrick's Day** am 17. März. Drei Tage dauert das ausgelassene Treiben mit Paraden, die hier

... Alle klatschen und stampfen im Takt, dass die Bänke wackeln. Stundenlang.
Zu guter Letzt bittet Pastor Thurmond Neil Tillman, vor dem Nachhauseweg mindestens drei Gemeindemitglieder zu umarmen. Das lassen sich die schwarzen Ladies nicht entgehen: ob Schwarze oder Weiße – kein Problem.

und in New York die Größten im Lande sind. Erkennungsfarbe: GRÜN – Torten, Bier, Springbrunnen, Wasserfälle. Da bleibt kein Auge trocken und kein Zimmer frei.

Ausflugsziel:

Tybee Island
Für einen zusätzlichen Badetag oder einen halben ist **Tybee Island** ideal – zumindest wochentags. Von Savannah aus überquert man den Wilmington und Bull River, fährt durch schöne Marschen und schließlich auf einer mit Oleander gespickten Palmetto-Allee über den Lazaretto Creek an Fischkuttern vorbei zum Meer.

Obwohl die Sommerhäuser und Motels dem Meer meist viel zu nah kommen und die Dünen zerstört haben, bleibt die Insel für Strandliebhaber ein gefundenes Fressen: keine Algen, keine Quallen, kein Teer, keine Transistoren, sondern ein flacher Sandstrand zum Schwimmen, bei Ebbe zum Laufen und Muschelsammeln. Besonders die Sanddollars sind beliebt. Bei Niedrigwasser kann man bis zu den vorgelagerten Sandbänken im Süden waten, begleitet mitunter von Delphinen, kleinen Rochen und Pelikanen.

Ein bisschen Inselgeschichte lässt sich im alten Ortsteil rund um den schwarz-weiß getünchten **Leuchtturm** erfahren. Ihm gegenüber liegen die Reste von Befestigungsanlagen aus dem Bürgerkrieg, in deren Katakomben Kriegsgeschichte und Waffen ausgestellt sind. Die strategische Bedeutung des Forts wird deutlich, wenn man vorn am Strand (der an dieser Stelle übrigens weit naturbelassener als sonst auf der Insel ist) auf die ein- und ausfahrenden Schiffe in der Mündung des Savannah River blickt.

Während sich wochentags Sander- und Sonderlinge einträchtig am Flutsaum tummeln, steht freitags und samstags die Idylle meist unter Druck. Dann ergeht es Tybee wie den meisten Badeorten der Atlantikküste, wo sich Fastfood- und Elektroindustrie, Machokult und Menschenmassen über die Strände ergießen.

(Anfahrt: von Kreuzung Bull/Victory in Savannah über Victory Blvd. (US 80) nach Osten über Thunderbolt nach Tybee (29 km, 1/2 Std., schöne

Abends am Savannah River

Strecke). Auf Tybee Island: Butler Ave bis fast zum Ende fahren (*parking lots* sind ausgewiesen).

Service & Tipps:

Fort Pulaski National Monument
Nähe US 80 E. (ca. 24 km östl. von Savannah)
Cockspur Island, GA 31410
✆ (912) 786-5787
Im Sommer tägl. 8.30–18.45, sonst 8.30–17.15 Uhr
Zwischen 1829 und 1844 bauten französische Ingenieure diese massive Befestigung an der Mündung des Savannah River. Südstaaten-General Robert E. Lee entwarf den umlaufenden Festungsgraben mit seinen Ziehbrücken.

Im Bürgerkrieg fiel das Fort wie viele seinsgleichen mal an die Konföderierten, mal an die Yankees. 1862 durchschlugen dennoch neu entwickelte Kanonenkugeln die als undurchdringlich geltenden Wände; die Zeit der steinernen Forts war damit praktisch abgelaufen. Hinter den dicken Mauern ist heute ein Bürgerkriegsmuseum untergebracht. – Visitor Center, Führungen, Rad- und Wanderwege, Gelegenheit zum Bootfahren und Angeln. Eintritt $ 2.

Tybee Island Visitors Center
802 First St.
Tybee Island, GA 31328
✆ (912) 786-5444 und 1-800-868-2322
www.tybeevisit.com

Tybee Island Lighthouse & Museum
30 Meddin Ave.
Tybee Island, GA 31328-9733
✆ (912) 786-5801
Tägl. 9–17.30 Uhr, Di geschl.
Angeblich der älteste Leuchtturm von Georgia. Gegenüber: Kriegsgeschichte und Waffenkunde in den Bunkerräumen der Battery Garland von 1899. Eintritt $ 5.

North Beach Grill
41A Meddin Dr., (am Fort Screven beim Leuchtturm)
Tybee Island, GA 31406
✆ (912) 786-9003
www.northbeachgrill.com

Sympathische Bude mit Terrasse am Meer, spezialisiert auf Gerichte mit südstaatlichem und karibischem Geschmack. Di geschl. $-$$

The Grill Beachside
404 Butler Ave.
Tybee Island, GA 31328
✆ (912) 786-4745
www.thegrillbeachside.com
Zwangloser *beach hangout*: nette Bar am Pool – mit frischer Luft und Meeresrauschen. $-$$

The Crab Shack
40 Estill Hammock Rd.
Tybee Island, GA 31328-9702
✆ (912) 786-9857
Lowcountry seafood für die *locals*: simpel, urig, *funky*. Werbespruch: *Where the elite eat in their barefeet*. Lunch und Dinner unter schattigen Eichen am Schilfgras des Chimney Creek: Austern, Krebse, Shrimps und Muscheln. Die hygienischen Aspekte der Einrichtung (an Gartenschläuche angeschlossene Spülen, klebrige Tische und Speisekarten) sind gewöhnungsbedürftig. Dennoch: eine der besten Adressen weit und breit. Lunch und Dinner. (Von Savannah kommend, steht kurz hinter der Brücke über den Lazaretto Creek rechts ein Wegweiser.) $

Wormsloe Plantation Historic Site
7601 Skidaway Rd., 16 km südöstl. von Savannah (Isle of Hope)
✆ (912) 353-3023
www.gastateparks.org
Di–Sa 9–17, So 14–17.30 Uhr
Prächtige Eichenallee, Gärten und Ruinen der ehemaligen Plantage (und Fort) von 1756. Kolonialgeschichtliches Museum, Wanderwege, Picknickplätze. Eintritt $ 2.50.

⑬ Sea Island

Von St. Simons führt die Sea Island Road auf die Nachbarinsel **Sea Island**, eine gepflegte Villenkolonie und mustergültige Zweithausgemeinde. Doch die Blütenmeere aus Stiefmütterchen, Hibiskus und Löwenmäulchen können nicht lange vertuschen, dass der Besucher von den wirklichen Freuden des Seebads ausgeschlossen bleibt, denn praktisch existiert auf der gesamten Insel kein einziger öffentlicher Strand.

Um ans Wasser zu kommen, muss man im einzigen Ferienhotel weit und breit (The Cloister) als Gast eingeschrieben sein, denn dann erweist sich der dem Resort angeschlossene Beach Club als ein Sesam-öffne-dich für den Atlantik. Die Geladenen des G 8 Gipfeltreffens im Juni 2004 wird das wohl kaum gestört haben.

Malerisch: Leuchtturm auf Tybee Island, Georgia

⑭ Thomasville

In Thomasville spielt das historische **Lapham-Patterson House** mit Recht die Rolle des Vorzeigestücks. Das farbenfrohe Haus liegt im stillen städtischen Abseits und gefällt vor allem durch die für die Südstaaten ungewöhnliche Verspieltheit seiner Bauweise. Ein Schuhfabrikant aus Chicago wohnte hier den Sommer über und war damit der bauliche Pionier der ruhmreichsten Ära der Stadt, als sie nach dem Bürgerkrieg zum Ferien- und Erholungsziel der Nordstaatler aufstieg. »England, Frankreich und Thomasville«, hieß es in New York oder Chicago vor und um die Jahrhundertwende, wenn es um die Reihenfolge der beliebtesten Ferienorte ging.

Mit den ehemaligen Feinden aus dem Norden hatte man keinerlei Probleme, denn das Kriegsgeschehen war an Thomasville so gut wie vorbeigegangen. Es fiel leicht, kesse Sprüche zu klopfen: Ein Yankee-Tourist sei zwei Ballen Baumwolle wert und doppelt so leicht zu pflücken. Und während die meisten Regionen des Südens unter dem Wiederaufbau (der *Reconstruction*) darbten, schossen hier riesige Hotelpaläste und schicke Sommerhäuser aus dem Boden. Ein eigener Eisenbahnanschluss brachte die *train setters* in den sonnigen Süden von Georgia. Von Florida war noch keine Rede. Thomasville lag höher und damit fern vom Manko des floridianischen »Sonnenstaates« – Gelbfieber und Malaria.

Doch »der berühmte Winterkurort für Invaliden aus dem Norden und Vergnügungssüchtige«, wie die Bildlegende auf einer alten Lithographie von Thomasville lautet, währte nicht lange. Schon 1908, als sich Miami nachdrücklich als Kurort empfahl, fand man heraus, dass vor allem stehende Gewässer die Moskitos drastisch vermehrten. Prompt begann man mit der Drainage in Florida, die letztlich auch Thomasville trockenlegte.

Die Erinnerungen an die touristische Hochsaison des Städtchens sind denn auch verblasst. Seine rund 18 000 Einwohner leben von der Landwirtschaft ringsum und ein wenig vom Tourismus. Immerhin rühmt man sich seiner 80 Fachärzte. Von allen Einwohnern, so ist zu hören, leben sie am besten.

Die ordentlich sanierte **Broad Street** ähnelt ein bisschen der »Main Street, USA«, auf jeden Fall aber ist sie die durchgängige Zierde des Ortes. Hier geht das Leben der Thomasviller seinen alltäglichen Gang. Zum Beispiel in der **Izzo Pharmacy**. Dort treffen sich die Honoratioren gern zum Lunch und tauschen das Neueste vom Tage aus, inmitten typisch amerikanischer Gemütlichkeit, denn der Coffee Shop einschließlich altmodischer Jukebox und *soda fountain* gehört zu einer Drogerie. Und da plaudern sie nun bei Kaffee und Kuchen, umgeben von so appetitanregenden Artikeln wie Alka Seltzer, Heftpflastern und Zahnpasta: Kaffeeklatsch in der Neuen Welt.

Vor den Toren der Stadt liegt noch ein Glanzstück südstaatlicher Architektur: die **Pebble Hill Plantation**. Eine Eichenallee führt zu ihr hin – vorbei an grasenden Pferden, stattlichen Stallanlagen und emsigen Gärtnern. Außerdem steht eine »Arche Noah« herum, ein hölzernes Schiff, das einmal irgendwo anders als Badehaus und Umkleidekabine gedient hat. Die Weitläufigkeit des Geländes rund um das Herrenhaus resultiert aus der einstigen Voraussetzung für die Gründung solcher Anlagen: Man musste 500 000 Hektar Land und zehn Sklaven vorweisen, um sein Gut »Plantage« nennen zu dürfen.

Die Viehzucht der Plantage war in den 1930er und 1940er Jahren einmal berühmt, und in dem schönen Innenhof wurden das *prize winning cattle* ermittelt und die Auktionen abgehalten. Später konzentrierte man sich auf die Zucht von Polo-Pferden. Heute gehört Pebble Hill einer privaten Gesellschaft.

Service & Tipps:

Destination Thomasville Tourism Authority Welcome Center
135 N. Broad St.
Thomasville, GA 31792
✆ (229) 227-7099 oder 1-800-704-2350
Mo–Fr 9–17, Sa 9–16 Uhr

Lapham-Patterson House State Historic Site
626 N. Dawson & Webster Sts.
Thomasville, GA 31792-4449
✆ (229) 225-4004
Di–Sa 9–17, So 14–17.30 Uhr
Verspielter Bau von 1884 im Queen-Anne-Stil. 45–60-minütige Führungen zur vollen Std. Eintritt $ 4.

Pebble Hill Plantation
US 319, ca. 5 Meilen südl. von Thomasville, GA 31799
✆ (229) 226-2344, www.pebblehill.com
Di–Sa 10–17, So 13–17 Uhr, Führungen
Ein elegantes Jagdschloss mit bewegter Geschichte. Von einem erfolgreichen Pflanzer, der auch Thomasville gründete, angelegt (1827), wurde es durch einen Neubau ersetzt (1850), brannte aus (1934) und wurde wie-

Extravagant: Lapham-Patterson House, Thomasville

der aufgebaut (1936). Auf Pebble Hill traf man sich bis in die 1930er Jahre zur Wachtel- und Truthahnjagd. Führung durch das Haus $ 7. Wer nur das Grundstück betreten will, zahlt $ 3.

Kaffeeklatsch mit Hansaplast: Izzo's Pharmacy in Thomasville

Izzo Pharmacy
122 N. Broad St.
Thomasville, GA 31792
✆ (229) 226-4411
Amerikanisches Urgestein: Coffee Shop mit antiseptischem Drogerie-Ambiente und herzensguten Bedienungsgeistern. $

Melhana Plantation Restaurant
301 Showboat Lane
Thomasville, GA 31792
✆ (229) 226-2290
Dinner in einem vorzüglich restaurierten Plantagenhaus mit freundlichem Service: frische Meeresfrüchte und Steaks, Kräuter aus dem Garten, exzellente Weinkarte. Reservierung und Jackett erforderlich.
$$-$$$

Melissa's
134 S. Madison St. (Downtown)
Thomasville, GA 31792
✆ (229) 226-2929
Solides Lunch-Lokal mit leckeren Sandwichs – auch mit Pumpernickel! So geschl. $

Mom & Dad's Italian Restaurant
1800 Smith Ave.
Thomasville, GA 31792
✆ (229) 226-6265
Traditionelles Familienrestaurant mit Pasta-Gerichten und Pizza. Nur Dinner. So/Mo geschl. $

15 Valdosta

Valdosta bietet ein paar architektonische Schmankerl. Etwa das **Barber-Pittman House**, von einem Coca-Cola-Boss gebaut (die erste Zweigstelle ließ sich nach Atlanta in Valdosta nieder), von dessen Tochter 1965 geerbt, die es dann 1977 der Stadt vermachte. Das Innere zeigt Meisterstücke der soliden Handwerkskunst des Südens. Oder auch **The Crescent**, eine stattliche, säulenumspannte Residenz mit runder Veranda, die ihr den Namen einbrachte.

Die Prachtbauten, das anmutige **Converse-Dalton-Ferrell House** eingeschlossen, stammen aus der Blütezeit der Kleinstadt, als die Eisenbahn, Baumwolle und Coca-Cola für Wohlstand sorgten. Um 1910 galt Valdosta, das »Tal der Schönheit«, die anglisierte Fassung des italienischen *Val de Aosta*, als reichste Gemeinde der USA. Selbst als wenig später (1917) der Baumwoll-Killer, der gefräßige *boll weevil*, dem Anbau ein Ende machte, blieb Valdosta oben auf. Die Farmer stiegen auf Tabak, Mais und Sojabohnen um.

Service & Tipps:

Valdosta-Lowndes County Conference Center & Tourism Authority
1 Meeting Place
Valdosta, GA 31601
✆ (229) 245-0513 oder 1-800-569-8687
Fax (229) 245-5240
www.datasys.net/valdtourism

Barber-Pittman House
416 N. Ashley St.
Valdosta, GA 31603
✆ (229) 247-8100
Fax (229) 245-0071

Mo–Fr 8.30–17 Uhr
In der sanierten neoklassizistischen Villa (1915) arbeiten die gastfreundlichen Damen der örtlichen Handelskammer.

Converse-Dalton-Ferrell House
305 N. Patterson St.
Valdosta, GA 31601
✆ (229) 244-8575
Gefällige Residenz (1902) mit umlaufender Veranda.

The Crescent
904 N. Patterson St.
Valdosta, GA 31601-4531
✆ (229) 244-6747
Mo–Fr 14–17 Uhr
Stattlichstes Haus der Stadt von 1898: schöner Garten mit Schulhaus, Kapelle und adretten Blumenbeeten. Eintritt kostenlos.

Ming's Chinese Restaurant
508 N. Patterson St.
Valdosta, GA 31601-4608
✆ (229) 247-9868
Einfacher, solider Familienbetrieb mit großer Auswahl. Lunch und Dinner. $

Macadoo's Grille
1501 N. Ashley St.
Valdosta, GA 31062-3349
✆ (229) 241-2095
Sandwichs, Hamburger. Frühstück, Lunch und Dinner. $

Runde Residenz: The Crescent in Valdosta

16 Waycross

Holz und Honig, Tabak und Nüsse werden in diesem traditionsreichen Eisenbahnknotenpunkt (15 000 Einwohner) produziert. Waycross ist überdies ein Basislager zur Erkundung des Okefenokee Swamp.

Service & Tipps:

Waycross-Ware Chamber of Commerce
317 Plant Ave.
Waycross, GA 31501
✆ (912) 283-3742
Hier erhalten Sie alle nötigen Informationen.

Ocean Galley Seafood
421 Memorial Dr. (Rt. 1)
Waycross, GA 31501
✆ (912) 283-8341
Der Ozean ist zwar weit, aber der Fisch trotzdem frisch. Auch Geflügel und Steaks. Einfaches Haus mit freundlichem Service. Lunch ($) und Dinner. $–$$

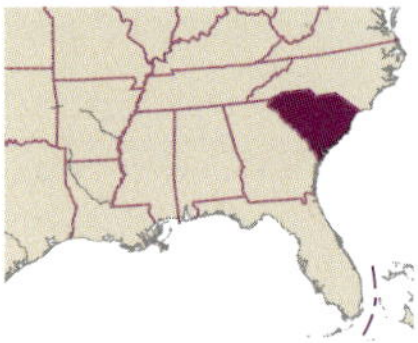

»Palmetto State« heißt der Spitzname von South Carolina

South Carolina

Als erster Staat trennte sich South Carolina 1860 von der Union, und er wurde bereits zum Inbegriff des Südens, als Mississippi noch den Indianern gehörte. Lange galt seine gesellschaftliche Struktur als eingefroren; aber seit den 1960er Jahren übernahm der »Palmetto State« die Vorreiterrolle in den Fragen der Rassenintegration und beim wirtschaftlichen Aufschwung im Zeichen des Neuen Südens.

Von den *highlands* zu den *islands* reicht das landschaftliche Spektrum South Carolinas: von den Ausläufern der Blauen Berge, dem *Upcountry,* bis zu den Marschen und den der Küste vorgelagerten Inseln am Ende der *coastal plains.* Dazwischen auf halber Strecke liegt Columbia, die Hauptstadt, die vor allem wegen seiner beiden herausragenden Museen (South Carolina State- und Kunstmuseum) einen Besuch lohnt.

Meilenweit sorgt der Grand Strand für sportliches und musikalisches, in jedem Fall strandnahes Entertainment. Dass einem in Myrtle Beach nicht gleich die Golfbälle um die Ohren fliegen, wundert, denn so viele Plätze auf einem Haufen gibt es in den gesamten USA nicht.

Die heimliche Hauptstadt freilich heißt Charleston. Sie allein schon lohnt eine Reise in den Süden – so faszinierend verbindet die alte Kolonialstadt europäische Tradition und karibisches Flair. Anders als der puritanische Norden der USA erhielt die südliche Küstenregion starke Siedlungsimpulse von den Westindischen Inseln, was sich in allen Lebensbereichen niederschlug, am sichtbarsten in Architektur und Wohnkultur. Dass und wie umfangreich sie bis heute in Charleston erhalten blieben, ist eine lange Geschichte, aber letztlich ein konservatorischer Glücksfall. Er wirkte auf andere Städte im Süden

Wohnen vom Feinsten: East Battery in Charleston

SOUTH CAROLINA
Hendersonville
Carl Sandburg Home National Hist. Site
Shelby
Gastonia
CHARLOTTE
Mint Hill
Southern Pines
Fort Bragg Military Res.
Spring Lake
Fort Bragg
Fayetteville
Brevard
Gaffney
Kings Mountain
Monroe
Wadesboro
Rockingham
Laurinburg
St. Pauls
Greer
Spartanburg
York
Rock Hill
Easley
Greenville
Walnut Grove Plantation Roebuck
Chester
Lancaster
Pageland
Cheraw
Bennettsville
Lumberton
Elizabethtown
Seneca
Clemson
Union
Carlisle
Kershaw
Hartwell L.
Anderson
Belton
Laurens
Hartsville
Darlington
Dillon
Hartwell
Clinton
Newberry
Camden
Bishopville
Florence
Marion
Whiteville
Bolton
Russell L.
Greenwood
Mullins
Tabor City
Abbeville
Ninety Six National Hist. Site
L. Murray
Columbia
Elberton
Calhoun Falls
Saluda
Lexington
Sumter
Conway
Comer
McCormick
Batesburg
Congaree Swamp National Monument
Lake City
Myrtle Beach
Crawford
Johnston
Swansea
Manning
Kingstree
Brookgreen Gardens
Washington
North Augusta
Aiken
North
Orangeburg
L. Marion
Litchfield B.
Pawleys Island
Greensboro
Augusta
Thomson
Williston
Jamestown
Georgetown
Warrenton
Fort Gordon Military Reserve
Denmark
Branchville
L. Moultrie
Moncks Corner
Cypress Gardens
Hopsewee Plantation
Wrens
Savannah River Site (U.S. Govt.)
Barnwell
Bamberg
McClellanville
Sparta
St. George
Cape Romain
Sandersville
Louisville
Waynesboro
Allendale
Walterboro
Summerville
Goose Creek
North Charleston
Cape Romain National Wildlife Refuge
Hardwick
Fairfax
Audubon Swamp Garden
Boone Hall Plantation
Millen
Hampton
Mount Pleasant
Charleston
Estill
Jacksonboro
Sylvania
Yemassee
Sheldon Church Ruins
Folly Beach
Fort Sumter National Monument
Jeffersonville
Wrightsville
Swainsboro
Kiawah Island
Beaufort
Edisto Beach
Dublin
Statesboro
St. Helena I.
Hardeeville
Port Royal Sound
Blitchton
Hilton Head Island
Vidalia
Lyons
Claxton
Eastman
Mount Vernon
McRae
Fort Stewart Military Reserve
SAVANNAH
Fort Pulaski National Monument
N
0 25 50 75 100 km
0 25 50 miles

mustergültig und beflügelte die denkmalpflegerischen Bemühungen vielerorts. Es ist ein Genuss, durch die Gassen und Winkel zu laufen, vorbei an pastellfarbenen Stadtvillen und verspielten Gärten, eleganten Kirchtürmen und prächtigen Tempelfassaden. Sie machen aus Charleston ein Lehrbuch der kolonialen Baugeschichte.

1 Abbeville

Zu den Highlights der von französischen Hugenotten 1785 gegründeten Kleinstadt zählen innerhalb des historischen Zentrums der pittoreske Court Square mit dem **Opernhaus** von 1908 und dem historischen **Belmont Inn**, einem wundervollen Hotel mit ebenso lohnendem Restaurant.

Service & Tipps:

Abbeville Chamber of Commerce
107 Court Sq., Abbeville, SC 29620
✆ (864) 366-4600
www.abbevillescchamber.com

Abbeville Opera House
100 Court Sq.
Abbeville, SC 29620
✆ (864) 459-2157
Opulentes Opernhaus (Baujahr 1908), das heute zur Aufführung von Comedies und Broadway Musicals dient. Führungen.

Belmont Inn
106 E. Pickens St.
Abbeville, SC 29620
✆ (864) 459-9625
www.belmontinn.com
Haus von 1900. Gutes Restaurant, Cocktail Lounge. $$

2 Aiken

Feine Villenkultur und alter Baumbestand tragen dazu bei, dass sich Aiken (25 000 Einwohner) wie eine vornehme Lady aus den Baumwollfeldern erhebt. Seine Geschichte erinnert ein wenig an die von Augusta, denn auch hier legte man früh Wert auf den Tourismus – dank des ersten Personendampfzugs (in den USA) von und nach Charleston. Aristokratische New Yorker schafften ihr Geld und ihre Pferde nach Aiken, nisteten sich hier in ihre Winterquartiere ein, gingen auf die Fuchsjagd und erfanden das Polospiel. Prompt etablierte sich Aiken um die (vorletzte) Jahrhundertwende als Polometropole. Pferdeliebhaber werden die **Thoroughbred Racing Hall of Fame** interessant finden, die der Geschichte und Zucht der Vollblüter gewidmet ist.

Service & Tipps:

Greater Aiken Chamber of Commerce
121 Richland Ave. E.
Aiken, SC 29802
✆ (803) 641-1111, Fax (803) 641-4171
www.aikenchamber.net

Hopelands Gardens and Aiken Thoroughbred Racing Hall of Fame
149 Dupree Place
Aiken, SC 29801-4811
✆ (803) 642-7630
Park tägl. 10 Uhr bis Sonnenuntergang
Hall of Fame Mitte Okt.–Mitte Mai Di–So 14–17 Uhr
In duftenden, um die vorletzte Jahrhundertwende angelegten Gärten widmet sich dieses Pferdezentrum der Geschichte, der Zucht und dem Training der Vollblüter.

❸ Beaufort

Im 18. Jahrhundert nach Charleston der wichtigste Hafen im Süden und Hochburg der Indigo- und Reisproduktion, lebt die kleine Stadt von ihrem nahen Fliegerhorst, von der Fischerei, den Touristen und den Pensionären, die den stillen Charme und die vorzügliche Seelage von Beaufort (gesprochen: bju-fit) zu schätzen wissen. Sie bringen ein bisschen Ruhe in die früher recht bewegte Stadtgeschichte, die 1514 begann und daraufhin die unterschiedlichsten Völker passieren sah: spanische Konquistadoren, französische Hugenotten, britische Einzelgänger und gewitzte Piraten. Gut, dass die Unionstruppen gleich zu Beginn des Bürgerkriegs die Stadt besetzten und bis zum bitteren Ende blieben, denn eine bessere Wachmannschaft für seine Antebellum-Schätze hätte sich Beaufort gar nicht wünschen können. Die Villen am Watt können es an Pracht mühelos mit manchen in Charleston aufnehmen. Angesichts der lauschig zwischen alten Bäumen und Gärten schimmernden Domizile mit weiten Ausblicken auf das Wasser versteht man den Unterton, wenn die Einheimischen von ihrem »Beaufort by the Sea« sprechen.

Service & Tipps:

Greater Beaufort Chamber of Commerce Visitors Center
1106 Carteret St./Boundary
Beaufort, SC 29901-0910
✆ (843) 524-3163 oder 1-800-638-3525
Fax (843) 986-5405
www.beaufortsc.org
Tägl. 9–17.30 Uhr

Baptist Church of Beaufort
600 Charles St.
Beaufort, SC 29902
✆ (843) 524-3197
Weiße Bilderbuchkirche von 1844.

Sehenswerte Architektur in Beaufort
William Fripp House (Tidewater), 302 Federal St., Stadthaus eines erfolgreichen Pflanzers von 1830; **James Robert Verdier House** (Marshlands), 501 Pinckney St., Residenz von 1814; **Paul Hamilton House** (The Oaks), Short St., Villa von 1856; **James Fripp House** (Tidalholm), 1 Laurens St., der schön gelegene

Baptist Church of Beaufort von 1844

Beaufort, South Carolina, erfreut sich einer besonders filigranen Wohnkultur

Antebellum-Palast von ca. 1850 diente in mehreren Kinofilmen als Kulisse.

Saltus River Grill
802 Bay St.
Beaufort, SC 29902
✆ (843) 379-3474
www.saltusrivergrill.com
Surf & Turf vom Grill, *Shrimps and Grits,* Austernbar, Salate, Suppen, Sushi. Nur Dinner. $$–$$$

Bay Breeze Island Grill
926 Bay St.
Beaufort, SC 29902
✆ (843) 379-0300
In der Schalterhalle einer ehemaligen Bank: appetitliches zum Lunch ($), Meeresfrüchte zum Abend. $$

Plum's Cafe
904 1/2 Bay St. (Waterfront Park)
Beaufort, SC 29902
✆ (843) 525-1946
Munteres Plätzchen mit Blick aufs Wasser: Gourmet-Sandwichs und Salate. Am Wochenende Live-Bands. Tägl. ab 11 Uhr. So Brunch, abends geschl. $–$$

Ausflugsziel:

Ein Besuch auf **St. Helena Island**.

Penn Center
16 Penn Center Circle Way
Saint Helena Island, SC 29920
✆ (843) 838-2432
Mo–Fr 10–16 Uhr
Die erste Schule für befreite Sklaven im Süden. Zielsetzung heute: Bewahrung der Gullah-Kultur der Afro-Amerikaner.

4 Charleston

Von der schmalen Stahlbrücke über den Cooper River fällt der Blick auf das historische Charleston, das die Halbinsel zwischen Cooper und Ashley River besetzt. Diverse Einwanderer, Religionen und Baustile haben diese Stadt gestaltet, die mit ihren rund 80 000 Einwohnern ohne Zweifel zu den am besten erhaltenen der USA gehört.

Besonders an späten Nachmittagen leuchtet sie am schönsten. Zu dieser Zeit dreht sich in den Salons und *parlors* alles ums Ritual des *afternoon tea*. Die Dielen knarren, das Sherry-Gläschen klingt – die postkoloniale Welt der Charlestonians scheint in bester Ordnung. Und das zelebrieren und genießen sie. Warum auch nicht! Charles II., der König von England, dem die Stadt ihren Namen verdankt, galt schließlich auch nicht als Kostverächter.

Trinkgelage, Glücksspiel und rauschende Bälle, modische und erotische Extravaganzen gehörten früh zum Gang der Dinge in einer Stadt, deren Reichtum schnell mit dem kolonialen Handelshafen für Reis, Indigo und andere Produkte des Hinterlandes wuchs. Eine Elite gut betuchter Pflanzer und Kaufleute gab über mehr als ein Jahrhundert den Ton an, gestützt auf eine handfeste Sklavenideologie und ein selbstgerechtes Südstaaten-Pathos, die noch den Bürgerkrieg überlebten.

Der Reichtum rief eine glanzvolle Villenarchitektur ins Leben. Bevor sie überhaupt entstand, gab es – ähnlich wie in Philadelphia und Savannah – einen Stadtplan (1693) in Gestalt eines ordentlichen Schachbrett-Design. Er bezog sich freilich auf ein sehr viel kleineres Areal als das von heute, denn der größte Teil der Halbinsel lag unter Creeks und Marschland. Ähnlich wie in San Francisco dehnte sich Charleston später über aufgefülltem Land aus, über einem Wackelpeter, der während zahlreicher Erdbeben in der Folge seinem Namen Ehre machte.

Zunächst baute man im Zeitgeschmack, in einem Kolonialstil, der englische und westindische Einflüsse mischte. Anfang des 19. Jahrhunderts war es der Architekt Robert Mills, der in Charleston jenen neoklassizistischen Stil aus der Taufe hob und der das Bauen im Süden fortan prägen sollte.

Wie auch sonst im Süden verfielen nach dem Bürgerkrieg die wirtschaftlichen Stützen der feinen Gesellschaft. Auch mit Charleston ging es abwärts, nicht zuletzt durch Feuer und schwere Erdbeben (1886), Hurrikane und Zyklone. Geld für Neubauten gab es nicht. Was halbwegs den Katastrophen standgehalten hatte, ließ man aus Geldmangel einfach stehen.

Es war also merkwürdigerweise die Armut, die das architektonische Erbe von Charleston rettete. Als es dann endlich den Bürgern durch die Anlage eines Kriegsmarinehafens 1901 und die Gewinne aus dem Ersten Weltkrieg wirtschaftlich besser ging, waren sofort konservatorisch-strenge Augen zur Stelle, die über die historische Bausubstanz wachten. Der Preservation Society of Charleston (1920) und später dann den Flächennutzungsplänen zum Schutz der Altstadt (1931) ist es zu verdanken, dass die Innenstadt heute mit über 2 000 restaurierten Gebäuden aufwarten kann. Und man kürte Charleston so oft zur konservatorischen Hauptstadt der USA, dass die Denkmalpflege hier zur beherrschenden Lebensart überhaupt wurde.

Typisch für Charleston: Viele Hausgänge befinden sich an der Seite

In den Wohnvierteln zieren gepflegte Altbauten die teils noch kopfsteingepflasterten Straßen – Church oder Chalmers zum Beispiel – und erst recht das Labyrinth der einsamen Gassen à la Zig Zag Alley. Dabei kommen sich immer wieder das Wilde und das Kultivierte, das Üppige und das Artige vertraulich nah – buschiger Bambus und Wasser speiender Amor, fleischige Bananenblätter und biederer Buchsbaum, Liane und Denkmal, Karibik und Europa.

Hier und da wird geklopft, gebohrt oder gepinselt – *do it yourself* lautet die Devise. Der Grundtyp dieser Stadthäuser ist das *single house*, das merkwürdigerweise nicht direkt zur Straße geht, sondern seitlich zum eigenen Garten, und zwar durch die ebenfalls seitliche, zwischen Haus und Garten vermittelnde Piazza – ein luftiger Veranda-Anbau zum Sitzen und Schauen, Dösen und Schaukeln.

Egal, ob mehr nach Süden oder Westen ausgerichtet, die Piazzas stehen quer zur Straße und schaffen eine offenbar erwünschte *splendid isolation*. Sie sind also keineswegs so offen und öffentlich wie der Name vermuten lässt. Piazzas stehen fürs Private. Nüchterne erinnern hier gern daran, dass die Steuer in Charleston sich früher nicht nach der Grundstücksgröße, sondern nach der Breite der damit besetzten Straßenfront richteten. Folglich baute man schmal und dafür preisgünstiger in die Tiefe.

Der geschlossene historische Stadtkern von Charleston ist eine im Grunde von Weißen besetzte Enklave. Wer etwa, bei Tradd Street beginnend, den Weg über Logan und Coming Street wählt und diese einfach Richtung Norden geht, trifft Schritt für Schritt auf immer neue Variationen von Arm und Reich, Schwarz und Weiß: von den adretten Stadtpalästen zu den Unterkünften der Schwarzen, Sozialbauten und notdürftig reparierten Hütten. Die Leute sitzen auf den Veranden, Wäsche hängt zum Trocknen draußen, Kinder spielen auf den Grünflächen der sozialen Wohnblocks, der *housing projects*. Ab und zu mal ein kleines Geschäft auf der Ecke. Über die längste Zeit seiner Geschichte hatte Charleston stets eine schwarze Mehrheit. Heute liegt der Anteil knapp unter 50 Prozent.

King Street, zwischen 1880 und 1940 die führende Geschäftsstraße von Charleston, war zu Beginn des vorigen Jahrhunderts einmal fest in deutscher Hand, weil damals überhaupt fast ein Drittel der weißen Bewohner von Charleston, insbesondere Geschäftsleute, deutscher Abstammung waren. Es gab sogar deutschsprachige Gottesdienste. Ein zeitgenössisches Sprichwort über Charleston rückt die Rollenverteilung allerdings wieder zurecht: »Den Deutschen gehört es, die Iren kontrollieren es und die Schwarzen genießen es.«

Charleston zu Fuß

Zum Auftakt eignet sich der Treffpunkt von Broad und Meeting Street. Die Ecken symbolisieren vier verschiedene Gesetzesebenen: das County Courthouse die des Landes, das US Courthouse die des Bundes, City Hall die der Stadt, die **St. Michael's Episcopal Church** (1752–61) den rechten Glauben. Unübersehbar: die stilistische Ähnlichkeit der Kirche mit St. Martin-in-the-

Fields in London, wie ja überhaupt der englische Einfluss in Charleston nicht zu übersehen ist. »Little London« hieß die Stadt früher einmal. Der Kirchturm wurde im Laufe der Zeit multifunktional genutzt: als Leuchtturm, zur Feindbeobachtung bzw. Zielscheibe im Bürgerkrieg, als Standort der Sirenen im Zweiten Weltkrieg. Oft sitzen die schwarzen Korbflechterinnen hier in der Nähe auf den Gehsteigen, während sie auf den Kühlerhauben ihrer Autos die Gräser trocknen, aus denen die wohlriechenden *sweetgrass* oder *gullah baskets* entstehen. »Gullah« heißt auch die kreolische Sprachmixtur aus Englisch und afrikanischer Syntax, die man von den Inseln der Outer Banks in North Carolina bis hier in den Süden noch gelegentlich hören kann. Eine Variante von Gullah, das so genannte *Patois*, wurde einst ebenfalls von afroamerikanischen Sklaven und wird heute noch von einigen Schwarzen auf Sea Island gesprochen.

Körbe aus »sweet grass« gehören traditionell zur Volkskunst der Schwarzen

Die pompöse **South Carolina Society Hall** (72 Meeting St.) stammt von 1804 und zählte zu den gesellschaftlichen Zentren der damals einflussreichen Hugenotten. Noch heute finden hier festliche Bälle statt, die ausgelassensten am irischen St. Patrick's Day, wenn die modernen Clark Gables ihre Vivian Leighs die weißen Treppen hochtragen. Das **Nathaniel Russell House** verfügt über einen ebenso prächtigen Garten wie das Timothy Ford's House gegenüber. Insgesamt sorgen auf der schattigen Meeting Street gefällige Fassaden, Veranden, Brüstungen und Eingänge für jede Menge Abwechslung, während zwischendurch handwerkliche Kleinkunst die Gitter vor den mit Brunnen, Rosen und Fächerpalmen bestückten Gärten ziert.

Broad Street, Charleston

In Nähe des Wassers am Ende der Straße steht der filigrane Two Meeting Street Inn, ein luftiger Bau mit einem beneidenswerten Garten. Kein Wunder, dass die beiden Gästezimmer hier meist ausgebucht sind. Von der Kaimauer entlang der Battery schweift der Blick hinüber zum **Fort Sumter**, wo der Bürgerkrieg begann, als dieses von Unionstruppen besetzte Fort am 12. April 1861 um halb vier Uhr morgens von den Konföderierten auf James Island beschossen wurde. Charleston: die Wiege der Sezession! 34 Stunden später ergaben sich die Yankees. Die Initialzündung des Krieges muss für viele Charlestonians ein Mordsspaß gewesen sein. Von ihren Dächern aus genossen sie die Attacke als XXL-Entertainment.

Von White Point Gardens, dem südlichen Grünzipfel der Stadt, geht es in die East Battery und am Wasser lang, vorbei am eigentlichen Vorzeige-Boulevard von Charleston, der denn auch auf zahllosen Stichen, Zeichnungen und Fotos verewigt wurde. Hier liegt, ein wenig schräg zur Straße, das **Edmondston-Alston House** mit dem luftigen Anbau seiner von korinthischen Säulen getragenen Piazza. Ihr Vorzug ist offensichtlich: Stets erweitert die seitliche Veranda den Wohn- und Lebensraum und öffnet ihn für ein kühlendes Lüftchen. Es heißt, man hätte Häuser in Charleston gern wie Schiffe mit vollen Segeln gebaut, die möglichst gut im Wind vom Ozean stehen. Zusätzlich hält der Abstand zwischen den Häusern jedes einzelne kühler.

An Atlantic und Church Street setzt sich der bauliche Potpourri weiter fort - bis zu Details im Gartentor. Besonders anmutig wirkt das George Eveleigh House mit der Nummer 39, ein frühes Beispiel aus dem 18. Jahrhundert, ausnahmsweise mit frontaler Veranda. **Longitude Lane** ist vielleicht das feinste und zugleich wildeste Gässchen in Charleston: Regelrechte Märchenhäuser stehen hinter üppigen Wildblumen, leuchtendem Hibiskus und Oleander.

Cabbage oder **Catfish Row** (89–91 Church St.) bestand am Anfang dieses Jahrhunderts aus ziemlich schäbigen Reihenhäusern armer Schwarzer. Ausgerechnet diesen Häuserblock nahm sich Du Bose Heyward, ein Weißer, zum Vorbild für seinen Roman »Porgy«, den verkrüppelten schwarzen Bettler, der mit einem Ziegenkarren durch die Stadt zog. Das war 1925. Zehn Jahre später machte George Gershwin daraus die Broadway-Oper »Porgy and Bess«, die es zu Weltruhm brachte. Doch erst 1970 kam die Oper in Charleston zum Zuge. Segregation, das Übel der Rassentrennung, verhinderte die Aufführung des Melodrams.

Übrigens ist Charleston Ursprung einer weiteren musikalischen Erfindung, und zwar des »Charleston«. Der Modetanz der 1920er Jahre wurde von schwarzen Jazzmusikern in einem städtischen Waisenhaus kreiert, anschließend nach Harlem gebracht, bis er dann durch die Publizität diverser Musicals international Furore machte und die Tanzbeine zum Schwingen brachte.

Das Kopfsteinpflaster von **Chalmers Street** erinnert an jene Zeit, als diese Steine den Schiffen von Europa als Ballast dienten, und auch sonst erzählt die hübsche Straße Stadtgeschichte. An der Nr. 6 steht noch eins von mehreren Auktionshäusern für Sklaven, der **Old Slave Mart**. Bis zu dessen Eröffnung 1856 war Charleston bereits fast zwei Jahrhunderte lang der wichtigste Sklavenmarkt des Südens. Unvermittelt, aber tatsächlich nebenan, ragt das offenbar von deutscher Burgenmentalität geprägte Feuerwehrhaus auf, die German Fire Co. von 1831. Feuerlöscher rücken von hier nicht mehr aus; nur noch geschäftige Anwälte und Notare.

Das feinste der wilden Gässchen: Longitude Lane

Unweit, genau gesagt auf der gegenüberliegenden Straßenseite, steht das fast niedliche **Pink House** (Nr. 17) aus dem frühen 18. Jahrhundert, dem man seine frivole Geschichte (es diente mal als Taverne, mal als Bordell für die Seeleute) nicht mehr ansieht. Ab und zu entdeckt man runde schwarze Metallplatten an den Hauswänden. In ihnen enden die so genannten *earthquake bolts*, Eisenstangen, die dem Steinhaus bei einem möglichen Beben größeren Halt geben sollen. Auf Church Street erkennt man schon von weitem den dekorativen blauen Balkon oberhalb der braunen Sandsteinsäulen des **Dock Street Theatre**, das einem Londoner Theater des frühen 18. Jahrhunderts nachgebaut wurde. Das kleine bauliche Juwel knüpft an eine lebendige Theatertradition im antipuritanischen Charleston an, die Teil des feudalen Lebensstils und ein Magnet für Wanderschauspieler und Musiker war. Seit einigen Jahren bildet diese Bühne einen festlichen Rahmen während des Spoleto Festivals, das der italienische Komponist Gian Carlo Menotti 1977 in die Stadt brachte.

Vis-à-vis vom Theater ragt die neugotische Hugenottenkirche von 1844 auf, anstelle des im 17. Jahrhundert von französischen Protestanten errichteten Gotteshauses, das aber während eines der vielen, Charleston heimsuchenden Feuer 1796 abbrannte. Die meist wohlhabenden Flüchtlinge aus Frankreich machten von Anfang an das gesellige Leben in Charleston noch spritziger; aber sie waren keineswegs die einzigen Einwanderer, die von der ungewöhnlichen Religionsfreiheit in Charleston angezogen wurden. Baptisten, Quäker, spanische Juden und Einwohner der Westindischen Inseln bildeten eine Religionsvielfalt, wie sie anderen Kolonien fremd war.

Eine dreiseitige Tempelform kennzeichnet die **St. Philip's Episcopal Church** (1835) mit ihrem erdfarbenen Turm. Sie ist gewissermaßen die Mutterkirche der Kolonie südlich von Virginia, deren erste Gemeinde bereits 1680 zusammentrat. Auf dem hübschen Friedhof gegenüber ruhen einige berühmte Charlestonians, unter ihnen der Schriftsteller Du Bose Heyward und der wohl verbissenste Apologet der Sklaverei, John C. Calhoun. Queen Street endet praktisch am Waterfront Park, dessen sprudelnder Ananas-Brunnen heute Müßiggänger an eine Stelle lockt, wo einst Werften und Anleger das koloniale Charleston versorgten.

Die Arkaden und Hallen von City Market ziehen sich von East Bay bis Meeting Street, gespickt mit Obst, Gemüse und Flohmärkten. Market Street, die einst sündige Meile der Unterwelt von Charleston, ist längst durch T-Shirt-Läden, Bars und Restaurants gezähmt.

Service & Tipps:

Charleston Visitor Center
375 Meeting St.
Charleston, SC 29403
✆ (843) 853-8000 oder
✆ 1-800-774-0006, Fax (843) 853-0444
www.charlestoncvb.com
Tägl. 8.30–17.30 Uhr

Edmondston-Alston House
21 E. Battery
Charleston, SC 29401
✆ (843) 722-7171
www.middletonplace.org
Di–Sa 10–16.30, So/Mo 13.30–16.30 Uhr, 1/2-stündige Führungen
Auch ein House Museum: Greek-Revival-Villa von 1828–38 mit zeitgenössischen Schätzen und Familiensilber, zum Beweis, wie begierig die stilbewussten Charlestonians europäische Designformen übernahmen – von Chippendale bis zum Empire. Eintritt $ 8.

Nathaniel Russell House
51 Meeting St.
Charleston, SC 29401
✆ (843) 724-8481
www.historiccharleston.org
Mo–Sa 10–17, So 14–17 Uhr
Die neoklassizistische Villa eines reichen Kaufmanns von 1808 hat einen schönen Garten; stilgerecht mit importierter oder aus lokaler Produktion stammender Einrichtung ist sie heute ein House Museum.

In den ovalen Räumen kann man historische Stuckarbeiten bewundern. Eintritt $ 7.

Charleston Museum
360 Meeting St. (John St.)
Charleston, SC 29403
✆ (843) 722-2996
www.charlestonmuseum.org
Mo–Sa 9–17, So 13–17 Uhr
In diesem Museum, einem der ältesten in den USA, dreht sich alles um Charleston und das *Low country* – naturkundlich, geschichtlich und archäologisch. U.a. gibt es eine Nachbildung des ersten U-Boots der Kriegsgeschichte zu sehen, die »H.L. Hunley«, ein torpedoähnliches Metallrohr, in dem die Crew per Handkurbel die Schraube bedienen musste. Eintritt $ 8.

Hibernian Hall
105 Meeting St.
Charleston, SC 29401
Ein Prototyp des Greek-Revival-Stils von 1841. Die Form des griechischen Tempels wurde in einen dekorativen Fassadenstil überführt.

Fireproof Building
100 Meeting St.
Charleston, SC 29401
Nüchterner, klassizistischer Bau (1822–27) des gebürtigen Charlestonian Robert Mills. Wie oft in Charleston: Der frontale Portikus ziert die öffentlichen Gebäude, die seitliche Piazza die privaten Bauten. Der Auftrag an den Architekten lautete: keine Fenster, kein Holz.

Heyward-Washington House
87 Church St.
Charleston, SC 29401
✆ (843) 722-0354
www.charlestonmuseum.com
Mo–Sa 10–17, So 13–17 Uhr, Führungen
Daniel Heyward baute das unverputzte Backsteinhaus 1770 und George Washington übernachtete hier 1791. Die feinen Möbel sind hervorragende Beispiele für das Design der Kolonialzeit, die Utensilien der Küche eingeschlossen. Sehenswert auch der rückseitig gelegene Garten. Eintritt $ 8.

South Carolina Aquarium
100 Aquarium Wharf
Charleston, SC 29401
✆ (843) 720-1990

Putto und Palmetto gehören zum Gartendekor

Joggling Boards
Gemeinsam schaukelt man auf den langen Wippbrettern, Kühlung ist immer gefragt. Joggling boards heißen diese angenehmen Einrichtungen. Sie sollen im Übrigen gut sein gegen den Rheumatismus und, bei Frauen, gegen das Altjungferntum.

www.scaquarium.org
Juli/Aug. tägl. 9–19, sonst 9–17 Uhr
Schaufenster für Pflanzen, Tiere und Habitats der Region. Die aufwendige Anlage am Ufer des Cooper River ist Teil der Sanierung des Hafenviertels. Eintritt $ 14/7.

Dock Street Theatre
135 Church & Queen Sts.
Charleston, SC 29401
✆ (843) 720-3968, Mo–Fr 10–16 Uhr
Das Theater eröffnete 1736 mit der ersten Opernaufführung in der Neuen Welt. Seitdem mehrfach abgebrannt und auch einmal Hotel. Der jetzige Bau stammt von 1937. Kostenlose Führungen.

Carolina's
10 Exchange St.
Charleston, SC 29401
✆ (843) 724-3800
Interessante Appetizer, leichte Südstaatenküche und eine extensive Weinauswahl in europäischem Bistro-Ambiente. Nur Dinner. $$

Magnolia's
185 E. Bay St.
Charleston, SC 29401
✆ (843) 557-7771
www.magnolias-blossom.com
Verfeinerte regionale Küche, hervorragende Appetizer, angenehmer Service. Lunch ($) und Dinner. $$

82 Queen
82 Queen St.
Charleston, SC 29401
✆ (843) 723-7591
www.82queen.com
Lauschiges Restaurant in verwinkelten Räumen und Innenhöfen; gute Küche. Nette Bar. Lunch ($) und Dinner. $$

Poogan's Porch
72 Queen St.
Charleston, SC 29401
✆ (843) 577-2337
Lowcountry cuisine in intimer Atmosphäre. Lunch ($) und Dinner. $$

Blossom Café
171 E. Bay St.
Charleston, SC 29401
✆ (843) 722-9200
www.magnolias-blossom-cypress.com
Leichte Küche, luftiges Glashaus, auch zum Draußensitzen. Lunch ($) und Dinner. $$

Coast Bar & Grill
39-D John St.
Charleston, SC 29403
✆ (843) 722-8838
Pfiffig eingerichtetes Lokal in historischer Bahnhofsarchitektur. Gute Küche. $$

Fish Restaurant
442 King St. (Upper King)
Charleston, SC 29403
✆ (843) 722-3474
www.fishrestaurant.net
Klein und fein, exzellente Fische und Meeresfrüchte. So geschl. $$

Anson Restaurant
12 Anson St.
Charleston, SC 29401
✆ (843) 577-0551
www.anson-restaurant.com
Elegantes und intimes Restaurant im Bereich City Market; spezialisiert auf frische lokale Meeresfrüchte. $$–$$$

Henry's
48–54 Market St.
Charleston, SC 29401
✆ (843) 723-4363
Bar und Restaurant; Fr/Sa Jazz. $–$$

Ausflugstipps:

Fort Sumter Tours
360 Concord St.
Charleston, SC 29401
✆ (843) 881-7337 oder
1-800-789-3678, Fax (843) 881-2960
www.fortsumtertours.com
Die Boote fahren vom Aquarium zum Fort, auf das der erste Schuss im Bürgerkrieg gefeuert wurde. Die Tour dauert ca. 2 1/2 Std. $ 12/6.

Mount Pleasant
In der Höhe von Mount Pleasant stehen gewöhnlich Verkaufsstände am Highway, an denen geflochtene Körbe zum Kauf angeboten werden, die *sweetgrass baskets*. Ihr süßlicher Duft erinnert an frisch gemähtes Gras. Korbflechten ist eine alte Tradition, die ihre Wurzeln in Afrika hat und die mit den ersten Sklaven nach Amerika gelangte.

REGION 5
South Carolina

Schon zu Beginn des 18. Jahrhunderts bildeten die Schwarzen im *Low country* die Mehrheit der Bevölkerung. Ursprünglich flochten die Männer große Arbeitskörbe aus Sumpfbinsen, nach und nach wurde die Korbflechterei jedoch zu einer Angelegenheit der ganzen Familie. Die Männer und Jungen schnitten das Gras, die Frauen und Mädchen flochten. Die großen, wasserunempfindlichen Arbeitskörbe, die auf der Plantage zum Sammeln und Verwahren von Nahrungsmitteln dienten, wurden mehr und mehr durch die feineren Exemplare fürs Haus ersetzt, solche aus Palmetto-Fächern und *sweetgrass*, wie sie noch heute mit hübschen Mustern – traditionellen wie »modernen« – zu haben sind.

Service & Tipps:

Boone Hall Plantation
1235 Long Point Rd. (US 17, ca. 13 km nordöstl. von Charleston)
Mount Pleasant, SC 29464
✆ (843) 884-4371
www.boonehallplantation.com
Im Sommer Mo–Sa 8.30–18.30, So 13–17 Uhr, 1/2-stündige Führungen
Die ehemalige Baumwoll- und Indigoplantage (seit 1676) beschwört ein Stück des alten mythischen Königreichs des Südens herauf und rühmt sich deshalb, die meistfotografierte und -gefilmte Kolonialarchitektur in den USA zu sein. Tatsächlich imponiert schon bei der Einfahrt der Baldachin der Eichen und Nussbäume (seit 1904 entwickelte sich Boone Hall zu einer bis heute einträglichen Nussplantage), an dessen Fluchtpunkt das im georgianischen Stil 1750 errichtete und 1935 erneuerte Herrenhaus steht.

Eine zweite Allee ist eine der wenigen im Süden noch erhaltenen »Sklavenstraßen«, die von neun restaurierten Ziegelbauten aus der Mitte des 18. Jh. flankiert ist. Die Steine stammten aus den eigenen Brennereien, in denen einst Ziegel und Kacheln für viele Häuser in Charleston gebrannt wurden.

Hier wohnten die in der Sklavenhierarchie schon besser gestellten Handwerker und Hausangestellten, während die Feldarbeiter weiter draußen in simpleren Hütten untergebracht waren. Im Süden ist die Ziegelbauweise bei Schwarzenquartieren selten, wohl nicht nur aus ökonomischen Gründen, sondern auch, weil

Ikone des Alten Südens: Boone Hall Plantation bei Charleston

man meinte, Ziegel verursachten Rheuma und dienten bösen Geistern als Versteck. Eintritt $ 14.50.

Mount Pleasant/Isle of Palms Visitor Center
311 Johnny Dodds Blvd.
Mount Pleasant, SC 29464
✆ (843) 849-9172 oder 1-800-707-2322
www.townofmountpleasant.com
Tägl. 9–17 Uhr

J. Bistro
819 Coleman Blvd.
Mount Pleasant, SC 29464-4021
✆ (843) 971-7778
Gesellige und gemütliche Bar mit *kitschy Elvis art;* gute Küche. $$

Sticky Fingers
341 Johnny Dodds Blvd. (Hwy. 17 N. Bypass)
Mount Pleasant, SC 29464
✆ (843) 856-9840
www.stickyfingersonline.de
Magnet für BBQ-Rippchen- und Blues-Freunde. $–$$

Old Village Post House
101 Pitt St.
Mount Pleasant, SC 29464
✆ (843) 388-8935
www.oldvillageposthouse.com
Im alten Teil von Mount Pleasant: verfeinerte Südstaatenküche. $$

Isle of Palms County Park
861 Riverland Dr.
Charleston, SC 29412
✆ (843) 886-3863
www.ccprc.com/isleofpalms
Kleiner Strandpark mit Picknick- und Spielplätzen, Snackbar und Boardwalk. Eintritt $ 5.

Morgan Creek Grill
80 41st Ave.
Isle of Palms, SC 29451
✆ (843) 886-8980
www.morgancreekgrill.com
Freshest seafood und schöner Blick auf den Intracoastal Waterway und die Mariana. Beliebt ist das offene Deck bei Live-Entertainment und Sonnenuntergang. $–$$

The Boathouse Restaurant
101 Palm Blvd.
Isle of Palms, SC 29451
✆ (843) 886-8000
Bekannt für frische Meeresfrüchte. $$

Sullivan's Island
Diese Insel war einmal das Ellis Island für die afrikanischen Sklaven. Noch Edgar Allan Poe, der als Soldat auf der Insel im Fort Moultrie Dienst tat, war von ihrer mysteriösen Atmosphäre beeindruckt, was sich später in mehreren seiner Erzählungen niederschlug, unter anderem in »The Gold Bug« (1843 erschienen). Heute wirkt Sullivan's Island offen und einladend, besonders einige gemütliche Lokale im Village.

Service & Tipps:

Fort Sumter National Monument
1214 Middle St.
Sullivan's Island, SC 29482
✆ (843) 883-3123
www.nps.gov/fosu
Tägl. 9–17 Uhr
Hier fielen die ersten Schüsse im Bürgerkrieg. Visitor Center, Führungen, Angeln.

Tägl. Schiffsverbindung von der City Marina oder vom Patriots Point Maritime Museum aus (✆ 843-722-1691 oder 1-800-789-3678). Bootstour $ 12/6.

Poe's Tavern
2210 Middle St.
Sullivan's Island, SC 29482
✆ (843) 883-0083
Belebt und beliebt zum *people watching:* Drinks und Kleinigkeiten auf der Terrasse. $

Saltwater Grill
2213-B Middle St.
Sullivan's Island, SC 29482
✆ (843) 883-3131
Südstaatenküche mit unerwarteten Besonderheiten. Interessante Appetizer. $$–$$$

Folly Beach
Beliebter (und Downtown Charleston am nächsten gelegener) Strand auf einer der *Barrier Islands* – rund 10 Kilometer lang, mit Restaurants, Motels und Inns, Bars, Shops und einem Leuchtturm.

Lunch mit Blick auf den Intracoastal Wateray an der Isle of Palms

Service & Tipps:

Folly Beach County Park
1010 W. Ashley Ave.
Folly Beach, SC 29439
✆ (843) 588-2426
www.ccprc.com
Mai–Aug. tägl. 9–17, April, Sept./Okt. 10–18, Nov.–März 10–17 Uhr
Strand, Umkleidekabinen, Duschen, Picknickeinrichtungen, Boardwalk und Snackbar.

Cafe Suzanne
4 Center St.
Folly Beach, SC 29439
✆ (843) 588-2101
Amerikanische Küche, regional gefärbt: frische Nudeln, frisches Brot, Pasta, Fisch- und Fleischgerichte. Mo geschl. $$

Ashley River Road

Magnolia Plantation and Its Gardens
3550 Ashley River Rd. (SR 61)
Charleston, SC 29414
✆ (843) 571-1266 oder 1-800-367-3517
Fax (843) 571-5346
www.magnoliaplantation.com
Tägl. 8–17.30 Uhr

Rund 21 km von Charleston: Herrliche Parkanlage, einer der ältesten englischen Gärten in der Neuen Welt. Auf blütenstrotzenden Pfaden entlang stillen Teichen, randvoll mit Entenflott, entfaltet der Park eine betörende Üppigkeit. Bis zum »Knie« stehen die Zypressen im Wasser, d.h. bis zu jenen Höckern, die für die Luftzufuhr des Wurzelsystems unter Wasser sorgen. Noch tiefer in die grüne und schwarze Magie des Sumpfes wagt sich der Swamp Walk im **Audubon Swamp Garden**. Plankenstege und Brücken erschließen die spukigen Gewässer, und auf versteckten Bänken in lauschigen Lauben kann man der Naturliebe frönen und Alligatoren und Wasservögel beobachten.

»The Swamp Thing«, das »Ding aus dem Sumpf«, wird dabei wahrscheinlich nie auftauchen, denn das tat es nur im Kino. Der Film wurde hier gedreht. Er erzählt die Geschichte eines liebenswerten »Monsters«, das als eine Art Wassermann des sumpfigen Südens rührend, aber letztlich erfolglos gegen Wüstlinge kämpft, die in James-Bond-Manier in das Biotop eindringen. Eintritt $ 12.

Öko-Flirt: Szene aus dem Film »Das Ding aus dem Sumpf«, der in der Nähe der Magnolia Plantation (unten) gedreht wurde

Middleton Place
4300 Ashley River Rd. (SR 61)
Charleston, SC 29414-7206
✆ (843) 556-6020 oder
1-800-782-3608
www.middletonplace.org
Tägl. 9–17 Uhr
Etwa 29 km von Charleston entfernte Plantage von 1741. Haus (1755), schöne Gärten (seit 1741), Open-Air-Museum mit Töpferei, Schmiede, Farmgeräten und Spinnrädern, die das Leben auf der Plantage veranschaulichen; Restaurant (Lunch, Dinner Fr/Sa).

Französisch gradlinige und englisch romantische Gärten und Terrassen laden zum Rundgang durch duftende Kamelien-Alleen ein. Der kunstvolle Knalleffekt dieser Oase kommt zu guter Letzt: ein blaues Seen-Pärchen, deren ungewöhnliche Gestalt, je nach Stimmung, an Schmetterlings- oder Lungenflügel erinnert.
Eintritt $ 15/5.

Drayton Hall
3380 Ashley River Rd.
Charleston, SC 29414
✆ (843) 769-2600
www.draytonhall.org
März–Okt. 10–16, sonst 10–15 Uhr, Führungen
Knapp 20 km nordwestlich von Charleston: eine der schönsten palladianischen Villen (1738–42) in Amerika.

Seit über sieben Generationen in Familienbesitz, hat das im georgianischen Stil Englands errichtete Haus seine ursprüngliche Fassung weitgehend gewahrt, z.B. die handwerklich beachtlichen Stuckdecken. Einst vernichteten Unionstruppen an der River Road alles, was an Plantagenkultur in mehr als anderthalb Jahrhunderten gewachsen war. Nur Drayton Hall blieb verschont. Wie es heißt, war dabei ein Trick im Spiel. Der Besitzer schickte seine Sklaven den anrückenden Yankees mit der Botschaft entgegen, das Haus diene zur Zeit als Hospital für Gelbfieber und Pocken. Man glaubte ihnen.

Symmetrisch-ordentlich grüßt die stattliche Villa mit ihrem einladenden, doppelstöckigen Portikus. Seit dem frühen 18. Jh. hat kein Klempner, Elektriker oder Heizungsmonteur das Haus betreten. So blieb Drayton Hall eine leere architektonische Hülle, ein steinernes Skelett, das die Götterdämmerung der alten Ordnung des Südens überlebt hat.
Eintritt: Grundstück $ 3, Haus $ 12.

Schmetterlings- oder Lungenflügel? Gartenkunst in Middelton Place, South Carolina

Drayton Hall

Charles Towne Landing State Park
1500 Old Towne Rd. (Nähe Hwy. 171)
Charleston, SC 29407
✆ (843) 852-4200
www.southcarolinaparks.com
Im Sommer tägl. 9–18, sonst bis 17 Uhr
Reste der ersten dauerhaften englischen Siedlung in South Carolina (1670): Erdwälle, Palisadenzäune und Nachbildung eines englischen Handelsschiffs. Ein Kiawah-Häuptling führte die Kolonisten zu dieser Stelle – mit dem nicht ganz uneigennützigen Hintergedanken, dass die streitbaren Herrschaften aus der Alten Welt ihn vor den Überfällen rivalisierender Indianer schützen könnten. Allerdings blieben die Leute aus Albion nur 10 Jahre, dann zogen sie auf die Halbinsel des heutigen Charleston um. Schnell wurden aus Kolonisten Kolonialisten und Charleston zur Metropole des Sklavenhandels, denn Reis (seit 1690) und später der von der englischen Textilindustrie benötigte Indigo erwiesen sich als äußerst arbeitsintensive Früchte.

Nur wirkliche Geschichtsparkfans sollten den Abzweig ernst nehmen, denn außer ein paar Befestigungsruinen erwartet den Besucher des State Park nicht viel mehr als ein nachgebautes Handelsschiff, auf dem kostümierte Angestellte historisches Zeugnis ablegen. Eintritt $ 5.

Cypress Gardens
3030 Cypress Gardens Rd. (US 52 etwa 40 km nordwestl. von Charleston)
Moncks Corner, SC 29461
✆ (843) 553-0515, Fax (843) 569-0644
www.cypressgardens.org
Tägl. 9–17 Uhr
Von hohen Zypressen umstandener Sumpf, der einst eine Reisplantage mit Wasser versorgte. Artenreiche Vogelwelt, Schmetterlingshaus, Wanderwege und Flachbootsfahrten. Besonders schön im Frühling zur Dogwood- und Azaleenblüte.
Eintritt $ 9.
Von Charleston: S 61 (River Rd.), S 165 rechts (Richtung Summerville) A 17 (17 ALT) rechts (Richtung Moncks Corner).

Romantik im Sumpf: Cypress Gardens auf einer alten Postkarte

Sheldon Church Ruins
Am Hwy. 21, bei Gardens Corner
Wie ein architektonisches Stehaufmännchen hat sich diese Kirche lange gegen ihren jetzigen Zustand gewehrt.

Der ursprüngliche Bau von 1745 glich einem griechischen Tempel und diente während der Revolution dazu, Waffen und Munition vor den Briten zu verstecken. Die merkten das und setzten das Gotteshaus in Brand. 1826 baute man die Kirche wieder auf,

Typisch für den Süden: Grace Chapel in Rockville bei Charleston

aber sie wurde erneut in Brand gesteckt – diesmal (1865) von Shermans Soldaten.

»Es gibt so viele und geheimnisvolle Ruinen im ganzen Süden«, schrieb Henry Miller, »so viel Tod und Trostlosigkeit, so viel Geisterhaftigkeit. Und immer an den schönsten Orten …«

Inseln und Strände südlich von Charleston

Kiawah Island

200 Jahre lang gehörte das einst indianische Kiawah der betuchten Familie Vanderhorst aus Charleston. In diesen Zeiten war es nichts Ungewöhnliches, dass Familien ganze Inseln kauften, was diese letztlich vor landschaftszerstörenden Erschließungen bewahrt hat.

Anfang der 1950er Jahre wechselten die Besitzer, und vor nicht gar zu langer Zeit residierten sogar Kuwaitis auf Kiawah, die auf der rund 16 Kilometer langen Insel Ziegen züchteten. Schließlich verkauften sie an eine Erschließungsgesellschaft, die zusammen mit Umweltschützern ein Konzept erarbeitete, um durch Bauauflagen die Natur so wenig wie möglich zu beschädigen.

Deshalb bietet die Insel heute weitgehend unberührte Landschaft – einen erstklassigen Strand, Dünen und eine Art Designer-Dschungel. Die gepflegten Resort-Anlagen bieten drei Golf- und zahlreiche Tennisplätze zur Auswahl.

Wildnis-Fans können Jeep-Safaris mitmachen und sich dabei mehr als einen der rund 200 Alligatoren näher kennen lernen.

Wer nur mal gucken und ins Meer springen möchte, der findet Kiawah auch für einen Kurzbesuch gerüstet. Unmittelbar vor dem Wachhäuschen an der Einfahrt weist das Schild PUBLIC BEACH ACCESS rechts zum Strand, wo man parken, duschen, eine Kleinigkeit essen, Liegestühle und *belly boards* mieten kann.
Anfahrt: Von Charleston US 17 nach Süden, S 171 Richtung Fooly Beach, Hwy. 700 nach Westen (38 km, knappe Stunde, schöne Strecke).

Service & Tipps:

The Atlantic Room
12 Kiawah Beach Dr. (im Kiawah Island Inn at Kiawah Island Resorts), Kiawah Beach, SC 29455
✆ (843) 768-2701
Elegant, mit tollem Ozeanblick: frische Meeresfrüchte, große Auswahl an Vorspeisen. $$–$$$

Edisto Beach

Für einen Bade-Ausflug nach Edisto Beach fährt man ca. 22 km südwestl. von Charleston von US 17 in Richtung Hollywood und Edisto Beach ab (S 162, 164, 174).

Die Zufahrt verläuft über schöne Straßen durch Marschland, Siele und Schilf, vorbei an moosbärtigen Bäumen und weißen Holzkirchen. Kein toller Sandstrand, aber ein bequemer kleiner **State Park** mit Umkleidekabinen, Duschen und hungrigen Moppeln.

Service & Tipps:

Edisto Island Chamber of Commerce
430 Hwy. 174, P.O. Box 206
Edisto Beach, SC 29438
✆ (843) 869-3867 oder 1-888-333-2781
www.edistochamber.com

Edisto Beach State Park
8377 State Cabin Rd. (80 km auf Hwy. 176 südöstl. von Charleston)
Edisto Island, SC 29438
✆ (843) 869-2756
Fax (843) 869-4428
www.southcarolinaparks.com
Eichenwald, Salzmarschen und schöner Strand zum Baden, Laufen und Muschelsammeln. Picknicktische, Campingplatz. Eintritt: $ 3.

Old Post Office Restaurant
1442 Hwy. 174
Edisto Island, SC 29438
✆ (843) 869-2339
Altes Haus (1825), zeitgenössisches Interieur: bemerkenswerte regionale Küche (viele Gerichte mit *grits*). Cocktail Lounge. Nur Dinner. Okt.–Mai So/Mo geschl. $$

5 Columbia

Columbia mit seinen knapp 100 000 Einwohnern liegt nahe dem geographischen Zentrum des Staates und war deswegen einmal für rund 100 Jahre Hauptstadt von South Carolina. Ihre breite Straßenführung verdankt sie dem Umstand, dass die Stadtplaner durch möglichst große Häuserabstände die Ausbreitung von Epidemien von Haus zu Haus verhindern wollten. Außerdem war man der Meinung, dass Moskitos nur 180 Meter weit fliegen könnten, bevor sie verhungern. Das war 1786.

Sehenswert: die Villa des Gouverneurs von 1855, das feine Robert Mills House and Park von 1825 (1616 Blanding St.) und die Ruinen der klassizistischen Säulen von Millwood, die viele Südstaatler als Symbol für die Zerstörung ihrer Sklavenkultur durch die Yankees ansehen.

Vor einiger Zeit demonstrierten Zehntausende vor dem **Kapitol** gegen die Flagge des Staates, denn was hier auf der Kuppel weht, ist immer noch die einstige Südstaatenflagge – für alle Bürgerrechtler Symbol des Rassismus. Außerdem glaubt man, dass die Flagge dem Ruf South Carolinas als Industriestandort schade, obwohl es de facto nicht so aussieht, denn inzwischen haben sich hier zum Beispiel mehr als 100 deutsche Unternehmen niedergelassen und Arbeitsplätze geschaffen – darunter BMW, BASF und Bosch.

Entlang der **Gervais Street** entfaltet sich die Restaurantszene der Hauptstadt. Diese Hot Spots sind allerdings für Fremde auf Anhieb schwer zu finden, weil die meisten der Lokale quer zum Trend der sehr befahrenen Straße liegen, die wenig dazu beiträgt, sich entspannt nach kleinen Schildern oder Hausnummern umzusehen.

Regierungssitz von South Carolina: das Kapitol in Columbia

Service & Tipps:

South Carolina Department of Tourism
1205 Pendleton St.
Columbia, SC 29201
✆ (803) 734-1700 oder 1-888-727-6453
Fax (803) 734-1163
www.discoversouthcarolina.com
www.travelsc.com

Columbia Metropolitan Convention & Visitors Bureau
900 Assembly St.
Columbia, SC 29201
✆ (803) 545-0000 oder 1-800-264-4884
Fax (803) 545-0013
www.columbiacvb.com

South Carolina State Museum
301 Gervais St.
Columbia, SC 29201
✆ (803) 898-4921
Di–Sa 10–17, So 13–17 Uhr
www.museum.state.sc.us
»Ganz South Carolina unter einem Dach« heißt das Motto dieses großen Hauses, das eindrucksvoll über vier Etagen die Natur-, Kultur- und Technologiegeschichte des Palmetto-Staates ausbreitet. Der Museumsshop entpuppt sich als ein witziger Souvenirladen. Eintritt $ 5/3.

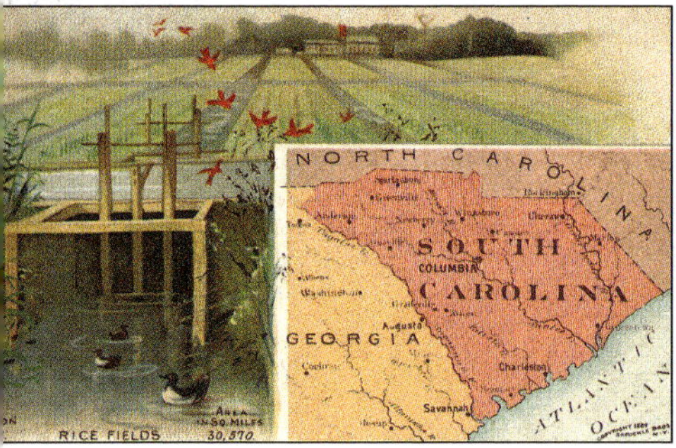

Columbia Museum of Art
Main & Hampton Sts.
Columbia, SC 29202
✆ (803) 799-2810
www.columbiamuseum.org
Mi–Sa 10–17, Fr bis 21, So 13–17 Uhr
Italienische Renaissance- und Barockmalerei aus der Samuel H. Kress-Sammlung sowie europäische und amerikanische Malerei vom 18. Jh. bis heute. Umfangreiche Sammlung angewandter Kunst. Eintritt $ 5.

South Carolina State House
1100 Gervais & Main Sts.
Columbia, SC 29201
✆ (803) 734-2430
Mo–Fr 9–17, Sa 10–16 Uhr; Führungen
Prächtiges Kapitol aus blauem Granit, grünem Kupferdom, Marmorböden und schmiedeeisernen Details, 1855 bis 1907 erbaut. Eintritt kostenlos.

Riverbanks Zoological Park & Botanical Garden
500 Wildlife Pkwy. (I-126, exit Greystone Blvd.)
Columbia, SC 29202-1060
✆ (803) 779-8717,
www.riverbanks.org
Tägl. 9–16, Sa/So 9–17 Uhr
Mehr als 2 000 Tiere – keine Gitter und Käfige. Lehrreich und unterhaltsam (mit Karussell, Tierfütterung, Melken etc.). Eintritt $ 8.75/6.25.

Motor Supply Company
920 Gervais St.
Columbia, SC 29201
✆ (803) 256-6687
Elegantes Bistro, interessante Gerichte – drinnen und auf der Terrasse. Mo geschl. $–$$

Bull Market
902 C Gervais St.
Columbia, SC 29201
✆ (803) 343-2855
www.bullmarketrestaurant.com
Südstaatliche Küche mit mediterranem Einschlag. Auch zum Draußensitzen. So geschl. $$

Palmetto's
902 F Gervais St.
Columbia, SC 29201
✆ (803) 779-6400
Gute regionale Gerichte. Auch zum Draußensitzen. So geschl.

Ausflugstipp:

Rund 32 km südöstlich von Columbia, Nähe Hwy. 48 (Bluff Rd.), liegt das Naturschutzgebiet:

Congaree Swamp National Monument
100 National Park Rd.
Hopkins, SC 29061
✆ (803) 776-4396, www.nps.gov/cosw
Tägl. 8.30–17 Uhr
Üppige Sumpflandschaft, schön zum Wandern, Angeln, Kanufahren. Camping. Eintritt kostenlos.

6 Georgetown

In Georgetown erinnern rund 50 blendend weiße Antebellum-Häuser an die für die Stadt äußerst erfolgreiche Zeit, die nach der Revolution mit dem Niedergang des Indigo-Anbaus und dem Florieren des Reisgeschäfts begann und bis zum Bürgerkrieg dauerte. Die gute Versorgung mit Arbeitskräften (Sklaven von den Westindischen Inseln) und gleich sechs Flüsse, die den enormen Wasserbedarf dieser Saat sicherten, machten Georgetown County zeitweise zur wichtigsten Reisschüssel in den USA und zu einer ihrer reichsten Provinzen.

Ein Spaziergang durch den Kern des in der Nachfolge von Charles Town 1729 gegründeten Städtchens führt unweigerlich zum weithin sichtbaren Türmchen des spannenden **Rice Museums**. Stärken kann man sich am angenehmsten in einem der Lokale am Ufer mit Blick auf den Fluss, an dem – parallel zur Front Street – der Harbor Walk direkt am Wasser vorbeiführt.

Rice Museum in Georgetown

Service & Tipps:

Georgetown County Chamber of Commerce
1001 Front St., Georgetown, SC 29442
✆ (843) 546-8436 oder 1-800-777-7705
www.georgetownchamber.com

Rice Museum
Front & Screven Sts.
Georgetown, SC 29442
✆ (843) 546-7423
Mo–Sa 10–16.30 Uhr
Lehrreiche Ausstellung der Geschichte der Reiskultur. Hier faszinieren vor allem die liebevoll gebastelten Dioramen: kleine Leuchtkästen mit Miniaturen zum Thema Reisgewinnung. Sie zeigen die Rodung der Gummibaum- und Zypressenwälder, die Anlage von Bewässerungsgräben und Dämmen, das zyklische Überfluten und Trockenlegen der Felder und die Stationen der Weiterverarbeitung. Witzig vor allem die täuschend echte Nachbildung des Spanischen Mooses an den Baumästen durch kleine Büschel von Abrazzo. Eintritt $ 5/2.

Harold Kaminski House
1003 Front St.
Georgetown, SC 29440
✆ (843) 546-7706
Mo–Sa 10–16, So 13–16 Uhr, Führungen stündlich
Sehenswertes Stadthaus (1769) eines Reispflanzers mit herrlichem Blick auf den Sampit River. Eintritt $ 5/2.

Kudzu Bakery
120 King St.
Georgetown, SC 29440
✆ (843) 546-1847
Mo–Fr 9–17.30, Sa 9–14 Uhr, So geschl.
Creative southern foods und entsprechend duftende Bäckerei mit frischem Brot, Makronen, Kuchen und Mamelade; außerdem Sandwichs, Öko-Gemüse, Weine. Im Garten kann man picknicken. $

Rice Paddy Restaurant
832 Front St.
Georgetown, SC 29442
✆ (843) 546-2021
Die beste *Lowcountry*-Küche in Georgetown am Wasser: Lamm, Wachteln, *snapper* und *crab cakes*. Di–Fr Lunch ($) und Dinner, Sa nur Dinner. So geschl. $$

Dogwood Cafe
713 Front St.
Georgetown, SC 29440
✆ (843) 545-7777
Gute Lunchadresse: zentral mit Durchgang zum Fluss. $–$$

Ausflugsziel:

Hopsewee Plantation
494 Hopsewee Rd., US 17 südl. von Georgetown, SC 29440
✆ (843) 546-7891 oder 1-800-648-0478
www.hopsewee.com
März–Okt. Mo–Fr, Nov.–Feb. Do/Fr 9.30–16.30 Uhr
Die Reisplantage, umgeben von alten Eichen, Kamelien und Magnolien, wurde 1740 für einen Kongressabgeordneten gebaut. Eintritt $ 5 pro Auto fürs Gelände; $ 8 für das Haus.

❼ Hilton Head Island

Von Charleston US 17 nach Süden zur I-95, diese nach Süden, Abzweig auf US 278 nach Hilton Head Island (ca. 170 km, Fahrzeit 2 1/2 Std.).

Sitzen oder Lesen: ein Stuhl für beide Fälle

Bei Sporturlaubern gilt Hilton Head Island längst als Top-Ziel unter den Spielplätzen der südlichen Ostküste, deren Golf- und Tennisturniere auch von internationalen Profis besucht werden. Benannt nach einem britischen Kapitän, gediehen auf dieser übrigens größten Insel zwischen New Jersey und Florida (mit heute knapp 25 000 Einwohnern) gegen Ende des 18. Jahrhunderts Indigo-, Reis- und Baumwollplantagen. Die betuchten Pflanzer bauten sich ihre Stadtvillen im nahen Beaufort oder Savannah. Im Bürgerkrieg bemächtigten sich die Blauröcke der Insel und nutzten sie als Ausgangspunkt für die Seeblockade der Konföderiertenschiffe. Nach dem Krieg überließ man die Insel sich selbst und den befreiten Sklaven, der so genannten »Gullah«-Bevölkerung.

Heute sind hier und da noch ein paar Ruinen der Plantagen (z.B. Bayard Ruins) und Bürgerkriegs-Forts (Fort Mitchell) zu sehen. Den großen Einschnitt für die Insel bedeutete 1956 der Bau der Autobrücke. Von nun an war Hilton Head Island ein ganzjähriges Sport- und Ferienziel. An sportlichen und erholsamen Angeboten fehlt es nicht. Die Insel verfügt über nicht weniger als 25 18-Loch-Plätze, 300 Tennisanlagen jeder Couleur, außerdem Joggingpfade, Radwege und Marinas. Segelfreunde kommen hier ebenso auf ihre Kosten wie Windsurfer und Angler. Entsprechend breit sind die Palette der Gastronomie und der Komfort der Unterkünfte. Von Luxushotels bis zu rund 4 000 Ferienwohnungen (tage- und wochenweise) ist alles zu haben, Sicherheitskontrollen und Wächter eingeschlossen, denn nicht ohne Grund wird in der Freizeitwelt von Hilton Head *security* groß geschrieben. Wem perfekte Hotelanlagen nicht die Erfüllung bedeuten, der wird mit unberührter Natur reichlich belohnt – mit schönen Stränden, Dünen, Marschland und Laubwäldern. Allerdings: Hilton Head eignet sich kaum für Stippvisiten. Ein paar Tage Zeit sollte man für die elegant-abgeschiedenen Resorts schon mitbringen.

Licht und Luxus: Hilton Head Island, South Carolina

Service & Tipps:

Hilton Head Island Visitor & Convention Bureau
1 Chamber Dr.
Hilton Head Island, SC 29938-5647
✆ (843) 785-3673 oder 1-800-523-3373
www.hiltonheadisland.org

Coastal Discovery Museum
100 William Hilton Pkwy.
Hilton Head Island, SC 29925
✆ (843) 689-6767
www.coastaldiscovery.org
Mo–Sa 9–17, So 10–14 Uhr
Regionales naturgeschichtliches Museum, Öko-Lehrpfad und diverse Exkursionsangebote. Eintritt kostenlos.

Mall at Shelter Cove
24 Shelter Cove Lane
Hilton Head Island, SC 29928
✆ (843) 686-3090
Shopping Center mit mehr als 50 Spezialgeschäften.

Mostly Seafood
23 Ocean Ln. (Hilton Oceanfront Resort)
Hilton Head Island, SC 29938
✆ (843) 341-8058
Einfallsreiche Speisekarte mit Fischgerichten, Wild und Geflügel. Zahlreiche offene Weine. Nur Dinner. $$-$$$

Two Eleven Park Wine & Bistro
211 Park Plaza (Park Plaza Shopping Center)
Hilton Head Island, SC 29928
✆ (843) 686-5212
www.211parkofhiltonhead.com
Eklektische Küche, Frisches aus dem Meer, Pasta, Designer-Pizza. Große Auswahl an offenen Weinen. Cocktail Lounge. Nur Dinner. So geschl. $$

8 Lexington

Weil viele deutsche Siedler (seit 1785, Lexingtons ursprünglicher Name war Saxe Gotha) Englands König George III. bewunderten, brauchte Lexington (heute 10 000 Einwohner) im Revolutionskrieg ziemlich lange, um sich auf die Seite der Kolonisten zu schlagen. Sehenswert ist hier vor allem das **County Museum**.

Lexington Chamber of Commerce
321 S. Lake Dr., Lexington, SC 29072
✆ (803) 359-6113, Fax (803) 359-0634
www.lexingtonsc.com

Lexington County Museum
232 Fox St.
Lexington, SC 29072
✆ (803) 359-8369
Di–Sa 10–16, So 13–16 Uhr
Historische Gebäude, Möbel und andere Artefakte erläutern den Lebensstil im frühen 19. Jh., indianisches Kunsthandwerk eingeschlossen. Eintritt $ 3.

9 Myrtle Beach & Grand Strand

Wen es an einem Wochenende im Sommer oder gar in den Osterferien *(easter break)* nach **Myrtle Beach** verschlägt, der lernt auf Anhieb, wie verrückt Teenies spielen können. Schon möglich, dass die modernen Freudentänze von Myrtle Beach bei manchen Reisenden aus Europa blankes Entsetzen auslösen.

Doch wer das kulturelle Spektrum der Ostküste des Südens erfahren will, der kann den »Grand Strand«, wie der Abschnitt zwischen Myrtle Beach und Georgetown heißt, nicht einfach Nase rümpfend auslassen. Schließlich wird hier ein wichtiges Kapitel jugendlicher Völkerkunde aufgeschlagen – mit Horden Cola nuckelndem und Hamburger mampfendem Jungvolk. Ohne Myrtle

REGION 5
South Carolina

<u>Gepäck:</u>
Wer auf dem Airport von Myrtle Beach landet und am Laufband der Gepäckausgabe auf seinen Koffer wartet, traut meist seinen Augen nicht: von Koffern erst mal keine Spur, dafür reihenweise unhandliche Säcke: schweres Golfgepäck. Noch bevor man seinen Fuß in die Stadt gesetzt hat, weiß man also, wo man gelandet ist. Bei Engpässen (Turnieren z.B.) werden oft zusätzliche Transportflugzeuge eingesetzt, die überhaupt nur Golfausrüstungen einfliegen.

wäre die Palette des »Grand Strand« von South Carolina nicht komplett. Dazu gehören auch die Charterbusse aus dem Hinterland, vor allem, seit die Event-Szene explodiert ist – durch Shows, Eisrevuen und zahlreichen Musiktheatern. Und dazu gehören auch die Harley-Gemeinden, die ab und an hierher strömen, weil South Carolina keine Helmpflicht kennt und damit erlaubt, Resthaare frei im Wind flattern lassen.

Aber Myrtle Beach hat mehr zu bieten als ein Stonehenge des Körperkults mit röhrenden Blondschöpfen und quietschenden Girls. Woher sonst nämlich käme seine Beliebtheit! Alljährlich strömen 13 Millionen Besucher herbei, vor allem die wärmebedürftigen Nordländer aus New York und Ohio, um die Riesenauswahl an Golf- (über 120) und Tennisplätzen (mehr als 200), die schönen Strände und spritzigen Wasserparks zu genießen oder eine Angeltour in die vom vorbeiziehenden Golfstrom bereicherten Fischgründe vor der Küste zu starten. Ja, sogar die Japaner lassen sich hier blicken, weil das Golfspielen wesentlich billiger ist als bei ihnen zu Hause. Viele kaufen gleich eine komplette Ausrüstung, um damit in Japan ein gutes Geschäft zu machen.

Das reiche Bettenangebot und ein Dutzend erstklassiger Campingplätze, die heute den Grundstock dieser touristischen Hochburg von South Carolina ausmachen, sind vergleichsweise jung. Lange blieb dieser Landstrich arm und abgeschieden vom Reichtum der Indigo- und Reiskultur an der übrigen Küste. Vor dem Bürgerkrieg waren es lediglich ein paar vereinzelte Pflanzer, die, um Malaria und andere tödliche Fieber zu vermeiden, auf dem benachbarten Pawleys Island eine kleine Sommerfrischler-Kolonie errichteten. Zwar drängten um die Jahrhundertwende mehr ans Meer, als eine Holz- und Terpentinfirma eine Eisenbahn von Convey zum Wasser baute, den Strand durch Grundstücksverkäufe erschloss und ein erstes Hotel dorthin setzte. Trotzdem blieb es hier eher ruhig. Erst nachdem 1954 Hurrikan »Hazel« alles Menschenwerk am Wasser abrasiert hatte, rückte im Zuge des Wiederaufbaus von Myrtle Beach das Konzept von South Carolina's »Grand Strand« in den Vordergrund und in die Landesstatistik. Kürzlich noch zählte die Region zu den am schnellsten wachsenden kleinstädtischen Gebieten in den USA.

Blauer Saum der Südstaaten: Atlantik in Myrtle Beach, South Carolina

Service & Tipps:

Myrtle Beach Area Chamber of Commerce and Information Center
1200 N. Oak St.
Myrtle Beach, SC 29578
✆ (843) 626-7444 oder 1-800-356-3016
Fax (843) 448-3010
www.myrtlebeachinfo.com
Mo–Fr. 8.30–17, Sa 9–12 Uhr

North Myrtle Beach Chamber of Commerce
270 US 17 N.
North Myrtle Beach, SC 29582
✆ (843) 281-2662 oder 1-877-332-2662
www.northmyrtlebeachchamber.com

Myrtle Beach Pavilion Amusement Park
9th Ave. & Ocean Blvd.
Myrtle Beach, SC 29577
✆ (843) 448-6456
www.mbpavilion.com
Tägl. Mitte März–Mai und Mitte Aug.–Sept. Mo–Fr 18–22, Sa 13–22, So 13–20 Uhr, Juni–Mitte Aug. tägl. 13 Uhr bis Mitternacht
Seit über 50 Jahren: Kirmes- und Spielplatz für Jung und Alt – die Nummer eins in Myrtle Beach. Eintritt $ 22.

Barefoot Landing
4898 Hwy. 17 S.
North Myrtle Beach, SC 29582
✆ (843) 272-8349
www.bflanding.com
Boardwalks über dem Wasser verbinden Shops und Restaurants. Auch für Musik und anderes Entertainment ist hier gesorgt (vgl. Alabama Theatre).

The Library
1212 N. Kings Hwy.
Myrtle Beach, SC 29577
✆ (843) 448-4527
Fine dining bei Kerzenlicht und französischen Gerichten, umfangreicher Weinauswahl und aufmerksamem Service. So geschl. $$–$$$

Shamrock's Sports Bar & Pub
2510 N. Kings Hwy. & N. 26th Ave.)
Myrtle Beach, SC 29577
✆ (843) 448-2532
Immergrün: urig-irisch mit herzhafter Küche. Lunch und Dinner. $–$$

Collectors Cafe
7726 N. Kings Hwy.
North Myrtle Beach, SC 29572
✆ (843) 449-9370
www.collectorscafeandgallery.com
Bistro plus Galerie: Kunst und Küche (geschmackvoll mediterran) unter einem Dach. Nur Dinner. So geschl. $$–$$$

Sea Captain's House
3002 N. Ocean Blvd. (30th Ave.)
Myrtle Beach, SC 29577
✆ (843) 448-8082,
www.seacaptains.com
Strandnah gelegen mit Ozeanblick: frische Meeresfrüchte, Gerichte mit

Südstaaten-Ambrosia
Was die Margarita oder Piña Colada für den Südwesten, das ist die Mint Julep für die Südstaaten – ein tückischer Drink, gemixt aus Pfefferminze, Eis und Bourbon. Wie stark das Ergebnis werden kann, verrät ein Barkeeper aus New Orleans: »We make'm strong here. Never get a second order.«

Low country flavour, z.B. *she crab soup*, eine mächtige Suppe, die, anders als ihre Cajun-Variante, nicht auf Tomatenbasis gemacht wird. Frühstück, Lunch ($), Dinner. $-$$

Chestnut Hill Restaurant
9922 N. Kings Hwy. (US 17)
Myrtle Beach, SC 29572
✆ (843) 449-3984
www.chestnuthilldining.com
Gute Steaks und Seafood. Der kleine See am Haus liefert die akustische Untermalung: Im Schilf quaken die Frösche, in den Baumkronen rasseln die Zikaden. Nur Dinner. $$

The Carolina Opry
8901-A Business Hwy. 17 N.
Myrtle Beach, SC 29572
✆ (843) 913-4000 oder 1-800-843-6779
www.thecarolinaopry.com
Im Sommer Mo–Sa um 20, Nov./Dez. Mo–Sa um 19 Uhr
Musik und Varieté-Shows mit Südstaatenthemen. Ticket ca. $ 30–40.

Alabama Theatre at Barefoot Landing
4750 US 17 S.
North Myrtle Beach, SC 29582
✆ (843) 272-1111 oder 1-800-342-2262
www.alabama-theatre.com
Showtime mit 2 250 Sitzen: choreographisch, musikalisch und ausstattungsmäßig – mit High-Tech-Effekten. Reservierung erforderlich.

Medieval Times Dinner & Tournament
2904 Fantasy Way
Myrtle Beach, SC 29579
✆ (843) 236-8080 oder 1-800-436-4386
www.medievaltimes.com
Eine europäische Burg als Zeitmaschine – zurück ins 11. Jh.! Virtuelles Mittelalter mit Ritterkämpfen und Gastronomie. Reservierung erforderlich. Ticket $ 41/24.

Dixie Stampede Dinner & Show
8901-B Hwy. 17 Business
Myrtle Beach, SC 29572
✆ (843) 497-9700 oder 1-800-433-4401
Fax (843) 497-6767
www.dixiestampede.com
Familien-Dinner mit Pferde- und Artisten-Show. Eine Geschäftsidee von Country-Music-Veteranin Dolly Parton. Reservierung empfehlenswert.

Goldmännlein im Walde: Brookgreen Gardens

Legends in Concert
301 Business Hwy 17 S.
Surfside Beach, SC 29575
✆ (843) 238-STAR oder
✆ 1-800-960-SHOW
www.legendsinconcertsc.com
Look-alikes von Elvis, den Blues Brothers, Marilyn, Jerry Lee Lewis, Liza Minelli u.a. Tickets $ 31/15.

2001 Night Club
920 Lake Arrowhead Rd.
(Restaurant Row)
Myrtle Beach, SC 29572
✆ (843) 449-9434
Top unter den Tanzclubs: Super-Disco mit Live-Entertainment.

Ausflugsziele:

Brookgreen Gardens
Am Eingang des skulpturenbestückten Parks begrüßt der »Spirit of American Youth« den Besucher, eine wuchtige Bronzeplastik eines kraftvoll-dynamischen jungen Mannes zum Gedenken an die Toten in der Normandie im Zweiten Weltkrieg – gleichzeitig wohl auch ein heroisches Gegenbild zur geballten Langeweile der Beach Boys in Myrtle.

Die botanischen Gärten sind ein lohnender Stopp – wegen des reizvollen Landschaftsbezugs der einen oder anderen unter den 500 plastischen Figuren aus dem 19. und 20. Jh., der immergrünen Eichen mit den verfilzten moosigen Bärten und des kleinen Zoos. Brookgreen Gardens: auch eine Variation des Typus *hortus conclusus*, der die Südstaaten wie keinen anderen Bereich der USA prägt.

Service & Tipps:

Brookgreen Gardens
US 17
Murrells Inlet, SC 29576
✆ (843) 235-6000 oder 1-800-849-1931
www.brookgreen.org, tägl. 9.30–17 Uhr
Skulpturenpark aus den 1930er Jahren auf dem Gelände einer ehemaligen Reisplantage. Eintritt $ 12.

Huntington Beach State Park

Huntington Beach State Park
16148 Ocean Hwy.
Murrells Inlet, SC 29576
✆ (843) 237-4440
www.southcarolinaparks.com
Im Sommer tägl. 6–22 Uhr
Top-Strand, Lagune, Salzmarschen, maritime Wälder und ein großer Vogelreichtum machen den Reiz dieses State Parks aus. Camping (186 Plätze), Picknick- und Angelplätze, Wanderwege.

Golfparadies Myrtle Beach

10 Pawleys Island/Murrells Inlet

Abzweig, 22 km südl. von Myrtle Beach.

Pawleys Island und **Murrells Inlet**, die weiter vorn am Wasser das Südende vom Grand Strand bilden, gleichen im Gegensatz zu Myrtle Beach Refugien ländlicher Ruhe. Es sind stille Regionen des *low country* mit alten Eichen und sehr gefragt bei Sportanglern. Das waren sie schon in alter Zeit, als sich der gefürchtete Blackbeard und andere finstere Piraten hier verkrochen und die Gegend zur Quelle mysteriöser Legenden und Geistergeschichten machten. Wetter und Wasser, knorrige Bäume und Küstennebel halten viele lokale Geister dieser *misty marshes* bis heute lebendig.

Praktisch sind dagegen die hervorragenden, weil selbst gemachten Hängematten *(hammock)*, die hier zu haben sind – in der gepflegten Shoppingoase der **Hammock Shops**, wo es außer Modischem feine Delikatessen gibt – zum Mitnehmen oder zum sofortigen Verzehr.

Service & Tipps:

Carolina Gourmet at Pawleys
10880 Ocean Hwy. (US 17)
Pawleys Island, SC 29585
✆ (843) 237-1999
Erlesene Leckereien, geschmackvolle Küchenaccessoires.

Satter Fang in Murrells Inlet

Roz's Rice Mill Cafe
10880 Ocean Hwy. (US 17)
Hammock Shops
Pawleys Island, SC 29585
✆ (843) 235-0196
So geschl.
Restaurnat, das ideal für ein *gourmet lunch* ist.

Louis's at Pawleys
10880 Ocean Hwy. (US 17)
Pawleys Island, SC 29585
✆ (843) 237-8757
Raffinierte *low country cuisine.* Louis Osteen, der Koch, hat ein ganzes Buch über seine Rezepte geschrieben. Probieren Sie *shrimps and grits!* $$

11 Spartanburg

Die besten Pfirsiche der Welt sollen angeblich in Spartanburg gedeihen. Vielleicht ein Ansporn für **BMW**, die hier vor nicht allzu langer Zeit ein US-Werk errichtet haben. Die bayrischen Motorenbauer stehen hier nicht allein: Zahlreiche andere europäische Unternehmen haben hier Fuß gefasst. In Sachen Niederlassung von internationalen Firmen hat man hier die Nase vorn.

Service & Tipps:

Spartanburg Convention & Visitors Bureau
298 Magnolia St.
Spartanburg, SC 29306
✆ (864) 594-5050 oder 1-800-374-8326
www.spartanburgsc.org

BMW Zentrum
Exit 60 von I-85 an Hwy. 101 S., Greer, 18 Meilen westl. von Spartanburg
✆ (864) 989-5297 oder
✆ 1-888-868-7269
Di–Sa 9.30–17.30 Uhr, Werkstouren nach Vereinbarung
Besucherzentrum und Museum.

Beacon Drive-In
255 Reidville Dr.
Spartanburg, SC 29306
✆ (864) 585-9387
Seit 1946 weist der Leuchtturm den Weg zu den angeblich besten Hamburgern weit und breit. $

Ausflugsziel:

Walnut Grove Plantation
1200 Ott's Shoal Rd.
Roebuck, SC 29376
✆ (864) 576-6546
April–Okt. Di–Sa 11–17, So 14–17 Uhr
Von aristokratischen Herrschaftsvillen und unabsehbaren Reisfeldern keine Spur. Stattdessen ein bescheidenes Ensemble funktionsgerechter Häuser, ein Brunnen-, ein Küchenhaus und so weiter, allesamt auf einem Grundstück, das ein irischer Schulmeister im 18. Jh. von König George II. geschenkt bekam, und der es daraufhin mit seiner Familie und sechs bis acht Sklaven bewirtschaftete.

Die Küche ist, wie meist im Süden, nicht im Hause, sondern wegen Hitze und Feuergefahr in gebührender Distanz zu ihm in einem eigenen Gebäude untergebracht. Die Trennung führte dazu, dass die (weiße) Dame des Hauses vom (schwarzen) Koch getrennt war. Diese Arbeitsteilung setzte sich später fort und hatte unter anderem zur Folge, dass aus den ehemaligen Sklaven die erste Generation schwarzer Küchenchefs wurde.

Auf Walnut Grove wurde vor allem Getreide angebaut, das man nach England verkaufte, aber auch Mais, den man bei den Cherokee-Indianern kennen gelernt hatte. Typisch auch die Architektur der Vorratskammern, die sich in nahezu allen frühen Bauten der Region wiederfindet – schließlich gab die Abgeschiedenheit des Wohnens allen Grund zur Vorsorge.

Zwei schrullige, aber äußerst detailkundige ältere Ladies erwarten den Besucher und erklären ihm freundlich die Relikte der ehemals florierenden Plantage. Es macht überhaupt nichts, wenn man nicht jede Einzelheit auf Englisch versteht; anschaulich ist die kleine Führung allemal. Die Häuser und die meisten Einrichtungsgegenstände sind authentisch: der Tisch, die Bibel, ja, sogar die danebenliegende Brille des Schulmannes, die Kinderbetten, die unter dem der Eltern hervorgezogen werden, und das deutsche Türschloss, dessen Klinke man mit dem Ellenbogen öffnen kann, ohne dabei die Milchkrüge abstellen zu müssen.

An den Wänden hängen farbige Bilder von prächtigen Vögeln, die geschossen wurden, um die Saat zu schützen. Nur der Sherry auf dem Tisch ist nicht echt, sondern gefärbtes Wasser. Eintritt $ 5.50/3.

Adrett konserviert: Walnut Grove Plantation

REGION 6
Florida
Panhandle

Florida Panhandle

Der junge Mann und das Meer: in Destin, Florida

Das nördliche Florida, der *Panhandle,* setzt sich durch stillere Töne deutlich vom Mickey-Mouse-Image, dem Klischee des »Sunshine State«, ab. Er hängt mit den Südstaaten enger zusammen als mit dem typischen Florida. So überwiegen reizvolle Lagunenlandschaften, die helle Küste des Golfs von Mexiko, das schimmernde Blau der Buchten und die meist weißen Puderzuckerstrände. Der Herkunft nach sind es Quarzsteine, die, aus dem Appalachen-Gebirge herangeschafft und aufgeschüttet, vom Golf ausgewaschen wurden.

Doch es gibt auch Ausnahmen. Rummel ist zum Beispiel am Miracle Strip in Panama City Beach gefragt, dem Zentrum des Vergnügungs-Strip der *redneck riviera,* dem Naherholungsgebiet der kleinen Leute und großen Familien aus der Umgebung.

Die Bezeichnung *redneck* geht auf die Arbeitsbedingungen der überwiegend weißen Landbevölkerung, die kleinen Farmer zurück, die sich keine Sklaven leisten konnten und sich deshalb selbst auf dem Feld der Sonne aussetzen mussten. Dort holten sie sich den roten Nacken, der ihnen den Spitznamen einbrachte. Noch heute leben kaum Schwarze in dieser Region nördlich der Golfküste. Gerade deshalb, so hört man vielfach, sei hier die Mentalität der *good ol' boys* besonders verbreitet –

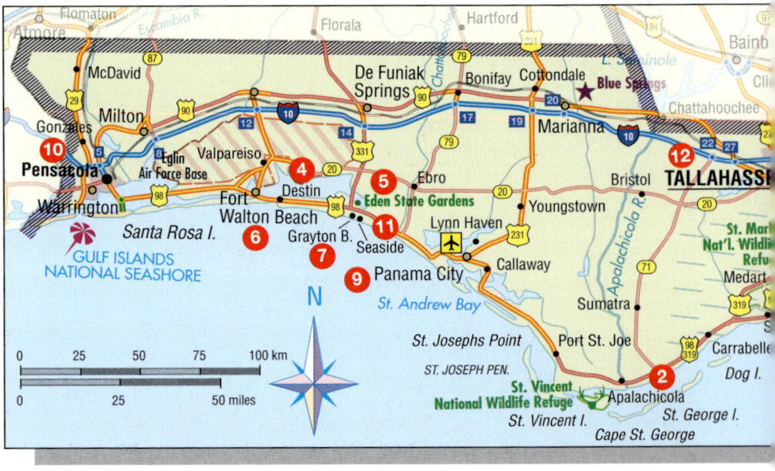

das Eine-Hand-wäscht-die-andere-Prinzip, das die gegenseitige Begünstigung demokratischen Spielregeln vorzieht und das in den Südstaaten ohnehin weit verbreitet ist.

Zu den verlockendsten Badezielen zählen die Strände der State Parks von St. Joseph, St. Andrew's und St. George sowie die komplett naturgeschützte Gulf Islands National Seashore, Pensacola Beach und Perdido Key eingeschlossen. Jacksonville, Tallahassee und Pensacola zählen zu den größeren Städten, im Hinterland kann man zwei Bilderbuchplantagen bewundern (Pebble Hill und Eden State Gardens), ja, und ein Bad in der Naturquelle von Wakulla Springs sorgt für Erfrischung.

1 Amelia Island/Fernandina Beach

Auf Amelia Island, in der äußersten Nordostecke Floridas, überrascht das Badeörtchen **Fernandina Beach** durch sein hübsches Zentrum. An der **Centre Street** reihen sich Restaurants und Shops. Weder der knapp 9 000 Einwohner zählende Ort, in dem »Pippi Langstrumpf« verfilmt wurde, noch die ganze Insel wirken touristisch, eher familiär und bescheiden. Am **Main Beach** kann man auf der Terrasse nahe der Brandung sitzen. Fletcher Avenue führt zu den feinen weißen Quarzstränden von **Peter's Point**. Weiter südlich, auf Fort George Island (via A1A, dem beschaulichen Buccaneer Trail durch Marschland, über Brücken und Creeks), liegen der **Talbot Island State Park** mit schönem Strand und die sehenswerte **Kingsley Plantation**.
Anfahrt: I-95, Exit 129 (A1A) Richtung Amelia Island.

Fischen, Flirten und Faulenzen: Die Golfküste ist eine erholsame Wundertüte

Service & Tipps:

ⓘ **Amelia Island, Fernandina Beach Chamber of Commerce**
102 Centre St. (Bahnhof)
Fernandina Beach, FL 32035-4237
✆ (904) 261-3248 oder 1-800-226-3542
Fax (904) 261-6997
www.ameliaisland.org

Fort Clinch State Park
2601 Atlantic Ave.

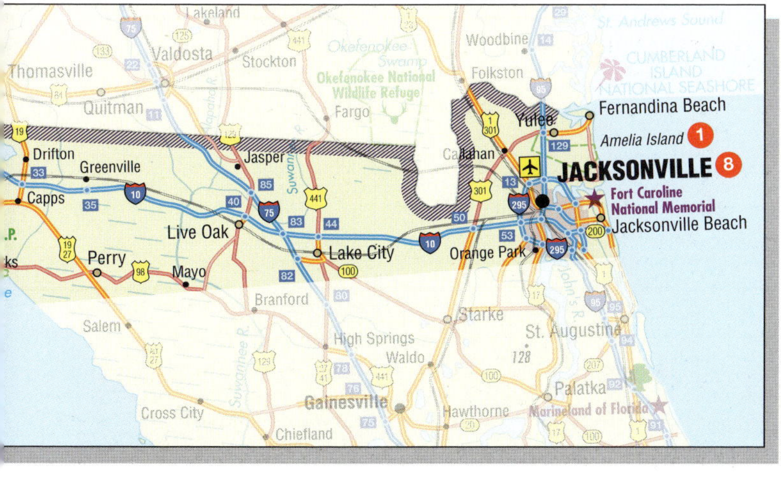

Fernandina Beach, FL 32034
✆ (904) 277-7274
Tägl. 9–17 Uhr
Wehrhafter Backsteinbau an der Nordspitze der Insel: Camping, Naturpfade, Picknick, Radwege, Fishing Pier. Eintritt $ 5 pro Auto.

The Golden Grouper Cafe
201 Alachue & 2nd Sts.
Fernandina Beach, FL 32034
✆ (904) 261-0013
Fische beherrschen die Speisekarte. $-$$

Joe's 2nd Street Bistro
14 S. 2nd St.
Fernandina Beach, FL 32034
✆ (904) 321-2558
Hübsch, auch zum Draußensitzen: einfallsreiche Küche, ergiebige Weinkarte. Nur Dinner. Mo geschl. $$–$$$

Beech Street Grill
801 Beech St.
Fernandina Beach, FL 32034
✆ (904) 277-3662
Einfallsreiche Gerichte (bevorzugt Fisch) in einer viktorianischen Villa in der Altstadt. $$

Palace Saloon
117 Centre St.
Fernandina Beach, FL 32034
✆ (904) 261-6320
Beliebte Bar mit langer Geschichte (seit 1878) – oft mit Live-Musik. Einfache Gerichte. $

Brett's Waterway Cafe
1 Front St.
Fernandina Beach, FL 32034
✆ (904) 261-2660
Frischer Fisch und Blick auf den Hafen. Man kann drinnen oder draußen sitzen. Weinkarte, Cocktailbar. Lunch ($) und Dinner. $$

Little Talbot Island State Park/ Big Talbot Island State Park

12157 Heckscher Dr.
Jacksonville, FL 32226
✆ (904) 251-2320
www.floridastateparks.org
8 Uhr bis Sonnenuntergang
Sandstrände, Salzmarschen, Dünen und maritime Wälder. Paddelbootverleih. Eintritt $ 1 (Big Talbot Island S.P.), $ 4 (Little Talbot Island S.P.).

Kingsley Plantation
11676 Palmetto Ave. (Fort George Island)
Jacksonville, FL 32226-2449
✆ (904) 251-3537, tägl. 9–17 Uhr
Floridas ältestes erhaltenes Plantagenhaus, Anfang des 19. Jh., mit Resten der Sklavenunterkünfte. Eintritt kostenlos.

2 Apalachicola

Das rund 2 600 Einwohner zählende Apalachicola gilt als Austern-Metropole von Florida. Das Hafenstädtchen war einmal ein wohlhabender Baumwollhafen und genießt heute den Ruf, die Austern-Metropole von Florida zu sein. Ein Museum widmet sich der kühlenden Tat eines gewissen John Gorrie, der hier die Klimaanlage erfand. Wie meist im Süden bestimmt hier nicht gerade Eiltempo den Gang der Dinge. »Wenn New Yorker hier irgendwo reinkommen und in ungeduldigem Ton Fragen stellen, laufen sie gewöhnlich erst mal auf und blitzen ab. So was mag der Süden nicht.« Die vorgelagerten *Barrier Islands* **St. George Island** und **St. Joseph Peninsula** besitzen Traumstrände.

Gemächlicher Süden
Vieles im Süden läuft nicht gerade im Eiltempo. »Wenn New Yorker hier irgendwo reinkommen und in ungeduldigem Ton Fragen stellen, laufen sie gewöhnlich erst mal auf und blitzen ab. So was mag der Süden nicht«, erzählt eine Barfrau aus Apachicola.

Service & Tipps:

Apalachicola Bay Chamber of Commerce
99 Market St., Suite 100
Apalachicola, FL 32320
✆ (850) 653-9419, Fax (850) 653-8219
www.baynavigator.com

John C. Gorrie Museum State Park
46 6 St. & Ave. D
Apalachicola, FL 32320
✆ (850) 653-9347, Do–Mo 9–17 Uhr
Dr. med. John Gorrie suchte seinen Malaria-Patienten durch die Erfindung der Raumkühlung zu helfen. Eintritt $ 1.

Chef Eddie's Magnolia Grill
133 Ave. E
Apalachicola, FL 32320
✆ (850) 653-8000
Hoch gelobtes kleines Restaurant mit sehr guten Fisch- und Lammgerichten. $$

Boss Oyster
123 Water St.
Apalachicola, FL 32320
✆ (850) 653-9364
Hafenbar für Austernfans. Auch hervorragende Krebse, Shrimps und

Weitläufig: St. Joseph Peninsula State Park

andere Meeresfrüchte. Lunch und Dinner. $-$$

The Gibson Inn
US 98, Market St. & Ave. C
Apalachicola, FL 32320
✆ (850) 653-2191
Fax (850) 653-3521
Historisches Hotel am östlichen Stadteingang. Empfehlenswertes Cajun-Restaurant (Lunch und Dinner). $$

Ausflugstipps:

St. Joseph Peninsula State Park
Star Route 1
Port Saint Joe, FL 32456
✆ (850) 227-1327
Tägl. 8 Uhr bis Sonnenuntergang
Schutzgebiet mit Zuckerstränden vom Feinsten. Rangiert in der Hitliste *Top Ten 2002 America's Best Beaches* auf Platz eins! Auf der Wattseite: Bootsrampe, Kanuverleih, Camping (ca. 120 Plätze, telefonische Reservierung möglich; ca. $ 15), Angeln, Naturpfade, Picknicktische und Duschen.

Indian Pass Raw Bar
8391 County C 30 (Ecke der Straße nach Indian Pass)
Port St. Joe, FL 32456
✆ (850) 227-1670
Nicht auf Freundlichkeiten, aber auf frische Meeresfrüchte spezialisiert! (Von Apalachicola: US 98 nach Westen, zum Abzweig der C 30, in diese links abbiegen und weiter ein paar Meilen. Restaurant auf rechter Straßenseite.) $$

Cap'n Jack's
8020 Cape San Blas Rd.
Port St. Joe, FL 32456
✆ (850) 227-2046
Netter Kramladen mit Souvenirs, Eis (16 Geschmackssorten), T-Shirts und allem, was man für den Strand braucht.

St. George Island State Park
1900 E. Gulf Beach Dr.
Saint George Island, FL 32328
✆ (850) 927-2111
Tägl. 9 Uhr bis Sonnenuntergang
Schmal, wie die meisten *Barrier Islands*, etwa 45 km lang, still und naturgeschützt zwischen Golf und Marsch: Dünen, Strände, schattiger Campingplatz, Bootsrampen, Naturpfade, Picknicktische, Duschen.

Island Oasis
29 E. Gulf Beach Dr.
Saint George Island, FL 32328
✆ (850) 927-2639
Kleine Terrasse mit Meeresblick und Meeresfrüchten. $

3 Carrabelle

Dass **Carrabelle** eine *fishing community* ist, erkennt man an den kleinen Werften und Krabbenkuttern, die hier dümpeln oder ein- und auslaufen. Wer den Boden betritt, hört den eigenen Schritt besonders gut, denn es prickelt und knackt unter der Schuhsohle. An der Golfküste gibt es keine Schottersteine oder Kies auf den Wegen, sondern nur Muscheln. »No gravel around«, sagen die Einheimischen.

Doch nicht der Blick auf die Fußspitzen, sondern der zum Horizont eröffnet die *vistas* und Perspektiven des Golfpanoramas; davon liefern die malerischen Aussichten von der in ihren Abmessungen nicht eben kleinlichen Brücke über den Carrabelle River eine Kostprobe. Vorn am Wasser hocken Kormorane, Pelikane und – nicht weit davon – die Badegäste, denn die Strände zwischen **Carrabelle Beach** und **East Point** sind beliebte Ausflugsziele, was die vielen Campingplätze und Bootsanleger bestätigen.

Service & Tipps:

Johnnie's Restaurant
314 St. James Ave. SE (US 98)
Carrabelle, FL 32322
✆ (850) 697-2297
Das Restaurant ist ein zünftiger, eisgekühlter Holzschuppen am Wasser mit ebenso redseligen wie hungrigen Fischern. $

❹ Destin

Entlang der Straße werden alle Register des *beach front entertainment* gezogen. Aztekische Großköpfe mit Riesensonnenbrillen und grüne Ritterfiguren versprechen Wochenendgaudi. Da möchte eine Fastfood-Kette nicht nachstehen. Lapidar preist sie ihre »Tripleburger« auf einer Reklametafel an: FILL YOUR TANK. Magen oder Benzintank, Speise oder Sprit – was macht das schon für einen Unterschied! All das aber heißt nicht, dass der Strand zu verachten wäre. Destin zählt landesweit zu den beliebtesten Stränden.

Service & Tipps:

Hog's Breath Saloon
541 Hwy. 98 East
Destin, FL 32541
✆ (850) 837-5991
www.hogsbreath.com
Gut besuchte Partykneipe im Nightlife-Viertel Shanty Town, häufig Live-Musik mit guten Bands. $

❺ Eden State Gardens

Service & Tipps:

Eden State Gardens and Mansion
County Rd. 395, nördl. US 98
Point Washington, FL 32454
✆ (850) 231-4214
Tägl. 8 Uhr bis Sonnenuntergang
Plantagenvilla von 1897, Garten und stiller Picknickplatz am Tucker Bayou. Ein Schmuckstück südstaatlicher Bau- und Gartenkunst. Was heute von Staats wegen gepflegt und für jedermann zur Erholung offen steht, gehörte von den 1890er Jahren bis zum Ersten Weltkrieg einer Holzfirma, die die Wälder der Golfküste verwertete. Sägewerk und andere Bauten brannten ab. Nur die mit weißen Säulen umstellte Villa des Besitzers überlebte – in leicht abgewandelter Form, denn ursprünglich stand sie wegen der Hochwassergefahr durch die Tucker und Choctawhatchee Bay auf Stelzen. Eintritt $ 2 pro Auto, Führung $ 1.50.

Erlesene Bau- und Gartenkunst: Eden State Gardens and Mansion

6 Fort Walton Beach

Hübscher Badeort umgeben von schönen Salzmarschen, unberührten Dünen und Stränden. Wo die Flüsse in die **Choctawhatchee Bay** münden, entfaltet sich ein tierreiches Dschungelleben mit Alligatoren unter Magnolienbäumen.

Service & Tipps:

Greater Fort Walton Beach Chamber of Commerce
34 S.E. Miracle Strip Pkwy.
Fort Walton Beach, FL 32549
✆ (850) 244-8191

Indian Temple Mound Museum
139 Miracle Strip Pkwy. (Hwy. 98)
Fort Walton Beach, FL 32548
✆ (850) 833-9595, www.fwb.org
Sommer Mo–Sa 9–16.30, So 12.30–16.30 Uhr, Winter Mo–Fr 11–16, Sa 9–16 Uhr, So geschl.
Dokumente der in Nordwest-Florida ansässigen prähistorischen Bewohner der Paleo-, Archaic-, Woodland- und Mississippi-Kulturen.

Der Erdhügel *(mound)* nebenan ist die höchste Aufschüttung über Salzwasser weit und breit. Sie datiert um 1400. Der Tempel selbst ist eine Nachbildung. Eintritt $ 2.

Pandora's Steak House
1120B Santa Rosa Blvd.
Fort Walton Beach, FL 32548
✆ (850) 244-8669
Gute Steaks und frische Meeresfrüchte. Cocktail Lounge – meist mit Live-Musik. Nur Dinner. $–$$

7 Grayton Beach

Durch die naturgeschützten Lagunen und Dünen im **State Park** führen Wanderwege. Der flache Strand am grünen Wasser lädt zum Laufen und Picknicken.

Service & Tipps:

Grayton Beach State Recreation Area
357 Main Park Rd.
Santa Rosa Beach, FL 32540
✆ (850) 231-4210
Breiter, traumhafter Puderzuckerstrand und tolle Dünen. Außerdem: Campingplatz, Duschen, Picknicktische und Bootsrampe auf der Wattseite.

Marina in Jacksonville

8 Jacksonville

Jacksonville, vom St. Johns River in zwei Hälften geteilt und flächenmäßig eine der größten US-Städte und die größte Floridas, liegt immer noch weitgehend im touristischen Windschatten. Die meisten fliegen darüber weg, fahren einfach durch oder vorbei. Die Industrie- und Hafenstadt erfreut sich seit längerem eines beträchtlichen Wachstumsbooms, nicht zuletzt durch die hier stationierten militärischen Einrichtungen wie Küstenwache und U-Boot-Basis. Derzeit leben hier rund 670 000 Einwohner, im städtischen Einzugsgebiet sogar über eine Million. Im histo-

rischen Riverside-Avondale District hat sich noch einiges von der alten Bausubstanz erhalten, darunter ein wahres Schmuckstück, das opulent ausgestattete Florida Theater, in dem schon Eddie Cantor und Elvis Presley auftraten. Shopping-Freunde schätzen **Jacksonville Landing** an der Uferpromenade am St. Johns River, und kulturhistorisch Interessierten bietet die Stadt zwei erstklassige Institute. Zwei attraktive Strände steigern den Erholungswert der Stadt beträchtlich. **Jacksonville Beach** und Ponte Vedra Beach.

Service & Tipps:

Jacksonville and the Beaches Convention & Visitors Bureau
201 E. Adams St.
Jacksonville, FL 32202
✆ (904) 798-9111 oder 1-800-733-2668
Fax (904) 798-9103, www.jaxcvb.com
Mo–Fr 8–17 Uhr

Cummer Museum of Art & Gardens
829 Riverside Ave.
Jacksonville, FL 32204
✆ (904) 356-6857
Di–Sa 10–16, So 12–17 Uhr
Klassische und präkolumbische Kunst, Rubens und Meißener Porzellan. Schöne Gartenanlage zwischen Museum und Fluss. Eintritt $ 6.

Jacksonville Museum of Contemporary Art
4160 Boulevard Center Dr.
Jacksonville, FL 32207
✆ (904) 398-8336
Di/Mi, Fr 10–16, Do 10–21, Sa/So 13–17 Uhr, Mo geschl.
Zeitgenössische, klassische (einige Picassos), lokale und präkolumbische Kunst. Eintritt $ 3.

Museum of Science and History
1025 Museum Circle
Jacksonville, FL 32207
✆ (904) 396-6674
www.themosh.org
Mo–Fr 10–17, Sa 10–16, So 12–18 Uhr
Natur- und Landesgeschichte, interaktive Ausstellungen. Eintritt $ 6.

Fort Caroline National Memorial
12713 Fort Caroline Rd.
Jacksonville, FL 32225
✆ (904) 641-7155
Visitor Center, Führungen.

Jacksonville Landing
2 Independent Dr.
Jacksonville, FL 32202
An der Main Street Bridge (US 1) auf der nördlichen Seite des Flusses: Spezialgeschäfte und Restaurants.

Wilfried's 24 Miramar
4446 Hendricks Ave.
Jacksonville, FL 32207
✆ (904) 448-2424
Eklektische Küche in asiatischer, karibischer und kalifornischer Geschmacksrichtung, tolle Nachspeisen. $$–$$$

Juliette's
245 Water St. (Omni Jacksonville Hotel), Jacksonville, FL 32202
✆ (904) 355-7118
Luftiger, eleganter Platz im Atrium, amerikanisch-italienische Geschmacksmelange. Cocktail Lounge. Frühstück, Lunch ($) und Dinner. $$

Crawdaddy's
1643 Prudential Dr.
Jacksonville, FL 32207
✆ (904) 396-3546
Am St. Johns River. Spezialität: Meeresfrüchte. Cocktail Lounge. New Orleans Jazz. Lunch (außer Sa, $) und Dinner. $$

River City Brewing Company
835 Museum Circle Dr. (Southbend Riverwalk)
Jacksonville, FL 32207
✆ (904) 398-2299
Sandwichs, Salate und viel Fisch zum frisch gebrauten Bier. Terrasse mit Blick auf den Fluss. Am Wochenende Live-Musik. Lunch ($) und Dinner.

Wine Cellar
1314 Prudential Dr.
Jacksonville, FL 32207
✆ (904) 398-8989
Fisch- und Fleischgerichte in Bestform; schickes Ambiente. So geschl. $$-$$$

Ausflugsziel:

Jacksonville Beach

First Street Grille
807 N. First St.
Jacksonville Beach, FL 32250
✆ (904) 246-6555
Strandnah am Meer, auch zum Draußensitzen. Internationale Küche (Meeresfrüchte und Steaks). Bar und Live-Musik. Lunch ($) und Dinner. $$

The Homestead
1712 Beach Blvd.
Jacksonville Beach, FL 32250
✆ (904) 249-5240
Familienrestaurant mit einfacher Südstaatenküche. Cocktailbar. Lunch und Dinner. $

Florida Caverns State Park
5 km nördl. von Marianna an SR 167
Marianna, FL 32446
✆ (850) 482-9598
Tägl. 9–16.30 Uhr, Führungen
720 ha großes Parkgelände mit Naturpfaden, Kanutrail und *sinkholes*. Die große Attraktion aber sind die Kalksteinhöhlen mit vielen Stalagmiten und Stalaktiten.
Eintritt $ 3.25 pro Auto, Führungen $ 4.

9 Panama City Beach

Die gar nicht heimliche Hauptstadt des *Panhandle* (40 000 Einwohner) funktioniert als Freizeit-Dorado, randvoll mit billigem Entertainment. An der **Miracle Mile** reiht sich ein Fun Park an den anderen, da locken Pappmaché-Dschungel und Aquaparks mit Riesenkraken und künstlichen Wasserfällen, Mini-Golfplätze, Tanz- und Souvenirbuden. Der Geräte-Strip ebenso wie die dazu passenden Hotelkästen erheben sich über einem sehr schmalen Stück Land. Gleich hinter den Kulissen glänzen (vorn) der türkisfarbene Golf und (hinten) die grünen Riedgräser im Swamp.

Service & Tipps:

Panama City Beach Convention & Visitors Bureau
12015 Front Beach Rd. (W. Hwy. 98A)
Panama City Beach, FL 32417
✆ (850) 233-6503 oder 1-800-722-3224
Fax (850) 233-5072
www.800pcbeach.com
Auskünfte – auch auf Deutsch.

Museum of Man in the Sea
17314 Panama City Beach Pkwy. (US 98)
Panama City Beach, FL 32413
✆ (850) 235-4101, tägl. 9–17 Uhr
Historische Druckanzüge und Ausstel-

lungen zur Unterwasserforschung. Eintritt $ 5/2.50.

Captain Anderson Cruises
5550 N. Lagoon Dr. (Thomas Dr.)
Panama City Beach, FL 32408-7911
✆ (850) 234-5940 oder 1-800-360-0510 (in FL)
Dreistündige Minikreuzfahrten nach Shell Island; abends Dinner und Tanzfahrt auf der Bucht.

Boar's Head Restaurant
17290 Front Beach Rd.
Panama City Beach, FL 32413
✆ (850) 234-6628
Ruhig und rustikal, vor allem gekonnt zubereiteter Fisch, Steaks und Hummer. Ansehnliche Weinkarte. Cocktail Lounge. Nur Dinner. $$–$$$

Captain Anderson's Restaurant
5551 N. Lagoon & Thomas Drs.
Panama City Beach, FL 32408
✆ (850) 234-2225
www.captanderson.com
Populäres Fischrestaurant an der Bay. $–$$

Spinnaker
8795 Thomas Dr.
Panama City Beach, FL 32408
✆ (850) 234-7882
www.spinnakerbeachclub.com
Beliebte Strandbar und -restaurant. Tagsüber Beach-Volleyball, abends Live-Musik. $–$$

Angelo's Steak Pit
9527 Front Beach Rd. (US 98A)
Panama City Beach, FL 32407
✆ (850) 234-2531
Großes Familienrestaurant mit herzhaften Steaks, Meeresfrüchten, Geflügel und selbst gemachtem *key lime pie*. Bar. Nur Dinner. So und Nov.–Feb. geschl. $$

Sharky's Beach Club
15201 Front Beach Rd.
Panama City Beach, FL 32413
✆ (850) 235-2420
Volles Club-Programm: Dinner, Bar, Live-Entertainment, Karaoke, Pool-Billard, Darts, Pool.

Ausflugstipps:

St. Andrew's State Park
4607 State Park Lane (am Ostende von Thomas Dr.)
Panama City Beach, FL 32408
✆ (850) 233-5140
Wanderwege, Bootsrampe, Angeln, Camping, schattige Picknickplätze. Dünen, feine Strände, türkisfarbenes bis blaues Wasser – ideal zum Schwimmen!

Mexico Beach
Das ganz und gar auf Badefreuden kapriziertes Örtchen, ist so strandfixiert, dass es hier nicht nur eine BEACH BAPTIST CHAPEL gibt, sondern auch eine volle Badestunde gratis für alle, die in Ost-West-Richtung reisen, denn der Ort liegt

Spaß am Strand der St. Andrew's State Park

Sunset am Panama City Beach

an der Zeitgrenze zwischen Eastern und Central Time.

Der **Beach Front Public Park** lädt zum Verweilen – mit BBQ- und Picknickeinrichtungen, Liegestühlen, Duschen und Toiletten. Und die zahlreichen Beach Hotels und Campingplätze erst recht.
(Info: www.mexicobeach.com/cdc)

Sunnyside
Sunnyside kommt ohne den Honky-Tonk-Spuk der Küstenstraße aus.

Ruhige Strände laden den Besucher zum Baden und Bleiben ein, und wunderschöne Wasserlandschaften schaffen weitere Augenweiden; nur gelegentlich sorgt ein pfiffiges *billboard* für ein Schmunzeln: Eine Elektronikfirma verweist auf ihren flächendeckenden Vertrieb mit dem Slogan WE COVER THE PANHANDLE BETTER THAN KUDZU.

10 Pensacola

PENSACOLA, THE CRADLE OF NAVAL AVIATION behauptet ein Werbespruch am Wasserturm. Er trifft den Lebensnerv dieser Hafenstadt mit knapp 60 000 Einwohnern. Seit Anfang des 19. Jahrhunderts hat die (Kriegs-)Schiffsindustrie bzw. die Navy in der Bay das Sagen und Pensacola zur »Schwiegermutter der Marine« gemacht. Leider ist vom spanischen Erbe nicht mehr viel zu sehen. Nur in der Altstadt entdeckt man noch einige viktorianische Villen und mit Gazebos geschmückte Plätze. Der **Palafox District** lohnt einen Rundgang. Abends, wenn die Marineflieger zum Amüsement ins **Seville Quarter** einfallen, kommt Stimmung auf. Seit Hurrikan Ivan 2004 hier eingefallen ist, wirkt sie allerdings eher gedämpft.

Service & Tipps:

Pensacola Convention & Visitor Center
1401 East Gregory St.
Pensacola, FL 32501-4368
✆ (850) 434-1234 oder 1-800-874-1234
Fax (850) 432-8211
www.visitpensacola.com
Tägl. 8–17 Uhr

T. T. Wentworth Jr. Florida State Museum
330 S. Jefferson St.
Pensacola, FL 32501-5943
✆ (850) 595-5985
Mo–Sa 10–16, So 13–16 Uhr
Viel lokale Geschichte im stattlichen ehemaligen Rathaus im Zentrum.

National Museum of Naval Aviation
1750 Radford Blvd. (Pensacola US Naval Air Station)
Pensacola, FL 32508
✆ (850) 453-NAVY oder
✆ 1-800-327-5002
www.naval-air.org
Tägl. 9–17 Uhr
Louvre der Marineflieger. Beeindruckende Flugzeugsammlung. IMAX-Kino ($ 6.25). Eintritt kostenlos.

Historic Pensacola Village
205 E. Zaragoza St.
Pensacola, FL 32501
✆ (850) 595-5985
www.historicpensacola.org
Di–Sa 10–16 Uhr, Eintritt $ 6
Museum mit mehreren Altstadthäusern aus der Zeit von 1780 bis 1870. Auch das Florida State Museum im alten Rathaus gehört dazu.

Jamie's French Restaurant
424 E. Zarragossa St.
Pensacola FL 32501
✆ (850) 434-2911
Interessante Gerichte (z.B. *blackened lobster ravioli*), exzellente Fische. Hübsche Speisezimmer, freundliche Bedienung, Veranda und Weinbar. Lunch ($) und Dinner. Mo geschl. $$

New World Restaurant
600 S. Palafox St.
Pensacola, FL 32501
✆ (850) 434-7736
Angenehmer Ort, gute Küche. So/Mo geschl. $$

<u>Pensacola, lapidar</u>
Eine ehemalige Polizistin und angehende Rechtsanwältin: »Umweltschutzabgabe? Wieso denn das? Ich gebe mein Geld für eine Gasmaske aus, aber doch nicht für die Umwelt.«

Mr. Manatee's
619 S. Palafox St.
Pensacola, FL 32501
✆ (850) 434-0001
Southern, simpel und schmackhaft. Fragen Sie nach dem *catch of the day!* $-$$

Seville Quarter
130 E. Government St.
Pensacola, FL 32501
✆ (850) 434-6211
www.rosies.com
Munterer Bar-, Restaurant- und Entertainment-Komplex (Tanz, Pool-Billard, Sport-TV, Computerspiele) – spezialisiert auf alles, was aus dem Golf gefischt wird, aber auch *blackened chicken quesadilla* und Bier vom Fass. $-$$

McGuire's Irish Pub
600 E. Gregory St. (zwischen Brücke & Civic Center)
Pensacola, FL 32501
✆ (850) 433-6789
www.mcguiresirishgifts.com
Institution in Pensacola: bierselig, deftig und gut gelaunt. Selbst gebraute *Ales, Stouts, Porters*. Und der Himmel hängt voller Dollars: An der Decke baumeln (angeblich) 125 000 von Iren signierte Dollarnoten ... Steaks und Live-Entertainment. $$

Ausflugsziele:

Big Lagoon/Perdido Key
Wer in der **Big Lagoon State Recreation Area** Dünen und Strand vermisst oder das Watt satt hat, der sollte sich nach **Perdido Key** aufmachen, wo sich wie so oft die Geister scheiden: zwischen Baustellen und *beach tourism*.

1693 von den Spaniern entdeckt, schien Perdido, die westlichste Insel Floridas, lange wirklich *perdido* – verloren, vergessen, futsch. Dann aber, vor etwa zehn Jahren, vollzog sich der Anschluss an den Rest von Florida und das bedeutete: *development took over*.

Seither ist das Immobiliengewerbe auf dem schmalen Sandstreifen rastlos tätig und beschert einen Condo-Komplex, ein Eigenheim mit oder ohne Stelzen nach dem nächsten. Auch Resorts fehlen nicht.

Biegt man dagegen Richtung Johnson Beach ab, erlebt man immer noch sein weißes, grünes, türkisfarbenes und blaues Wunder. Ungestört rollen hier die Wellen an den Zuckerstrand, und zwischen den grünen Halmen auf den Dünen staksen *Great Blue Herons*, graue Eminenzen, die ihr prinzipielles Misstrauen menschlichen Wesen gegenüber mit Würde zur Schau tragen.

Wer die Einrichtungen (Duschen, Umkleidekabinen, bewachter Badestrand, Picknick-Pavillon) nicht nutzen will, der fährt auf der Stichstraße einfach ein Stück weiter und parkt irgendwo, denn überall finden sich wunderbare Strände zum Laufen, Faulenzen und Schwimmen.

Anfahrt: von Pensacola über SR 292A, dann Bauer Rd.

Service & Tipps:

Big Lagoon State Park
Perdido Key, FL 32507
✆ (850) 492-1595
Erholsame Lagune am Gulf Intracoastal Waterway zum Fischen, Schwimmen, Wandern und Campen (75 Plätze, $ 11). Keine Dünen, kein Sandstrand, eher etwas für Eltern mit kleinen Kindern, die zum Picknick möchten. Eintritt $ 3.25.

Perdido Key State Park
Westl. von Pensacola
✆ (850) 492-1595
Eine gute halbe Stunde (ca. 15 Meilen) fährt man von Downtown Pensacola (entweder über Garden oder Main St.) über die Ziehbrücke und den Intracoastal Waterway nach Perdido Key, linker Hand geht es zum Johnson Beach, einem Teil der Gulf Islands National Seashore.

Santa Rosa Island: Gulf Breeze, Pensacola Beach, Navarre Beach
Das Naturschutzgebiet der **Gulf Islands National Seashore** besteht aus meist völlig unberührten Dünenketten und meilenweiten Zuckerstränden. **Pensacola Beach** bildet darin eine Art Enklave, d.h. hier darf sich die private Bauwut austoben. Aber ein Stück weiter östlich, auf **Santa Rosa Island** und Navarre

Reiher auf dem Weg zum Lunch

Die Gulf Islands National Seashore: zuindest für die nächsten Jahre wird sie ein Lehrbuchkapitel für Wirbelsturmschäden sein. Denn dies war der Küstenstrich, der am 18. September 2004 vom Hurrikan Ivan verwüstet wurde – die Dünenketten, die Puderzuckerstrände, die kleinen Strandorte, die Stadt Pensacola – alles.

Beach, bleiben Dünen und Strände sich wieder selbst überlassen.

Navarre Beach präsentiert sich als ein Potpourri aus Stelzenhäusern, Kuppelbauten und vom Bauhaus-Stil angehauchten Villen. Gute Bademöglichkeiten und Snacks gleich am Pier.

Service & Tipps:

Gulf Islands National Seashore
1801 Gulf Breeze Pkwy.
Santa Rosa Island
Gulf Breeze, FL 32561
✆ (850) 934-2600 und (850) 492-1595
www.reservations.nps.gov
Die 240 km lange Kette vorgelagerter Inseln und Halbinseln reicht von Florida über Alabama bis nach Mississippi. Camping, Angeln, Wanderwege. Im Besucherzentrum findet man eine Snackbar, Picknicktische, Duschen und Toiletten.

Pensacola Beach Visitors Information Center
735 Pensacola Beach Blvd.
Pensacola Beach, FL 32562
✆ (850) 932-1500 oder 1-800-635-4803
www.visitpensacolabeach.com

Fort Pickens National Park
Fort Pickens Rd.
Santa Rosa Island
✆ (850) 934-2622
Im Sommer tägl. 9.30–17 Uhr
Festung von 1834, nach dem Bürgerkrieg auch mal Knast. Apachenhäuptling Geronimo saß hier ein.

11 Seaside

Ein Ort wie im pastellfarbenen Zuckerbäckerland – eine *Designer Beach Community* der teuren Sorte. Makellose Sandstrände laden zum Baden, in den hölzernen Gazebos und Pavillons kann man am Meer sitzen und träumen. Oder man mietet ein Fahrrad. Im *town centre* konzentrieren sich die Snack-Adressen, Boutiquen und ein kurioses Mini-Postamt. Das 1981 gegründete, hölzerne Villen-Ensemble ist inzwischen in die Jahre gekommen, deshalb grünt es inzwischen überall heftig. Hier und da surren Elektroautos mit Putzstreitkräften durch die 2 000-Seelen-Siedlung, und oft genug lockern Kreissägen und Power-Bohrer die Ferienstille auf, denn die Neuzuzüge nehmen nicht ab und die, die bereits hier wohnen, wollen verschönern oder erweitern, um-, anbauen oder beides.

Seaside ist nicht nur ein Refugium betuchter Genießer, sondern auch ein Arbeitsplatz lärmender Handwerker. So etwas gilt in den USA allerdings nie als anstößig. Im Gegenteil: je lauter, je lieber!

Seaside

Service & Tipps:

Bud & Alley's Restaurant
2236 E. County Hwy 30A
(gegenüber vom Postamt von Seaside)
Santa Rosa Beach, FL 32459
✆ (850) 231-5900
Beliebte Adresse – teils drinnen, teils draußen. Lunch und Dinner. Di geschl.
$$

Alt und Neu: die beiden State Capitols in Tallahassee

⓬ Tallahassee

Tallahassee, die gemütliche Kleinstadt mit 150 000 Einwohnern und seit 1823 das Verwaltungszentrum von Florida, verdankt seine Hauptstadtehre kurioserweise einer Verlegenheit und einer Rechenaufgabe. Weil man sich für keine der beiden ältesten Stadtgründungen (Pensacola und Saint Augustine) als Hauptstadt entscheiden konnte, suchte man nach einem Standort in der geographische Mitte der beiden Städte. Mit seinem alten **State Capitol** (Sitz des sehenswerten **Museum of Florida History**), von Säulen umstandenen Herrenhäusern und meist vermoostem Baumbestand unterhält Tallahassee engere Beziehungen zum Alten Süden als zum palmenträchtigen Florida.

Service & Tipps:

Tallahassee Area Convention & Visitors Bureau
106 E. Jefferson St.
Tallahassee, FL 32301
✆ (850) 413-9200 oder 1-800-628-2866
Fax (850) 487-4621
www.seetallahassee.com

Florida State Capitol Complex
401 S. Monroe St. & Apalachee Pkwy.
Tallahassee, FL 32301
✆ (850) 488-6167
Großer Regierungskomplex mit Senat und Parlament des Staates; zum Gelände gehören außerdem ein modernes Science Museum und ein Kunstmuseum. Der klassizistische Bau des alten Kapitols ist heute Museum, das alte Archivgebäude das **Museum of Florida History** (beide Museen Mo–Fr 9–16.30, Sa ab 10, So ab 12 Uhr, Eintritt kostenlos).

Im neuen **Kapitol**, einem recht hässlichen Turmbau, bietet sich von der Aussichtsterrasse im 22. Stock ein weiter Blick über die Stadt (Mo–Fr 8–17, Sa 11–15 Uhr, Eintritt frei).

Tallahassee Museum of History and Natural Science
3945 Museum Dr. (rund 10 km süd-

westl. am Lake Bradford)
Tallahassee, FL 32310
✆ (850) 575-8684
Mo–Sa 9–17, So 12.30–17 Uhr
Natur- und Kulturgeschichte Nordfloridas: Ausstellungen, ein Lehrpfad durch den Zypressensumpf, eine Farm von 1880 und andere bauliche Zeugen der lokalen Vergangenheit. Picknickeinrichtungen. Eintritt $ 6.50/4.50.

Alfred B. MacClay State Gardens
3540 Thomasville Rd.
Tallahassee, FL 32308
✆ (850) 487-4556, tägl. 9–17 Uhr
Prächtige Gartenanlage um das alte Herrenhaus eines New Yorker Bankiers. Im Frühjahr Azaleenblüte. Reit-, Rad- und Wanderwege. Eintritt 3.25 pro Auto.

San Luis State Archaeological Site
2020 W. Mission Rd.
Tallahassee, FL 32304
✆ (850) 487-3711
Mo–Fr 9–16.30, Sa ab 10, So ab 12 Uhr
Freilichtmuseum unter Schatten spendenden Eichen: teilweise rekonstruiertes Indianerdorf von 1656–1704, an Wochenenden häufig mit kostümierten »Kolonisatoren« bevölkert. Eintritt kostenlos.

Nino
6497 Apalachee Pkwy. (US 27 S., etwas außerhalb der Stadt)
Tallahassee, FL 32311
✆ (850) 878-8141
Gemütliches Restaurant, italienisch geprägte Küche. Cocktail Lounge. Nur Dinner. So/Mo geschl. $–$$

Barnacle Bill's
1830 N. Monroe St.
Tallahassee, FL 32303
✆ (850) 385-8734
Beliebtes Fischrestaurant, frische Gemüse, Räucherfisch. Pasta- und Austernbar. Cocktail Lounge. $–$$

Chez Pierre
1215 Thomasville Rd. (6th Ave.)
Tallahassee, FL 32303
✆ (850) 222-0936, www.chezpierre.com
Ausgezeichnetes französisches Bistro mit großer Fischauswahl. Gut zum Lunch ($). Auch Dinner. So geschl. $$

Kool Beanz Cafe
921 Thomasville Rd.
Tallahassee, FL 32303-6219
✆ (850) 224-2466
Witziges Szenelokal mit interessanter Küche, jeden Abend gut gefüllt mit jungen Leuten. $$

The Moon
1105 E. Lafayette St.
Tallahassee, FL 32301
✆ (850) 878-6900
Großer Rockclub mit guten Bands, Fr ist Country-Abend.

Badefreuden in Wakulla Springs, Florida

13 Wakulla Springs

Dass **Wakulla Springs** eine wahre Oase ist, erfährt man spätestens beim Bad im klaren Quellwasser des Flusses, mitten in einem Naturschutzgebiet von beträchtlicher Größe, in dem seit 50 Jahren kein Baum mehr gefällt wurde, einem Urwald, an dem Johnny Weissmuller seine Freude gehabt hätte. Die erholsame, mit Moos drapierte Südstaaten-Oase hat in den letzten Jahren etwas gelitten. Das einst so klare Quellwasser ist oft trüb. Die Hurrikane wühlen es auf, vor allem aber trägt die zunehmende Erschließung ringsum zur Trübung bei.

Service & Tipps:

Edward Ball Wakulla Springs State Park
550 Wakulla Park Dr. (Kreuzung SR 61 & 267)
Wakulla Springs, FL 32305
© (850) 224-5950
Tägl. 8 Uhr bis Sonnenuntergang
Naturpark um eine große artesische Quelle, Bademöglichkeit, Fahrten mit Glasbodenbooten zur Tierbeobachtung (Vögel, Alligatoren). Eintritt $ 3.25 pro Auto.

Ausflugsziele:

Saint Marks National Wildlife Refuge
1255 Lighthouse Rd.
Saint Marks, FL 32355
© (850) 925-6121
Winterquartier für die Zugvögel, aber auch Habitat für rund 2 000 Alligatoren, die die Marschen und Swamps bevölkern. Außerdem leben hier und in den Wäldern Otter und Raccoons, Truthähne, Wildschweine und Schlangen. Der kleine (lohnende) Abstecher zum Leuchtturm (**Saint Marks Lighthouse** von 1829) führt mit Sicherheit zu zahlreichen Begegnungen!

Riverside Cafe & Rec Rentals
69 Riverside Dr.
Saint Marks FL 32355
© (850) 925-5668
Willkommene Adresse zur Stärkung am Schilf: ein schönes Stück verwahrloste Karibik. Auch Kanus kann man hier mieten. $

Posey's Oyster Bar
55 Riverside Sr. (SR 363)
Saint Marks, FL 32355
© (850) 925-6172
Einfaches, bodenständiges Hafenlokal mit Terrasse am Wasser. Unbedingt probieren: die geräucherten *mullets* (Meeräschen). Am Wochenende oft Live-Musik. $

Saint Marks Lighthouse

New Orleans

Hauptstadt des amerikanischen Südens

»New Orleans, eine Kurtisane ... Anmutig lehnt sie sich zurück auf ihrer Chaiselongue von verschossenem Brokat, ein feiner Duft nach Räucherwerk ist um sie und der Faltenwurf ihrer Umhänge sehr korrekt. Sie lebt, umgeben von der Atmosphäre einer vergangenen graziöseren Zeit.«
(William Faulkner)

The Big Easy – so heißt nicht nur der Longdrink, die _frozen concoction_ aus Orangensaft und Pfirsichlikör, sondern auch die generös-gelassene Lebensart der unumstrittenen Hauptstadt des Südens. Hier kulminieren viele ihrer Merkmale: die Art zu essen und zu trinken, zu wohnen und zu bauen, ans Höhere zu glauben und den Tag auszuleben. »Es ist der einzige Ort«, schrieb Henry Miller, »wo man nach einem ausgedehnten Essen, begleitet von einem guten Wein und einem guten Gespräch, in der Altstadt spazieren gehen kann und sich fühlt wie ein zivilisierter Mensch.«

Kein Zweifel, das Herz von New Orleans schlägt im Vieux Carré, in der historischen Mitte der von Jean-Baptiste le Moyne, Sieur de Bienville, 1718 gegründeten französischen Kolonie, die so ordentlich aufgeteilt ist wie eine karierte Tafel Schokolade.

Das Vieux Carré, die berühmte Altstadt, kehrt ihre _French Connections_ gern hervor, obwohl die Architektur – bedingt durch verheerende Feuer – im Grunde eher spanisch aussieht. Die idyllischen _patios_ zum Beispiel, die Innenhöfe, sind spanischen Ursprungs. Auch die bunten Fliesen an den Hauswänden tragen spanische Straßennamen.

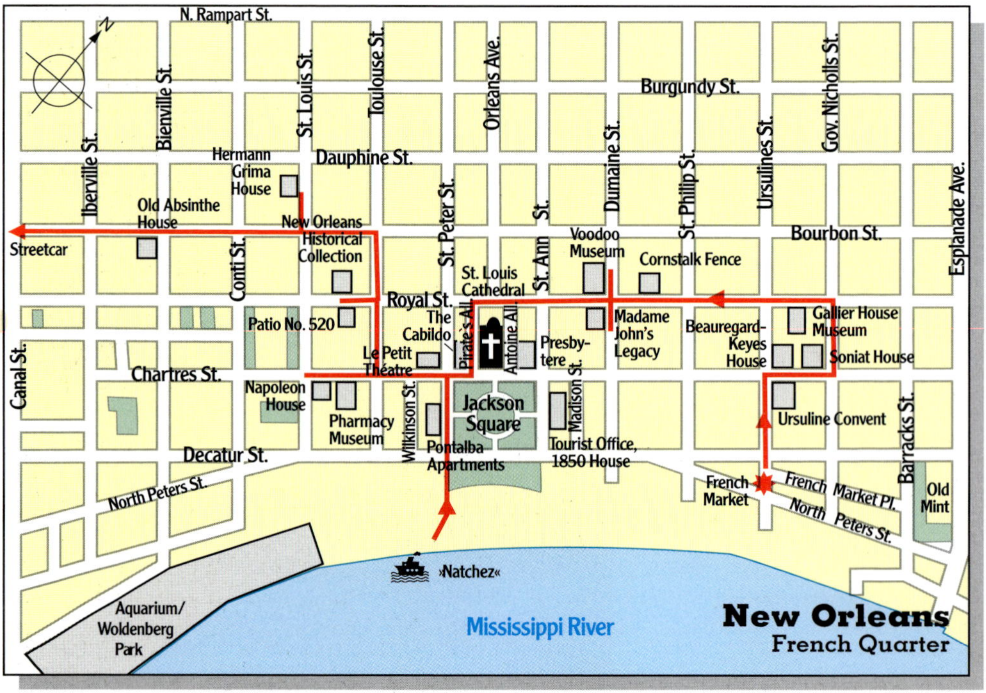

Der baulichen Vielfalt entspricht der *ethnic mix* dieser Stadt, diese ethnische *Gumbo,* die kreolische Gemüsebauern, deutsche Handwerker, Trapper irischer Herkunft, akadische Reisfarmer und schwarze Baumwollpflücker in einer Bevölkerung zusammenrührt, die inzwischen, rechnet man alle Nachbargemeinden mit dazu, die Millionengrenze weit überschritten hat. Die soziale Toleranz ist vergleichsweise immer noch sprichwörtlich. Sie lässt Spielraum auch für Minderheiten; für die Schwulen zum Beispiel. Sie lieben New Orleans kaum weniger als San Francisco oder Atlanta.

Volles Rohr: Straßenmusikerin in New Orleans

Unweigerlich drängen die ersten Schritte durch die Altstadt über den Moonwalk zum Fluss, der schon eine längere Reise hinter sich hat, nämlich 2 300 Meilen von der kanadischen Grenze – nicht schnurstracks, sondern gemächlich mäandernd. »Wirft man sich eine lange geringelte Apfelschale über die Schulter, so wird sie ziemlich gut die Gestalt einer durchschnittlichen Strecke des Mississippi annehmen«, meinte Mark Twain. Träge wie massenhafter Café au Lait wälzt sich die braune Brühe seiner Schlamm-Massen mit

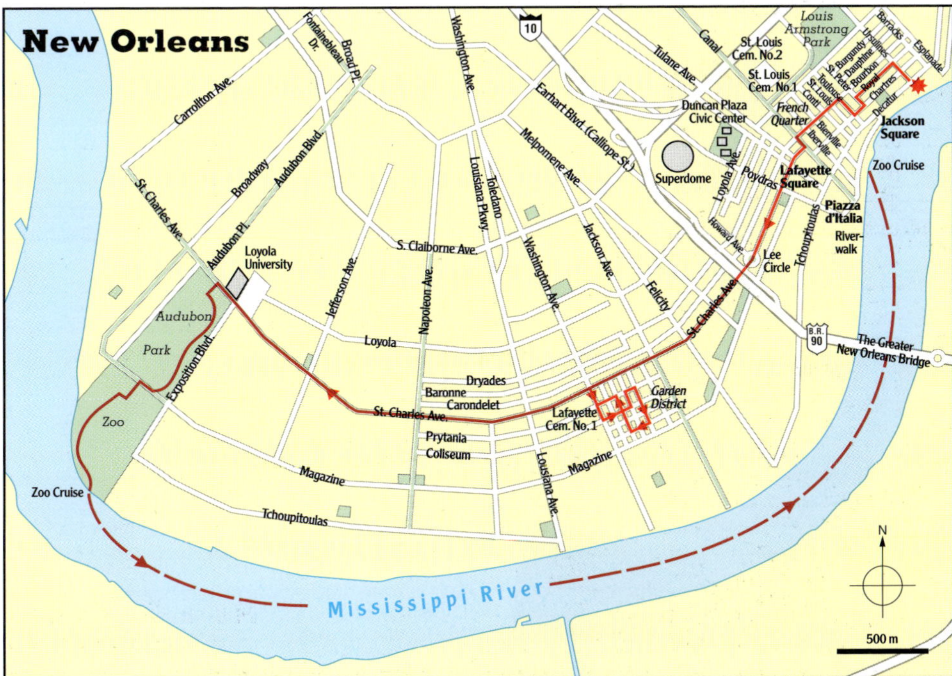

ganzen elf Kilometern pro Stunde Richtung Golf und krümmt sich vor den Augen der Stadt wie ein gewaltiges Croissant. Das brauchte man dann nur noch ins Englische zu übersetzen: »Crescent City« – so nennt sich die Stadt gern.

Wo der *misi sipi* fließt, das »große Wasser«, da dürfen natürlich die Schaufelraddampfer nicht fehlen. Also auch nicht die »Natchez«, die täglich Romantiker an Bord hat. Abends übernehmen die Neons die Lichtregie für ein Nachtleben ohne Sperrstunde. Sie inszenieren den Gourmet- und Musik-, Kneipen- und Strip-Tourismus im Quadrat, das **French Quarter** und dort insbesondere Bourbon Street, die reine T-Shirt-, Sex-Show- und Klangmeile. Die vereinzelten Einheimischen, die sich zu dieser Zeit noch vor die Tür wagen, um noch ein paar letzte Einkäufe zu erledigen, sind die eigentlich Fremden hier.

Die Stadt liegt hart an der Grenze – zwischen öffentlicher Lebenskunst und Neppbetrieb. Viele Fassaden täuschen. Unversehens können die Annehmlichkeiten kreolischer Mansardenhäuser, spanischer Arkaden und viktorianischer Pfefferkuchenhäuser umschlagen in Versatzstücke einer großen Desillusion – die Spielcasinos der jüngsten Vergangenheit eingerechnet. Also, man muss schon ein bisschen wählerisch sein, um im aufgeblasenen Kuchen eines ausgefuchsten Nachtlebens die Rosinen zu finden, kulinarische ebenso wie musikalische. Schließlich rühmt sich New Orleans nicht von ungefähr, die Wiege des Jazz zu sein, seit sich Sklaven von den Westindischen Inseln sonntags auf dem Congo Square (im heutigen Louis Armstrong Park) treffen durften und dort um die Jahrhundertwende afrikanische Rhythmen und Tänze praktizierten, die als Jazz um die Welt gingen.

Preservation Hall ist heute nur eine der unverwüstlichen Adressen, wo dieses Erbe weiterlebt – Dixieland, Ragtime und Blues. Wer (tagsüber) Glück hat, erwischt ein Jazz-Begräbnis, eine Art Echternacher Springprozession. Während die Blech-Band auf dem Weg zum Friedhof respektvoll Trauermusik anstimmt, synkopiert sie den Rückweg durch beschwingtere Töne.

Stadtrundgang

Der **French Market** eignet sich als Startpunkt, dort, wo die Stadt ihren Anfang nahm, wo die Choctaw-Indianer Handel trieben. Seit Ende des 18. Jahrhunderts der wichtigste Basar für exotische Früchte und lange ein Sklavenmarkt, reihen sich am French Market heute Straßencafés aneinander, touristisch-mondäne und solche für die arbeitende Bevölkerung, die in aller Herrgottsfrühe öffnen. Um diese Zeit kurven die Gabelstapler und Sackkarren zwischen Melonenhaufen, Zwiebeltürmen und Knoblauchbergen.

Die Hallen mit den grünen Eisenträgern wölben sich zwischen Ursulines und Barracks Street. Auf **Decatur Street**, zwischen St. Philip und Dumaine, werden die besten Spezialitäten aus Italien, Griechenland und Spanien angeboten – europäisches Flair im Kolonialwarenladen.

Ein paar Blocks weiter sitzt das **Old Ursuline Convent**. In dem französischen Kolonialbau lebten seit 1734 die Ordensfrauen, die aus Frankreich nach New Orleans gesandt wurden, um sich der Gesundheit und Schulbildung der Kolonisten anzunehmen. Sie folgten den Sträflingen, die das unwirtliche Sumpfland entwässern sollten, um dem Ruf von Louisiana als einem Paradies Genüge zu tun.

Ein knappes Jahrhundert später verkauften die Nonnen an den Erzbischof, der es zu seiner Residenz machte. Heute hat sich hier das Archiv der Erzdiözese eingerichtet.

Gegenüber vom Konvent prangt die gefällige Fassade des **Beauregard-Keyes House**, das mit seinem Bindestrich zwei Namen unterschiedlicher Provenienz zusammenschließt: den eines Südstaatengenerals und den einer Schriftstellerin. Drei Häuser weiter schließt sich das Soniat House an, eine feine Herberge, deren Fassade mit einem kunstvollen »Eisenvorhang« am Balkon *(gallery)* überzogen ist.

An der Ecke Governor Nichols und Royal Street liegt ein kleiner Deli-Laden, und er ist nicht der einzige im French Quarter. Im Gegenteil. Trotz touristischer Inflation hat sich die Altstadt als ein sozial weitgehend intaktes Viertel erhalten, in dem Tante-Emma-Läden, die rund um die Uhr geöffnet haben, Drogerien, Wäschereien (z.B. eine »LaunDRYteria«) und voll gepackte Kioske überleben.

Das Grün der Baumkronen greift auf das üppige Rankenwerk und die Topfpflanzen-Idyllen der Balkone über. Manchmal sieht man bunte Perlenketten in den Behängen verwoben – Reminiszenzen an die karnevalistischen Paraden des Mardi Gras, wenn solche Perlengebinde unters Volk geworfen werden wie die »Kamelle« (Bonbons) im Kölner Rosenmontagszug.

Die Balkonkultur von New Orleans hat viele praktische Seiten. Mal kann man sich unter ihnen vor der Sonne, mal vor dem Regen retten, der die Touristen oft scharenweise in Klarsichtfolien hüllt und sie wie muntere Müllsäcke zum Hüpfen bringt – von einem Balkonvorsprung zum nächsten.

Linker Hand folgt das **Gallier House Museum**, die Residenz von James Gallier Jr., dem einst berühmtesten Architekten in New Orleans. Bemerkenswert ist der die Hausfront überziehende eiserne Vorhang aus ornamentalen Balkongittern. Mehr und mehr entpuppen sich die Mansarden und »Gingerbread«-Häuschen an Royal Street als Länden für Antiquitäten und alte Bücher, in denen man vielerorts bis Mitternacht stöbern kann.

Balkon-Kultur à la New Orleans

Gastlichkeit hinter Gittern: Cornstalk Fence Hotel

Maiskolben wachsen eisern am **Cornstalk Fence**, einem der prächtigen Eisenzäune der Stadt, in Philadelphia gefertigt. Er schützt den Vorgarten einer wahren Hochzeitstorte, des ehemaligen Hauses eines Richters, den Harriet Beecher-Stowe einst besuchte, von der es heißt, dass sie sich beim Anblick der nahe gelegenen Sklavenbörse (Ecke Royal und St. Louis Street) zu ihrem Roman »Uncle Tom's Cabin« habe inspirieren lassen. Kurz vor der Ecke Royal Street und Dumaine kann man eines der vielen Holztreppchen sehen, die, ob nun aus Holz oder Stein, zur entsprechend höher gelegenen Haustür führen – eins der vielen Anzeichen für die Überschwemmungsängste.

Zu den ältesten Bauten der Stadt zählt das schlichte Haus von Madame John's Legacy (632 Dumaine St.) im französischen Kolonialstil und dem Typus nach ein *raised cottage* (Neubau von 1788) – mit überhängenden Dächern und hohen Mansardenfenstern. Ebenfalls an Dumaine Street liegt das **Voodoo Museum**, das ebenso historisch wie praxisnah den geheimnisvollen Riten und Zeremonien huldigt, die Ende des 18. Jahrhunderts die Sklaven aus Afrika mitbrachten.

Zurück zur **Royal Street**. Zwischen Antik-Shops, Maskenläden, Galerien, Büchern und Kunstgewerblichem offenbart sich der eine oder andere sehenswerte Innenhof, wie etwa am Ende der alten Kutscheneinfahrt des Hauses Nr. 821 oder, jenseits von St. Ann Street, die Nr. 731 (Maison Montegut), den ein anmutiger Cupido-Brunnen schmückt, den man, wenn das Tor geschlossen ist, freilich nur erblinzeln kann.

Die stille **Pirate's Alley** ist ein hübsches Gässchen, in dem William Faulkner Mitte der 1920er Jahre seine erste Prosa schrieb, unter anderem die Genrestudien der »New Orleans Sketches« und »Soldiers Pay«, seinen ersten Roman. In dem zitronengelben Haus (Nr. 624) befindet sich eine Buchhandlung. Faulkner war nicht der einzige prominente Autor, der New Orleans zeitweise zum *genius loci* der Literatur machte. Mark Twain besuchte verschiedentlich die Stadt, und Sherwood Anderson und Tennessee Williams lebten hier in den 20er Jahren.

Tennessee Williams machte die Straßenbahn weltberühmt

Die dreigliedrige **Saint Louis Cathedral** verkörpert die städtische Hochburg des Katholizismus. New Orleans und der Süden von Louisiana sind überwiegend katholisch, während im Norden die Baptisten und Methodisten das Sagen haben. Die verschiedenen Glaubensrichtungen unterhalten eine Menge lokaler Kontroversen, zum Beispiel beim Thema Glücksspiel (die Katholiken sind dafür, die Baptisten strikt dagegen), beim Thema Abtreibung (die Katholiken lehnen sie ab, die Baptisten sind eher dafür). Generell halten die moralisch meist strengen Louisianer New Orleans für viel zu liberal. Allerdings mag man sich mit der Kritik auch nicht allzu weit aus dem Fenster lehnen, schließlich kommt das meiste Steuergeld des Landes aus der Stadt. Die Kathedrale grenzt mit ihrer ästhetisch nicht gerade überwältigenden Breitfront ganz an den **Jackson Square**, den ehemaligen Place d'Armes - Parade- und Exerzierplatz.

Statt Drill sorgen heute Schnellzeichner, Gaukler und Feuerschlucker für ein munteres Durcheinander. Die Porträtmaler bringen ein Stückchen Montmartre an den Mississippi - vielleicht die letzten Nachwehen einer Visite von Edgar Degas, der 1873 hier Verwandte besuchte und auch malte.

Dennoch: trotz Action, üppiger Bananenstauden und General Andrew Jacksons scheuendem Pferd - so richtig offen ist der Platz nicht. Durch den Eisenzaun werden die meisten nur um ihn herumgeschleust.

Flankiert wird die Kathedrale von zwei baulichen Zwillingen, dem **Cabildo** und dem **Presbytere**, in dem die Sammlungen des Louisiana State Museum untergebracht sind. Dessen historische Schatzkammern verteilen sich auf mehrere Gebäude in der Innenstadt, unter anderem auch auf die am Ende des French Market aufragende Old Mint. Denkt man sich die nachträglich hinzugefügten Mansardengeschosse weg, trägt der Cabildo typisch spanische Züge.

An zwei Seiten wird der Jackson Square von den Pontalba Apartments begrenzt, den ältesten Mietshäusern in den USA, aufgelockert durch schattige Arkaden und feingliedrige Eisengrills an den Balkonen der ersten und zweiten Etage. Innerhalb dieses Komplexes kann man das **1850 House** besichtigen, dessen edle Einrichtung viel vom Lebensstil der kreolischen Aristokratie jener Zeit erhalten hat.

Wer beim originellen Pharmacy Museum noch ein paar Schritte in gleicher Richtung weitergeht, endet an der Ecke am **Napoleon House**, das der Legende nach von Napoleon-Fans dazu bestimmt gewesen sein soll, dem exilierten Herrscher ein komfortables Versteck zu bieten. Aber Napoleon starb vor dem Angebot. So blieben Bar und Restaurant dem Volk erhalten, das hier gern für eine *Gumbo* und ein Gläschen einkehrt und unter den schwingenden Ventilatoren die Pause genießt, in einem Raum, dessen orangefarbenes, halbdunkles Interieur jede »Bohème«-Aufführung bereichern würde. Ob abgewetzte Innenräume oder abblätternder Putz draußen - theatralische Patina haben viele Bauten in New Orleans angesetzt.

St. Charles Avenue Streetcar

In der **Historic New Orleans Collection** sollte man einen Blick auf die gerade gezeigte Ausstellung, in den Museumsshop und den hübschen Innenhof werfen. Der lohnt sich auch gegenüber, hinter dem Eingang Nr. 520: Brunnen und Bänke, Töpfe und Blumenkübel möblieren diesen kühlen *hortus conclusus*.

Auf Toulouse stehen noch ein paar tapfere, schöne alte Häuser aus dem 18. Jahrhundert, die Casa Hove (Nr. 723, leider oft mit verschlossener Tür zum kleinen Patio), und gegenüber (Nr. 722) das **Louis Adams House** von 1788, in dem Tennessee Williams einmal wohnte und das jetzt die Manuskriptsammlung der Historic New Orleans Collection beherbergt.

Unumgänglich ist die **Bourbon Street**, die berühmteste und berüchtigtste, auf jeden Fall aber bekannteste Straße von New Orleans. Vielleicht hat es Vorteile, dass diese Honky-Tonk-Meile existiert, denn sie zieht Nachtfalter und Pornofreaks, T-Shirt-Fans und Bierselige an und gibt der Nachbarschaft ein wenig Ruhe. Morgens freilich herrscht auf Bourbon Street gewöhnlich Ausnüchterung. Müll wird abgeräumt, Bürgersteige werden abgespritzt, die dekorierten Schuppen gelüftet. Samuel Hermann, jüdischer Immigrant aus Frankfurt am Main und in Louisiana im Schiffs- und Kreditgewerbe zu Reichtum gekommen, ließ sich das **Hermann-Grima House** bauen, das sich heute in wohl erhaltenem Zustand befindet und eindrucksvoll die üppige Wohnkultur von New Orleans vor dem Bürgerkrieg spiegelt. Als Hermanns Finanzimperium verfiel, musste er das Haus an die kreolische Familie von Alex Grima verkaufen.

Jäh endet Bourbon Street an Iberville Street, bei Woolworth das gesamte French Quarter. An Canal Street, der breitesten Main Street in den USA, hängt die erste Ampel des heutigen Vormittags. Vor lauter Schreck, so scheint es, lassen die Straßen jenseits von Canal ihre Namenshüllen fallen. Aus Bourbon wird Carondelet, aus Straßen werden Schneisen, aus Häusern Bürokästen, aus New Orleans eine normale amerikanische Großstadt.

Damit nicht alles in Desillusion endet, wartet an der Ecke eine altmodische Straßenbahn, die für ein paar Cents neuen Regionen entgegenrumpelt und -rasselt. Die **St. Charles Avenue Streetcar** wird von *locals* und Touristen gleichermaßen benutzt. Ein Ahne von ihr erlangte literarischen Weltruhm mit Tennessee Williams' »A Streetcar Named Desire«, der »Endstation Sehnsucht«.

Durch den Business District der Hochhausschluchten, Parkplätze und Schnellstraßen strebt die olivgrüne Tram Stadtbezirken zu, die zeigen, dass New Orleans nicht nur aus dem French Quarter besteht.

Da ist zunächst der **Friedhof Lafayette**, der im Gegensatz zu den berühmten Verwandten St. Louis I und St. Louis II als »sicherer« Friedhof gilt, weil er an kein ethnisches Wohnviertel grenzt, das heißt an keine der Kehrseiten der schönen Medaille der Stadt, die sich in einer beängstigenden und vergleichsweise hohen Kriminalität ausdrückt.

Dabei zählt New Orleans noch zu den integriertesten Großstädten der USA. Das hat Gründe, die weit in die Geschichte reichen, als die Häuser der Schwarzen in unmittelbarer Nähe der Stadthäuser der Weißen lagen. Aber seit der fortschreitenden Ghettobildung hat sich das geändert; die kriminelle Drogenszene hat, wie auch sonst in den USA, inzwischen horrende Ausmaße angenommen.

Die Steine im Karree von Lafayette tragen auch deutsche Namen und Texte, die verraten, woran diese Menschen einst gestorben sind: zum Beispiel an Gelbfieber oder Cholera.

Sollte der Friedhof geschlossen sein, kann man über den Zaun blicken und hat mehr Zeit, sich im **Garden District** umzusehen, der, im Gegensatz zum europäisch-westindischen Charakter des Vieux Carré, ein gepflegter Spielraum viktorianischer Bau-Fantasie ist.

Grabhäuser auf dem Friedhof Lafayette

Haie und Touristen im »Aquarium ot the Americas«

Das Viertel verleugnet sein vordringlich amerikanisches Siedlungserbe keineswegs. Was hier als Nachlass eleganter Residenzen ehemaliger Zuckerpflanzer, Kaufleute und Zeitungsverleger vorkommt, könnte man getrost als eine Art Beverly Hills von New Orleans bezeichnen, wäre da nicht ein kleiner Unterschied. Denn im Gegensatz zur kalifornischen Gepflogenheit baute man in New Orleans nicht wie man wollte, sondern wie es sich gehörte. Dabei wurden die gängigen Stilformen des 19. Jahrhunderts verwendet, alles, was aus dessen abgeleitetem Formenschatz verfügbar war und Ansehen genoss. Statt kreolischer Innenhöfe beherrschen großzügige Gärten mit Brunnen, Statuen und Pavillons die stille Wohnszene.

Zurück zur Elektrischen. Der weitläufige **Audubon Park** ist nach Amerikas berühmtestem Ornithologen benannt, nach John James Audubon, der hier als junger Mann, um sich etwas nebenher zu verdienen, Musik- und Malunterricht gab und der viele seiner später bekannten Zeichnungen für die »Birds of America« Anfang des 19. Jahrhunderts in New Orleans anfertigte.

Im **Audubon Zoo**, unter altehrwürdigen Eichen oder tropischer Vegetation, Wasserfällen und Lagunen leben über tausend exotische Tiere und im Areal der Louisiana Swamp Exhibit das Nonplusultra: kleine weiße Alligatoren mit blauen Augen.

Der Hinterausgang führt geradewegs auf den Anleger der Cruising-Boote für die Rückfahrt zur Altstadt. An Bord sind seine Dimensionen des Flusses noch gewaltiger als vom Ufer aus. Wasser, »fünfundzwanzigmal so viel wie der Rhein«, führe der Mississippi, notierte Mark Twain. Dicke Pötte ziehen vorbei, und langsam profiliert sich hinter den Docks, Kränen und Lagerhallen die Skyline des Business District. Das Schiff macht schließlich beim Aquarium fest, am Ufergarten des Woldenberg Riverfront Park.

Service & Tipps:

New Orleans Metropolitan Convention & Visitors Bureau
2020 St. Charles Ave.
New Orleans, LA 70130
✆ (504) 566-5011 oder 1-800-672-6124
www.neworleanscvb.com

Information Center
529 St. Ann St. (Jackson Sq.)
New Orleans, LA 70116
✆ (504) 566-5031, tägl. 9–17 Uhr

Steamboat »Natchez«
Toulouse St. Wharf beim Jackson Sq.
New Orleans, LA 70130-1587
✆ (504) 586-8777 oder 1-800-233-2628
Fax (504) 587-0708
www.steamboatnatchez.com
Für Schaufelrad-Romantiker: tägl.

11.30 und 14.30 Uhr zweistündige Hafenrundfahrten; 19 Uhr *Dinner Jazz Cruise.* Ticket $ 18.

Shuttle-Bus Aquarium/Zoo
✆ (504) 586-8777 oder
✆ 1-800-233-2628
Tägl. 10, 12, 14 und 16 Uhr vom Woldenberg Park zum Zoo; von dort zurück um 11, 13, 15 und 17 Uhr. Einfache Fahrt $ 12.50, hin und zurück $ 16.50.

Saint Charles Avenue Streetcar
Endhaltestelle Canal & Carondelet Sts. (bzw. Canal St. & St. Charles Ave.)
New Orleans, LA 70130
✆ (504) 248-3900
Seit 1835 gibt es Straßenbahnen in New Orleans, seit 1923 fährt diese olivgrüne Elektrische. Kleingeld möglichst passend *(exact change)* bereithalten (einfache Fahrt $ 1.25). Wer einen Fensterplatz ergattern möchte, steigt schon an der Haltstelle Carondelet ein.

Audubon Aquarium of the Americas
1 Canal St. (Woldenberg Riverfront Park)
New Orleans, LA 70130
✆ (504) 581-4629 oder 1-800-774-7394 (auch für Zoo)
www.auduboninstitute.org
Tägl. 9.30–19 Uhr
Aqua-Show mit über 7 500 quirligen Lebewesen in 4 Mill. Litern Salz- und Süßwasser. Riesige Schaufenster, 180-Grad-Panoramen und transparente Tunnel simulieren karibische Korallenriffe, das Mississippi-Delta, den Golf, den tropischen Regenwald am Amazonas. IMAX-3-D-Kino. Titel u.a. »Into the Deep«. Eintritt $ 15/8 (plus IMAX $ 19/12); außerdem:

Audubon Zoo
6500 Magazine St.
New Orleans, LA 70118
Der Park mit seinen schattigen Lagunen, Golfplatz und öffentlichem Schwimmbad entstand in den 1870er Jahren aus einer Zuckerrohrplantage. Fahrradverleih. Von St. Charles Ave. fährt in Höhe der Haltestelle Nr. 36 für Lauffaule (25-Minuten-Spaziergang) ein Shuttle-Bus kostenlos zum Zoo. Viele bedrohte Spezies wohnen hier. Der Louisiana Swamp ist von besonderem Interesse; für Kinder vermutlich der Ritt auf dem Elefanten. Eintritt $ 10/5.

Saint Louis Cathedral
615 Pere Antoine Alley (Jackson Sq.)
New Orleans, LA 70116
✆ (504) 525-9585
Mo–Sa 9–17, So 13–17 Uhr
Bau von 1724, abgebrannt 1788, wieder aufgebaut 1794. Eintritt kostenlos.

The Cabildo
St. Peter & Chartres Sts. (Jackson Sq.), New Orleans, LA 70116
✆ (504) 568-6968 oder 1-800-568-6968
Di–So 9–17 Uhr
Französischer, spanischer, konföderierter und US-Regierungssitz; jetziges Gebäude von 1795. In einem Raum des ersten Stocks wurde 1803 über den »Louisiana Purchase« verhandelt. Eintritt $ 5.

Beauregard-Keyes House
1113 Chartres St.
New Orleans, LA 70116
✆ (504) 523-7257
Führungen stündlich Mo–Sa 10–15 Uhr
Klassizistische Residenz und schöner magnolienbestandener Garten von 1826. Eintritt $ 5.

Pontalba Buildings
Jackson Sq., New Orleans
Innerhalb des Mietshauskomplexes

Blauäugig: weißer Aligator im Audubon Zoo

Magisches Inventar im Voodoo Museum

von 1849, auf der flussabwärts gelegenen Seite, kann man das 1850 House (523 St. Ann St.) besichtigen: Di–So 9–17 Uhr (✆ 504-568-6968). Im Eingang befindet sich ein Shop mit New-Orleans-Literatur. Eintritt $ 3.

Old Ursuline Convent
1112 Chartres St.
New Orleans, LA 70116-2205
✆ (504) 529-3040
Führungen Di–Fr 10, 11, 13, 14 und 15, Sa/So 11.15, 13 und 14 Uhr
1745 für die aus Frankreich kommenden ursulinischen Nonnen errichtet. Eintritt $ 5.

Gallier House Museum
1118-1132 Royal St.
New Orleans, LA 70116-2706
✆ (504) 525-5661
Führungen Mo–Fr 10, 11, 12, 13.30, 14.30 und 15.30 Uhr
Strenger und solider Bau von ca. 1860. Das Innere kombiniert viktorianische Dekorfülle mit den Segnungen des technischen Fortschritts (Sanitäres, Belüftung etc.). Eintritt $ 6.

New Orleans Pharmacy Museum
514 Chartres St.
New Orleans, LA 70130
✆ (504) 565-8027, Di–So 10–17 Uhr
Hübsche Apotheke von 1823 mit alten Heilmittelchen und Rezeptbüchern, handgeblasenen Flaschen, Flakons und Voodoo-Zaubermitteln. Eintritt $ 2.

The Historic New Orleans Collection
533 Royal St.
New Orleans, LA 70130
✆ (504) 523-4662, Fax (504) 598-7108
www.hnoc.org
Di–Sa 10–16.30, Führungen Di–Sa 10, 11, 14 und 15 Uhr
Im Merieult House von 1792: Archiv mit historischen Landkarten, Büchern und Fotos. Wechselnde thematische Ausstellungen zur Stadtgeschichte. Museumsshop. Eintritt kostenlos.

Voodoo Museum
724 Dumaine St.
New Orleans, LA 70116
✆ (504) 523-7685, tägl. 10–20 Uhr
Zaubermittel, Praxis und Geschichte des Voodoo-Kults. Vermittelt auch Shows der Rituale und Rundgänge zu den Friedhöfen.

Hermann-Grima House
820 St. Louis St.
New Orleans, LA 70112-3416
✆ (504) 525-5661
Führungen Mo–Fr 10, 11, 12, 13.30, 14.30 und 15.30 Uhr
Aufwendig möbliertes Haus von 1831: korinthische Säulen, Kristallleuchter, üppige Stuckdecken und interessante Trompe-l'oeil-Effekte. Außerdem kann man den Stall und die Sklavenquartiere besichtigen. Donnerstags wird zwischen Okt.–Mai kreolische Kochkunst demonstriert. Eintritt $ 6.

Lafayette Cemetery No. 1
Washington Ave. (Garden District), New Orleans
Mo–Fr 7.30–14.30, Sa 7.30–12 Uhr
Historischer Friedhof, nur mit Führungen zu besichtigen.

New Orleans Museum of Art (NOMA)
1 Collins Diboll Circle (City Park)
New Orleans, LA 70179-0123
© (504) 488-2631
Fax (504) 484-6662, www.noma.org
Di/Mi, Fr–So 10–17, Do 12.30–20.30 Uhr, Mo und Fei geschl.
Vor allem europäische und amerikanische Kunst mit Schwerpunkten in der französischen (17.–19 Jh.), niederländischen, flämischen (17. Jh.) und italienischen Malerei (15.–18. Jh.). U.a. Werke von Pissarro, Renoir, Monet, Gaugin, Degas (der anlässlich eines Verwandtenbesuchs 1871–72 nicht weit vom Museum entfernt gemalt hat), Sisley, Braque, Vlaminck, Modigliani, Kandinsky, Picasso, Ernst, Magritte, Schwitters, Man Ray, Miró, Chagall und Dubuffet. Außerdem angewandte Kunst und schöne Prunkeier von Peter Carl Fabergé (1846–1920), dem Hofjuwelier des letzten russischen Zaren. – Außer städtischen Zuschüssen erhält das Institut Unterstützung von Sponsoren wie Exxon, Chevron, Hyatt, Amexco und Saks Fifth Avenue. Museumsshop, Café mit Blick auf Lagunen und Magnolien. Eintritt: $ 8/4.
(Anfahrt: wer nicht mit dem Bus oder Taxi fahren möchte, fährt mit dem Auto entweder über Esplanade oder Canal (an Carrollton rechts abbiegen) so lange stadtauswärts, bis Hinweisschilder auf den City Park und das Museum auftauchen.)

Café du Monde
800 Decatur St. (French Market)
New Orleans, LA 70116
© (504) 525-4544
www.cafedumonde.com
Seit 1862 führend für Café au Lait und *beignets*. Rund um die Uhr geöffnet. $

Fiorella's
45 French Market Place

Sonderangebot: French Market

New Orleans, LA 70116
✆ (504) 528-9566
Zünftige Imbissstube für Marktarbeiter. Frühstück Sa/So ab 5 Uhr morgens, Lunch, Dinner. $-$$

Napoleon House Bar & Café
500 Chartres St. (St. Louis)
New Orleans, LA 70130
✆ (504) 524-9752
www.napoleonhouse.com
Bar, Café, Restaurant. Exzellente *Seafood Gumbo* (mit *roux*, Tomatensoße und *ocra*) unter quirlenden Ventilatoren bei rollenden Impromptus oder appetitanregendem Rossini. Lunch ($) und Dinner. $-$$

Royal Café
700 Royal St. (St. Peter)
New Orleans, LA 70116
✆ (504) 528-9086, www.royalcafe.com
Im LaBranche Haus von 1835 landen frische Meeresfrüchte in den kreolischen Kochtöpfen. Beliebt auch die BBQ-Rippchen! Lunch und Dinner werden auch auf dem Balkon serviert, der mit eisernen Eichblättern und Eicheln dekoriert ist – mit Blick auf das quirlige Straßenleben.
$$-$$$

Gumbo Shop
630 St. Peter St.
New Orleans, LA 70116
✆ (504) 525-1486
www.gumboshop.com
Traditionelle kreolische Küche in einem restaurierten Haus von 1795 mit hübschem Patio. Äußerst beliebt. Tipp: *Seafood Gumbo!* Große Auswahl an offenen Weinen. Lunch und Dinner. $-$$

Bayona
430 Dauphine St.
New Orleans, LA 70112-3406
✆ (504) 525-4455
Speisen mit mediterranem Flair in einem alten kreolischen Haus. Lunch ($) und Dinner. So geschl. $$

Bon Ton Café
401 Magazine St.
New Orleans, LA 70130
✆ (504) 524-3386
Cajun-Küche nach Familienrezepten. Besonders beliebt zur Lunchzeit. Sa/So geschl. $$-$$$

Galatoire's Restaurant
209 Bourbon St.
New Orleans, LA 70130
✆ (504) 525-2021
Helles, elegantes Bistro – für die *locals*. Küche: *French creole*. Keine Reservierungen, aber Warten lohnt. Mo geschl. $$-$$$

Felix's Restaurant & Oyster Bar
739 Iberville & 210 Bourbon Sts.
New Orleans, LA 70116
✆ (504) 522-4440
www.felixs.com
Beliebt: Austern und andere kreolische Delikatessen. Auch für Nachteulen. $-$$

Mother's Restaurant
401 Poydras St. (Tchoupitoulas St.)
New Orleans, LA 70130
✆ (504) 523-9656
Populäre Cafeteria mit herzhafter kreolischer Küche. $

The Court of Two Sisters
613 Royal St.
New Orleans, LA 70130
✆ (504) 522-7261
www.courtoftwosisters.com
Das französisch-kreolische Jazz Brunch Buffet (tägl. 9–15 Uhr) im hinreißenden Innenhof ist die Ouvertüre zu New Orleans – kulinarisch und musikalisch. Tagsüber mit grünbewachsenem Baldachin, abends (17.30–22 Uhr) mit Sternenzelt. Kein Wunder, dass sich hier schon Mark Twain wohl fühlte. $$-$$$

Antoine's
713 St. Louis St.
New Orleans, LA 70130
✆ (504) 581-4422
www.antoines.com
Ältestes (seit 1840) und namhaftes Restaurant, das seine französische Herkunft nicht verleugnet. Kreolische Gerichte mit viel Geschmack, serviert in hellen Speisesälen, lockere Atmosphäre. Viele der schwarzberockten Ober sind schon jenseits der Pensionsgrenze und versehen ihren Dienst mit dem Charme emeritierter Professoren. Reservierung empfohlen. Beträchtliche Weinauswahl. So geschl. $$$

<u>*Gumbo*</u>
Der kulinarische Dauerbrenner der Cajun-Küche ist die Gumbo, die Bouillabaisse der Südstaaten – eine dicke Klunkersuppe, in der der tierische Reichtum der Region inmitten saftiger Gemüse-Kombos aus Zwiebeln, Stangensellerie und Cayennepfeffer Geschmack annimmt. Die Gumbos – mit Fisch, Schalentieren oder Fleisch - entstehen in Eisentöpfen, in denen die Schwitze (»roux« aus Okra oder Mehl und Butter) behutsam auf kleiner Flamme gebräunt wird, bevor die klein gehackten Gemüse, Kräuter und schließlich die übrigen Zutaten darin zu köcheln beginnen.

REGION 7 New Orleans

Preservation Hall

Preservation Hall
726 St. Peter St.
New Orleans, LA 70116
✆ (504) 522-2841
www.preservationhall.com
Tägl. 20–24 Uhr
Musikalisch-archäologisches Museum mit traditionellem Jazz in Reinkultur: Zuhören ist alles – im Stehen oder auf dem Boden. Meist lange Warteschlangen, da keine Reservierung möglich. Kinder aller Altersstufen sind willkommen! Eintritt $ 5.

Tipitina's
501 Napoleon Ave.
New Orleans, LA 70115-1546
✆ (504) 895-8477, www.tipitinas.com
Live-Entertainment, gute Stimmung: Jazz, R&B, Zydeco, Cajun, Reggae, Rock 'n' Roll. Es gibt auch etwas zu essen ($$). Unter gleichem Namen auch im French Quarter: 233 N. Peter St.

Mulate's
201 Julia St.
New Orleans, LA 70130
✆ (504) 522-1492
www.mulates.com
Bekömmliches Arrangement: Cajun-Musik, Tanz und Cajun-Küche. $–$$

Palm Court Jazz Café Inc.
1204 Decatur St.
New Orleans, LA 70116
✆ (504) 525-0200
www.palmcourtcafe.com
Live-Jazz zu französisch-kreolischen Speisen. Mo/Di geschl. $$–$$$

Michaul's
840 St.Charles Ave.
New Orleans, LA 70130
✆ (504) 522-5517
www.michauls.com
Cajun-Gerichte, Cajun-Musik und -Tanz (auch kostenloser Tanzunterricht). So geschl. $$

Old Absinthe House
240 Bourbon St. (Bienville St.)
New Orleans, LA 70130-2205
✆ (504) 523-3181
Tägl. 9.30–24 Uhr
Populärer alter Kasten von 1798–1806. Restaurant und Bar.

Snug Harbor Jazz Bistro
626 Frenchmen St. (nordöstl. vom French Market)
New Orleans, LA 70116
✆ (504) 949-0696, www.snugjazz.com
Musikclub für Jazz-Kenner, auch R&B; Restaurant (ab 18.15 Uhr). $$

Lafitte's Blacksmith Shop
941 Bourbon St.
New Orleans, LA 70116
✆ (504) 523-0066

Swamp-Bewohner mit Biss

Der Bruder des legendären Piraten ging hier seinem Handwerk nach. Das spelunkige, windschiefe Haus passt in jeden Seeräuberfilm. Schon Tennessee Williams soll hier häufig an der Bar gestanden haben.

Mardi Gras
Das Superfest von New Orleans beginnt jährlich am 6. Januar und dauert bis zum Karnevalsdienstag. Bei aller brachialen Ausgelassenheit spiegelt es die Hierarchie der städtischen Sozialstruktur wider. Mitglied in einem der mehr als 60 mächtigen Karnevalsvereine *(krewes)*, die Bälle und Paraden organisieren, wird man nur als alteingesessener *New Orleanian* – mit viel Geld!

Ausflugsziele:

Destrehan Plantation
13034 River Rd. (SR 48)
Destrehan, LA 70047-0005
✆ (985) 764-9315
Fax (985) 725-1929
www.destrehanplantation.org
Tägl. 9–16 Uhr
Diese 1787 im westindischen Stil gebaute Pflanzervilla ist die älteste noch intakte im unteren Mississippi-Tal und typisch für die Plantagen an der »Côte d'Allemands«. Sie liegt in einem großen, eichenbestandenen Garten zusammen mit alten Sklavenhütten. Eintritt $ 10/5.

Honey Island Swamp Tours
106 Holly Ridge Dr. (Crawford Landing)
Slidell, LA 70461-1300
✆ (985) 641-1769
Fax (985) 643-3960
www.honeyislandswamp.com
Durch die Sümpfe im Mündungsbereich des Pearl River mit dem engagierten Ökologen und »Marschlandprofessor« Dr. Wagner.

Tags zuvor telefonisch anmelden; entweder wird man am Hotel abgeholt (dann dauert die Tour alles in allem 4 Std.) oder man fährt selbst zum Anleger (Bootstour: 2 Std.): I-10 nach Osten über den Lake Pontchartrain, Exit 266 in Slidell, rechts die US 190 (Gause Blvd.), 2 Meilen bis zur Ampel an der Kreuzung mit Military Rd. (S 1090), dort links und Schildern folgen, über die I-10 hinweg und gleich dahinter rechts in die Service Rd. bis zu deren Ende am Fluss (ca. 3/4 Std. Fahrt von New Orleans). Fahrpreis $ 20.

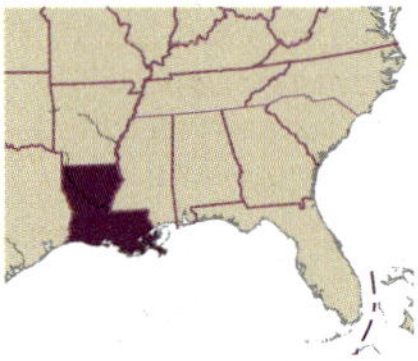

Cajun Country

Louisiana

»Es gibt Leute auf dem Land, die abends ins Bett gehen und nicht wissen, ob sie morgens als Farmer oder Fischer wieder aufwachen«, erzählt der Mann aus Kraemer am Bayou Lafourche im südlichen Louisiana. Er hat mit Überschwemmungen so seine Erfahrungen gemacht. Den Wasserreichtum dieses Staates könnte man kaum besser beschreiben, es sei denn, man setzt sich ins Flugzeug. Dann sieht das golfnahe Louisiana wie eine zersplitterte Glasscheibe aus. Allein der Mississippi hatte sieben Deltas, die er im Laufe der Zeit aufgegeben hat. Das wirkte wie eine Sprinkleranlage in einem Riesengarten. Heute, nach der Eindeichung, sind die Sümpfen trockener geworden, zumal die Kanäle für die Schifffahrt und die Pipelines der Gas- und Ölgesellschaften dies vorantreiben.

Dennoch: Die Wasserlandschaft des Deltas besteht zu 40 Prozent aus Sumpf und deren »Hauptstadt« New Orleans liegt zum

größten Teil rund anderthalb Meter unterhalb des Meeresspiegels. Das hat sogar Auswirkungen auf die Bestattungsriten des Landes und diese wiederum auf die Gräber. Die Verstorbenen werden über der Erde in steinernen Totenhäusern begraben. Normalerweise existiert ein Grab in New Orleans nur ein Jahr, dann wandern die Überreste in einen Holzkasten, werden verbrannt, und ein neuer Toter rückt nach.

Zwischen den labyrinthischen Flüssen, Seen und Bayous: Hausboote, Teppiche aus grünen Sumpfgräsern und Entengrütze, Zieh- und Drehbrücken – ein Hauch von Holland? Nein, das Schild PARISH stellt klar, was Sache ist. In Louisiana unterteilt man das Land in kirchliche Bezirke und nicht, wie sonst in den USA, in *counties*.

An den River Roads von Mississippi und Bayou Teche verbreiten die *plantation homes* die Aura des Alten Südens. Nirgendwo hat der Pflanzer-Mythos weißere und tragendere Säulen gefunden als in diesen Herrschaftsarchitekturen aus der Feudalzeit vor dem Bürgerkrieg. Kultur, Sozialstruktur und Glaubensordnung waren in dieser aus England exportierten »Nobility«-Welt aufs Engste und Selbstverständlichste verschränkt. Ehre, Status und Unterwerfung schufen klare Hierarchien und Rollenverteilungen zwischen den *plantation masters* und ihren Söhnen über Frauen und Töchter bis zu den weißen Abhängigen und schwarzen Sklaven.

Der nördliche Landesteil des »Pelican State und Sportsman's Paradise« – so der Spitzname von Louisiana – trägt andere Züge. Maisbrot, *bisquits, catfish* und *hush puppies, pecan pie* mit Kaffee und *beans-and-greens* als Gemüse-Dinner zählen hier zu den Spezialitäten. Shreveport und Bossier City am Ufer des Red River gelten als Vertreter des »anderen« Louisiana, das heißt als Finanz-, Kultur- und historische Zentren des nordwestlichen Landesteils. Besucher, die aus dem südlichen Flachland hierher kommen, treffen auf eine hügelige Landschaft mit hoch gewachsenen Nadelbäumen.

<u>*Thema Einäscherung:*</u> *»Uncle Henry«, erzählt ein wenig zimperlicher Local, »wog lebend immerhin 180 Pfund. Nach einem Jahr Totsein füllte er gerade noch eine halbe Einkaufstüte. So schnell geht das bei uns. Die Jungs in den Krematorien sind wahre Schnellköche. Sie führen bald Mikrowellenherde ein.«*

Sabberbärte, Engelshaar, Lametta – das Spanische Moos hat viele Namen

❶ Alexandria

Alexandria, geographisches Zentrum des Staates Louisiana und Hafenstadt am Red River, lange prosperierend durch Baumwoll-, Zucker und Holzhandel, wurde im Bürgerkrieg sehr gebeutelt und weitgehend niedergebrannt. Heute leben die knapp 50 000 Alexandriner insbesondere von den Bildungseinrichtungen und vom Militär.

Service & Tipps:

Alexandria/Pineville Area Convention & Visitors Bureau
707 Main St.
Alexandria, LA 71301
✆ (318) 442-9546 und 1-800-551-9546

Alexandria Museum of Art
933 Main St. (Murray St.)
Alexandria, LA 71301-8322
✆ (318) 443-3458
Di–Fr 10–17, Sa 10–16 Uhr
Kunst und Kunsthandwerk Nord-Louisianas in historischem Gebäude von 1898.
Eintritt $ 4.

The Bentley Room
200 De Soto St. (Radisson Hotel Bentley), Alexandria, LA 71301
✆ (318) 448-9600
Regionale amerikanische Küche; frische Meeresfrüchte aus dem Golf. Cocktailbar. Lunch ($) und Dinner. $$–$$$

Outlaw's Bar-B-Q
818 MacArthur Dr.
Alexandria, LA 71301
✆ (318) 443-8723
Gute Adresse für gutes BBQ: Steaks und Geflügel. Das Sortiment der Bar beschränkt sich auf Bier. Lunch und Dinner. $

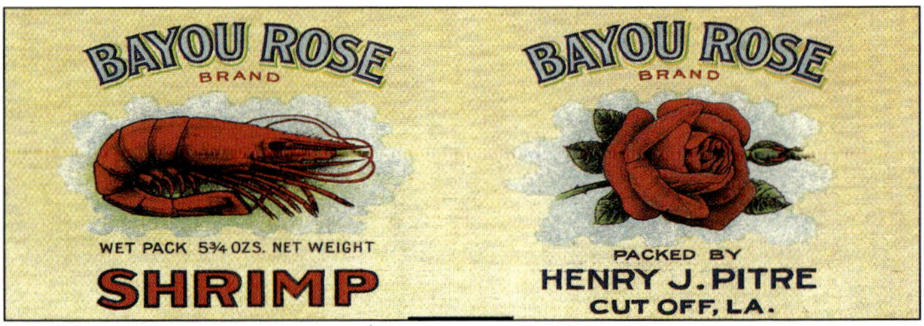

❷ Avery Island

Die Quelle der Tabasco-Soße, die seit Mitte des 19. Jahrhunderts hier produziert wird, erreicht man über eine mautpflichtige Brücke. Der Ort sitzt auf einem riesigen Salzdom, dessen Salz im Süden lange Zeit als Konservierungsmittel diente.

Service & Tipps:

Jungle Gardens & Bird Sanctuary
Nähe SR 329
Avery Island, LA 70513
✆ (337) 369-6243
Tägl. 8–17 Uhr
Üppiger botanischer Garten mit subtropischer Flora – ein Blütenmeer zwischen Nov. und Juni. Vogelhaus, Alligatoren und Wild.
Eintritt $ 6/4.25.

McIlhenny Company
Nähe SR 329
Avery Island, LA 70513
✆ (337) 365-8173 und 1-800-643-9599
www.tabasco.com
Touren tägl. 9–16 Uhr
Seit 1868 wird hier die feurige Tabasco-Soße hergestellt. Touren kostenlos.

3 Baton Rouge

Über der Hauptstadt von Louisiana, Baton Rouge (ca. 220 000 Einwohner), flatterten schon sieben diverse Flaggen: von Frankreich, England, Spanien, West Florida, vom Sovereign State of Louisiana, der Konföderation und den USA. Dennoch, die Ursprünge (1699) der bedeutenden Hafenstadt sind französisch, allem voran der Name. Der »Rote Stock« spielt auf geschälte Zypressenstöcke an, mit denen man erlegte Tiere aufspießte, um die Grenze zwischen zwei indianischen Jagdgründen zu markieren.

Heute mildern Zypressen und hübsche Antebellum-Villen den Eindruck, Baton Rouge sei letztlich nichts anderes als eine Chemiemetropole am Nordende der petrochemischen Goldküste, die sich von New Orleans am Mississippi entlangzieht.

Das neugotische, aus dem Jahre 1847 stammende **Old State Capitol** (100 North Blvd./River Rd.), von Mark Twain einst als »Ungeheuer vom Mississippi« bezeichnet, das neuere **Louisiana State Capitol** (State Dr./Third St.) und die restaurierte **Old Governor's Mansion** (502 North Blvd.) setzen sehenswerte Akzente in der Innenstadt. Die neueren Spielcasinos folgen dem Trend vieler Südstaaten, sich so zusätzliche Einnahmequellen zu verschaffen. Sie umgehen dabei geschickt die Anti-Casino-Gesetze, die an Land gelten, indem sie die Casinos in Schiffen unterbringen, auf den Flüssen oder vor der Küste im Golf.

Baton Rouge, mitten in der »Sugar Bowl of America« ist eine Großstadt mit scharfen Gegensätzen, denn neben der bizarren Industrie blühen die Magnolienbäume, reihen sich Seen und Bayous, kurvige Sträßchen und Erinnerungen an den Bürgerkrieg. In den ausgedehnten Hafenanlagen ankern riesige Ozeankähne, und am anderen Ufer des Mississippi erstrecken sich die großen Zuckerplantagen.

Service & Tipps:

Louisiana Visitor Information Center
P. O. Box 94291
Baton Rouge, LA 70804-9291
✆ (225) 342-8119 oder 1-800-677-4082
Fax (225) 342-8390
www.louisianatravel.com

Baton Rouge Area Convention & Visitors Bureau
730 North Blvd.
Baton Rouge, LA 70802
✆ (225) 383-1825 oder 1-800-527-6843
Fax (225) 346-1253
www.visitbatonrouge.com
www.bracvb.com

LSU Rural Life Museum
4600 Essen Lane (Exit 160 von I-10), Baton Rouge, LA 70898
✆ (225) 765-2437
www.rurallife.lsu.edu
Tägl. 8.30–17 Uhr
Das von der staatlichen Universität (LSU) geführte Institut widmet sich der Kulturgeschichte des ländlichen Louisiana: Geräte, historische Bauten, Schiffe, Eselskarren etc. Eintritt $ 7/4.

Ralph & Kacoo's
6110 Bluebonnet Rd.
Baton Rouge, LA 70809
✆ (225) 766-2113
Regionale Küche, hauptsächlich Meeresfrüchte. Cocktail Lounge. Lunch ($) und Dinner. $-$$

Boutin's – A Cajun Music & Dining Experience
8322 Bluebonnet Blvd.
Baton Rouge, LA 70810
✆ (225) 819-9862
Beliebtes Cajun-Restaurant: Geflügel, Meeresfrüchte und Steaks. Spezialität *jambalaya* mit gebratenem Alligator. Cocktail Lounge. Oft Live-Musik. Lunch ($) und Dinner. $-$$

Juban's Restaurant
3739 Perkins Rd. (Acadiana Shopping Center)
Baton Rouge, LA 70808
✆ (225) 346-8422
Erstklassiges Bistro an einer Stelle, wo man so etwas nicht vermutet – am Parkplatz eines Supermarkts. Probieren Sie die Shrimp-Ravioli. Sa kein Lunch. So geschl. $$-$$$

Shotgun Houses
Im LSU Museum gibt es auch ein »shotgun house« zu besichtigen: ein im Süden allgemein verbreiteten Wohnhaustyp aus Holz, der so schmal gebaut ist, dass eine Gewehrkugel das Haus komplett durchschlagen kann.

Von Lafayette 15 Minuten auf Hwy. 94 nach Osten.

4 Breaux Bridge

Breaux Bridge besitzt eine originelle Backsteinkirche, deren Türme wie rote runde Mützen aussehen. Da jede zweite amerikanische Kleinstadt sich als Mittelpunkt der Welt fühlen möchte, hat sich Breaux Bridge auch etwas überlegt: »Crawfish Capital of the World«. Jedes Jahr im Mai wird dies auf einem Festival ausgelassen gefeiert.

Service & Tipps:

Bayou Teche Visitors Center
314 E. Bridge St.
Breaux Bridge LA 70517
✆ (337) 332-8500

Breaux Bridge Area Chamber of Commerce
314 E. Bridge St.
Breaux Bridge LA 70517
✆ (337) 332-5406 oder 1-888-565-5939
www.breauxbridgelive.com

Mulate's Cajun Restaurant
325 Mills Ave. (südlich I-10, Exit 109)
Breaux Bridge, LA 70517
✆ (337) 332-4648
Tägl. 11–22, So 11–13 Uhr
Eins der populärsten Cajun-Restaurants in Louisiana. Meeresfrüchte zu Fidel und Akkordeon. Leger und beliebt, manchmal etwas touristisch. Cajun- und Zydeco-Musik, abends Tanz. $–$$

Café des Amis
140 E. Bridge St.
Breaux Bridge LA 70517
✆ (337) 332-5273
Treff der *locals* zum Frühstück (Mi–So) und Abendessen (Mi–Sa). $–$$

Bayou Boudin & Cracklin
100 Mills Ave. (Bayou Teche, Hwy. 94)
Breaux Bridge, LA 70517-0003
✆ (337) 332-6158
www.bayoucabins.com
Restaurant mit Cajun-Spezialitäten, z.B. *boudin* (Wurst mit Reisfüllung), Mo geschl. $–$$

5 Burnside

Auf ehemaligem Land der Houmas-Indianer errichtete 1840 John Burnside, der »Zuckerprinz von Louisiana«, sein Haus auf der größten Zuckerrohrplantage des Staates. Es ist die eigentliche Attraktion in Burnside.

Service & Tipps:

Houmas House Plantation & Gardens
40136 River Rd. (SR 942)
Darrow, LA 70725-2302
✆ (504) 891-9494
Fax (504) 897-3951
www.houmashouse.com
Führungen tägl. 9–17 Uhr
Stattlicher Landsitz mit Belvedere *(cupola)*. Filmkulisse für »Hush, Hush, Sweet Charlotte«, den legendären Film mit Bette Davis und Joseph Cotton. Houmas House war nur eine von 12 Pflanzungen und 3 000 Sklaven, die John Burnside gehörten. Nach seinem Tod 1881 setzten die Nachfolger weiter auf Zuckerrohr, doch um die Jahrhundertwende wurde das Land verkauft und die Häuser verkamen. Seit 1940 befindet sich die Villa wieder in Privatbesitz und nähert sich seither ihrem Originalzustand von 1840.

Unter ihresgleichen nimmt sie eine Sonderstellung ein, denn die Inneneinrichtung ist weitgehend authentisch. Es lohnt sich also, der freundli-

Hausputz im Houmas House, Burnside

chen Einladung der verkleideten Schönen mit den rosa Bäckchen, den *Southern Belles*, zu folgen.

Verbunden durch kunstvoll angelegte Treppen, entfaltet sich der innere Reichtum des Hauses auf Schritt und Tritt. Da gibt es wahre Museumsstücke früher lokaler Handwerkskunst zu sehen, unter anderem eine bemerkenswerte Sammlung hölzerner Kleiderständer. Aufschlussreich sind außer den diversen Zimmern auch der Musikraum, die Bibliothek und die noch komplett ausgestattete koloniale Küche mit ihrem Messing- und Kupferhausrat, ein Arbeitsplatz, der sogar noch in Betrieb ist.

In den vorzüglich gepflegten Gärten sorgen Magnolienbäume, Oliven, Eichen und Azaleen für Abwechslung. Eine kleine Rarität bilden die hübschen Garçonnièren, sechseckig gemauerte Gasthäuschen für Besucher und Durchreisende, die einst mit Pferd oder Boot in Houmas Station machten. Eintritt $ 20.

The Cabin Restaurant
Kreuzung Hwy. 44 & 22
Burnside, LA 70738
✆ (255) 473-3007
www.thecabinrestaurant.com
Restaurant in historischer Sklavenhütte einer ehemaligen Plantage. Innen kann man die originale Zedernholzdecke noch sehen und auch, wie früher Wände isoliert wurden (mit Lagen von Zeitungen, die mit Mehlpampe geklebt wurden).

Früher kochte man, wie allgemein üblich im Süden, draußen, heute drinnen: *gumbo, catfish, crab, po-boys.* Eistee oder Bier werden in großen Marmeladengläsern serviert. Lunch und Dinner. Cocktails. $

»Hush, Hush, Sweet Charlotte«
Eine Leserin berichtet von einer Tour durch das Houmas House: »Wir hatten Glück und bekamen eine wunderbar intensive Führung mit allerlei Geschichten und sogar Gesang ...«

6 Eunice

Fruchtbarer Boden lockte die Akadier, sich hier gegen Ende des 19. Jahrhunderts niederzulassen. Noch heute spürt man in der Kleinstadt (11 500 Einwohner) ihren französischen Einfluss.

Service & Tipps:

Eunice Tourist Information Center
200 S. C.C. Duson Dr.
Eunice, LA 70535
✆ (337) 457-2565
Alle Informationen.

Cajun Music Hall of Fame and Museum
240 S. C.C. Duson Dr.
Eunice, LA 70535
✆ (337) 457-6534, im Sommer Di–Sa 9–17, sonst 8.30–16.30 Uhr
Bewahrt die Erinnerungen an die Cajun-Musik und ihre Musiker.

REGION 8
Louisiana

Louisiana zählt zu den fischreichsten Staaten der USA

7 Franklin

Dass die Altstadt von Franklin, die Zucker-(Raffinerie)-und-Salz-(Abbau)-Stadt mit 8 500 Einwohnern, wie ein Bilderbuch der Südstaatenarchitektur wirkt, merkt man bei einem Bummel über die **Main Street**. Die gute Verfassung verdankt der nach Benjamin Franklin benannte Ort der Tatsache, dass die Yankees so von ihr beeindruckt waren, dass sie die Stadt im Bürgerkrieg verschonten.

Service & Tipps:

Cajun Coast Visitors & Convention Bureau
15307 Hwy. 90 W. Frontage Rd.
Franklin, LA 70538
✆ (337) 828-2555
oder 1-800-256-2931
www.cajuncoast.com

Oaklawn Manor
Exit 3211 von US 90 auf SR 182
✆ (337) 828-0434, tägl. 10–16 Uhr
Die wehrhafte Greek-Revival-Villa von 1837 lag auf einer der ersten Zuckerplantagen Louisianas. Erlesene Audubon-Grafiken schmücken das Interieur, schöne Gärten seine Umgebung. Eintritt $ 6/4.

8 Grand Coteau

Der kleine Ort ist eine richtige ästhetische Freude, ein hübscher Ort mit alten vermoosten Eichen, kreolischen Cottages und stillen Enklaven – Schulen und Seminarien, die von alters her der inneren und praktischen Weiterbildung dienen. Gleich neben dem schönen Holzbau der Church of St. Charles tagen mitunter die Jesuiten in ihrem Kolleg, und das Schild BITTE NICHT STÖREN lässt die Intensität ihres Trainingsprogramms ahnen. Um die Ecke liegt die weithin gerühmte **Academy of the Sacred Heart**, ein altehrwürdiges katholisches Mädchenpensionat mit einer hinreißenden Eichenallee.

Service & Tipps:

Academy of the Sacred Heart
1821 Academy Rd.
Grand Coteau, LA 70541
✆ (337) 662-5275, Führungen Mo–Fr
1821 gegründet und damit die zweitälteste Schule westlich des Mississippi. Mit schönen Gartenanlagen. Eintritt $ 5.

Catahoula's A Restaurant
234 Martin Luther King Dr.
Grand Coteau, LA 70541
✆ (337) 662-2275
Ungewöhnlich schmackhafte New Orleans Küche. Lunch ($) und Dinner. Cockails. Mo geschl. $$

Chretien Point Plantation
665 Chretien Point Rd. (16 km

nördl. von Lafayette)
Sunset, LA 70584
✆ (337) 662-5876 oder 1-800-880-7050
Fax (337) 662-5876
Touren tägl. 10–17 Uhr
Elegant ausgestattetes Plantagenhaus von 1831, das einst von der Baumwolle, heute (als B&B) von Übernachtungsgästen lebt. Das Treppenhaus wurde für »Vom Winde verweht« nachgebildet.
Führungen $ 6.50.

9 Houma

Houma (32 500 Einwohner) gehört zur Terrebonne Parish, die vor allem wegen ihres Austern- und Krabbenreichtums bekannt ist. Das wundert nicht, wenn man weiß, dass neben einem Kanal und dem Intracoastal Waterway hier sieben Bayous zusammenfließen. Reichlich Wasser also, dementsprechend auch jede Menge Brücken (über 50) und Ausgangspunkte für **Bootstouren in die Swamps**.

Service & Tipps:

Houma-Terrebonne Parish Tourist Commission
1702 S. St. Charles
Houma, LA 70361
✆ (985) 868-2732 oder 1-800-688-2732

Houma Area Convention and Visitors Bureau
114 Tourist Dr.
Gray, LA 70359
✆ (985) 868-2732 oder 1-800-688-2732
www.houmatourism.com

A Cajun Man's Swamp Cruise
10 Meilen westl. von Houma via SR 182, Antill Lane
✆ (985) 868-4625
Abfahrt Di–Sa 10 und 14 Uhr
Zwei Stunden durch den Swamp. $ 15.

Dave's Cajun Kitchen
6240 W. Main St.
Houma, LA 70360
✆ (985) 868-3870
Beliebt und gemütlich: schmackhafte Cajun-Küche und Cocktails. So geschl. $–$$

10 Kraemer

In Kraemer, dem abgelegenen Cajun-Dorf, sitzen die Frauen auf den Veranden oder vor dem Haus und schwatzen. Jedes Mal, wenn Fremde vorbeikommen, wechseln sie die Sprache, hören plötzlich auf, Englisch zu sprechen, und verfallen in ihr *Cajun*, einen akadischen Dialekt, der zum Teil auf altem Französisch beruht. Jedenfalls hatte Simone de Beauvoir bei ihrem Besuch nach dem Zweiten Weltkrieg hier alle Mühe, ihre »Landsleute« zu verstehen. In Kraemer starten Boote durch den **Bayou Lafourche**, der ein wenig Amazonas-Dschungel vor die Haustür bringt – durch die Vegetation, die Schwüle, die unbändigen Lianen und das satte Grün der Zypressenkronen. Kein Wunder, dass hier die ersten Tarzanfilme gedreht wurden. Der Bayou liegt inmitten reicher Jagdgründe. Die gut getarnten Schlangen, Schildkröten und Alligatoren kann man vom Boot aus sehen. Den Rest meist nicht: Biber, Nerze, Waschbären und Otter.

Service & Tipps:

Torres' Cajun Swamp Tours
101 Torres Rd. (SR 307)
Thibodeaux, LA 70301
✆ (985) 633-7739, Fax (985) 633-7737
Tägl. 9–18 Uhr
Durch den Bayou Lafourche mit erfahrenem Trapper. (Anfahrt von New Orleans: über die Brücke US 90 nach Westen über Boutte, Des Allemands, LA 307 rechts nach Kraemer.)
Fahrtdauer: 1 gute Std., Preis: $ 10/5.

Zam's Bayou Swamp Tours & Restaurant
135 Kraemer Bayou Rd.
Thibodeaux, LA 70301
✆ (985) 633-7881
Täglich Touren in die Sümpfe.

Terrebonne Parish heißt in der Sprache der Cajuns »God's Country« – wegen der wild wachsenden Orchideen in den Swamps und des Reichtums an Wildvögeln und Fischen. Die Hauptstadt Houma schmückt sich wegen ihrer zahlreichen Wasserstraßen mit dem Titel »Venice of America«. Fischfabriken und Ölindustrie tun dem Stolz keinen Abbruch.

⑪ Lafayette

Lafayette, das bis zur Ankunft der Eisenbahn in den 1880er Jahren Vermilionville hieß und noch am gleichnamigen Bayou liegt, ist heute mit seinen knapp 100 000 Einwohnern das Zentrum des *Cajun Country* und seiner Öl-Industrie. Bei der Ankunft machen sich freilich erst einmal *Nowhere*-Gefühle breit. Das liegt daran, dass die Stadt trotz ihres Slogans »The Capital of French Louisiana« typisch amerikanisch ist, also beherrscht vom Prinzip des *urban sprawl*, durch den alles auf eine dezentralisierte Mall rausläuft und nicht auf ein vitales Zentrum. Daran ändert auch die Tatsache nichts, dass die meisten Straßen der Innenstadt nicht nach dem *grid system* gebaut sind, sondern mehr oder weniger krumm. Und verschiedene Abschnitte derselben Straße tragen auch noch verschiedene Namen.

Die alte Hauptstraße in Lafayette heißt Rue Jefferson und sie führt natürlich vorbei am neuromanisch, eigenwillig-filigranen Backsteinbau der **St. John's Cathedral**, ihrem hübschen Friedhof und ihrer uralten Eiche. Sonntags, wenn Downtown im Tiefschlaf ruht, ist dies der einzige Ort, an dem was los ist. Um die Ecke, im **Alexandre Mouton House**, liegt das kleine Lafayette Museum. Ansprechend zeigt sich auch die gegliederte Fassade der Old City Hall, in der heute das Center for French Studies untergebracht ist. Wen die akadische Siedlungs- und Kulturgeschichte interessiert, der hat die Qual der Wahl, denn es gibt gleich drei Stellen, wo man einiges dazu erfährt: das Jean Lafitte Acadian Cultural Center, das nachgebaute Vermilionville oder das Acadian Village.

Service & Tipps:

Lafayette Convention & Visitors Bureau
1400 N. W. Evangeline Thruway (zwischen Cameron & Willow)
Lafayette, LA 70501
✆ (337) 232-3737 oder 1-800-346-1958
www.lafayettetravel.com
Mo–Fr 8.30–17, Sa/So 9–17 Uhr

Jean Lafitte Acadian Cultural Center
501 Fisher Rd.
Lafayette, LA 70508
✆ (337) 232-0789
Tägl. 8–17 Uhr
Ausstellung und Filme dokumentieren die Besiedlungsgeschichte der Akadier in den Prärien, Bayous und Marschen von Süd-Louisiana. Eintritt kostenlos.

Alexandre Mouton House
1122 Lafayette St.
Lafayette, LA 70501-6838
✆ (337) 234-2208
Di–Sa 9–16.30, So 13–16 Uhr
In diesem Haus mit ansehnlicher Cupola ist das Lafayette Museum untergebracht. Seine Baugeschichte reicht bis ins Jahr 1800 zurück, als Jean Mouton, der Gründer von Lafayette, sich hier als einer der ersten Siedler im Westen Louisianas niederließ. Sein Sohn Alexandre wurde der erste demokratische Gouverneur des Staates. Eintritt $ 3.

Acadian Village
200 Greenleaf Rd. (LA 342)
Lafayette, LA 70506
✆ (337) 981-2364 oder
✆ 1-800-962-9133
www.acadianvillage.org
Tägl. 10–17 Uhr
Das nachgebaute Bayou-Dorf erinnert an das Leben der Akadier im frühen 19. Jh. in Louisiana. Das ebenfalls hier befindliche Mississippi Valley Museum verfolgt die Geschichte bis in indianische Zeiten zurück. (Johnston St. stadtauswärts, an W. Broussard Rd. rechts, den Schildern folgen.) Eintritt $ 5.50/2.

Vermilionville
300 Fisher Rd.
Lafayette, LA 70508
✆ (337) 233-4077 oder
✆ 1-866-992-2968
www.vermilionville.org
Di–So 10–16 Uhr
Replikate, aber auch einige Originalbauten, die die akadische und Cajun-Kultur der Jahre 1765–1890 nachstel-

len, während kostümierte Künstler und Handwerker für historisches Entertainment sorgen. Eintritt $ 8.

Cathedral of St. John the Evangelist
914 St. John St.
Lafayette, LA 70501-6710
✆ (337) 232-1322
Niederländisch filigrane Backsteinkirche, 1913–16, Sitz der Diözese Lafayette. Die mächtige Eiche nebenan ist älter: über 500 Jahre. Auf dem schönen alten Friedhof liegen neben zahlreichen Gründervätern der Stadt auch zwei Bürgerkriegsgeneräle.

Randol's Restaurant & Cajun Dancehall
2320 Kaliste Saloom Rd.
Lafayette, LA 70508
✆ (337) 981-7080
Herzhaftes Essen und gute Cajun-Musik in einer lebhaften und deftigen Holzscheune. Karierte Plastiktischdecken bilden die Grundlage für Hummerklopfer und Krabbenpuler. Stärken der Speisekarte: *Seafood* und *Voodoo Chicken*. Während Babys, unrasierte Gesichter mit Baseball-Kappen, Großfamilien, Senioren und junge Pärchen munter futtern, wiegen sich im *Salle de danse* die louisianischen Herzen im Dreivierteltakt.
$–$$

Café Vermilionville
1304 W. Pinhook Rd.
Lafayette, LA 70503
✆ (337) 237-0100
Hervorragende Fischgerichte mit Cajun-Geschmack. Hübsches Häuschen. Lunch ($) und Dinner. So geschl. $$–$$$

Enola Prudhomme's Cajun Café
4676 N. E. Evangeline Thruway Service Rd. (ca. 11 km nördl. von Lafayette), Carencro, LA 70520-5228
✆ (318) 896-3646
Hier kocht Enola, die Schwester des berühmten Küchenchefs aus New Orleans, Paul Prudhomme, und Kochbuchautorin – beste Cajun-Gerichte wie *shrimp etouffé*, Reibekuchen aus süßen Kartoffeln. So/Mo geschl. $–$$

12 Lake Charles

Franzosen gründeten diese heutige Industrie- und Hafenstadt. In jüngster Zeit sollen die Casinobauten (z.B. Harrah's oder Isle of Capri) vor allem texanisches Geld in die Stadt locken.

Service & Tipps:

Southwest Louisiana/Lake Charles Convention & Visitors Bureau
1205 N. Lakeshore Dr.
Lake Charles, LA 70601
✆ (337) 436-9588 und 1-800-456-7952
Fax (337) 494-7952
www.visitlakecharles.org

La Truffe Sauvage
815 Bayou Pines W.
Lake Charles, LA 70601
✆ (337) 439-8364
Edles Speiselokal mit ungewöhnlichen Geschmackskombinationen mediterraner und louisianischer Herkunft.
Lunch ($$) und Dinner. Mo geschl.
$$–$$$

13 Morgan City

Zwei Ereignisse pointieren die Stadtgeschichte von Morgan City am Atchafalaya River: eine erfolgreiche Ölbohrung 1947 (sie verdrängte die Jumbo-Shrimp-Industrie) und der erste »Tarzan«-Film, der hier 1917 gedreht wurde.

Rezept:
Cajun Jambalaya (für 4–6 Personen)
Zutaten:
125 g in Scheiben geschnittener Schinkenspeck
1/2 Tasse klein gehackte Zwiebeln
2 mittelgroße grüne Paprikaschoten (gewürfelt)
1 Tasse roher Reis
1 Teelöffel klein gehackter Knoblauch
1 gutes Pfund gehäutete Tomaten (wahlweise eine große Dose Tomaten)
1/2 Teelöffel getrockneter Thymian
1 1/2–2 Tassen gekochtes Hühnerfleisch (zerkleinert)
250 g geräucherte Wurst (in Scheiben geschnitten)
1 Pfund rohe, geschälte Shrimps
2 Teelöffel frische Petersilie (gehackt)
Salz, Tabasco (ca. 1/2 Teelöffel) oder Cayennepfeffer Wasser nach Bedarf

Zubereitung:
Speck in einer Kasserolle auslassen; Wurst und Paprika anbraten (nicht zu braun). Tomaten, Zwiebeln, Knoblauch hinzugeben und zum Kochen bringen. Danach Reis und alle übrigen Zutaten (außer Petersilie) hinzufügen. Bei schwacher Hitze ca. 30 Minuten köcheln lassen (bis der Reis gar ist). Vor dem Anrichten Petersilie dazugeben.

Service & Tipps:

Morgan City Information Center
727 Myrtle St.
Morgan City, LA 70380
✆ (985) 384-3343, tägl. 8–17 Uhr

Manny's Family Restaurant
7027 Hwy. 90 E.
Morgan City, LA 70380
✆ (985) 384-2359
Die angebotene Hausmannskost wird mit frischen Zutaten zubereitet. Lunch und Dinner. $$$

⓮ Napoleonville

Zwei Meilen südlich des 700-Seelen-Örtchens liegt die prächtige

Madewood Plantation
4250 Hwy. 308 (Bayou Lafourche)
Napoleonville, LA 70390
✆ (985) 369-7151
www.madewood.com, tägl. 10–16 Uhr

Opulente *Greek Revival Mansion* von 1846 – mit einem seltenen Spiegel aus Meißen. Eintritt $ 8 für geführte Touren. Auch Dinner in entspannter Atmosphäre.

Madewood Plantation

⓯ Natchitoches

Im Jahre 1714 als französischer Handelposten gegründet, ist Natchitoches (18 000 Einwohner) heute die älteste europäische Siedlung, die durch den »Louisiana Purchase«, den gigantischen Landkauf von Thomas Jefferson, 1803 an die USA fiel. Ihr Name stammt von Caddo-Indianern, aber man schert sich wenig um seine komplizierte Schreibweise, man spricht ihn einfach »NÄK-a-tish« aus.

Zwischen dem 18. und 19. Jahrhundert war Natchitoches eine bedeutende Handelsstadt. Doch als der Cane River 1825 völlig unerwartet aufgrund diverser Überschwemmungen sein Bett um fünf Meilen weiter östlich verlegte, blieb der Hafenstadt nur noch ein See. Und das ausgerechnet im Zeitalter der Dampfschiffe! Bis dahin stellte der Fluss die lebenswichtige Schiffsverbindung zum Golf von Mexiko her: Er floss in den Red River und dieser in den Mississippi.

Seine Mischung aus *Southern Comfort* und kreolischem Charme hat das Städtchen bewahrt – als eine Art französisch geprägtes Fossil. Nirgendwo merkt man das besser als bei einem Bummel über die Front Street in der Altstadt, die parallel zum attraktiven Cane River Lake verläuft. Die eisernen Balkongitter erinnern an New Orleans. Das handwerklich vielleicht gelungenste schmiedeeiserne Beispiel ist eine verzierte Wendeltreppe im Hof von **Luckey's Store** im 700er Block.

Wo man heute am Seeufer im Schatten mächtiger Eichen sitzen kann, standen früher die Werften. Heute klappern im Sommer die Pferdehufe der Kutschen über die mit Klinker gepflasterten Straßen unter dem Spanischen Moos der Eichen. Viele der historischen Häuser dienen inzwischen als Bed & Breakfast Inns oder Boutiquen. Verständlich, dass sich das pittoreske Städtchen wiederholt als Kulisse für Hollywoodfilme anbot. Zu den Highlights gehören der alte Kramladen **Kaffie-Frederick General Mercantile** (758 Front St.) sowie der alte **Friedhof** (American Cemetery) an der Second Street.

Service & Tipps:

Natchitoches Parish Tourist Commission
781 Front St., Natchitoches, LA 71457
✆ (318) 352-8072 oder 1-800-259-1714
www.historicnatchitoches.com

Old Courthouse Museum
600 2nd St.
Natchitoches, LA 71457
✆ (318) 357-2270, Mo–Sa 9–17 Uhr
Heimatmuseum. Oft Sonderausstellungen zu regionalen Themen. Eintritt $ 3/0.

Fort St. Jean Baptiste State Historic Site
130 Moreau St.
Natchitoches, LA 71457
✆ (318) 357-3101 oder 1-888-677-7853
Tägl. 9–17 Uhr
Rekonstruktion des französischen Forts und Trading Post von 1732. Eintritt $ 2.

Mariner's Restaurant
5948 Hwy. 1 Bypass
Natchitoches, LA 71457
✆ (318) 357-1220
www.marinersrestaurant.com
Mitten im Wasser: beliebtes Familienrestaurant mit Cajun-Küche und Seeblick. Steaks und Meeresfrüchte dominieren den Speisezettel. Cocktail Lounge. Lunch ($) und Dinner. $–$$

Lasyone's Meat Pie Kitchen & Restaurant
622 2nd St.
Natchitoches, LA 71457-4622
✆ (318) 352-3353
Lange schon berühmt für seine saftigen, mit Fleisch gefüllten Teigwaren, die nach einem alten Rezept hergestellt werden, – neben anderen regionalen Gerichten. Dinner bis 19 Uhr. Keine Kreditkarten. So geschl. $–$$

The Landing Restaurant & Bar
530 Front St.
Natchitoches, LA 71457
✆ (318) 352-1579
Munteres Bistro: regionale amerikanische Küche in der Altstadt. Cocktails, Lunch ($) und Dinner. Mo geschl. $–$$

Merci Beaucoup
127 Church St.
Natchitoches, LA 71457
✆ (318) 352-6634
Cajun- und kreolische Gerichte, die auch draußen serviert werden. Zahlreiche Weine, Lunch und Dinner. $

Ausflugstipp:

Melrose Plantation
CR 493/CR 119
Melrose, LA 71452
✆ (318) 379-0055 oder 1-800-259-1714
Tägl. 12–16 Uhr
Die Plantage am Cane River besteht aus 8 restaurierten Gebäuden (z.B. Yucca House von 1796, das African House von 1800 oder Big House von 1833). William Faulkner und John Steinbeck zählten einst zu den Gästen des Hauses. Eintritt $ 6/4.

Marie Therese Coin-Coin aus dem Kongo war Sklavin bei St. Denis. Mit seinem Tod wurde sie frei und bekam das Land von der französischen Krone. Geschäftstüchtig baute sie später mit ihrer Familie das Herrenhaus Melrose.

⑯ New Iberia

In dem 1779 von spanischen Siedlern gegründeten und von den aus Nova Scotia geflohenen französischen Akadiern besiedelten New Iberia (33 000 Einwohner) wirft eine der elegantesten Villen des Südens ihren Schatten auf den Bayou: **Shadows-on-the-Teche**, seit 1830 Wohnsitz eines Zuckerbarons. Daher der Beiname »Zuckerschüssel« *(sugar bowl)* für die Region um den Bayou Teche. »Teche« heißt in der Sprache der Indianer »Schlange«.

Romantisch gelegenes Herrenhaus: Shadows-on-the-Teche

Service & Tipps:

Iberia Parish Convention & Visitors Bureau
2513 Hwy. 14
New Iberia, LA 70560
✆ (337) 365-1540 oder 1-888-942-3742
Fax (337) 367-3791
www.iberiaparish.com
Tägl. 9–17 Uhr

Shadows-on-the-Teche
317 E. Main St. (SR 182)
New Iberia, LA 70560
✆ (337) 369-6446
Touren tägl. 9–16.30 Uhr
Traumhaus von 1834 in romantischer Lage am Bayou. Eintritt $ 7.

Lagniappe Too Café
204 E. Main St.
New Iberia, LA 70560
✆ (318) 365-9419
Traditionelle heimische Küche, nette Atmosphäre. Lunch Mo–Fr, Dinner Fr/Sa. So geschl. $

⑰ Opelousas

Die nach den Opelousas-Indianern (in ihrer Sprache heißt *Opelousas* »Schwarzbein«) benannte und 1720 als Trading Post gegründete Stadt (Einwohner: 20 000) ist vor allem stolz auf ihren bekanntesten Sohn: auf Jim Bowie, Erfinder des nach ihm benannten Messers, der nach Texas ging, nachdem seine Familie durch eine Cholera-Epidemie ums Leben kam und der im Kampf um The Alamo 1836 starb. Das zweite besondere Kennzeichen Opelousas ist seine Verbundenheit mit der Tradition der **Zydeco-Musik**. Prompt hat man daraus einen werbeträchtigen Spitznamen für die Stadt geformt: »Zydeco Capital of the World«.

Service & Tipps:

Opelousas Tourist Information Center
828 E. Landry St.
Opelousas, LA 70570
✆ (337) 948-6263 oder 1-800-424-5442

Opelousas Museum & Interpretive Center
315 N. Main St.
Opelousas, LA 70570-6201
✆ (337) 948-2589, Mo–Sa 9–17 Uhr
Heimatmuseum der einstigen Hauptstadt des konföderierten Lousiana: Dokumente der Ur- und Früh-, Landwirtschafts-, Kultur- und Bürgerkriegsgeschichte, außerdem eine eindrucksvolle Puppensammlung. Eintritt kostenlos.

Palace Cafe
167 W. Landry St.
Opelousas, LA 70570
✆ (337) 942-2142
Alteingesessener Diner und Coffee Shop. $

Feiern/Feste
Anfang September steigt in Opelousas das Southwest Louisiana-Zydeco-Music-Festival.

18 Reserve

5 km flussaufwärts liegt die

San Francisco Plantation
Hwy. 44 (River Rd.)
Garyville, LA 70051
✆ (504) 535-2341 oder 1-888-322-1756
Fax (504) 535-5450
www.sanfranciscoplantation.org
März–Okt. tägl. 9.30–16.30, sonst 10–16 Uhr
Authentisch restauriertes Herrenhaus von 1856. Eintritt $ 10/3.

19 Saint Francisville

40 km nördlich von Baton Rouge auf US 61.

In Saint Francisville lebte im 19. Jahrhundert beinahe die Hälfte aller US-Millionäre. Die Kleinstadt mit knapp 2 000 Einwohnern, lang gezogen und äußerst schmal, hat ein paar historische Leckerbissen zu bieten, die sich mühelos zu Fuß erschließen lassen. Und die schönen Gärten der nahe gelegene **Plantage Rosedown** sind etwas ganz Besonderes.

Service & Tipps:

West Feliciana Parish Tourist Commission
11757 Ferdinand St. (Hauptstraße & Hwy. 10)
Saint Francisville, LA 70775
✆ (225) 635-6769 oder 1-800-789-4221
www.stfrancisville.org
Mo–Sa 9–16, So 13–16 Uhr
Freundliche alte Damen stehen Rede und Antwort zum historischen Saint Francisville.

Rosedown Plantation and Historic Garden
12501 Hwy. 10 (800 m östl. US 61)
Saint Francisville, LA 70775
✆ (225) 635-3332 oder 1-888-376-1867
Tägl. 9–17, Nov.–Feb. 10–16 Uhr
Vorzüglich restauriertes Bauensemble von 1835 mit klassizistischem Herrenhaus, separatem Wohntrakt, Küchenhaus etc. und nach Versailler Vorbild angelegten (schattigen) Gärten. Bald nach seiner Fertigstellung stieg das Anwesen zum gesellschaftlichen Mittelpunkt der riesigen Baumwollplantage von Mr. und Mrs. Turnbull auf. In den 1840er Jahren machte sich Rosedown einen Namen wegen seiner üppigen Gala-Dinners, Hochzeitsfeiern, Bälle und Jagdausritte. Schiffe brachten die rohen Stoffe nach New Orleans und kehrten mit feinen Sachen zurück: mit kostbaren

Möbeln und Kunstwerken, eleganten Wandtapeten aus Paris, Silber- und Marmorstatuen aus Italien. Gleichzeitig lebte das kunstsinnige Pflanzer-Ehepaar seine Sammelleidenschaft gleich vor Ort aus, in Europa, wo man neben den (vor allem transportablen) schönen Künsten die Gärten von Versailles, Italien und England bewunderte. Die Folge war, dass die Gartenbaukunst der Alten Welt auch in der Zypressenwildnis des Mississippi zur Blüte kam – im französischen Stil des 17. Jh. Wer heute den Garten durchstreift, kann sich je nach Jahreszeit an den blühenden Nachkommen jener Kamelien und Azaleen erfreuen, die seinerzeit als erste Exemplare importiert wurden. Eintritt $ 10/4.

Magnolia Cafe
5687 E. Commerce St.
Saint Francisville, LA 70775
✆ (225) 635-6528
Nett, einfach und beliebt: Pizza, Salat und Südstaaten-Snacks. $

20 Saint Martinville

Saint Martinville (7 000 Einwohner) hält sich zugute, der Schauplatz von Romeo und Julia der Südstaaten zu sein, denn hier steht (am Ende von Port Street) eine malerische Eiche, die **Evangeline Oak**. Darunter traf in Longfellows Gedicht »Evangeline« die literarische Heldin ihren Liebhaber wieder, nachdem beide in Nova Scotia getrennt worden waren. Eine zutiefst romantische Sache also. Sie macht denn auch den Baum zu den meistfotografierten in den USA. Außerdem besitzt der kleine Ort einen reizvollen zentralen Square.

Service & Tipps:

Saint Martinville Tourist Information Center
215 Evangeline Blvd.
Saint Martinville, LA 70582
✆ (337) 394-2233, Fax (337) 394-2244

Longfellow-Evangeline State Historic Site
1200 N. Main St. (LA 31, am Bayou Teche)
Saint Martinville, LA 70582
✆ (337) 394-3754 oder 1-888-677-2900
Tägl. 9–17 Uhr
Museum, das die Siedlungsgeschichte der Akadier am Bayou Teche erzählt und einige historische Gebäude (wie das Maison Olivier) mit den typischen Baustoffen im schattigen parkähnlichen Garten platziert hat: Zypressenstämme, zusammengehalten von einer Mischung aus Spanischem Moos, Lehm *(moss and mud)* und Ziegel. Eintritt: $ 2.

La Place d'Evangeline
220 Evangeline Blvd. (Old Castillo Hotel)
Saint Martinville, LA 70582
✆ (337) 394-4010
Würzige Cajun-Küche in historischem Gebäude am Bayou Teche. Lunch ($) und Dinner. $–$$

Die Romero Brothers spielen in Saint Martinville, Louisiana

21 Shreveport

Viele Planwagen, die während der amerikanischen Westwärtsbewegung unterwegs waren, zogen durch Shreveport. Und zwar genau dort, wo heute Texas Street und Texas Avenue verlaufen. Der Name des Wanderpfads: *Old Texas Trail*. Auch das Gangsterpärchen Bonny und Clyde sind in die Stadtgeschichte eingegangen, nachdem sie 1934 von Texas Rangern in einen Hinterhalt gelockt und erschossen wurden, östlich von Shreveport beim Ambrose Mountain.

Der **Red River** war länger als andere Wasserläufe im Süden unbefahrbar, was die Entwicklung dieses Gebiets beträchtlich hemmte. Seine Wasseroberfläche war völlig mit Baumstämmen zugedeckt, die über 165 Meilen von Arkansas bis südlich von Campti alles blockierten. An vielen Stellen konnte man sogar trockenen Fußes über den Fluss gelangen. Daraufhin wurde 1833 Captain Henry Miller Shreve von der Regierung beauftragt, den Holzstau, den man das »große Floß« nannte, abzuräumen. Der Captain erfand ein eigenes Boot für diese Aufgabe, das *snag boat*. Fünf Jahre lang »schnappte« es auch zu und fischte die Baumstämme aus dem Wasser. Aus Dankbarkeit benannte man die Stadt nach dem erfolgreichen Captain.

Heute gilt Shreveport (200 000 Einwohner), zusammen mit seiner Schwesterstadt Bossier City, als ein kulturelles Zentrum im Norden Louisianas, zu dessen Finanzierung nicht zuletzt die Spielbanken auf dem Fluss beitragen.

Service & Tipps:

Shreveport-Bossier Convention & Vistors Bureau
629 Spring St., Shreveport, LA 71166
✆ (318) 222-9391 oder 1-800-551-8682
www.shreveport-bossier.org

R. W. Norton Art Gallery
4747 Creswell Ave., Shreveport, LA 71106-1801, ✆ (318) 865-4201
Di–Fr 10–17, Sa/So 13–17 Uhr
Neben europäischen und amerikanischen Tafelbildern, Plastiken und angewandter Kunst sowie flämischen Tapeten vor allem bedeutende Western Art von Frederic Remington und Charles M. Russell. Eintritt kostenlos.

Don's Seafood & Steak House
3100 Highland Ave., Shreveport, LA 71104, ✆ (318) 865-4291
Würzige Cajun-Küche, Meeresfrüchte und Steaks, familiäre Atmosphäre. Lunch ($) und Dinner. Cocktail Lounge. $$

22 Thibodaux

Trotz der hiesigen Vorkommen an Öl und Erdgas lebt Thibodaux (gesprochen: TIP-o-dou) in erster Linie vom Zuckerrohr.

Service & Tipps:

Lafourche Parish Tourist Commission
4484 SR 1, Raceland, LA 70394
✆ (985) 537-5800 oder 1-877-537-5800
www.lafourche-tourism.org

Flanagan's Creative Food & Drink
1111 Audubon Dr., Thibodaux, LA 70301, ✆ (985) 447-7771
Gehobenes amerikanisches Grillrestaurant mit Cajun-Touch. Große Auswahl, freundlicher Service. Cocktail Lounge. Lunch ($) und Dinner. $–$$

Maisbrot, »hot bisquits«, »catfish« und »hush puppies«, »pecan pie« mit Kaffee und »beans-and-greens« als Gemüse-Dinner: Das sind die Spezialitäten von Nord-Louisiana.

Shreveport und Bossier City am Ufer des Red River gelten als Vertreter des »anderen« Louisiana, d. h. als Finanz-, Kultur- und historische Zentren des nordwestlichen Landesteils. Besucher, die aus dem südlichen Flachland hierher kommen, treffen auf eine hügelige Landschaft mit hoch gewachsenen Nadelbäumen. Der Kalender der gesellschaftlichen Ereignisse ist gewöhnlich reich gespickt: Pferderennen, Paraden, Kunstmarkt und Country-Music- Events.

Texaco Country: Louisiana strotzt vor ölverarbeitender Industrie

23 Vacherie

Der kleine Ort wurde, anders als sein Name erwarten lässt, am Anfang des 18. Jahrhunderts von deutschen Siedlern gegründet, ihnen folgten später Akadier.

Service & Tipps:

Oak Alley Plantation
3645 LA Hwy. 18
Vacherie, LA 70090-7079
✆ (225) 265-2151 und 1-800-442-5539
www.oakalleyplantation.com
Führungen März–Okt. 9–17.30, sonst 9–17 Uhr
Herrenhaus mit klassizistischem Säulendekor von 1837–39 – *die* Ikone von Louisiana überhaupt! Auf geradezu märchenschlossartige Weise scheint der Baukörper mit einer herrlichen Eichenallee verwachsen zu sein. Daher konnte sich auch sein ursprünglicher Name (»Bon Sejour«) nicht halten. Er musste den grandiosen Eichen weichen.

Meist heißen landfrische Mädchen in Antebellum-Kostümen den Besucher wie Schneeweißchen und Rosenrot willkommen und laden zu einer Führung durchs Haus ein. Man kann aber auch entspannt durch den Garten laufen, vor allem durch das vielblättrige Längsschiff der Eichen, vorbei an Büschen und Bäumen, die das Jahr über verschieden blühen. Dogwood macht im Frühjahr den Anfang, dann folgen die Magnolien, im Herbst bleiben die weißen Blüten der Myrte übrig. Die Blütenfülle verdankt die Nachwelt Monsieur Jacques Telesphore Roman, dem reichen französischen Zuckerpflanzer, der sie für seine Frau inszenierte. Mit Präzision ließ er ihr diese Heimstatt bauen, denn die Anzahl der 28 dorischen Säulen korrespondiert exakt mit der Zahl der Eichen, die er bereits vorfand, weil ein unbekannter französischer Siedler sie schon im frühen 18. Jh. gepflanzt hatte. Das prächtige Anwesen überstand den Bürgerkrieg, nicht aber eine Auktion von 1866. Oak Alley verkam.

Für lange Zeit. Erst 1925 fand sich ein neuer Besitzer, dessen Angestellte noch heute hier tätig sind und die Gäste betreuen. An den Rändern des Besitztums kann man gut erkennen, wie säuberlich Oak Alley aus den sie umlagernden Zuckerrohrfeldern herausgeschnitten ist, deutlich getrennt von ihrem industriellen Pendant, der Zuckerfabrik von St. James. Eintritt $ 10/5.

Oak Alley Plantation bei Vacherie

24 White Castle

Einer der hinreißendsten Baukörper im Süden: Nottoway Plantation bei White Castle

Hier steht der wohl grandioseste Baukörper unter den Plantagenhäusern des Landes:

Nottoway Plantation
30970 LA 405, etwa 3 km nördl. von White Castle, LA 70788
© (225) 545-2730
Fax (225) 545-8632
www.nottoway.com
Tägl. 9–17 Uhr, Führungen
Größte Plantagenvilla des Südens von 1859. Sie genoss nach ihrer Fertigstellung den Ruf des »Weißen Schlosses von Louisiana«. Harmonisch eingebettet in einen Eichenhain, oberhalb eines soliden Souterrains und gestützt von rund zwei Dutzend viereckigen Holzsäulen aus Zypressenholz, wirkt das weiß getünchte Ziegelhaus rundum fast beschwingt, eine eklektische Mischung aus Stilelementen des Greek-Revival- und des Italianate-Stils.

Auch das Innenleben der 64 Räume schöpft aus dem Vollen. Ob Marmorverkleidungen, Gipsmedaillons, Kristalllüster oder Porzellan-Türgriffe aus Dresden – nirgendwo hat der Zuckerbaron John Randolphe bei der Ausstattung gespart.

Warum Nottoway den Bürgerkrieg unbeschadet überstand, erklärt eine Anekdote. Ein Kanonenboot-Offizier der Yankees ließ Gnade walten, weil er schon mal im Haus übernachtet hatte. Später verfiel die weiße Pracht am Mississippi wie die meisten ihrer Artgenossen.

Erst in den 1980er Jahren fiel sie einem Allround-Talent aus Bauunternehmer, Kunstfreund und Makler in die Hände, der sich darauf spezialisiert hatte, heruntergekommene Mansions sorgfältig instand zu setzen und anschließend wieder zu verkaufen. – Restaurant (Lunch; stilvolles Dinner in historischem Ambiente mit aufmerksamem Service tägl. 18–20.30 Uhr). Eintritt $ 10/4.

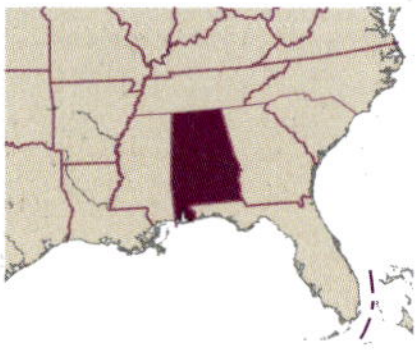

The Heart of Dixie

Alabama

Der »Goldammer-Staat« *(Yellowhammer)*, wie der Spitzname Alabamas lautet, gibt sich alle Mühe, es touristisch vielen recht zu machen: dem gestressten Stadtmenschen und dem Geschichtsfan, dem Sports- ebenso wie dem Architekturfreund (Eufaula, Selma). Von den Stränden der Golfküste bis zum Appalachengebirge und den Wasserflächen des Tennessee River im Norden (Lake Guntersville), von den mysteriösen Tempelhügeln aus grauer Vorzeit (Moundville) bis zum Skylab des Raumfahrtzeitalters (Huntsville) beheimatet Alabama so ziemlich alles, was zu einer Südstaatenreise gehört.

Das sind die pittoresken Baptistenkirchen, die alten Friedhöfe der ersten Siedler und späteren Bürgerkrieger, Baumwollfelder und blühende Azaleen, aber auch Brathähnchen im Stil des *down-home southern cooking* und jede Menge Shrimps – im oder auch ohne Schlafrock. Und natürlich die Antebellum-Paläste, wo verspiegelte Ballsäle die Kristalllüster reflektieren und der süßliche Duft der Magnolien durch die offenen Verandatüren weht. – P.S.: Alabama besitzt die weltweit größte Kette an Golfplätzen. 18 an der Zahl mit insgesamt 324 Löchern liegen auf der Strecke zwischen Huntsville und Mobile.

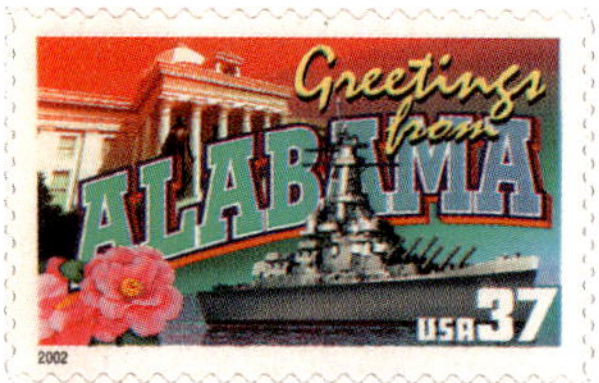

1 Birmingham

Birmingham mit fast 270 000 Einwohnern ist die größte Stadt Alabamas und zugleich auch eine seiner jüngsten. Seit ihrer Gründung 1871 mutierte sie sozusagen von Null auf Boom, zu einer blühenden Stahlstadt, denn Kohle, Eisen und Kalkstein gab es ringsum im Überfluss. So erwarb sich Birmingham für eine Zeit lang den Ruf eines Pittsburghs des Südens. Doch das Stahlgeschäft lief nach dem Zweiten Weltkrieg aus. Außerdem machten Rassenunruhen der Stadt seit den 60er Jahren zu schaffen. Heute sind die meisten Probleme der Vergangenheit gelöst. Die Industrie hat sich auf viele Branchen verteilt, vor allem auf das Gesundheitswesen, und die Verwaltung hat Repräsentanten der ethnischen Minderheiten integriert. Wer Zeit mitbringt, der sollte das beachtliche **Museum of Art** und die hübschen **Arlington Antebellum Home and Gardens** nicht auslassen.

Service & Tipps:

Birmingham Chamber of Commerce
2027 First Ave. N.
Birmingham, AL 35202
✆ (205) 323-5461
www.birminghamchamber.com

Greater Birmingham Convention & Visitors Bureau
2200 Ninth Ave. N.
Birmingham, AL 35203-1100
✆ (205) 458-8000 und 1-800-458-8085
Fax (205) 458-8086
www.birminghamal.org

Birmingham Museum of Art
2000 8th Ave. N.
Birmingham, AL 35203-2205
✆ (205) 254-2565, www.artsbma.org
Di–Sa 10–17, So 12–17 Uhr
Amerikanische und europäische Malerei, darunter auch die Sammlung Kress (Werke aus der Renaissance). Außerdem afrikanische und indiani-

N
HUNTSVILLE
Florence
Sheffield
Athens
Decatur
Corinth
Pickwick L.
Wilson L.
Wheeler L.
Bridgeport
Fort Robinette
Booneville
Leighton
Moulton
Hartselle
Russellville
Dismals Canyon
Red Bay
Guntersville
Arab
Cullman
Sequoyah Caverns
Fort Payne
Collinsville
Albertville
Tupelo
Hamilton
Natural Bridge
Haleyville
Lewis Smith L.
Garden City
Ave Maria Grotto
Gadsden
Amory
Sulligent
Winfield
FALL LINE HILLS
Jasper
Warrior
Springville
Anniston Army Depot
Anniston
Piedmont
Aberdeen
Fayette
BIRMINGHAM
Fairfield
Leeds
Pell City
Columbus
Reform
Bessemer
Homewood
Hoover
Cheaha Mtn.
2408
De Soto Caverns
Wedowee
Tuscaloosa
Aliceville
Alabaster
Childersburg
Sylacauga
Roanoke
Macon
Centreville
Mitchell L.
Alexander City
Horseshoe Bend National Military Park
Lanett
Eutaw
Magnolia Grove
Clanton
ALABAMA
Electric Mills
Marion
L. Martin
Auburn
Opelika
Livingston
Demopolis
Selma
Prattville
MONTGOMERY
Phenix City
COLUMBUS
Lauderdale
York
Browns
Cahawba Ruins
Tuskegee
Tuskegee Institute National Hist. Site
Seale
Meridian
Benton
Union Springs
W. "Bill" Dennelly Res.
Nanafalia
Butler
Camden
Fort Deposit
Pike Pioneer Museum
Troy
Midway
Eufaula
Thomasville
Greenville
Clayton
Shubuta
Pine Apple
Clio
Coffeeville
Luverne
Abbeville
Grove Hill
Waynesboro
Georgiana
Monroeville
Fort Rucker
Ozark
Jackson
Evergreen
Blakely
State Line
William Weatherford Monument
Opp
Enterprise
Dothan
Brewton
Hartford
Palestinian Gardens
Citronelle
Flomaton
Florala
Atmore
Lucedale
Bay Minette
McDavid
De Funiak Springs
Bonifay
Cottondale
Blue Springs
Saraland
Prichard
Wilmer
Marianna
MOBILE
Milton
Theodore
Gonzales
Fairhope
Eglin Air Force Base
Fort Walton Beach
Ebro
Bristol
Ocean Springs
Bellingrath Gardens and Home
Pensacola
Youngstown
Lynn Haven
Bayou la Batre
Mobile Bay
Warrington
Pascagoula
Fort Gaines
Santa Rosa I.
Horn I.
Dauphin I.
Fort Morgan
Gulf Shores
GULF ISLANDS NATIONAL SEASHORE
La Fayette
Summerville
Rome
Cedartown
Bremen
Carrollton
Newnan
Franklin
La Grange
West Point L.
Lumpkin
Cusseta
W. F. George Res.
0 25 50 75 100 km
0 25 50 miles

sche Kunst sowie kunstgewerbliche Exponate. Eintritt kostenlos.

Arlington Antebellum Home and Gardens
331 Cotton Ave. S.W.
Birmingham, AL 35211-1465
✆ (205) 780-5656
www.ci.bham.al.us/arlington
Di–Sa 10–16, So 13–16 Uhr, Führungen
Villa im Greek-Revival-Stil der 1840er Jahre mit historischer Inneneinrichtung. Eintritt $ 5.

Birmingham Civil Rights Institute
520 16th St. N.
Birmingham, AL 35203
✆ (205) 328-9696 und 1-866-328-9696
www.bcri.bham.al.us
Di–Sa 10–17, So 13–17 Uhr
Geschichte der Bürgerrechtsbewegung in Birmingham. Eintritt $ 8.

Alabama Jazz Hall of Fame
1631 4th Ave. N.
Birmingham, AL 35203
✆ (205) 254-2731
Fax (205) 254-2785
www.jazzhall.com
Di–Sa 10–17, So 13–17 Uhr
Dokumentation der Jazz-Größen von Alabama, u.a. Ella Fitzgerald, Nat King Cole, Duke Ellington, Lionel Hampton. Manchmal gibt's auch Konzerte. Führungen nach Verabredung. Eintritt kostenlos.

Arman's at Park Lane
2117 Cahaba Rd.
Birmingham, AL 35223
✆ (205) 871-5551
Offene, kreative Küche mit Meeresfrüchten und frischer Pasta, reiche Weinkarte. Schöne alte Bar. Nur Dinner. Reservierung nötig. So/Mo geschl. $$$

John's Restaurant
112 21st St. N. (Downtown)
Birmingham, AL 35203
✆ (205) 322-6014
Beliebt und solide, amerikanische Gerichte, frische Fische und Gemüse. Cocktail Lounge. Lunch ($) und Dinner. $-$$

2 Cullman

Die Gründung von **Cullman** (14 000 Einwohner) basiert auf der fixen Idee des deutschen Siedlers John G. Cullman, der 1872 hier »Die Deutsche Kolonie von Nord Alabama« ins Leben rief und damit eine autonome Siedlung plante. Was die fünf Gründerfamilien zustande brachten, erwies sich anfangs als so erfolgreich, dass Alabama dieses Experiment offiziell genehmigte. Leider zerrüttete der Erste Weltkrieg den Traum von einer eigenständigen Gemeinde. Heute gedenkt man alljährlich beim Oktoberfest der utopischen Gründung. Das **Cullman County Museum** zeigt Dokumente dieser deutschen Gründungsphase. Die nahe gelegene **Ave Maria Grotto** zählt zu den touristischen Highlights von Alabama.

Service & Tipps:

Cullman Area Chamber of Commerce, Convention & Tourism Bureau
211 2nd Ave., N.E.
Cullman, AL 35056
✆ (256) 734-0454 und 1-800-313-5114
www.cullman.com

Cullman County Museum
211 2nd Ave. N.E.
Cullman, AL 35056
✆ (256) 739-1258 oder 1-800-533-1258
www.cullman.com/museum
Mo–Mi und Fr 9–12 und 13–16, Do 9–12, So 13.30–16.30 Uhr
In der Nachbildung des Hauses von Stadtgründer John G. Cullmann wird die Geschichte der Landwirtschaft und des deutschen Siedlungserbes dargestellt. Eintritt $ 2.

Ave Maria Grotto
1600 St. Bernard Dr. S.E.
Cullman, AL 35055, ✆ (256) 734-4110
www.avemariagrotto.com
April–Okt. tägl. 7–19, sonst 7–17 Uhr

Mehr als 50 Jahre brauchte der Benediktinermönch Joseph Zoettl, um die Grotte (auf dem Grundstück einer Abtei) zu einem kuriosen Gesamtkunstwerk zu gestalten – mit biblischen Szenen und Miniaturen berühmter Kirchen. Eintritt $ 5.

Johnny's Bar-B-Q
1401 4th St. S.W.
Cullman, AL 35055
✆ (256) 734-8539
Solide BBQ-Gerichte (Fleisch und Fisch), freundlicher Ton. Lunch und Dinner. So/Mo geschl. $

❸ Demopolis

Die Kolonie Demopolis entstand 1817 auf Indianerland. Heute ist sie auf 7 500 Einwohner angewachsen. Anfangs waren es verbannte Anhänger Napoleons, die am Zusammenfluss des Tombigbee mit dem Black Warrior River Land zugesprochen bekamen, mit der Auflage allerdings, eine Oliven- und Weinproduktion ins Werk zu setzen. Aber die französischen Offiziere und ihre Damen erwiesen sich in landwirtschaftlichen Belangen nicht nur als standesgemäß hilflos, auch Böden und Klima spielten nicht mit. Enttäuscht zogen die edlen Siedler wieder ab. Erst als in den 1830er Jahren die Baumwolle (und mit ihr die entsprechende Herrschaftsarchitektur) erblühte, kam die Stadt richtig auf die Beine.

Main Street vermittelt einen guten Eindruck vom gehobenen Wohnstil der (weißen) Demopolitaner, deren wirtschaftliche Grundlage heute diversifiziert ist: durch Papier-, Zement- und Holzindustrie. An die Stelle der Baumwolle sind Sojabohnen und Rinderzucht gerückt, denen die Böden des *Black Belt* besonders förderlich seien sollen. Die Bezeichnung für dieses Flachland, das sich von der Mitte Alabamas und dem Norden Mississippis bis nach Tennessee hinzieht, leitet sich von dessen dunklen fruchtbaren Böden ab.

Unter den Antebellum-Palästen belegt das imposante **Gaineswood** zweifellos den Spitzenplatz. Der Bauherr, ein eigenwilliger General, war Architekt, Ingenieur, Vorarbeiter und Handwerker in einer Person. Die ebenso raumgreifende wie strahlende Anlage entwickelte sich ursprünglich aus einer sim-

Einst Zentrum im »Black Belt«: Gaineswood, Demopolis

Der Bürgermeister von Demopolis
Seine Sorgen kreisen stets um Naheliegendes, z.B. um die beunruhigenden Ergebnisse der letzten Volkszählung (census), die natürlich auch diese Kleinstadt erfasst hat. »Die sagen, die Einwohnerzahl von Demopolis sei gesunken. Das kann aber nicht sein, denn die Zahl der Neuanmeldungen für Wasseranschlüsse ist gestiegen. Deshalb gehe ich jetzt die Häuser zählen. Die staatlichen Zuschüsse für die Gemeinden bemessen sich nämlich per capita.«

plen Holzhütte, die ein Agent der Choctaw-Indianer hier gebaut hatte. Sie wurde zu einer Art sozialem Zentrum des ehemals an Baumwolle reichen *Black Belt*.

Oberhalb der weißen Kreideufer eröffnet **Bluff Hall** schöne Aussichten auf die Biegung des Tombigbee River, der den Hafen von Mobile mit dem schiffbaren Teil des Tennessee River verbindet. Die schweren Schubschiffe, meist beladen mit Chemikalien, Kohle, Öl und Agrarprodukten, können natürlich mit den spritzigen Wasserski-Cracks nicht mithalten. Zur Vorweihnachtszeit ist auf dem Fluss noch mehr los. Dann bitten die Herrenhäuser zu stimmungsvollen *candle light tours* und der Tombigbee schmückt sich mit festlichen Paraden und buntem Feuerwerk.

Service & Tipps:

Demopolis Area Chamber of Commerce
102 E. Washington St.
Demopolis, AL 36732
✆ (334) 289-0270
www.demopolischamber.com
Mo–Fr 8.30–17 Uhr

Gaineswood Antebellum House Museum
805 S. Cedar Ave.
Demopolis, AL 36732
✆/Fax (334) 289-4846
Im Sommer Führungen stündlich Mo–Sa 9–17, So 13–17, sonst Mo–Sa 9–16, So 13–16 Uhr
Edel ausgestattete Vorzeigevilla Alabamas im klassizistischen Stil (1843–1861). Eintritt $ 5/2–3.

Bluff Hall
405 N. Commissioners Ave. (Monroe St.)
Demopolis, AL 36732
✆ (334) 289-9644
Di–Sa 10–17, So 14–17 Uhr, Führungen
Der zunächst 1832 errichtete, kompakte und rechteckige Ziegelbau (ein Hochzeitsgeschenk) erhielt 1850 einen säulenbestückten Portikus. Dann wurde die gesamte Außenhaut weiß getüncht: eine Koketterie mit dem neoklassizistischen Geschmack der Zeit.

Die Villa und ihre aparten Empire- und viktorianischen Einrichtungen stehen unter Denkmalschutz und sind daher in gutem Zustand. Eintritt $ 5/1.

Ellis V Restaurant
708 Highway 80 E.
Demopolis, AL 36732
✆ (334) 289-3446
Solides Lokal für einen herzhaften Imbiss. Falls Sie gefragt werden, ob Sie noch einen »paa« mögen, dann handelt es sich um einen *pie*. $

4 Eufaula

Der Ort verdankt seinen poetisch klingenden Namen den Eufaula-Indianern, einem Stamm der Creek, die hier zuerst lebten. Unzählige Barsche tummeln sich im Lake Eufaula, Grund genug für die Bürger, ihre Stadt »Bass Capital of the World« zu taufen. Das schön gelegene Städtchen gibt sich Mühe, seine Besucher ohne Umschweife gleich in den Salon zu führen – in seinen historischen Kern. Unter den Villen fällt vor allem die **Shorter Mansion** ins Auge, ein mit korinthischen Säulen gestützter Prachtbau mit einem mit Blattwerk ornamentfreudig geschmücktem Fries.

Service & Tipps:

Eufaula-Barbour County Chamber of Commerce
333 E. Broad St., Eufaula, AL 36027
✆ (334) 687-6664 oder 1-800-524-7529
Fax (334) 687-5240
www.eufaula-barbourchamber.com
Mo–Fr 8.30–16.30, Sa 9–12 Uhr

Historic Chattahoochee Commission

211 N. Eufaula Ave. (Hart-Milton House)
Eufaula, AL 36027
✆ (334) 687-97554
Fax (334) 687-6631
www.hcc-al-ga.org
Infos zu allen Attraktionen des Chattahoochee Trace, des mit historischen, kulturellen und erholsamen Highlights gespickten Grenzlandes zwischen Alabama und Georgia entlang dem gleichnamigen Fluss.

Shorter Mansion
340 N. Eufaula Ave.
Eufaula, AL 36027-1518
✆ (334) 687-3793 oder 1-888-383-2852
Mo–Sa 10–16, So 13–16 Uhr
Neoklassizistische Villa (ursprünglich von 1884) eines Baumwollpflanzers, die 1906 erweitert und erheblich umgebaut wurde. Heute residieren hier das Stadtmuseum und die Eufaula Heritage Association, die u.a. Auskunft über die jährliche Pilgrimage and Antique Show gibt (www.eufaulapilgrimage.com). Eintritt $ 4.

Fendall Hall
917 W. Barbour St.
Eufaula, AL 36027
✆ (334) 687-8469, Mo–Sa 10–16 Uhr
Im *Italianate Style* 1854–60 erbaut, diente das Haus als Hospital für Konföderierte. Bemerkenswert ist die handbemalte Eingangshalle.
Eintritt $ 4.

Couric-Smith Home
325 N. Eufaula Ave.
Eufaula, AL 36027-1517
Ein Schmuckstück im Greek-Revival-Stil von ca. 1854. Der Fries sitzt auf 6 quadratischen dorischen Säulen.

Dean-Page Hall
539 N. Randolph Ave.
Eufaula, AL 36027
Feingliedrige Villa von 1850 im *Italianate Style* mit neugotischem Dachhäubchen *(Cupola)*.

Kendall Manor Inn
534 W. Broad St.
Eufaula, AL 36027
✆ (334) 687-8847
Antebellum-Haus (ca. 1860) unter Denkmalschutz; im *Italianate Style* mit besonders zierlichen Säulchen und Ausguck. Steht auch als gastfreundlicher B&B offen. $$–$$$

Airport Restaurant
1720 N. Eufaula Ave. (Hwy. 431 N.), Eufaula, AL 36027
✆ (334) 687-3132
Beliebt für Meeresfrüchte und Steaks – *family style*. $$

Filigran: Kendall Manor, Eufaula

Feiern/Feste
Alljährlich im April feiert Eufaula sich selbst auf diversen **Pilgrimage**-Touren. Dann, jeweils zur Zeit der Azaleen- und *Dogwood*-Blüte, führen reifberockte *Southern Belles* als Hostessen durch viele der fast hundert erhaltenen Häuser und Gärten – ergänzt durch ein buntes Rahmenprogramm mit Musik, Antiquitätenshows, romantischen Touren bei Kerzenlicht, viel Käse und Wein.
(www.eufaulaprilgrimage.com)

5 Huntsville

Huntsville (160 000 Einwohner) zu besuchen, sollte zumindest für Raumfahrt-Fans selbstverständlich sein, denn hier steht das **U.S. Space and Rocket Center**, eins der bedeutendsten Raketen- und Raumfahrtmuseen der USA. Schließlich ist Huntsville die Wiege der amerikanischen Raumfahrt – was ihm den Namen »Space City« beschert hat. Hier wurde unter anderem die Saturn V Mondrakete gebaut – von Wernher von Braun und seinem Team von 147 deutschen Wissenschaftlern und Technikern aus Peenemünde, die die Amerikaner 1946 an diese Stelle verfrachtet hatten. Als dann 1960 die NASA hier ihre Arbeit aufnahm, bekam das kleine Baumwollstädtchen Auftrieb. Heute kann sich der Besucher von Huntsville über eine gepflegte Innenstadt ebenso freuen wie über den erholsamen glasklaren **Lake Guntersville** in der Nähe, einem aus dem Tennessee River aufgestauten See, der für Bade-, Segler-, Angler- und Wasserskifreuden sorgt.

Service & Tipps:

Huntsville/Madison County Convention & Visitors Bureau
500 Church St., Huntsville, AL 35801
✆ (256) 551-2230 oder 1-800-772-2348
Fax (256) 551-2324,
www.huntsville.org

U.S. Space and Rocket Center
One Tranquility Base (off I-565)
Huntsville, AL 35807
✆ (256) 837-3400 oder 1-800-637-7223
www.spacecamp.com, tägl. 9–17 Uhr
Größtes Weltraum-Hardware-Museum der Welt: Raketensammlung, simulierte Raumflüge, Laser Light Show und »Space Dome«, ein IMAX-Kino, in dem auf einer riesigen Rundprojektionsfläche Weltraumfilme gezeigt werden, und eine NASA-Tour. Eintritt $ 17.

Rosie's Mexican Cantina
6125 University Dr. (University Place Shopping Center)
Huntsville, AL 35816
✆ (256) 922-1001
Lebhaft und lecker: *fajitas, chile rellenos* und *mexican lasagne*. So geschl. $

Little Paul's-Gibson Barbecue
815 Madison St.
Huntsville, AL 35801
✆ (256) 536-7227
Herzhaftes BBQ und freundliche Atmosphäre. So geschl. $

6 Mobile

An der Mündung des gleichnamigen Flusses gelegen, war Mobile bis 1722 Hauptstadt des französischen Territoriums Louisiana. Sehenswert: das historische Viertel zwischen Canal, Aater, Broad und Bearegard Street – mit Architektur aus besseren Zeiten. Auch die mit schönen alten Eichen bestandene und von Parks gesäumte **Government Street** blättert die wechselvolle Geschichte der Hafenstadt (200 000 Einwohner) auf. Besonders hoch geht es hier heute bei den Mardi-Gras-Feiern her.

Mobile Bay Convention & Visitors Bureau
One S. Water St.
Mobile, AL 36601
✆ (251) 208-2000 oder 1-800-566-2453
Fax (251) 208-2060, www.mobile.org

Mobile's Historic Districts
Das architektonische Erbe von Mobile umfasst **Church Street East** (zwischen Water und Broad Sts.), **De Tonti Square, Lower Dauphin Street Commercial District** (zwischen Water und Broad Sts.), **Oakleigh Garden District** (umfasst **Oakley Mansion** und Washington Square), **Old Dauphin Way** und **Spring Hill**. Infos im **Fort Condé Welcome Center**, 150 S. Royal & Church Sts.

Mobile Museum of Art
4850 Museum Dr. (Langan Park)
Mobile, AL 36608
✆ (251) 208-5200, Fax (251) 208-5201
www.mobilemuseumofart.com
Mo–Sa 10–18, So 13–17 Uhr
Attraktiver Neubau mit umfangreicher Sammlung angewandter Kunst aus Amerika und Afrika. Eintritt $ 6.

Riverview Cafe & Grill
64 S. Water St. (Adam's Mark Hotel), Mobile, AL 36602
✆ (251) 438-4000
Alles, was der Golf zu bieten hat, kommt auf den Tisch – mit Blick auf die Bay. Lunch ($), Dinner, Sunday Brunch. $–$$

Justine's at the Pillars
1757 Government St. (westl. von Downtown)
Mobile, AL 36604
✆ (251) 471-3411
Elegantes Speiselokal in restaurierter Villa von 1898: amerikanische Küche mit traditionellen Fleischgerichten und Frisches aus dem Golf. Cocktails. Perfekter Service. Dinner only. So Brunch mit live Jazz. $$–$$$

Ausflugsziele:

Gulf Shores
Seebad mit guten Bedingungen zum Segeln und Parasailing, beliebt auch bei Schwimmern und Anglern.

Service & Tipps:

Alabama Gulf Coast Convention & Visitors Bureau
3150 Gulf Shores Pkwy. & 23685 Perdido Beach Blvd.
Gulf Shores, AL 36547
✆ (251) 974-1510 oder 1-800-745-7263
www.gulfshores.com

Fort Morgan
51 SR 180 W.
21 Meilen westlich von Gulf Shores
✆ (251) 540-7125
Museum: tägl. 9–17 Uhr
Fort: Mai–Okt. 8–19, März/April 8–18, sonst 8–17 Uhr
Bürgerkriegsfort, strategisch gut für den Schutz der Mobile Bay gelegen. Die Konföderierten mussten es 1864 aufgeben. Fährverbindung mit Dauphin Island. Eintritt $ 3/1.

The Spot
125 E. Beach Blvd.
Gulf Shores, AL 36547
✆ (251) 948-4343
Strandlokal mit leckeren Fischgerichten (exzellente *clam showder*) und schönem Blick auf den Golf. Auch zum Draußensitzen. Cocktail Lounge. Lunch und Dinner. $

Dauphin Island
Die Fähre in der Nähe von Fort Morgan setzt zur Insel über, ein Eiland voller gepflegter Villen und parkähnlicher Avenuen. Keine Frage, die Mo-

Dauphin Island mit dem Leuchtturm und der »Lighthouse Bakery«

bilianer haben sich ihren ebenso adretten wie stillen Zweitwohnsitz etwas kosten lassen! Ein großer Teil der Insel bleibt dennoch einem Vogelschutzgebiet vorbehalten.

Service & Tipps:

Dauphin Island Chamber of Commerce
1011 Bienville Blvd. (P.O. Box 5)
Dauphin Island, AL 36528
✆ (251) 861-5524 und 1-877-532-8744

Lighthouse Bakery
919 Chaumont Ave. (am kleinen Leuchtturm)
Dauphin Island, AL 36528
✆ (251) 861-2253
Frisches auf die Hand: Sandwichs, Backwaren, Kaffee. $

Bellingrath Gardens and Home
Im Frühjahr blühen u.a. Azaleen, im Sommer Rosen, Hibiskus, im Herbst und Winter Chrysanthemen, Poinsettias. 200 Vogelarten leben dauernd in den Gärten oder haben hier ihr Winterquartier. Vielleicht gehört es ja zu den Entstehungsbedingungen südstaatlicher Gärten, dass der wildwüchsige Urzustand der Natur eine ebenso systematische wie beschauliche Art der Kultivierung geradezu herausforderte.

Jedenfalls könnte man dies aus der Vorgeschichte der Gärten folgern. Nichts als ein subtropischer Dschungel bedeckte das Land am Isle-aux-Oies-River, als Mr. und Mrs. Bellingrath es am Anfang des Jh. kauften, um sich dort eine Fischerhütte zu bauen und die gründlich grüne Wasserwildnis in einen farbenfrohen Kunstgarten zu verwandeln.

Sie reisten durch Nordamerika und Europa und inspizierten hervorragende Gärten bis es 1932 endlich so weit war, ihre eigene Version ins Werk zu setzen. Seitdem betören die Gärten ihre Besucher ganzjährig durch den sechsmaligen Farbwechsel ihres Blütenzaubers.

Service & Tipps:

Bellingrath Gardens and Home
12401 Bellingrath Gardens Rd.
Theodore, AL 36582
✆ (251) 973-2217 oder 1-800-247-8420
www.bellingrath.org
Gärten: tägl. 8–17 Uhr, Haus: tägl. 9–16 Uhr

Huckepack übers Blütenmeer: Bellingrath Gardens, Alabama

Eintritt (Gärten) $ 9, Haus und Gärten $ 16.

Bayou La Batre
Unscheinbares und reizvolles kleines Dorf (2 500 Einwohner) und 1786 gegründet, von dessen Ziehbrücke die Kutterflotte zu sehen ist, die alljährlich unter großer Anteilnahme der Bewohner eingesegnet wird.

Service & Tipps:

Bayou La Batre Chamber of Commerce
308 N. Wintzell Ave.
Bayou La Batre, LA 36509
✆ (251) 824-4088

Bay Saint Louis
Das kleine *Artsy-craftsy*-Nest gilt als Schickimicki-Geheimtipp. Es heißt, viele prominente Musiker und Künstler aus New Orleans hätten sich hier in aller Stille einquartiert.

Service & Tipps:

Bay City Grill
136 Blaize Ave.
Bay Saint Louis, LA 39520
✆ (228) 466-0590
www.baycitygrill.com
Meeresfrüchte, lecker und preiswert. Mi Sushi-Night. So geschl. $

Das Deftige und das Feine: Obst in Bayou La Batre …

7 Montgomery

In Montgomery wurde 1861 die »Confederacy« gegründet. Doch die Karriere der ersten Hauptstadt der Konföderierten dauerte nicht lange, denn der Regierungssitz wechselte ins strategisch besser gelegene Richmond. Dennoch erinnert heute vieles noch an den Krieg, immerhin begann er ja auch hier, als Südstaatenpräsident Jefferson Davis den Befehl zum Angriff auf Fort Sumter bei Charleston gab.

Das alte **State Capitol** von 1851 (600 Dexter Ave.) tut seinen Dienst als Parlamentssitz der Regierung von Alabama und auch das **White House of the Confederacy** steht noch. Weil es von Kriegszerstörungen weitgehend verschont blieb, erfreuen sich Montgomery und seine rund 200 000 Einwohner heute der angenehmen Stadt, mit viel Grün und guten Restaurants – dank der Präsenz der Politiker und der über 6 000 Studenten des Alabama State College. Nicht weniger bedeutsam war die Rolle der Stadt im Zusammenhang mit der amerikanischen Bürgerrechtsbewegung. Martin Luther King Jr. predigte in der **Dexter Avenue Baptist Church** – unweit des Regierungskomplexes, in dem die rassistischen Probleme des Staates unter Gouveneur Wallace hoch kochten. Auch Rosa Parks wurde 1955 nach ihrem so genannten Bus-Boykott zum Symbol des Widerstands der Schwarzen gegen die Segregation: Sie weigerte sich, im Bus ihren Sitzplatz für einen weißen Fahrgast zu räumen. Seit 1989 erin-

Dexter Avenue King Memorial Baptist Church in Montgomery, Alabama ▷

nert das **Civil Rights Memorial** an die Opfer der Auseinandersetzungen (South Poverty Law Center, 400 Washington Ave.).

Außer von bürgerkriegerischen Erinnerungen lebt Montgomery aber auch von musikalischen und literarischen Reminiszenzen. Hank Williams ist hier begraben; ein eigenes Museum und ein lebensgroßes Standbild erinnern an den in Alabama geborenen Countrysänger (Perry St., gegenüber vom Rathaus). Ja, und Zelda Fitzgerald wurde in Montgomery geboren, wuchs hier auf und lebte später mit ihrem Mann F. Scott in der Stadt (919 Felder Ave.).

Service & Tipps:

Alabama Bureau of Tourism and Travel
401 Adams Ave.
Montgomery, AL 36103
✆ (334) 242-4169 oder 1-800-252-2262
Fax 242-4554, www.touralabama.org

Montgomery Area Chamber of Commerce
300 Water St.
Montgomery, AL 36104
✆ (334) 262-0013, Fax (334) 261-1111
www.montgomerychamber.com
Im prächtig restaurierten Bahnhof (Union Station).

First White House of the Confederacy
644 Washington Ave.
Montgomery, AL 36104
✆ (334) 242-1861
Mo–Fr 8–16.30 Uhr
Hier residierte Jefferson Davis, als Montgomery die Hauptstadt der Konföderierten war. Der Bau stammt aus den Jahren 1832–35 und enthält historische Möbel, Kriegsdokumente und Gegenstände aus dem persönlichen Besitz von Davis. Eintritt kostenlos.

Dexter Avenue King Memorial Baptist Church
454 Dexter Ave.
Montgomery, AL 36104-3743
✆ (334) 263-3970
www.dexterkingmemorial.org
Führungen Mo–Do 10, 14, Fr 10, Sa 10–14 Uhr (Voranmeldung erbeten)
Hier wirkte Martin Luther King Jr. 6 Jahre lang als Pastor. Führungen $ 2.

Civil Rights Memorial
400 Washington Ave.
Montgomery, AL 36104
✆ (334) 956-8200, Fax (334) 956-8491
www.splcenter.org
Denkmal der Bürgerrechtsbewegung, rund um die Uhr geöffnet. Eintritt kostenlos.

Hank Williams Museum
118 Commerce St.
Montgomery, AL 36104-2538
✆ (334) 262-3600, Fax (334) 262-0686
www.hankwilliamsmuseummontgomery.com
Mo–Sa 9–18, So 13–16 Uhr
Zur Ehre und Erinnerung an den berühmten Country-Musiker. Eintritt $ 7.

Old Alabama Town
301 Columbus St.
Montgomery, AL 36104
✆ (334) 240-4500 oder
✆ 1-888-240-1850, Mo–Sa 9–15 Uhr
www.oldalabamatown.com
Historisches Freilichtmuseum mit Dutzenden von restaurierten Gebäuden und Werkstätten, die Leben und Arbeit in Alabama im 19. und beginnenden 20. Jh. illustrieren. Führungen möglich. Eintritt $ 7/3.

Jubilee Seafood
1057 Woodley Rd. (Cloverdale Plaza), Montgomery, AL 36106
✆ (334) 262-6224
Angenehmes kleines Lokal für frische und delikat zubereitete Meeresfrüchte. Cocktail Lounge. Nur Dinner. So/Mo geschl. $–$$

Sahara Restaurant
511 E. Edgemont Ave.
Montgomery, AL 36111
✆ (334) 262-1215
Populäres Familienrestaurant mit amerikanischer Küche. So geschl. $$

Gator's Plaza Cafe
5040 Vaughn Rd.
Montgomery, AL 36116
✆ (334) 274-0330
Cajun- und karibisch beeinflusste Gerichte. Live-Musik. Lunch ($) und Dinner. Cocktail Lounge. $–$$

Harry Belafontes Erinnerung an Rosa Parks:
»Eine schwarze Frau saß in einem Bus in Montgomery, Alabama, und man kann nicht tiefer in das Herz der Rassentrennung und der Unterdrückung vordringen als in Montgomery, Alabama. Es war der schwierigste Ort in den ganzen USA. Niemals hätte jemand erwartet, dass dort die Revolution starten würde oder die Mini-Revolution, wie wir sie nennen. Aber dieser schwarzen Frau taten die Füße weh, und sie weigerte sich, hinten im Bus zu sitzen, wie es das Gesetz vorschrieb, und wo ihr Vater schon saß und ihr Großvater. Sie sagte nur, meine Füße tun mir weh, und ich will das alles nicht mehr.«

EXTER AVENUE KING MEMORIAL
BAPTIST CHURCH
CHURCH SCHOOL 9:30
MORNING WORSHIP

8 Selma

In Selma (21 000 Einwohner) hat die überwiegend schwarze Bevölkerung Südstaaten-Geschichte geschrieben, die von der Ära der Plantagen bis zur Bürgerrechtsbewegung reicht. Glaubt man indianischen Quellen, dann wurde Selma auf der Stelle eines alten Indianerdorfs (Piachee) errichtet, genau dort, wo einst der Häuptling Tuskaloosa mit Hernando de Soto zusammentraf. Wie dem auch sei, zuerst wurde Selma 1732 als Ecor Bienville, später dann (1815) als die Siedlung von Moore's Bluff kodifiziert und 1820 als Stadt gegründet. Ihr Name bedeutet »Hochsitz« oder »Thron«, allem Anschein nach wegen der überragenden Lage oberhalb des Alabama River.

Schiffs- und Waffenbau machten Selma im Bürgerkrieg zu einem militärischen Versorgungszentrum der Konföderierten, was sich freilich blutig rächte, als Unionsgeneral Wilsons Truppen den Arsenalen und Teilen der Stadt den Garaus machten. Dennoch überlebten einige Antebellum-Villen ebenso wie deren Kontrapunkte, die Shotgun-Häuser der Schwarzen.

Im Umkreis der Kreuzung Broad Street und Water Avenue hat man sich in den letzten Jahren erfolgreich um die Pflege einer Reihe von historischen Bauten gekümmert, die aus der Blütezeit der Stadt stammen, als die Eisenbahn kam und Selma zu jenem landwirtschaftlichen Handelszentrum heranwuchs,

Wenn Eichen Trauer tragen: Live Oak Cemetery, Selma

das es heute noch ist. Auf dem schönen alten Friedhof **Live Oak Cemetery** liegt unter anderem das Grab von Benjamin S. Turner, einem ehemaligen Sklaven aus Selma, der 1870 als erster Schwarzer Kongressabgeordneter von Alabama wurde.

Zu den weiteren Highlights der Stadt zählen die elegante **Sturdivant Hall** aus der guten alten Pflanzerzeit und **Brown Chapel**, ein bedeutendes Memo des *Civil Rights Movement*, der amerikanischen Bürgerrechtsbewegung.

Die Kirche geriet in die nationalen Schlagzeilen, als Martin Luther King sie zu seinem Hauptquartier machte. Nicht, dass Selma eine besonders rassistische Stadt gewesen wäre. Doch King und seine Freunde hatten den Ort bewusst gewählt, weil dort ein ausgesprochen reaktionärer Sheriff das Sagen hatte, was viel Publicity in den Medien versprach.

Und tatsächlich kam es schlimm an jenem 21. März 1965, einem Sonntag, als eine Demonstration niedergeknüppelt wurde. Der Tag ging als »Bloody Sunday« in die Stadtgeschichte von Selma ein. Drei Wochen später setzte sich abermals eine Demonstration in Bewegung: 25 000 Schwarze, angeführt von King (unter ihnen auch der jugendliche Jesse Jackson) marschierte nach Montgomery.

Stolz von Selma: Sturdivant Hall

Service & Tipps:

Visitor Information Center
2207 Broad St., Selma, AL 36701
✆ (334) 875-7485

Selma-Dallas County Chamber of Commerce
513 Lauderdale St.
Selma, AL 36702
✆ (334) 875-7241oder 1-800-457-3562
Fax (334) 875-7142
www.selmaalabama.com

National Voting Rights Museum and Institute
1012 Water Ave.
Selma, AL 36701
✆ (334) 418-0800
Mo–Fr 9–17, Sa 10–15 Uhr, So nach Vereinbarung
Veranschaulicht Kampf und Erfolge der Bürgerrechtsbewegung beim Erwerb und der Ausführung des Stimmrechts für Afro-Amerikaner. Eintritt $ 5.

Sturdivant Hall
713 Mabry St.
Selma, AL 36701-5521
✆ (334) 872-5626
www.sturdivanthall.com
Führungen Di–Sa 9–16 Uhr
Die 1852/53 errichtete Villa ist heute ein Museum. Eintritt $ 5.

Brown Chapel A.M.E. Church
410 Martin Luther King St.

Selma, AL 36703
✆ (334) 874-7897
Keimzelle der Bürgerrechtsbewegung von Martin Luther King Jr. und dessen Hauptquartier, wo die Namen jener Toten in Stein gehauen sind, die im Namen seines »Traums« starben. Besichtigung nach Voranmeldung.

Live Oak Cemetery
Dallas Ave. (zwischen Pettus St. & Valley Creek)
Friedhof mit dem Grab von Benjamin S. Turner.

Major Grumbles
1 Grumbles Alley (Water Ave., Downtown), Selma, AL 36701
✆ (334) 872-2006
Gourmet-Pub mit herzhaften Gerichten und Blick auf den Alabama River. Cocktails, Lunch ($) und Dinner. So geschl. $–$$

The Troop House Restaurant
1200 Water Ave. (im St. James Hotel)
Selma, AL 36701
✆ (334) 872-3234
www.stjameshotelselma.com
Eleganter, historischer Speisesaal, amerikanische Küche.
$$–$$$

Tally-Ho Restaurant
507 Mangum Ave., (von US 80 nördl. auf die Summerfield Ave.)
Selma, AL 36701
✆ (334) 872-1390
Alte Blockhütte, spezialisiert auf Fisch und Steaks. So geschl. $$

Historic Selma Pilgrimage
✆ 334-872-5626
www.sturdivanthall.com
Ende März: Tag der offenen Tür für ein Dutzend viktorianische und Antebellum-Häuser. Zum Rahmenprogramm gehören eine Antiquitätenschau und andere Festivitäten.

Battle of Selma
Ende April wird die Schlacht um Selma noch einmal geschlagen, begleitet von Schiffskorso, Paraden und Bällen.

»Pumpkin Power« in Selma, Alabama

❾ Tuscaloosa

Im Namen Tuscaloosa fließen zwei Wörter aus der Sprache der Choctaw-Indianer zusammen, *tusko* »Krieger« und *loosa* »schwarz«. 1909 wurde die Stadt der »Schwarzen Krieger« gegründet, aber letztlich mussten die Indianer verschwinden, weil weiße Siedler aus dem Süden nachrückten, die die Stadt Tuscaloosa tauften. Heute haben sich noch einige Villen erhalten, vor allem in der Nähe der Queen City Avenue im Druid City District.

Die Universitätsstadt (78 000 Einwohner) machte 1997 durch die Ansiedlung einer Mercedes-Benz-Fabrik Schlagzeilen. Fast kostenloses Bauland, schwache Gewerkschaften, finanzielle Zuschüsse und langfristige Steuervorteile begründeten die Ortswahl. In der Nähe, an der I-59, heißt die zum Werk führende Autobahnabfahrt 89 »Mercedes Drive«.

Service & Tipps:

Tuscaloosa Convention & Visitors Bureau
1305 Greensboro Ave.
Tuscaloosa, AL 35403
✆ (205) 391-9200 oder
✆ 1-800-538-8696
www.tcvb.org

Cypress Inn
501 Rice Mine Rd.
Tuscaloosa, AL 35406
✆ (205) 345-6963
Reiche Auswahl an Meeresfrüchten – mit Blick auf den Black Warrier River. Cocktails. Lunch ($) und Dinner. $$

Ausflugsziel:

Moundville Archaeological Park
Westlich von SR 69 am Stadtrand von Moundville, AL 35474
✆ (205) 371-2572, Park: tägl. 8–20, Museum: tägl. 9–17 Uhr
Mehr als ein Dutzend gut erhaltene Tempelhügel am Ufer des Black Warrior River und Museum. Die Indianerkultur der *Mound Builders* (Hügelbauer) erreichte ihren Höhepunkt zwischen 1200 und 1600 n. Chr. Sie hinterließen mächtige Erdhügel, die als Terrassen für Tempelbauten dienten. Picknickplätze am Flussufer. Campingplatz. Eintritt $ 4/2.

❿ Tuskegee

Das 12 000-Einwohner-Kreisstädtchen von Macon County hat seinen Namen von einem Indianerdorf geerbt, das *Taskigi* hieß. Heute verbindet man seinen Namen mit dem 1881 gegründeten **Tuskegee Institute**, das durch Forschung und Lehre eine bedeutende Rolle in der Erziehung und Lehrerausbildung der Schwarzen spielte. Booker T. Washington und George Washington Carver gehörten zu seinen renommierten Präsidenten.

Service & Tipps:

Tuskegee Area Chamber of Commerce
121 S. Main St., Tuskegee, AL 36083
✆ (334) 727-6619

Carver Museum
1212 West Montgomery Rd.
Tuskegee, AL 36088
✆ (334) 727-3200
Tägl. 9–16.30 Uhr
Dokumentiert den Lebensweg von George Washington Carver als Künstler, Lehrer und Wissenschaftler. Das konservierte Labor zeigt Resultate seiner landwirtschaftlichen Experimente. Eintritt kostenlos.

Tuskegee Institute National Historic Site
1212 Old Montgomery Rd. (SR 126)
Tuskegee, AL 36088-1923
✆ (334) 727-6390 (National Park Service Headquarters)
Ein Rundgang durch den historischen Campus und die Universitätskapelle zeigt die Wirkungsstätten des ehemaligen Sklaven, berühmten Lehrers und Rektors Booker T. Washington.

REGION 10
Mississippi

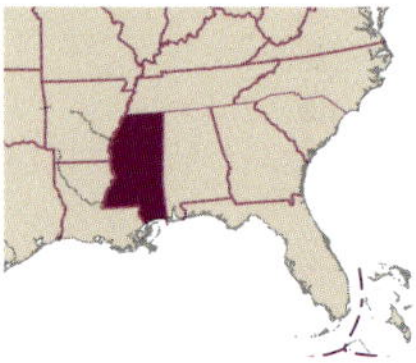

Mississippi

Der Fluss, das Delta, die Küste

»Mississippi«, das indianische Wort für »Vater der Gewässer«, schmückt Fluss und Land zugleich. Wer als Kind Mark Twains »Tom Sawyer« oder »Huckleberry Finn« gelesen hat, entwickelte damals seine Vorstellung vom Mississippi: ein breiter, unendlich breiter Fluss, eher ein länglicher See, der träge dahinfließt, zerfranst, mit Inselchen durchsetzt und umgeben von sumpfigen Uferwäldern. Folglich wird jeder, der über die Wassermassen des Mississippi schaut, erwarten, im nächsten Moment einen alten Raddampfer oder gar das Floß Huck Finns am Horizont auftauchen zu sehen.

Meistens aber sind es heute Lastschlepper – bis zu 400 Meter lang und fähig, etwa 22 500 Tonnen Gewicht zu transportieren. Doch man sieht sie selten. Meist wirkt der Fluss wie ein ruhiger, riesiger Badesee. Es folgen immer wieder einzelne Anlegestellen, einige kleine sandige Strände, die zum Baden einladen, Wiesen, Weiden, Wälder. Auch hier sind die Wildwechsel-Schilder ernst zu nehmen, und auch dort, wo kein Schild warnt, versuchen Waschbären die Straße zu überqueren – die Geier schätzen diese vergeblichen Versuche.

Im Nordenwesten des Staates, zwischen Memphis und Vicksburg, weitet sich das an *catfish*, Baumwolle und Bluesmusik reiche Delta, während Vicksburg und an erster Stelle Natchez die glorreiche Vergangenheit der Pflanzerkultur bewahren – zwei regelrechte Antebellum-Hochburgen der Südstaaten.

Pomp und Posen sind keine Fremdwörter für die Southern Belles

Beflügelt wurde der Mythos auch durch literarische Vorbilder. Schon Twain kritisierte den verheerenden Einfluss von Walter Scott auf die Menschen im Süden. »Die alte, gesunde Zivilisation des 19. Jahrhunderts merkwürdig vermischt und verwirrt mit der falschen Zivilisation des Mittelalters von Walter Scott«, schreibt er in »Leben auf dem Mississippi« und fährt fort: »so dass man praktischen, gesunden Menschenverstand, fortschrittliche Ideen und fortschrittliche Taten vermischt mit Duellen, schwulstigen Reden und der leeren Romantik einer albernen Vergangenheit findet … Ohne die Walter Scottsche Krankheit wäre die Einstellung des Südstaatlers vollständig modern statt modern mittelalterlich vermischt und der Süden wäre jetzt um eine ganze Generation weiter.« Scott sei es letztlich auch gewesen, schreibt er, der »den Herren diese Schwindelarchitektur wertvoll« gemacht habe.

Dass der Hang zur Erfindung ritterlicher Vergangenheiten noch heute lebendig ist, entspricht vielleicht dem ungestillten Bedürfnis vieler Südstaatler nach Trost für die erlittene

N
MEMPHIS
West Memphis
Forrest City
Brinkley
Collierville
Corinth
Fort Robinette
Iuka
Pickwick L.
Walnut
Holly Springs
Ripley
Booneville
Marianna
Helena
Senatobia
Sardis L.
New Albany
Brices Cross Roads National Battlefield Site
Red Bay
Tupelo
Lula
White River National Wildlife Refuge
Oxford
Batesville
Pontotoc
Hamilton
Tupelo National Battlefield
Tombigbee R.
FALL LINE HILLS
De Witt
Clarksdale
Arkansas Post National Memorial
Water Valley
Oakland
Amory
Sulligent
Mississippi R.
Houston
Dumas
Grenada
Calhoun City
Aberdeen
Cleveland
Ruleville
McGehee
Greenwood
Eupora
Mathiston
Columbus
Reform
Winona
Leland
Indianola
Starkville
Noxubee National Wildlife Refuge
Dermott
Greenville
Big Black R.
Ackerman
Aliceville
Macon
Montrose
Tchula
Belzoni
Durant
Kosciusko
Louisville
Eudora
Hillside Nat'l. Wildlife Refuge
Pearl R.
Oak Grove
Rolling Fork
Yazoo City
Philadelphia
Electric Mills
Lake Providence
Panther Swamp Nat'l. Wildlife Refuge
Carthage
Livingston
Canton
Lauderdale
York
Delhi
Vicksburg National Military Park
Ridgeland
Ross Barnett Res.
Forest
Meridian
Tallulah
Clinton
JACKSON
Newton
Vicksburg
Raymond
Pelahatchie
Brandon
Butler
Tensas River National Wildlife Refuge
Crystal Springs
MISSISSIPPI
Mendenhall
Bay Springs
Shubuta
Bayou Macon
St. Joseph
Natchez Trace
Port Gibson
Hazlehurst
Heidelberg
Laurel
Waynesboro
Clayton
Lorman
Fayette
Brookhaven
Prentiss
Collins
State Line
Vidalia
Sprinfield Plantation
Monticello
Natchez
Bude
Hattiesburg
Richton
Pascagoula R.
Doloroso
Summit
Columbia
Beaumont
Citronelle
Shaw
McComb
John Ford Pioneer House
Palestinian Gardens
Gloster
Brooklyn
Woodville
Tylertown
Lumberton
Lucedale
Clinton
Kentwood
Poplarville
Wiggins
Wilmer
Franklinton
Bogalusa
St. Francisville
Amite
Zemurray Gardens
Bogue Chitto R.
Bogue Chitto Nat'l. Wildlife Refuge
Saucier
Pass Christian
Ocean Springs
Theodore
Baker
Denham Springs
Hammond
Picayune
Gulfport
Stennis Space Center
BATON ROUGE
Covington
Biloxi
Pascagoula
Ponchatoula
Long Beach
Plaquemine
L. Maurepas
Gonzales
Slidell
Bay St. Louis
Horn I.
Historic Old Fort Massachusetts
Pontchartrain
Mississippi Sound
NEW ORLEANS
Donaldsonville
La Place
Kenner
L. Borgne
Chandeleur I.
METAIRIE
Des Allemands
Chandeleur Sound
Marrero
Reggio
Franklin
Thibodaux
Delacroix
0 25 50 75 100 km
0 25 50 miles

Niederlage. Manche bilden sich nur allzu gern ein, zu nobel und gut gewesen zu sein, um die industriellen Wogen aufzuhalten. Auch diese Einstellung fand ihre literarischen Niederschläge – von Faulkners »Absalom, Absalom« bis zu Mitchells »Gone With the Wind«. Faulkner (neben Elvis Presley) zählt zur den größten Söhnen des »Magnolia State«.

Und so wird heute in Natchez oder Vicksburg mit der Geschichte Theater gespielt. Schlachten werden nachgestellt, rauschende Ballnächte in historischen Kostümen durchtanzt, und vor den edlen Plantagenhäusern warten wieder die Primadonnen des Südens, die *Southern Belles*, um die Yankee-Gäste mit ihrer Wohnkultur ins Staunen zu versetzen. »Step back« nennt sich dieser Trick mit der Zeitmaschine.

Anders der durch zahlreiche Casinos ermunterte Küstenzipfel am Golf: die schönen Strände von Pass Christian, Gulfport oder Biloxi. Dazwischen malen Buchten und Bayous mitunter eine Art Holland der Karibik – mit zahllosen Kanälen, Ziehbrücken und Zypressen, Entengrütze und Spanischem Moos. Ja, diese Bärte! Matratzenfüllung oder Melancholie? Weihnachtsbaumschmuck oder schmutzige Wäsche?

1 Bay Saint Louis

Das kleine Artsy-craftsy-Nest gilt als Schickimicki-Geheimtipp. Es heißt, viele prominente Musiker und Künstler aus New Orleans hätten sich hier in aller Stille einquartiert.

Service & Tipps:

Hancock County Tourism Development Bureau
PO Box 3002, 408-A Highway 90
Bay Saint Louis, MS 39521
✆ (228) 463-9222 oder 1-800-466-9048
www.mississippiwestcoast.org

Bay City Grill
136 Blaize Ave.
Bay Saint Louis, MS 39520
✆ (228) 466-0590,
www.baycitygrill.com
Meeresfrüchte, lecker und preiswert. Mittwochs Sushi-Night. So geschl.
$-$$

Letzte Feinheiten, ehe die Preisrichter kommen: Sandskulpturen-Wettbewerb in Biloxi

❷ Biloxi

In den letzten Jahren haben monströse Casinobauten – allen voran das gigantische Beau Rivage Resort – den Küstenort (51 000 Einwohner) gründlich verändert und ihn zum Monte Carlo des Südens gemacht. Nach Las Vegas und Atlantic City rangiert das Spielerparadies von Biloxi zusammen mit der Golfküste von Mississippi inzwischen auf Platz drei in den USA. Ob Gold, Silber, Öl oder Gambling: Bonanza-Runs haben in den USA allenthalben Spuren hinterlassen. Im Bürgerkrieg boykottierte man jede Ankunft von Yankee-Schiffen, indem man einfach die Gaslichter nicht anmachte.

Symbolfigur von Biloxi: der »Goldene Fischer«

Zugegeben, Beach Boulevard ist nicht gerade eine See-Promenade. Eher eine Autopiste. Die Beschaulichkeit von Biloxi beginnt erst diesseits oder jenseits von ihr, entweder am Strand oder stadteinwärts.

Wer am großen Rasenstück zwischen Main und Lameuse Street parkt, der findet sich schon nach ein paar Schritten in der Altstadt wieder, zumindest in dem, was von ihr übrig geblieben ist. Ausnahmsweise war es nicht der Bürgerkrieg, der Biloxi schädigte; seine Einnahme durch die Unionstruppen war alles in allem harmlos. Nein, weit heftiger und später als der Krieg (nämlich 1969) hat der Hurrikan »Camille« hier zugeschlagen.

Wie auf einem grünen Tablett serviert das **Biloxi Visitors Center** seine Dienste, in dem freundliche Damen alles tun, um ihre Stadt – 1699 von Pierre d'Iberville gegründet und damit eine der ältesten in den USA – ins beste Licht zu rücken. Zwei viktorianischen Wohnhäusern wurde diese verkehrsamtliche Funktion nach ihrer Restaurierung übertragen; vorn steht das **Brielmaier House**, ein anmutig geschnitzter Pfefferkuchenbau *(gingerbread)*, und hinter ihm das **Foretich House**, ein typischer Shotgun-Bau.

Das hübsche Pärchen wurde erst 1986 an diese Stelle transloziert. In seiner Nachbarschaft stehen zwei prächtige Bäume allein auf weiter Flur, einer davon mit einem weißen Kragen, einer Art Holzlaube auf Stelzen, in der man sich's im Schatten der Blätter bequem machen kann. Aber noch etwas anderes steckt hinter dieser Südstaaten-Spezialität: Die um die Baumstämme hochgebauten Holzdecks, die den Namen *shoo-fly* tragen, bewirken, dass man hoch über dem Gras sitzt, so dass der Wind die Mücken vertreiben kann.

Gleich dahinter, an Lameuse Street, versteckt sich ein weiterer früher Zeuge der Stadtgeschichte, das **Fisherman's Cottage** im kreolischen Landhausstil (1850) mit einer besonders dekorativen Veranda.

Im Umkreis von Water Street sind Architekturbüros, Antiquitätenläden und Anwaltspraxen in die historischen Häuser eingezogen, also auserwählte Berufsgruppen, die sich noble Adressen leisten können: Denkmalpflege und Wertsteigerung, das passt nun mal gut zusammen.

Das **Magnolia Hotel** erinnert an die touristischen Sternstunden von Biloxi, als Biloxi ein beliebtes Seebad war. Von 1847 bis zum Zweiten Weltkrieg diente es als Hotel; allerdings nicht an dieser Stelle. Nach den Verwüstungen von »Camille« versetzte man Anfang der 1970er Jahre den schönen Bau, der heute das Mardi Gras Museum beheimatet, weiter landeinwärts.

Unverrückt dagegen blieb das aus der französischen Kolonialzeit stammende **Mary Mahoney's Old French House** von 1737 schräg gegenüber,

dessen Bauweise und Anlage die Nähe von New Orleans deutlich erkennen lassen.

Über Magnolia Street gelangt man zur strahlenden Skulptur des »Goldenen Fischers«, der sein Netz symbolisch in Richtung Meer auswirft, eine Hommage an die lokale Zunft auf den Kuttern und den Konservenfabriken. Am güldenen Fischer beginnt das Geschäftsviertel der fußgängerfreundlichen Vieux Marché Mall. Ein hübsches Detail: eine besenreitende Hexe auf der Wetterfahne, die den Erkerbau von Ellzey's Hardware Store an der nordwestlichen Ecke von Howard und Lameuse Street bekrönt.

Ganz der Avantgarde hat sich offenbar der Neubau des Kunstmuseums verschrieben. Der gewagte Turmbau erinnert an die Geschlechtertürme in San Gimignano genauso wie an eine futuristische Aufhängevorrichtung zum Trocknen von Feuerwehrschläuchen.

Leuchtturm (The Old Lighthouse von 1848), Pier und prächtige Villen, deren Schauseiten durch das Dunkelgrün der Bäume schimmern, zeichnen das Bild von Biloxi, der Stadt »der ersten Menschen«, wie sein indianischer Name besagt. Am westlichen Ortsende liegt Beauvoir, ein 1850 von einem Pflanzer erbautes und wegen seines beneidenswerten Blicks auf den Golf so getauftes Haus, in dem Südstaaten-Präsident Jefferson Davis (1861 bis 1865) die letzten zwölf Jahre seines Lebens zubrachte. Er nutzte Beauvoir als kreatives Refugium nach zwei Jahren Gefangenschaft in Virginia. Hier schrieb er seine Werke »Aufstieg und Fall der Konföderierten-Regierung« und »Geschichte der Konföderierten-Staaten von Amerika«.

... Gumbo, Shrimp-Cocktails und Salate in Biloxi

Service & Tipps:

Biloxi Visitors Center
710 Beach Blvd.
Biloxi, MS 39530
✆ (228) 374-3105 oder 1-800-245-6943
Fax (228) 435 6248, www.biloxi.ms.us
Mo–Fr 8–17, Sa 9–16 Uhr
Im historischen **Brielmaier House** (1895) auf der grünen Wiese gibt es Auskünfte aller Art. Auch kostenlose Stadtrundgänge starten hier.

Beauvoir (Jefferson Davis Home)
2244 Beach Blvd. (US 90)
Biloxi, MS 39531
✆ (228) 388-1313/-9074 oder
✆ 1-800-570-3818
www.beauvoir.org
Im Sommer tägl. 9–17, sonst 9–16 Uhr
Letzter Wohnort von Jefferson Davis, der 1889 in New Orleans starb. Museum mit Konföderierten-Memorabilien und Friedhof. Eintritt $ 7.50.

Biloxi Shrimping Trip
US 90 & Main St. (Small Craft Harbor, Slip 104), Biloxi, MS 39533
✆ (228) 385-1182 oder 1-800-289-7908
März–Nov. täglich (wetterabhängig)
70 Minuten auf Krabbenfang; der Captain erklärt alles, was ins Netz geht. $ 12/8.

Mary Mahoney's Old French House
116 Rue Magnolia & Beach Blvd.
Biloxi, MS 39530
✆ (228) 374-0163
Gemütlicher, aus diversen Wohnzimmern zusammengesetzter, verschachtelter Fuchsbau in einem der ältesten Häuser des Landes (1737) – mit guter Küche (Fisch!). So geschl. $$–$$$

McElroy's Harbor House Restaurant
695 Beach Blvd. (Small Craft Harbor)
Biloxi, MS 39530
✆ (228) 435-5001
Schöne Lage am Hafen, viele *locals,* familienorientiert, Frisches aus dem Golf. Frühstück, Lunch und Dinner. $$

Ausflugsziele:

Hübsche Küstenorte gibt es weiter östlich an der US 90, z.B.:

Ocean Springs
Der Ferienort basiert auf einer der ältesten europäischen Siedlungen im

Mississippi-Tal aus dem Jahr 1699. Heute kann man hier zahlreichen Künstlern bei der Arbeit zusehen.

Service & Tipps:

Ocean Springs Chamber of Commerce
1000 Washington Ave.
Ocean Springs, MS 39564
✆ (228) 875-4424
Fax (228) 875-0332
www.oceanspringschamber.com
Mo–Fr 8.30–17, Sa 9–16 Uhr

Gulf Islands National Seashore
3500 Park Rd.
Ocean Springs, MS 39564-9709
✆ (228) 875-9057
Visitor Center; Schwimmen, Angeln, Camping, Reit- und Wanderwege, Bootfahren.

Martha's Tea Room
715 Washington Ave.
Ocean Springs, MS 39564
✆ (228) 872-2554
Netter Platz zum Lunch mit selbst gebackenem Brot und vegetarischen Gerichten. So geschl. $

Germaine's
1203 Bienville Blvd.
Ocean Springs, MS 39564
✆ (228) 875-4426
Delikate Meeresfrüchte, Steaks und Geflügel; historische Atmosphäre. Cocktails, Lunch ($) und Dinner. Mo geschl. $$–$$$

Gulfport und Pass Christian

In **Gulfport** fällt auf Anhieb das monströse **Grand Casino** ins Auge, weil es mit seiner beträchtlichen Bauhöhe völlig aus der Reihe aller sonstigen Bauten tanzt. Ein weiteres Casino ankert draußen im Meer und sieht wie ein Kreuzschiff aus. Alle diese Spielplätze, die Aussehen und Leben der Küstenorte hier in den letzten Jahren gründlichst verändert haben, sind von digitalen Leuchtschirmen umgeben, die die Autofahrer mit Sonderangeboten und Knüllern locken. Trotzdem hat auch das ansonsten geruhsame Gulfport (gut 70 000 Einwohner) seine Pluspunkte, das schöne Plantagenhaus **Grass Lawn** zum Beispiel. Wohnlagen vis-à-vis vom Golf sind begehrt.

Kein Wunder, dass die Landesgeschichte hier nur vornehm stilisiert vorkommt: »Acadian Village« nennt sich zum Beispiel eine Siedlung mit Eigentumswohnungen. Der alte Baumbestand am Wasser hat offenbar manchem Hurrikan die Stirn geboten, unter anderem dem verheerenden »Camille«, der ganze Schiffe in die Luft gehen ließ und auf dem Land wieder absetzte. Ein solches, nach ihm benanntes Boot dient heute als Werbegag für einen Souvenirladen an der Straße, dem »Hurrican Camille Gift Shop«. – **Pass Christian** auf einen Blick: hübsche Wohnhäuser, schöne Strände und eine mit Krabbenbooten voll gepackte Marina.

Service & Tipps:

Mississippi Gulfcoast Convention & Visitors Center
135 Courthouse Rd.
Gulfport, MS 39506-6128
✆ (228) 896-6699 oder 1-800-237-9493
www.gulfcoast.org

Lynn Meadows Discovery Center
246 Dolan Ave.
Gulfport, MS 39507-1310
✆ (228) 897-6039
Di–Sa 10–17, So 12–17 Uhr
Interaktiver Spielplatz, auf dem die Besucher alle Hände voll zu tun haben: Lernfelder aus Wissenschaft, Ökologie und Technik. Picknickplätze. Eintritt $ 6.

China Star
353 Courthouse Rd.
Gulfport, MS 39507
✆ (228) 897-1111
Fangfrisches aus dem Golf in chinesischer Machart – einfach, gut und preiswert. Lunch und Dinner. $

Vrazel's
3206 W. Beach Blvd. (US 90)
Gulfport, MS 39501
✆ (228) 863-2229
Anspruchsvolle regionale Küche im Ambiente des *fine dining* im Kerzenschein. Lunch ($–$$) und Dinner. So geschl. $$–$$$

3 Clarksdale

Tennessee Williams besuchte zwar häufig seinen Großvater in Clarksdale, aber der Rede wert ist der 21 000-Einwohner-Ort wegen seines Beitrags zur Geschichte des Blues. Viele der Musikpioniere wurden hier geboren: unter anderem Muddy Waters, John Lee Hooker, Charlie Patton und W.C. Handy.

Service & Tipps:

Clarksdale-Coahoma County Chamber of Commerce
1540 De Soto Ave.
Clarksdale, MS 38614
✆ (662) 627-7337
www.clarksdale.com

Delta Blues Museum
1 Blues Alley
Clarksdale, MS 38614
✆ (662) 627-6820 oder 1-800-626-3764
Fax (662) 627-7263
www.deltabluesmuseum.org
März–Okt. Mo–Sa 9–17, sonst 10–17 Uhr
Dokumentation der Musik des Deltas: auf Video, Fotos u.a. Eintritt $ 6/3.

Madidi
164 Delta Ave.
Clarksdale, MS 38614
✆ (662) 627-7770
Intimes Restaurant mit schmackhaften Mischungen aus französischen und südstaatlichen Rezepturen. Dinner only. So geschl. $-$$

4 Greenville

Früher wegen der fruchtbaren Böden entlang des Mississippi reich an Baumwolle, später durch Überschwemmungen des Flusses heftig gebeutelt, hat sich Greenville nach dem Bau der Deiche heute als bedeutende Hafenstadt mit 42 000 Einwohnern positioniert.

Ob Ragtime oder Blues, in den Clubs oder Parks – von jeher hat die Musik bei den Schwarzen eine bedeutende Rolle gespielt – von den Arbeitsliedern der »cane songs« auf den Zuckerrohrfeldern in Mississippi und Louisiana über die Voodoo-Zeremonien bis zu Gospels und Spirituals.

Service & Tipps:

Greenville Area Chamber of Commerce
915 Washington Ave.
Greenville, MS 38701
✆ (662) 378-3141
Fax (662) 378-3143
www.greenvillechamber.com

Doe's
502 Nelson St.
Greenville, MS 38701
✆ (662) 334-3315
Eingang durch die Küche: einfache und preiswerte Gerichte, weithin berühmt für gute Steaks und *tamales*. So geschl. $

Ausflugsziel:

Leland, 13 km östlich von Greenville auf der US 82, heißt die Kleinstadt, in der 2002 in einem alten Kino das **Blues Museum** eröffnete.

Highway 61 Blues Museum
400 N. Broad St.
Leland, MS 38756
✆ (662) 686-7646
www.highway61blues.com
Di–Sa 10–17 Uhr
Das Museum zeigt Ausstellungsstücke bekannter Delta-Blues-Musiker wie Jimmy Reed, Willie Foster, B.B. King und Sam Chatmon und veranstaltet Blues-Festivals.

5 Jackson

Aus dem ehemaligen Trading Post mit dem Namen *Le Fleur's Bluff* hat sich eine Großstadt mit rund 185 000 Einwohnern entwickelt: Jackson, die Hauptstadt des Staates. Nachdem sie im Bürgerkrieg niedergebrannt wurde und nur noch

Schornsteine aus Schutt und Asche ragten, hatte Jackson kurzfristig (1863) seinen dritten Namen weg: *Chimneyville*. Heute steht die Stadt im ärmsten US-Bundesstaat vergleichsweise gut da. Dank ihrer zentralen Lage bewährt sie sich als ein wichtiges Handels- und Distributionszentrum im Tiefen Süden. Gastfreundlich lockt sie vor allem mit einer interessanten Museumspalette.

Service & Tipps:

Metro Jackson Convention & Visitors Bureau
921 N. President St.
Jackson, MS 39215-1450
✆ (601) 960-1891 oder 1-800-354-7695

Mississippi Museum of Art
201 E. Pascagoula St.
Jackson, MS 39201-4115
✆ (601) 960-1515
www.msmuseumofart.org
Mo-Sa 10-17, außerdem Di 17-20, So 12-17 Uhr, Führungen
Zu den Highlights der permanenten Sammlung gehören u.a. Werke von Renoir, Picasso, Rauschenberg und Georgia O'Keeffe. Wechselausstellungen. Eintritt $ 5.

Old Capitol Museum of Mississippi History
N. State & Capitol Sts.
Jackson, MS 39205
✆ (601) 359-6920
Mo-Fr 8-17, Sa 9.30-16.30, So 12.30-16.30 Uhr
Der eindrucksvolle Bau - einer der wenigen, der die Zerstörung der Stadt im Bürgerkrieg unbeschadet überlebte - diente zwischen 1839 und 1903 als Regierungssitz des Staates. Historische Ausstellungen zu den Themen Baumwolle, Bürgerkrieg und Bürgerrechtsbewegung.

The Oaks House Museum
823 N. Jefferson St.
Jackson, MS 39202-4140
✆ (601) 353-9339, Di-Sa 10-15 Uhr
In diesem 1846 errichteten klassizistischen Haus wohnte einst Sherman. Beachtliche Renovierung, zeitgenössisches Mobiliar. Eintritt $ 4.50.

Mississippi Agriculture and Forestry Museum
1150 Lakeland Dr.
Jackson, MS 39216
✆ (601) 713-3365, Fax (601) 982-4292
Mo-Sa 9-17, So 13-17 Uhr, Touren
Trockene Themen äußerst spannend und unterhaltsam inszeniert: sehenswerte Geschichte der regionalen Landwirtschaft und der Siedlungskultur von den Indianern bis heute (Agrar- und Holzwirtschaft). Neben Geräten, Werkzeugen und Maschinen gibt es Dioramen früherer Arbeitsbedingungen zu sehen und kunstvolle Stillleben, in denen historische Haushalte, Läden, Schulen und Arztpraxen originalgetreu nachgebildet sind. Auch Ely Whitneys berühmte *cotton gin* hat in der weitläufigen Ausstellungshalle Platz gefunden, ebenso wie eine Baumwollpresse; man erfährt etwas über die *yeomen* und *sharecroppers* - kurz, man lernt die landwirtschaftliche Genesis des Südens im Handumdrehen. Attraktiv für Kinder: ein nachgebautes altes Dorf, eine Zuckermühle und ein kleiner Zoo. Eintritt $ 4/2.

Primos Café & Bake Shop
2323 Lakeland Dr. (östlich von Downtown, Richtung Flughafen)
Flowood, MS 39204
✆ (601) 936-3701
Gemütlicher, alteingesessener Familienbetrieb, gute amerikanische Küche. Drinnen und draußen. So geschl.
$-$$

Simulierte Geschichte: Landwirtschaftsmuseum in Jackson

Kudzu – der Konföderierten-Knöterich
Diese fleischige Pflanze aus der Familie der Bohnen überzieht den Süden wie ein grüner Pullover. Wider Erwarten, denn Tempo und Ausmaß der Überwucherungen waren nicht vorauszusehen. Die Japaner brachten die grünen Blätter Ende des 19. Jahrhunderts eher zufällig ins Land – als Deko-Material für eine Ausstellung. Später pflanzte man sie hier und da zur Beschattung der Veranden. Aber seit in den 1930er Jahren das Agrarministerium Kudzu im großen Stil importierte, um die Bodenerosion zu stoppen, verselbständigt sich der »grüne Würger« im Zeitraffertempo und verleibt sich alles ein, was im Weg steht: Bäume und Autos, Schuppen und Schilder. Sein loses Blattwerk modelt und rundet, verformt und verhüllt – und legt dabei eine plastische Gestaltungskraft an den Tag, deren vegetabile Ergebnisse oft unterhaltsam wirken.

Nick's
1501 Lakeland Dr. (Nordosten von Downtown), Jackson, MS 39216
✆ (601) 981-8017
Elegantes Restaurant: leckere Meeresfrüchte, ergiebige Weinkarte. Lunch ($) und Dinner. So geschl. $$-$$$

Bravo!
244 Highland Village
Jackson, MS 39211
✆ (601) 982-8111
Preisgekröntes, munteres italienisches Restaurant. Ergiebige Weinkarte. Lunch (außer Sa, $) und Dinner. Mo geschl. $$-$$$

Broad Street Baking Co. & Café
101 Banner Hall & W. Frontage Rd.
Jackson, MS 39206
✆ (601) 362-2900
Eigene Bäckerei, Gebäck, Sandwichs, Pizza. Cocktails. Frühstück, Lunch und Dinner. So abends geschl. $

George Street Grocery
416 George St.
Jackson, MS 39201
✆ (601) 969-7733
Tagsüber Restaurant, ab 21 Uhr Musikkneipe erster Ordnung, musikalisch divers. So geschl.

6 Long Beach

Long Beach, Sitz der University of Southern Mississippi, schmückt sich mit beneidenswerter Wohnkultur im Schatten immergrüner Eichen.

7 Lorman

Eigentlich ist das verschlafene Nest nicht der Rede wert – aber *einen* Stopp sollte man sich gönnen, und zwar beim

Old Country Store
18801 US 61 & C 522
Lorman, MS 39096
✆ (601) 831-2568
Der altmodische Tante-Emma-Laden, in dem sich seit 1875 nicht viel geändert hat, ist auf jeden Fall ein Besuch wert.

8 Meridian

Meridian hatte seinen Namen weg, seit sich hier zwei Eisenbahnlinien kreuzten. Die verkehrsgünstige Lage brachte ihm dennoch auf die Dauer wenig. Erst legten Unionstruppen es in Schutt und Asche, dann machten eine Gelbfieberepidemie und ein Hurrikan das Wiederaufgebaute erneut zunichte. Immerhin: Heute profitiert Meridian (40 000 Einwohner) von seinem Andenken an den »Vater der Country Music« und Eisenbahner Jimmie Rodgers, der hier geboren wurde.

Service & Tipps:

East Mississippi Business Development Corporation
P.O. Box 790, Meridian, MS 39302
✆ (601) 693-1306

Jimmie Rodgers Memorial and Museum
1725 Jimmie Rodgers Dr.
Meridian, MS 39304
✆ (601) 482-8001
www.jimmierodgers.com

Mo–Sa 10–16, So 13–17 Uhr
Dem Country Star gewidmet: Zu sehen gibt es seine Gitarre, persönliche Memorabilien, Kostüme. Eintritt $ 5.

Dentzel Carousel
41st Ave. (Highland Park)
Meridian, MS 39302
✆ (601) 485-1904, tägl. 13–17 Uhr
Buntes und eins der ältesten Karussells *(merry-go-round)* in den USA, vom deutschen Emigranten Gustav Dentzel 1896 für die Weltausstellung in St. Louis in siebenjähriger Arbeit geschnitzt (28 Holzpferde) und bemalt. Ticket $ 0.50.

Weidmann's Restaurant
210 22nd Ave. (Downtown)
Meridian, MS 39303
✆ (601) 581-5770
Alteingesessenes Speiselokal (seit 1870) mit traditioneller lokaler Küche – Flunder und Krebse, Filets und Hochrippen. Cocktails. An Feiertagen geschl. $$

9 Natchez

Natchez, die älteste Siedlung am Mississippi, ist ein offenes Nachschlagewerk der Antebellum-Residenzen. Keine andere Stadt der Südstaaten hat einen reicheren Fundus an Symbolen der glorreichen Vergangenheit. Nirgendwo sonst wurde der Formenkanon der Antike versierter ausgespielt und erfüllt mit den Baustoffen vor Ort, dem Holz aus den Zypressenwäldern und dem Lehm von den Ufern des Mississippi.

Also kommen die Besucher von weit her, vor allem aus dem Norden. Reisebusse und Kränzchen neugieriger Yankee-Omas freuen sich auf einen Blick zurück auf ehemaliges Feindesland – zumindest darauf, was davon übrig geblieben ist. Während es die männlichen Pilger eher zu den Schlachtfeldern zieht, geraten die Damen bei den Highlights verflossener Pracht schier aus dem Häuschen.

Da steht **Stanton Hall**, ein spätes, klassizistisch dekoriertes Beispiel des Greek Revival und vom damaligen Hausherrn Frederic Stanton, einem betuchten Baumwollmakler, durch eigens aus Europa eingeführte Schätze nicht minder opulent eingerichtet. Eher zurückhaltend dagegen **Twin Oaks** mit seiner weiten Vorhalle und den quadratischen Säulen. **Dunleith**, die elegante Fassung eines so genannten *raised cottage* – wegen der Feuchtigkeit erhöht über

Palast mit acht Ecken: Longwood Plantation, Natchez

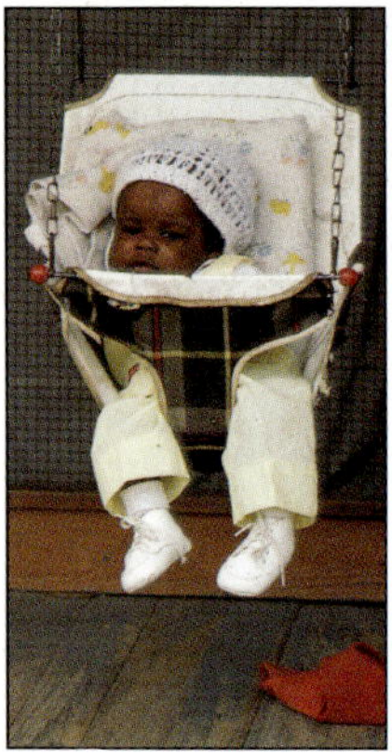

dem Boden errichtet und rundum von Säulen umstellt –, zeichnet sich durch den umliegenden Englischen Garten und seine französischen Antiquitäten aus. **Longwood** (1859-61) gehört wohl zu den schönsten Palästen des Südens, schon durch seine oktogonale Grundform, in erster Linie aber durch seine zwiebelturmähnliche Kuppel, die einen Hauch von Orient verbreitet. Den lichten Bau von **The Elms**, ebenfalls noch im 18. Jahrhundert in spanischer Zeit mit weiten, umlaufenden Veranden erbaut, umgeben Zisterne, Gazebo und altmodisch schöne Gärten voller Immergrün und Blütenfarben. Er gehört zu den umschwärmtesten Adressen. **Magnolia Hall**, die jüngste Villa in der Runde, kurz vor Ausbruch des Bürgerkriegs erbaut und währenddessen heftig beschädigt, dient heute als Museum.

Ein abschließender Schlenker zum **National Cemetery** (41 Cemetery Rd.) passt zum Programm der nostalgisch-patriotischen Stippvisiten wie die Faust aufs Auge, denn Hin- und Rückweg über Canal Street zeigen die Hütten hinter den Palästen: die *shacks* der Schwarzen, die Enklaven der Armut. Auf den Veranden der strapazierten Holzhäuser hocken die Kinder in den Schaukeln oder spielen.

Zur Happy Hour zieht es viele Besucher abwärts, das heißt zum Anleger, wo der Mississippi am romantischsten aussieht, in die Bars und Restaurants an der Silver Street, *down by the riverside*. Schon zu Mark Twains Zeiten galt diese tief gelegene Gegend als das »Sodom of the Mississippi«, denn hier machten die Männer von den Flusskähnen, Outlaws und Desperados gewöhnlich Station. »Sie waren starke Trinker, die rohe Vergnügungen liebten, wie man sie damals in den Spelunken von Natchez-Under-the-Hill fand …«, schreibt Twain in seinem »Leben auf dem Mississippi«.

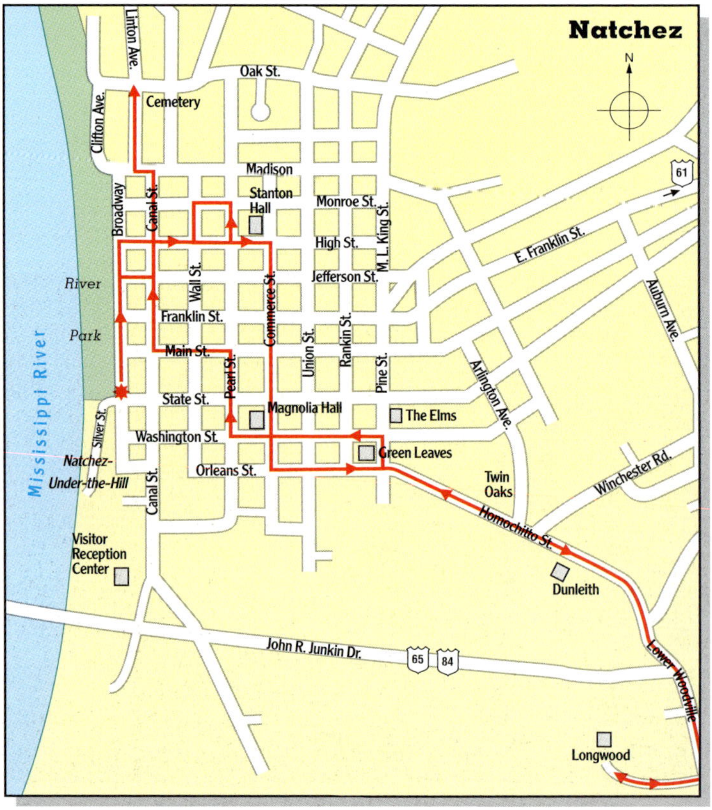

Heute ankert hier ein hübsches Casinoschiff. Außerdem legen hier nach wie vor die beiden luxuriösen Schaufelraddampfer an, die »Mississippi« und die »Delta Queen«, die nicht nur fahrplanmäßig auf dem Fluss kreuzen, sondern auch einmal im Jahr, wie früher, ein Wettrennen zwischen New Orleans und St. Louis austragen, die »Great Steamboat Race«. Für die Teilnahme muss man allerdings schon ein paar Dollar mehr hinblättern als zu Twains Lotsenzeiten.

Service & Tipps:

Natchez Convention & Visitors Bureau
640 S. Canal St., Natchez, MS 39120
© (601) 446-6345 oder 1-800-647-6724
www.natchez.ms.us
März–Okt. tägl. 8.30–18, Nov.–Feb. tägl. 8.30–17 Uhr.
Zur alljährlichen **Natchez Pilgrimage** vgl. auch www.natchezpilgrimage.com.

Magnolia Hall
215 S. Pearl St.
Natchez, MS 39120
© (601) 442-6672
Tägl. 9–16.30 Uhr, Touren halbstündig
1858 von einem Pflanzer und Kaufmann erbaut und vom Natchez Garden Club in alter Pracht wiederhergestellt. Beachtliche Sammlung früher Möbel, Textilien und Kostüme. Eintritt $ 6.

Longwood
140 Lower Woodville Rd.
Natchez, MS 39120
© (601) 442-5193, tägl. 9–16.30 Uhr
Führungen alle 30 Min.
Größter oktogonaler Baukörper (1860/61) in den USA. Eintritt $ 6.

Stanton Hall
401 High & Pearl Sts.
Natchez, MS 39120
© (601) 446-6631 oder 1-800-647-6742
Tägl. 9–16.30 Uhr, Führungen jede halbe Std.
Die Villa (1857), die den Ruf der Queen unter ihresgleichen in Natchez genießt, gehört dem örtlichen *Pilgrimage Garden Club* und ist denn auch das Hauptquartier der Plantagen-Pilger. Eintritt $ 6.

Monmouth Plantation
36 Melrose Ave. (am John A. Quitman Pkwy.)
Natchez, MS 39120
© (601) 442-5852 oder 1-800-828-4531
www.monmouthplantation.com
Tägl. 9.30–16 Uhr, Führungen alle 45 Min.
Romantisches Herrenhaus von ca. 1818 in ruhiger Parklage. Eintritt $ 6.

Abends am Fluss: Casinodampfer in Natchez-under-the-Hill

REGION 10
Mississippi

Blickfang: Mammy's Cupboard südlich von Natchez

Kudzu-Canyon bei Natchez

The Elms
215 S. Pine St., Natchez, MS 39120
Kreolisches Landhaus von ca. 1782 mit Putzwänden und geräumigen Veranden. Nur während der *Pilgrimage* öffentlich zugänglich (März/April und Sept./Okt.).

Dunleith
84 Homochitto St.
Natchez, MS 39120
✆ (601) 446-8500 oder 1-800-433-2445
www.dunleithplantation.com
Tägl. 9–16.30 Uhr
Schöne Greek-Revival-Residenz (ca. 1856) rundum von Park umgeben, berühmt für ihre französischen Antiquitäten des 18. und 19. Jh.
Eintritt $ 6.

Isle of Capri
70 Silver St.
Natchez, MS 39120-3572
✆ (601) 445-0605 oder 1-800-722-5825
Casinoschiff tägl. 24 Std.

Magnolia Grill
49 Silver St.
Natchez-Under-the-Hill, MS 39120
✆ (601) 446-7670
Angenehmes Lokal am Mississippi-Ufer. Gute Fischgerichte! Lunch ($) und Dinner. $$–$$$

John Martin's
21 Silver St.
Natchez-Under-the-Hill, MS 39120
✆ (601) 445-0605
Intim, amerikanische Küche mit südstaatlichem Einschlag. $$–$$$

Under The Hill Saloon
25 Silver St., Natchez, MS 39120
✆ (601) 446-8023
Nette Kneipe am Fluss mit Live-Entertainment – auch bei den *locals* beliebt.

Ausflugsziele:

Mammy's Cupboard
555 US 61 S., südl. von Natchez, MS 39120
✆ (601) 445-8957
Im Umkreis der weiß schimmernden Baumwollfelder setzt die knallrote »Mammy« ihren unübersehbaren Farbakzent, eine Imbissbude am Straßenrand in Form einer Schwarzen-Mammy, die unter ihrem roten Backsteinrock Schutz und Lunch (Di–Sa, $) für unterwegs bietet. Dieser Oldtimer (eine Art versteinerte Nachbildung der »Mammy« aus »Vom Winde verweht«) zählt zu den wenigen noch erhaltenen Beispielen von Gebäuden »in Form von«, die in den frühen Jahren der amerikanischen Autokultur für Entertainment sorgten. $

Rosemont Plantation
1 Meile östl. der US 61 am Hwy. 24
Woodville, MS 39669
✆ (601) 888-6809

Mo–Fr 10–17 Uhr
Elternhaus von Jefferson Davis (1808–98), das er oft besuchte. Fünf Generationen seiner Familie lebten hier. Übernachtungsmöglichkeit in einem hübschen Cottage auf der Plantage. Eintritt $ 7.50.

Springfield Plantation
Highway 553 (Church Hill Loop)
Fayette, MS 39069
© (601) 786-3802
Tägl. 9.30 Uhr bis Sonnenuntergang
Das alte Plantagenhaus, zwischen 1786 und 1791 erbaut, rühmt sich besonders seiner schönen Schauseite, mit einer Säulenreihe, die sich über die gesamte Fassadenhöhe erstreckt. Der Hausherr, ein kenntnisreicher Historiker und glühender Royalist, sitzt gewöhnlich auf der Veranda und beobachtet mit dem Feldstecher die Toreinfahrt. Seine Erzählkunst allerdings lässt es angeraten erscheinen, sich mit dem Anblick des Hauses von außen zu begnügen, es sei denn, man bringt viel Zeit, Geduld und Englischkenntnisse mit. Eintritt mit Führung $ 7.

10 Natchez Trace

Die historische Handelsstraße, der **Natchez Trace Parkway**, führte einst von New Orleans nach Nashville und verband das Mississippi-Territorium mit dem Rest der Nation. Mit kleinen Unterbrechungen hat man sie inzwischen wieder rekonstruiert. Wer die grüne Route heute mit dem Auto befährt, kann sich schwer vorstellen, wie lange es einst dauerte, sie zu Fuß zurückzulegen – so wie die Indianer und auch der Entdecker des Mississippi, Hernando de Soto, der dieses Gebiet bereits Mitte des 16. Jahrhunderts kartographierte. Später waren hier Händler unterwegs, die nach dem Verkauf der Ladung ihrer Schiffe diese in New Orleans zerlegten und als Bauholz verhökerten, weil sie für die Rückfahrt flussaufwärts nichts taugten.

Der Weg durch das Land der Choctaw- und Chickasaw-Indianer war nicht immer ohne böse Überraschungen, so dass um 1800 die Armee die Sicherung der Straße übernahm. Mit der Einführung des Dampfboots 1812 erlosch die Funktion des Trails, denn für Transport und Reisen begann eine neue Ära. Heute führt der Pfad an indianischen Hügelgräbern *(mounds)*, Schlachtfeldern des Bürgerkriegs und hübschen Kleinstädten vorbei, Elvis Presley's Geburtsstadt Tupelo eingeschlossen. Er bietet außerdem schöne Wanderwege, hervorragende Campingplätze und ein reiches Angebot für Kanufreunde.

Service & Tipps:

Natchez Trace Parkway
2680 Natchez Trace Pkwy.
Tupelo, MS 38804
© (662) 680-4025 oder 1-800-305-7417
Visitor Center, Tourenprogramme, Angel-, Picknick- und Campingplätze, Reit- und Wanderwege, Schwimmen, Bootfahren. Länge: 712 km/445 mi. Reisedauer: 2 Tage; am besten vom späten März bis April wegen der Blumenblüte und Sept./Okt. wegen des Herbstlaubs.

11 Oxford

90 km südöstlich von Memphis, 80 km östlich von Tupelo.

Mit Speck fängt man Mäuse, dachten die hiesigen Stadtväter, als sie sich um die Mitte des 19. Jahrhunderts den Namen Oxford aussuchten. Man wollte sich als Universitätsstandort empfehlen, und das klappte sogar. 1848 öffnete hier die University of Mississippi (kurz *Ole Miss* genannt) ihr Pforten. Aber nicht die Universität, sondern die Literatur William Faulkners machte den im leicht hügeligen Terrain des nördlichen Mississippi gelegenen Ort berühmt, den er *Jefferson* nannte – den Mittelpunkt in seinem fiktiven »Yoknapatawpha Coun-

Oxford: Regionalliteratur findet man bei Square Books

ty«. Auf dem Courthouse Square sitzt er in Bronze auf der Bank. Auch wer kein Kenner oder Fan des Autors ist, wird an dem freundlichen 12 000-Seelen-College-Städtchen Gefallen finden – an seiner historischen Architektur, seinen schattigen Straßen (etwa South Lamar Blvd.) oder einem Glas Wein auf dem Balkon der City Grocery.

Rowan Oak: Hier wohnte William Faulkner

Service & Tipps:

Oxford Tourism Council
107 Courthouse Sq.
Oxford, MS 38655
✆ (662) 234-4680 oder 1-800-758-9177
www.touroxfordms.com

Rowan Oak
Old Taylor Rd., 1/2 Meile südl. von Oxford, MS 38655
✆ (662) 234-3284, Di–Sa 10–12 und 14–16, So 14–16 Uhr, Fei geschl.
Hier wohnte der Nobelpreisträger William Faulkner und schrieb die meisten seiner Romane. Er kaufte das 1844 errichtete Haus und lebte hier bis zu seinem Tod 1962. Eintritt kostenlos.

Square Books
160 Courthouse Sq.
Oxford, MS 38655
✆ (662) 236-2262
Bekannte Buchhandlung mit gutem Sortiment an regionaler Literatur.

City Grocery
152 Courthouse Sq.
Oxford, MS 38655
✆ (662) 232-8080
Baskisches Geflügel, Peking-Enten und andere eklektische Gerichte lockern die Standard-Angebote von Steaks und Meeresfrüchten auf. Lunch ($) und Dinner. Cocktails auf dem Balkon. So geschl. $$

12 Port Gibson

Dass Port Gibson (ca. 2 000 Einwohner) vom Feuer verschont blieb, verdankt das Städtchen dem Nordstaaten-General Grant. »Zu schön zum Niederbrennen«, fand er. Heute bedeutet das praktisch Denkmalschutz. Eine unübersehbare Rarität des ohnehin kirchenreichen Städtchens (allein acht stehen an Church Street) bietet die **First Presbyterian Church** an der Hauptstraße. Auf ihrer Turmspitze deutet eine goldene Hand streng zum Himmel wie ein Finger Gottes. Die Erdenbürger können ihn durch das Grün der Bäume blinken sehen. Warnt er? Und wenn ja, wovor? Etwa vor den Gefahren des nahen Atomkraftwerks, das als gar nicht so sicher gilt? Wie auch immer, im Innern der Kirche leuchtet es, denn die Lüster des Mississippi-Dampfschiffs »Robert E. Lee« haben hier eine neue Bleibe gefunden.

Zwischen Natchez und Port Gibson geht es so richtig wildwüchsig zu. *Kudzu de luxe*, ein fleischiger Urwald aus hölzernen Tanzbären mit grünem Pelz. Das hört auch westlich von Port Gibson nicht auf, nicht bis zu den 23 Säulen der **Windsor Ruins**, einer malerisch ausgebrannten Residenz, die, zumindest für kurze Zeit, zu den verwegensten im Süden gehört haben muss. Sie überlebte die Attacken der Unionstruppen, nicht aber die lodernden Folgen der achtlos weggeworfenen Zigarette eines Partygastes um 1890, 30 Jahre nach ihrer Fertigstellung. Literarisch fand die Residenz Windsor Beachtung bei dem Mississippi-Lotsen Mark Twain, der die Säulen, wie er berichtet, als Orientierungspunkt nutzte. Auch filmisch kam der Ort zu Ehren: als Kulisse für den 1957 gedrehten Streifen »Raintree Country«, in dem Liz Taylor in die Rolle einer Southern Belle im Bürgerkrieg schlüpfte.

Service & Tipps:

Port Gibson/Claiborne County Chamber of Commerce
P.O. Box 491
Port Gibson, MS 39150
✆ (601) 437-4351

Windsor Ruins
Hwy. 522 W., westl. von Port Gibson, MS 39150
✆ (601) 437-4351
Tägl. von Sonnenauf- bis Sonnenuntergang
Ruinöse Reste von 23 Säulen einer 1860 von rund 600 Sklaven erbauten, einst berühmten, weil besonders aufwendigen Villa, die den Bürgerkrieg überstand, aber 1890 abbrannte. Um sie zu finden, muss man inzwischen genau hinsehen, denn sie sind fast zugewachsen.

Old Depot Restaurant & Lounge
1202 S. Market St. (parallel zu US 61, Höhe China St.)
Port Gibson, MS 39150
✆ (601) 437-4711
Im alten Bahnhof (1882) für Kind und Kegel, Schwarz und Weiß. Deftige Südstaatenkost (rote Bohnen und Reis, *po-boys, Seafood gumbo*), Lunch und Dinner. So/Mo geschl. $-$$

13 Tupelo

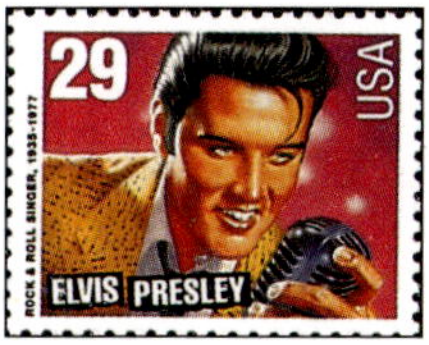

Kleinstadt mit ca. 30 000 Einwohnern, in der Elvis Presley am 8. Januar 1935 in einem einfachen Shotgun-Haus geboren wurde. Die Eltern: Vernon und Gladys Presley. 1948 zog die Familie nach Memphis. Im August 1999 veranstaltete die Stadt zum ersten Mal ein Elvis-Festival unter dem Motto A HOMETOWN TRIBUTE TO THE KING OF ROCK & ROLL. Inzwischen steht hier eine lebensgroße Statue des 13-jährigen Elvis (»Elvis at 13«) mit seiner ersten Gitarre. In Planung für Downtown Tupelo: ein großes **Classic Car Museum** mit raren Oldtimern.

Service & Tipps:

Tupelo Convention & Visitors Bureau
399 E. Main St., Tupelo, MS 38802
✆ (662) 841-6521 oder 1-800-533-0611
Fax (662) 841-6558, www.tupelo.net

Elvis Presley Birthplace
306 Elvis Presley Dr.
Tupelo, MS 38804-2812
✆/Fax (662) 841-1245
Mo–Sa 9–17, So 13–17 Uhr
Museum, Gedächtniskapelle und Souvenirladen. Eintritt $ 6.

Vanelli's
1302 N. Gloster St.
Tupelo, MS 38804
✆ (662) 844-4410
Italienisch und griechisch schmeckende Gerichte. Eigene Bäckerei. Reiche Salatbar. Cocktail Lounge. Lunch ($) und Dinner. $-$$

14 Vicksburg

Fleischiger Kudzu und viele Baumwollfelder umrahmen Vicksburg. Am besten begibt man sich gleich zum *vista point* bei den Kanonen oberhalb des Mississippi, von dem aus man nicht nur die beiden Brücken und das Flusspanorama überblicken, sondern auch nachvollziehen kann, warum Vicksburg im Bürgerkrieg strategisch so wichtig war. Wegen der überragenden Lage am Fluss galt die Stadt als uneinnehmbare Festung, als »Gibraltar der Konföderierten«. Letztendlich aber musste Vicksburg sich doch General Grants Armee und Admiral Porters Panzerschiffen ergeben.

An den Kanonen kann auch leicht eine Stadtrundfahrt beginnen, denn die Vicksburger Kurverwaltung hatte die geniale Idee, die Ampeln an den Straßenkreuzungen zu nummerieren. An den *washeterias* und Tankstellen stehen jugendliche Schwarze, viele mit Sonnenbrillen auch dann, wenn es donnert und schüttet. Sie bilden die Mehrheit dieser knapp 30 000-Seelen-Stadt. Baumwolle, Sojabohnen und Holz sind Vicksburgs wichtigen Wirtschaftsgüter, aber an erster Stelle steht die Tourismusindustrie.

Gospelchor in Cedar Grove, Vicksburg

Die **Cedar Grove Mansion** gehört zu ihren hervorragenden Leistungsträgern - eine grüne, von Vögeln bezwitscherte Villen-Oase mit adretten Klinkerwegen und alter Zisterne. Nach dem Regen durchzieht der schwüle Duft der Magnolienbäume den kleinen Paradiesgarten. Wie bei den meisten Museumshäusern ist man auch hier stolz darauf, dass noch ein paar Kugeln der Yankees in den Wänden stecken. Vicksburg hat wegen seiner spezifischen Rolle in der Kriegsgeschichte überhaupt den Kanonenboot-Tourismus gepachtet. Stundenlang fahren die Nostalgiker der Konföderation im weitläufigen **Vicksburg National Military Park** herum.

Jenseits der Bahnlinie treiben träge die braunen und grün gesäumten Fluten des **Yazoo River** vorbei. Er brachte die Stadt wieder ans Wasser zurückt, nachdem der Mississippi kurz nach dem Bürgerkrieg für einige Zeit seinen Lauf geändert und damit Vicksburg *high and dry* gelegt hatte. Durch den Bau des Yazoo Canal gelang es den Technikern, den Yazoo River praktisch ins alte Mississippi-Bett umzuquartieren und Vicksburg den Status einer Hafenstadt zurückzugeben.

Spätestens auf Cherry Street merkt man, wie hugelig die Stadt ist, in deren Steilufer sich einst die Menschen eingruben und in Höhlen versteckten, um während der 47-tägigen Belagerung dem Kugelhagel der Blauröcke zu entgehen. »Es waren eher Löcher, Tunnels, die in die senkrechten Lehmwände getrieben worden waren und sich dann Y-förmig im Innern verzweigten«, schreibt Mark Twain in »Vicksburg in der Kampfzeit«.

Dabei waren die Einwohner eigentlich eher widerwillige Rebellen, denn Vicksburg war eine Stadt der Händler und ein Sammelbecken für sehr unterschiedliche Nationalitäten, also von konföderiertem Starrsinn weit entfernt. Als der Staat Mississippi sich von der Union lossagte, war Vicksburg dagegen. Die Yankees beschossen sie trotzdem. Das brachte die Wende.

Als Vorzeigestück gilt das **Balfour House**, ein schlichter und wohl proportionierter Backsteinbau, dessen zierlicher Eingang eher wie ein Understatement wirkt, weil es auf die häufig pompöse Portikus-Dramaturgie verzichtet. Zum Schönsten der historischen Einrichtung zählt die spiralförmig geschwungene Treppe des Hauses, welches, als Vicksburg kapitulierte, den Siegern als Hauptquartier diente.

Unübersehbar auf dem höchsten Hügel der Stadt thront das klassizistische **Old Court House**, das auf eine lange Liste prominenter Besucher (Präsidenten, Generäle) zurückblickt und heute ein durchaus sehenswertes und kurzweiliges Stadtmuseum beheimatet. Das hübsche **Anchuca** wirkt nicht nur gastlich, sondern ist es auch - eine feine Country-Inn-Adresse und ein Vergnügen für Antiquitätenfreunde.

Wahrscheinlich würde man am **Martha Vick House** (1300 Grove St.) achtlos vorbeifahren, wäre da nicht ein wichtiges Stück Stadtgeschichte unterge-

bracht. Der unscheinbare Ziegelbau trägt den Namen der Tochter von Newit Vick, dem Methodistenpfarrer und Stadtgründer zu einer Zeit, als die Baumwolle noch im Kurs stand und Vicksburg zum bedeutenden Baumwollhafen machte. Die Nähe von Mississippi und Natchez Trace, der 1803 eröffnet wurde, steigerten seinen Standortvorteil noch.

Lebendigen Geschichtsunterricht möchte auch das **McRaven Tour Home** erteilen und kann es auch, weil nämlich seine einzelnen Bauabschnitte die verschiedenen Perioden der Siedlungsgeschichte widerspiegeln. Im weitläufigen Garten der Residenz, wo einst die heimischen Truppen campierten, werden heute zur allgemeinen Unterhaltung die alten Schlachten noch einmal geschlagen. Diesmal ohne Verlierer.

Service & Tipps:

Vicksburg Convention & Visitors Bureau
P.O. Box 110, SR 27 & Clay St.
Vicksburg, MS 39181-0110
✆ (601) 636-9421 oder 1-800-221-3536
Fax (601) 636-9475
www.vicksburgcvb.org

Mississippi Welcome Center
4210 Washington St.
(Brückennähe, ausgeschildert)
Vicksburg, MS 39180
✆ (601) 638-4269
www.visitmississippi.org
Tägl. 8–17 Uhr

Balfour House
1002 Crawford St.

Casinoschiff in Vicksburg

Vicksburg, MS 39180
✆ (601) 638-7113 oder 1-800-294-7113
Mo–Sa 9–17 Uhr
Feine Antebellum-Villa von ca. 1835. Eintritt $ 5.

Anchuca
1010 First East St.
Vicksburg, MS 39183
✆/Fax (601) 661-0111 oder
✆ 1-888-686-0111
www.anchucamansion.com
Do–So 12–16 Uhr
Stattliche Greek-Revival-Villa von ca. 1830. (*Anchuca* heißt »glückliches Haus« in der Sprache der Indianer.) Eintritt $ 5.

Martha Vick House
1300 Grove St.
Vicksburg, MS 39183
✆ (601) 638-7036
Mo–Sa 9–17, So 13–17 Uhr
In diesem Haus von 1830 wohnte die Tochter des Stadtgründers Newitt Vick; authentische Einrichtung aus dem 18. und 19. Jh. Eintritt $ 5.

McRaven Tour Home
1445 Harrison St.
Vicksburg, MS 39180
✆ (601) 636-1663
Mo–Sa 9–17, So 10–17 Uhr
Gut zweistündige, lohnende Führung Im weitläufigen Garten der Residenz aus der ersten Hälfte des 19. Jh., wo einst die Konföderierten campierten, werden heute die alten Schlachten noch einmal geschlagen. Bauphasen: 1797, 1836 und 1849. Eintritt $ 5.

Biedenharn Coca-Cola Museum
1107 Washington St.
Vicksburg, MS 39183-2959
✆ (601) 638-6514
Mo–Sa 9–17, So 13.30–16.30 Uhr
Joseph A. Biedenharn zog 1894 als erster Coca-Cola auf Flaschen. Heute lockt der Laden außer mit Coca-Memos mit reichlich Süßigkeiten. Eintritt $ 2.25.

Old Court House Museum
1008 Cherry St.
Vicksburg, MS 39180
✆ (601) 636-0741
Im Sommer Mo–Sa 8.30–16.30, So 13.30–16.30 Uhr, sonst kürzer
Eindrucksvoll thront dieses historische Museum (ca. 1858 errichtet) mit Glockenturm und Cupola über Vicksburg. Nach dem Unionssieg nahm General Grant vom Portikus eine Militärparade ab. Innen gibt es jede Menge Artefakte der Mississippi-Indianer, des Bürgerkriegs und der Dampfer-Ära zu sehen. Eintritt $ 3.

Vicksburg National Military Park
3201 Clay St., Vicksburg, MS 39183
✆ (601) 636-0583
www.nps.gov/vick
Einfahrt von US 80: Forts, Schützengräben und Artilleriestellungen. Auch Führungen. Eintritt $ 5 pro Fahrzeug.

Eddie Monsour's Restaurant & Lounge
127 Country Club Dr., (Clay St. stadt-

auswärts, rechts an Mission)
Vicksburg, MS 39180
✆ (601) 638-1571
Meeresfrüchte, Steaks und libanesische Küche. So geschl. $$

Jacque's Café In The Park
4137 I-20 Frontage Rd. (im Battlefield Inn; Clay St. stadtauswärts, links an Frontage Rd.)
Vicksburg, MS 39183
✆ (601) 638-5811
Cajun (Catfish) und gute Steaks. Nur Dinner.

Cedar Grove
2200 Oak St.
Vicksburg, MS 39180
✆ (601) 636-1000 oder
✆ 1-800-862-1300, Fax (601) 634-6126
www.cedargroveinn.com
Führungen tägl. 9–11 und 13–16 Uhr
Eintritt $ 6. – Gutes Restaurant (**Andre's**) mit romantischem Kerzenlicht und freundlichem Service. Mo geschl. $$-$$$

Die alljährliche **Vicksburg Spring Pilgrimage** (Ende März/Anfang April) ist keineswegs, wie Spötter meinen, die bloße Ausrede für den Frühjahrshausputz, sondern eine Gelegenheit, auch jene Antebellum-Häuser zu besichtigen, die in Privatbesitz und sonst nicht zugänglich sind. Pastellfarben gekleidete Petticoat-Damen öffnen dann Türen und Kabinette besonders weit.

Am »Bürgerkriegswochenende« Anfang Juli wird es laut in der Stadt, weil dann das kriegerische Szenario von 1863 rekonstruiert wird – mit Kanonengetöse und historischer Kostümschau.

Mississippi-Panorama bei Vicksburg

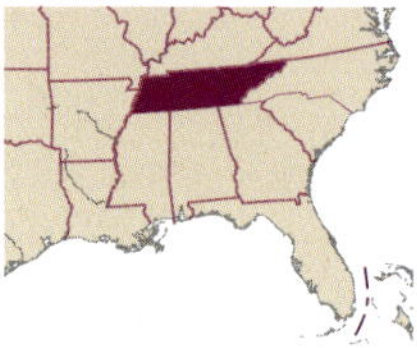

Tennessee

Memphis, Nashville und das östliche Tennessee

Tennessee und das Wasser … Land der Flüsse, Talsperren, Seen, Teiche, Wasserfälle und tropfenden Höhlen, so dass man angesichts dessen, was da so alles fließt, ruht, sich staut, gurgelt und strömt, Tennessee getrost zu den nassesten Bundesstaaten zählen darf. Vom behäbigen Mississippi im Westen bis zu den rauschenden Bächen im östlichen Bergland erhebt sich Tennessee aus den fruchtbaren Delta Plains über das sanft-hügelige Cumberland-Plateau in seiner Mitte weiter zu den waldreichen Höhen der Great Smoky Mountains im Osten. Vom Highway aus beeindruckt Tennessee durch liebliche Landstriche voller Baumwolle, Büsche, Hecken und gelber Wildblumenwiesen, ulkiger Kudzu-Figuren und schroffer Steinwände – und das stundenlang.

Wasser oder Musik – es fragt sich, wovon Tennessee mehr zu bieten hat. Bei der Musik hat es sich herumgesprochen, nicht nur wegen Memphis und Nashville. Schließlich geben jede Menge Newcomer und ganz und gar Unbekannte auf diversen Sessions, Festivals und Open-Air-Shows ihren musikalischen Ton an. Besonders im Frühjahr und Sommer greifen die Nachfahren der *hillbillies* in den Kaffs des Berglands zu Fiedel, Banjo und Harmonika und bringen ihre ruppigflotte Volksmusik zu Gehör, auch ohne dicke Plattenverträge und Millionenpublikum.

Wasser und Whiskey – auch die passen. Nicht zuletzt deshalb ist das pittoreske Lynchburg der Nabel der Sour-Mash-Produktion. Ein Besuch bei Mr. Jack Daniel's darf daher auf keiner Reise durch Tennessee fehlen.

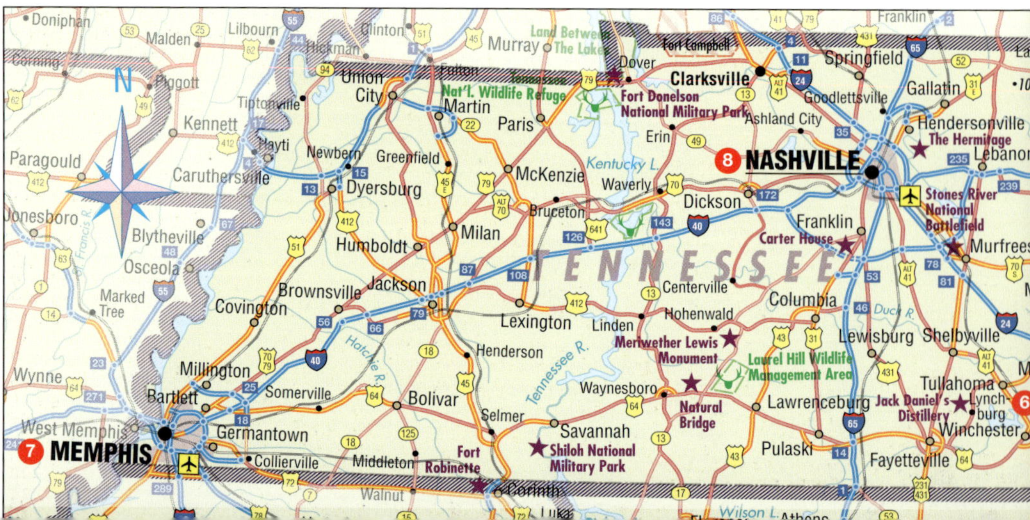

1 Chattanooga

»Pardon me, boys, is that the Chattanooga Choo Choo?« Dieser Frage von Meister Miller verdankt die Stadt eine Menge. Im Zweiten Weltkrieg avancierte der Song zur zweiten Nationalhymne; prompt kamen allen GIs die Heimweh-Tränen. Bis 1970 dampfte der gleichnamige Zug tatsächlich hier entlang. Dann war Feierabend, bis ein cleverer Investor den historisch und musikalisch bewährten Bahnhof von Chattanooga als eine Touristenattraktion wieder aufleben ließ.

Und so kann man heute die nostalgische Choo-Choo-Welt zu einer Stärkung nutzen. Wie heißt es bei Glenn Miller? »Dinner on the Diner, nothing could be finer.« Wem die Geheimnisse des Meeres wichtiger sind als Eisenbahn-Nostalgie, der ist mit dem **Tennessee Aquarium** an Broad Street gut bedient, denn was sich hier in rund zwei Millionen Liter Wasser tummelt, ist bemerkenswert.

Service & Tipps:

Chattanooga Area Convention & Visitors Bureau
2 Broad St., Chattanooga, TN 37402
✆ (423) 756-8687 oder 1-800-332-3344
www.chattanoogafun.com
www.chattanoogameetings.com
Tägl. 8.30–17.30 Uhr

Hunter Museum of American Art
10 Bluff View
Chattanooga, TN 37403-1197
✆ (423) 267-0968, Fax (423) 267-9844
www.huntermuseum.org
Di–Sa 9.30–17, So 12–17 Uhr
Hoch über dem Fluss: beachtliche Sammlung amerikanischer Malerei (u.a. Winslow Homer und Andrew Wyeth), Plastik und Fotografie vom 19. Jh. bis heute. Vom Skulpturengarten auf dem Dach hat man schöne Aussichten auf den Tennessee River. Eintritt $ 5/2.50.

Tennessee Aquarium
1 Broad St.
Chattanooga, TN 37402
✆ (423) 265-0695 oder
✆ 1-800-262-0695
Fax (423) 785-2029, www.tnaqua.org
Im Sommer Mo–Do 10–18, Fr–So 10–20, sonst tägl. 10–18 Uhr
Eins der größten Süßwasser-Aquarien der Welt mit über 4 000 Tier- und Pflanzenarten. Plus IMAX-3-D-Theater. Eintritt $ 14/7.50.

Chattanooga Choo-Choo
1400 Market St.
Chattanooga, TN 37402
✆ (423) 266-5000 oder
1-800-872-2529
www.choochoo.com
Bahnhof aus der Zeit um 1900, bis 1970 in Gebrauch, heute ein Hotel. Restaurierte Waggons, in denen man übernachten kann – Komfort auf dem Abstellgleis. Modelleisenbahn, Restaurant. Eintritt $ 3/1.50.

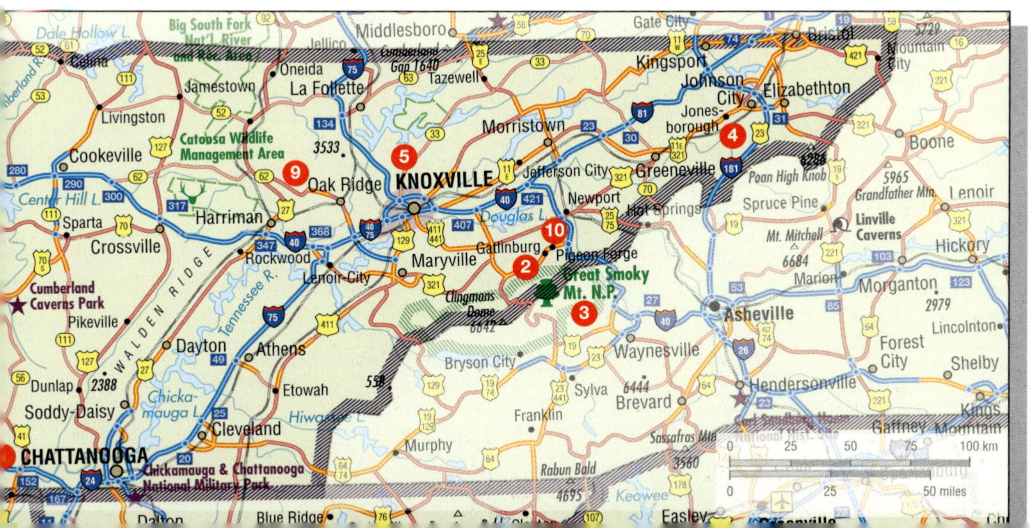

REGION 11
Tennessee

Die Blues-Sängerin Bessie Smith (1895-1937) wurde in Chattanooga geboren und verunglückte tödlich auf der Fahrt zu einem Konzert zwischen Memphis und Clarksdale. Ihr Tod inspirierte Edward Albee zu dem Theaterstück »The Death of Bessie Smith«

212 Market Restaurant
212 Market St. (gegenüber vom Aquarium), Chattanooga, TN 37402
✆ (423) 265-1212
www.212market.com
Südwest-Dekor, internationale Küche – ob Suppen oder Lachs, Wild, Lamm oder Ente. Cocktail Lounge. Lunch ($) und Dinner. $$-$$$

Sushi Nabe
6921 Lee Hwy. (Hamilton Place Area), Chattanooga, TN 37421
✆ (423) 899-5049
Tempura, sashimi, chicken teriyaki (in reichlichen Portionen) und ergiebige Sushi-Bar. Cocktails. Lunch ($) und Dinner. $-$$

Smokey's Barbeque
3850 Brainerd Rd.
Chattanooga, TN 37411
✆ (423) 622-8996
Deftiges Familienrestaurant mit würzigem BBQ beim Sportfernsehen. Nur Bier. Lunch ($) und Dinner. So abends geschl. $-$$

Fehn's Restaurant
5435 Hwy. 153
Chattanooga, TN 37343
✆ (423) 877-1615
Familienbetrieb mit schmackhaften Meeresfrüchten. Cocktailbar. Nur Dinner. So/Mo geschl. $-$$

Ausflugsziele:

RUBY FALLS und **ROCK CITY!** Steht auf Scheunendächern ringsum zu lesen. Der Werbegag wurde 1936 kreiert, und über lange Jahre waren die PR-Leute von Rock City die erfolgreichsten Dach-Werber. »Auf dem Höhepunkt von 1956 hatten wir mehr als 800 dekorierte Schuppen in 18 Staaten. Bis rauf nach Kanada und so westlich wie Texas. Ich habe gehört, eine Scheune mit SEE ROCK CITY stände sogar an einer Straße zwanzig Meilen von San Francisco«, erzählt der heutige Manager der Touristenattraktion von Rock City. Einen schweren Schlag für die Text-aufs-Dach-Idee brachte 1965 der *Highway Beautification Act*, ein staatliches Verschönerungsprogramm, das den Wildwuchs der Reklame an den Highways zurückstutzen sollte. Viele der SEE ROCK CITY-Zeichen verschwanden von der Bildfläche. Sie wurden übertüncht, obwohl feststand, dass in manchen Fällen die Farbe auf dem Dach das Einzige war, was die baufälligen Scheunen noch zusammenhielt.

Service & Tipps:

Ruby Falls
1720 Lookout Mountain Scenic Hwy. (SR 148), Chattanooga, TN 37409
✆ (423) 821-2544, www.rubyfalls.com
Ganzjährig tägl. 8–20 Uhr
Seit 70 Jahren eine der berühmtesten Touristenattraktionen im Süden: illuminierte Wasserfälle (ca. 50 m hoch) in den Lookout-Mountain-Höhlen, zu dem ein Aufzug herabfährt. Eintritt $ 13/6.

Rock City Gardens
1400 Patten Rd., Lookout Mountain, GA 30750, 5 Meilen südwestl. von Chattanooga via SR 58 und SR 157
✆ (706) 820-2531
www.seerockcity.com
Im Sommer tägl. 8.30–20 Uhr
Pfade und Schwingbrücken winden sich durch Tunnels und Höhlen der Sandsteinformationen. Schöne Aussichten vom Gipfel. Eintritt $ 13/7.

2 Gatlinburg

13 km südlich von Pigeon Forge.

Die Zeiten, in denen hier die Schaukelstühle auf den Veranden wippten und Gäste in simplen Hütten nächtigten, sind längst vorüber. Inmitten der stillen Berge kann Gatlinburg einen argen Schock bewirken, nicht nur, weil man schwer einen Parkplatz findet, sondern auch wegen des Überangebots an Souvenirshops, Minigolfplätzen, Imbissbuden, Flipperhallen und 08/15-Motels. Die Shops im Chalet-Stil sorgen für die Karikatur eines Schweizer Dorfs am Eingang zum Great Smoky National Park.

Service & Tipps:

Gatlinburg Department of Tourism
234 Airport Rd.
Gatlinburg, TN 37738
✆ (865) 436-2392 oder 1-800-343-1475
www.gatlinburg-tennessee.com

Great Smoky Arts and Crafts Community
US 321, 5 km östl. von
Gatlinburg, TN 37738
✆ (865) 671-3600
www.smokyarts-crafts.com
Kooperative von Kunsthandwerkern, die ihre Waren in den Shops und Studios zugleich herstellen und verkaufen. Restaurant.

The Park Grill
1110 Parkway
Gatlinburg, TN 37738
✆ (865) 436-2300
www.parkgrillgatlinburg.com
Die als Park Ranger verkleidete Bedienung passt zum rustikalen Lodge-Charakter des Lokals ebenso wie zur Küche: Steaks, Lamm und Geflügel. Aber auch Vegetarisches, Fisch und Pizza. Bar. Nur Dinner. $$

Burning Bush Restaurant
1151 Parkway
Gatlinburg, TN 37738
✆ (865) 436-4669
Gemütliches Plätzchen mit Grillspezialitäten und schönen Aussichten. Cocktailbar. Frühstück, Lunch ($) und Dinner. $-$$

Smoky Mountain Trout House
410 N. Parkway
Gatlinburg, TN 37738
✆ (865) 436-5416
Die Zuchtforellen werden in 12 verschiedenen Varianten der Zubereitung angeboten. Nur Dinner. $$

3 Great Smoky Mountains National Park

Die **Great Smoky Mountains** am Südende des Gebirgszugs der Appalachen sind mit knapp zehn Millionen Besuchern im Jahr der meistbesuchte Nationalpark der USA – noch vor dem Grand Canyon.

Die Cherokee-Indianer, die hier seit mehr als 10 000 Jahren ansässig sind, erfanden den Namen »Land of Thousand Smokes«. Die Berglandschaft ist inzwischen zu einem Reservat am Südrand des Nationalparks geschrumpft. Rund 8 000 Indianer leben heute in den Canyons, Bergen und auf dem umgebenden Farmland von North Carolina unter Selbstverwaltung, im größten Reservat östlich des Mississippi. Auf der landschaftlich attraktiven US 441 kann man in die Berge (Newfound Gap Rd.) fahren und parallel zu einem Teil des Appalachian Trail zum **Clingman's Dome**, der traumhafte Aussichten gewährt.

»Mountain Music« und andächtige Zuhörer

Service & Tipps:

Great Smoky Mountains National Park
107 Park Headquarters Rd.
Gatlinburg, TN 37738
✆ (865) 436-1200, www.nps.gov/grsm
Reiche Flora und Fauna, Wandern, Angeln und Reiten. Diverse Besucherzentren. Eintritt frei.

4 Jonesborough

Auf den ersten Blick zählt Jonesborough zu jenen typischen amerikanischen Kleinstädten, in denen die Welt rundum in Ordnung ist. Jeder kennt jeden und alle sind freundlich, zueinander wie zu Fremden – ein bescheidener Kosmos von rund 4 000 Menschen, die nichts anderes im Sinn zu haben scheinen, als unbeirrt jene Ideale zu verkörpern, die Thornton Wilder in seinem Nachkriegsstück »Unsere kleine Stadt« so rührend auf die Bühne gebracht hat.

Die altmodische Schreibweise von Jonesborough, die der Vereinfachung von »borough« zu »boro« getrotzt hat, bestätigt diese Eindrücke nicht nur, sondern beruft sich darüber hinaus auf gute Gründe, denn schließlich ist dies die älteste Stadt von Tennessee, und sie wird respektvoll von manchen auch als dessen »Mutter« gesehen. Im Jahr 1779 gegründet, wurde Jonesborough fünf Jahre später sogar Hauptstadt des so genannten *State of Franklin* – eine eigensinnige und von niemandem jemals anerkannte Staatsgründung auf einem von North Carolina an die Bundesregierung abgetretenen Territorium. Die Region fühlte sich daraufhin im Stich gelassen und den Drang, zu den Gründerstaaten zu gehören. Doch der Versuch, sich als 14. im Bunde mit den 13 ursprünglichen Gründerstaaten zu etablieren, war von kurzer Dauer. North Carolina nahm sich das Land gewaltsam zurück, es floss Blut, und den Bürgern von Jonesborough blieb fortan nur das nostalgische Andenken an den »Lost State of Franklin«.

Main Street in Jonesborough, Tennessee

An seiner Stelle entstand das heutige Tennessee; 1796 trat es als 16. Staat der Union bei. Jonesborough wurde wichtige Wegstation der Pioniere in Richtung Westen und tat sich vor allem im Presse- und Verlagswesen mit Anti-Sklaven-Publikationen hervor. Die mehr oder weniger offenen Sympathien für die Union bescherten der Stadt vergleichsweise harmlose Visiten der Konföderierten.

Main Street, überragt vom Washington County Courthouse, dient auch Jonesborough als Aushängeschild. Wie anderswo ähnlich, präsentiert es sich als gefällige Mixtur der unterschiedlichsten Stile. Kein Wunder, denn die Baumeister waren meist keine gelernten Architekten, sondern Zimmerleute und andere Handwerker, die dem jeweils herrschenden Zeitgeschmack unbekümmert hinterherbauten. Außerdem mischten die Hausbesitzer kräftig mit. So kommt es, dass Main Street letztlich eine muntere Kombination von Versatzstücken aus dem klassizistischen und viktorianischen Baukasten darstellt. Die Läden präsentieren vorwiegend lokales Kunsthandwerk, Keramik, Bleiverglasung und immer wieder Quilts, die vor Ort geknüpft werden. Überhaupt übt das Städtchen eine starke Anziehungskraft auf die traditionellen Handwerkerberufe aus. So werden etwa in alter Manier und mit historischen Werkzeugen Möbel hergestellt.

Es passt also ins Bild, dass sich ausgerechnet Jonesborough um die Renaissance der Plaudertaschen, das *storytelling*, verdient gemacht hat. Hier treffen sich die Erzähler, um ihre Anekdoten, Legenden und Lügengeschichten zum Besten zu geben – zur Unterhaltung, aber auch, um sie vor dem Vergessen zu bewahren. Der jährliche Treff der *storyteller* basiert auf einer Tradition mündlicher Erzählkultur, deren Repertoire aus späten und insgesamt pragmatischeren Nachkommen der europäischen Märchen besteht. Den Geschichten fehlen durchweg nicht nur die übernatürlichen und fantastischen Züge, sie sind auch insgesamt kürzer, humoristischer und werden meist von Männern erzählt. ***Storytelling sessions*** gibt es heute vielfach im Süden, vom Okefenokee-Swamp in Georgia bis zum Mississippi-Delta. Die Gebrüder Grimm hätten ihre helle Freude gehabt, und selbst Baron Münchhausen hätte noch dazulernen können.

Die wortgewaltigen Vorträge bilden gewissermaßen die sprachliche Variante der in Tennessee verbreiteten *popular culture*, nur sind sie weit weniger populär und international vermarktet als Elvis Presley in Memphis oder der Country & Western-Sound von Nashville. Ein paar Bücher mit Originaltexten, ein paar Kassetten mit O-Ton, das ist es auch schon.

Service & Tipps:

Historic Jonesborough Visitors Center
117 Boone St.
Jonesborough, TN 37659-0375
© (423) 753-1010 oder 1-800-400-4221
Fax (423) 753-1020
www.jonesborough.tricon.net
Mo–Fr 8–17, Sa 10–17, So 13–17 Uhr
Informationen, Diashow und wechselnde Ausstellungen zur Stadtgeschichte.

International Storytelling Center
116 W. Main St.
Jonesborough, TN 37659
© (423) 753-2171 oder 1-800-952-8392
Fax (423) 913-8219
www.storytellingcenter.net
Di–Sa 10–17 Uhr
Das Haus mit der hübschen Holzveranda entstand Ende des 18. Jh. und hat nicht nur zahlreiche Präsidenten beherbergt, sondern auch Charles Dickens. Heute residiert hier das Info-Zentrum zum Thema Storytelling, Souvenirshop; in den Sommermonaten gibt ein Erzähler Geschichten zum Besten.

Tennessee Quilts
114 Boone St.
Jonesborough, TN 37659
© (423) 753-6644
www.tennesseequilts.com
Mo–Sa 10–17 Uhr
Regionale Quilt-Decken; Material und Anregungen zum Selbermachen.

Main Street Cafe
117 W. Main St.
Jonesborough, TN 37659
© (423) 753-2460
Deli im alten Postamt – auch zum Draußensitzen. Mo–Fr 11–19, Sa 11–16 Uhr. So und an Feiertagen geschl.

The Parson's Table
100 W. Woodrow Ave.
Jonesborough, TN 37659
© (423) 753-8002
Artig dekorierter Speiseraum in einer Kirche von 1870. Dinner Di–So, Lunch Di–Sa, So Buffet. $$

Wichtigstes Fest:
Das berühmte **National Storytelling Festival** mit über 80 Geschichtenerzählern am ersten Oktoberwochenende. Zimmerreservierung dringend angeraten.

Indianer als Geschichtenerzähler auf dem jährlichen Storytelling Festival in Jonesborough

5 Knoxville

Am Zusammenfluss von Holston und Tennessee River nistet Knoxville, die führende Industrie- und Handelsstadt im Osten des Staates, Sitz auch der University of Tennessee und der Tennessee Valley Authority (TVA), der einzigen Behörde für koordinierte Regionalplanung in den USA. Die Gesellschaft ist für die gesamte Wasserbewirtschaftung von Tennessee zuständig und damit für die Stromversorgung und Bodenpflege, Überschwemmungen, Wiederaufforstung, industrielle Diversifikation und die Anleitung der Farmer bei der Wahl geeigneter Düngemittel.

Service & Tipps:

Knoxville Tourism and Sports Corporation
601 W. Summit Hill Dr., Suite 200B
Knoxville, TN 37902
✆ (865) 523-7263 oder 1-866-790-5373
Tägl. 8.30–17 Uhr

Knoxville Museum of Art
1050 World's Fair Park Dr.
Knoxville, TN 37916-1653
✆ (865) 525-6101
www.knoxart.org
Di/Mi 12–18, Do/Fr 12–21, Sa/So 11–17 Uhr
Ansehnliches Gebäude: ständige Sammlung zeitgenössischer amerikanischer Kunst. Wechselausstellungen. Museumscafé und -shop. Eintritt (Spende) $ 5/0.

Litton's Market & Restaurant
2803 Essary Rd.
Knoxville, TN 37918
✆ (865) 688-0429
Vorn ein bisschen wie in den 1950er Jahren: dicke Steaks, saftige Hamburger, Fisch zu guten Preisen. Im Back Room geht's etwas vornehmer zu. Cocktails. Lunch ($) und Dinner. So geschl. $-$$

Calhoun's on the River
400 Neyland Dr.
Knoxville, TN 37902
✆ (865) 673-3355
Schöne Lage am Flussufer, klassische BBQ-Gerichte. Auch zum Draußensitzen. Lunch und Dinner. $-$$

Regas
318 N. Gay St.
Knoxville, TN 37917
✆ (865) 637-3427
Seit 1919 amerikanische Küche mit reichlichen Portionen. Gemütlich und beliebt. Lunch ($-$$) und Dinner. $$-$$$

Copper Cellar
1807 W. Cumberland Ave.
(gegenüber der Uni)
Knoxville, TN 37919
✆ (865) 673-3411
www.coppercellar.com
Oben dominieren die Vorspeisen, unten die Hauptgerichte: Steaks und Fisch. Lunch ($), Dinner, Cocktails. $$

6 Lynchburg

Lynchburg liegt an der Quelle – an der Quelle des Whiskeys, denn hier liegt die **Jack Daniel's Distillery**, wo 1866 der unter Kennern beliebte *Tennessee Sour Mash* erfunden wurde. Nüchtern und anschaulich wird den Besuchern die Genesis des Unternehmens vorgeführt. Der Whiskey-Export geht heute in über 100 Länder.

Von jeher erwächst er aus Mais, Roggen, Gerstenmalz und mineralienfreiem Wasser aus der Quelle der nahen Kalksteinhöhle, die Mr. Jack einst kaufte. Die Maische wird gekocht und gärt dann in riesigen Schüsseln, anschließend sickert das Destillat durch einen Berg zertrümmerter Holzkohle.

So erfolgreich sein alkoholisches Imperium, so traurig das Ende von Mr. Jack. Er trat gegen seinen Tresor, brach sich den Zeh, der sich entzündete, so dass trotz Amputation letztlich nichts mehr zu retten war.

Pittoresk: County Courthouse in Lynchburg

Pikanterweise liegt die Brennerei in einem *dry county*, so dass man zwar ein Fläschchen mitnehmen, es aber vor Ort nicht öffnen darf. Das Auge des Gesetzes ruht überhaupt sehr streng auf den Destillateuren. An den Fabriktoren baumeln dicke Schlösser der Finanzbehörden, damit kein Tropfen das Haus verlässt, bevor er nicht in der melde- und steuerpflichtigen Flasche gelandet ist. Würde man sich der Schlösser entledigen, wären zur Strafe die Steuern für den stets vier Jahre lagernden Gesamtbestand in den dicken Fässern im Voraus fällig. Die Verkoster, die regelmäßig über die Qualität der scharfen Sachen wachen, müssen vor ihrer Einstellung bis ins dritte Glied ihres Familienstammbaums nachweisen, dass sie und die ihren niemals Schluckspechte waren – *that they don't swallow*.

Schwer fasslich: Whiskeyversand bei Jack Daniel's

Das hübsche Lynchburg liegt bei der Brennerei um die Ecke. Sein alter Marktplatz scheint dem amerikanischen Bilderbuch entsprungen, gerade recht für einen Kaffee oder ein Sandwich (die besten gibt's im Deli-Laden). Eine ehemalige Tankstelle serviert neuerdings Cappuccino, aber die meisten hier wissen nicht einmal, wie man das Wort ausspricht und fragen sich, ob Lynchburg wirklich so was braucht. Erst kürzlich ging eine Sonnenbank pleite, weil fehl an einem Platz, wo jeder alles tut, um die Sonne zu meiden und ein schattiges Plätzchen zu finden. Auch ein Gourmet-Restaurant hielt nicht lange durch, weil verliebte oder sonstige Pärchen, wenn sie überhaupt aus essen gehen, dafür zumindest in den nächsten Ort fahren, anstatt gerade dorthin, wo jeder der 400 Einwohner sie kennt.

Nein, in Lynchburg möchte man mit dem Fortschritt so wenig wie möglich zu tun haben. Schließlich hat man irgendwann einmal begriffen, dass es einträglicher ist, wenn man die Zeit einfach stillstehen lässt. Das fällt auch bei Jack Daniel's auf, denn dort hat man das mit dem Personal genauso gemacht. Die meisten Arbeiter wirken wie muntere Rentner, wie Leute, die zum Inventar gehören, weil sie schon immer hier waren. Sie treten auch in den TV-Werbespots auf. Wenn die Besucher dann die Akteure wiedersehen, die sie aus der Fernsehwerbung kennen, dann steigert das Glaubwürdigkeit und *corporate identity* gleichermaßen.

Service & Tipps:

ⓘ **Lynchburg-Moore County Chamber of Commerce**
P.O. Box 421
Lynchburg, TN 37352
✆ (931) 759-4111

Jack Daniel's Distillery
Hwy. 55, Lynchburg, TN 37352
✆ (931) 759-6180,
www.jackdaniels.com
Tägl. einstündige Führungen 9–16.30 Uhr
1866 gegründete und damit älteste Brennerei des Landes. Eine große Quelle in unmittelbarer Nähe entschied über die Wahl des Standorts. Die (kostenlose) Führung durch die Genesis des berühmten *Sour Mash Whiskey* umfasst weite Wege und viele Treppen.

7 Memphis

Ausnahmsweise darf hier einmal ein Hotel den Anfang machen, denn seine Lobby gilt seit alters her sprichwörtlich als der eigentliche Beginn des Mississippi Deltas: die hinreißende Empfangshalle des **Peabody Hotels**, wo in der frohen Cocktailrunde, untermalt von dezenten Klängen des Flügels, die berühmten hauseigenen Enten sorglos im Brunnen plantschen. Tag für Tag und stets genau bis 17 Uhr. Dann erscheint der Enten-Trainer und nötigt die gefiederte Schar über den roten Teppich in Richtung Aufzug, der sie zum Nachtquartier auf dem Hoteldach befördert. Das kuriose Ritual zieht täglich Scharen an. Beim Auf- und Abmarsch der Entenparade, um 11 Uhr morgens und, wie gesagt, um 17 Uhr am Nachmittag, herrscht Gedränge am Teppichrand beim Kampf um den besten Fotowinkel.

Ja, das »Peabody«! Es ist zwar nicht gerade das Waldorf-Astoria, aber dennoch eins der Grandhotels, die zwischen Boston und San Francisco querbeet durch die USA konservative Eleganz auf Lager halten, die ihren auf optimale Raumausnutzung getrimmten modernen Nachfolgern fremd ist. Der Riesenkasten, seit über 100 Jahren Inbegriff südstaatlicher Gastfreundlichkeit, wurde erst in den frühen 1950er Jahren mit privaten Mitteln wieder funktionstüchtig gemacht, ein Signal, das in der damals schon totgesagten Downtown eine städtebauliche Wende einleitete.

Sie ist keineswegs abgeschlossen, denn die Mittel sind begrenzt – trotz der Dollars der Elvis-Pilger, die wie Sterntaler ins Stadtsäckel purzeln. Baumwollbörse, Holzhandel, chemische Industrie und Universität allein jedenfalls reichen nicht, um genügend Fremde in die Fast-Millionenstadt zu locken, in der übrigens mehrheitlich Schwarze leben. Unvermindert treffen daher noch hypermoderne Pyramiden-Architektur (Memphis!) und ramponierte Jahrhundertwende, Bausünden und vereinzelte Stadterneuerungen, gegenwärtige Leere und historische Schmuckstücke aufeinander. **Beale Street**, die bekannteste Straße der Stadt, bildet die Ausnahme, denn man hat sie über die Jahre ansehnlich aufgepäppelt. Der schwarze Musiker, Bandleader und »Vater des Blues«, W. C. Handy (1873–1958), machte sich mit dem »Beale Street Blues« unsterblich. Kurz zuvor erschien sein ebenfalls legendärer »Memphis Blues«, der erste Blues, der überhaupt verlegt wurde. Das war am Anfang des Jahrhunderts, als Beale Street das Zentrum der Habenichtse und armen Baumwollpflücker bildete, mit Pfandhäusern, Prostitution, Tanzschuppen und Saloons. Doch je populärer der Blues wurde, umso mehr geriet dessen Wiege ins Hintertreffen. Handy verließ Memphis und ging nach New York, und in den 1930er Jahren machte die Depression viele Läden der Straße dicht. Nachts wurde sie unsicher; 1950 bezeichnet den Tiefpunkt ihrer Geschichte.

Entenparade im Peabody Hotel, Memphis

Der Blues ist zurück. Nicht nur bei den jährlichen Musikfesten – dem **Beale Street Music Festival** oder dem **Cotton Carnival** (beide im Mai), dem Mardi Gras von Memphis. Ob Blues, Ragtime oder Dixie, Pop oder Bluegrass – viel Live-Musik tönt durch die zahlreichen Clubs, Bars und Restaurants in Downtown.

Von Beale Street ist es zu Fuß nicht weit zum Fluss, vorbei an der nett hergerichteten Main Street, über die die aus Portugal importierte, putzige Straßenbahn fährt. Die alten Lagerhallen am **Cotton Row Walk** schlagen ein weiteres Kapitel der Stadtgeschichte auf. Im vorigen Jahrhundert brüstete sich Memphis nämlich mit Recht, größter Sklavenmarkt des Südens und die »Cotton Capital of the World« zu sein. Maulesel brachten die Ballen von den fruchtbaren Böden des Umlandes zu den

Gänse beim Betrachten der Skyline von Memphis, Tennessee

Docks am Fluss. In diese Boom-Zeit fielen auch die berühmt-berüchtigten Dampferwettfahrten, die freilich nicht immer nur unterhaltend waren. Da explodierte auch schon mal ein Dampfkessel oder übersprühende Funken setzten die hölzernen Hochzeitstorten im Nu in Brand. Hunderte kamen dabei um.

Die Zeiten, als Memphis noch berühmter war als New Orleans, sind allerdings längst passé. Die für den Süden schlechthin traurige Periode, die *Reconstruction* nach dem Bürgerkrieg, setzte der Stadt hart zu. Erst langsam hat sie sich seither erholt und zuletzt auch teilgenommen am Aufschwung im Neuen Süden. Sicher, die beiden letzten Überlebenden der Superdampfer, die »Mississippi« und die »Delta Queen«, kommen immer noch vorbei, aber sie tun nur so, als dampften sie um die Wette. Auch der Fluss ist längst gezähmt, die Lustfahrten nicht minder. Und doch spricht nichts dagegen, am Spätnachmittag oder frühen Abend mit der »Memphis Queen« auf die mächtigen Fluten hinauszufahren, deren Ähnlichkeit mit dem Nil der Stadt 1819 ihren ägyptischen Namen einbrachte.

Service & Tipps:

Memphis Convention & Visitors Bureau
47 Union Ave., Memphis, TN 38103
✆ (901) 543-5300 oder 1-800-873-6282
Fax (901) 543-5350
www.memphistravel.com

Tennessee Visitors Information Center
119 N. Riverside Dr. (Höhe Mud Island)
Memphis, TN 38103
✆ (901) 543-5333
Im Sommer tägl. 9–18, sonst 9–17 Uhr

The National Civil Rights Museum
450 Mulberry St.
Memphis, TN 38103
✆ (901) 521-9699, Fax (901) 521-9740
www.civilrightsmuseum.org
Mo–Sa 9–17, So 13–17 Uhr
Museum auf dem Grundstück des **Lorraine Motel**, wo M. L. King 1968 einem Attentat zum Opfer fiel, mit Exponaten zur Geschichte der amerikanischen Bürgerbewegung. Eintritt $ 10/6.50.

Memphis Rock 'n' Soul Museum
145 Lt. George W. Lee Ave.
Memphis, TN 38103
✆ (901) 543-0800, Fax (901) 543-0888
www.memphisrocknsoul.org
Mo 10–17, Di–So 10–16 Uhr
In Zusammenarbeit mit der Smithsonian Institution: eine Retrospektive der Ursprünge des Blues, Soul und Rock 'n' Roll. Eintritt $ 8.50.

Mark Twain im Museum

Stax Museum of American Soul Music
926 E. McLemore Ave.
Memphis, TN 38106
© (901) 946-2535, Fax (901) 948-8560
www.soulsvilleusa.com
März–Okt. Mo–Sa 9–16, So 13–16, Nov.–Feb. Mo–Sa 10–16, So 13–16 Uhr
Das 2003 eröffnete Museum dokumentiert die Geschichte der Soul-Musik auf dem Gelände der ehemaligen Stax Studios in Soulsville. Museumsshop. Eintritt $ 9/6.

Center for Southern Folklore & Cafe
119 S. Main St. (Pemproke Sq. am Peabody Place)
Memphis, TN 38103
© (901) 525-3655
Fax (901) 525-3945
www.southernfolklore.com
So–Mi 11–19, Do–Sa 11–23 Uhr
Private, Non-profit-Organisation rund um die regionale Volkskunst: Live-Musik, Memphis-CDs, Kunstgewerbe, Bücher, Blues Brunch, Gospelkonzerte, Filme. Kaffee und Snacks.

Mississippi River Museum
125 N. Front St. (Mud Island)
Memphis, TN 38103
© (901) 576-7233, Fax (901) 576-6666
www.mudisland.com
Im Sommer tägl. 10–20, sonst 10–17 Uhr, Mo geschl.
Der klobig wie ein betoniertes Fort wirkende Museumskomplex und Ausstellungspark liegt auf Mud Island, einer Flussinsel in Höhe von Downtown Memphis, leicht zu erreichen vom Riverside Drive aus zu Fuß oder mit der Monorail, einer Art Schwebebahn.

Neben einem aus labyrinthischen Gängen und diversen Galerien gebauten Museum, das die Siedlungs- und Kulturgeschichte der Region seit der Zeit der prähistorischen Indianer veranschaulicht, gibt es beeindruckende Schiffsmodelle zu sehen. Hauptattraktion ist jedoch das fließende Modell des Mississippi. Da man im Gegensatz zur braunen Brühe des Originals durch das Wasser des Modells hindurchblicken und dabei Grund und Untiefen erkennen kann, versteht man plötzlich die Lotsenängste eines Mark Twain besser. Nirgendwo kommt man jedenfalls dem Fluss trockeneren Fußes so nah wie hier – man kann sogar über ihn springen. Und die Kinder können plantschen. Eintritt $ 8.

Hunt-Phelan Home
533 Beale St.
Memphis, TN 38103
© (901) 344-3166 und 1-800-350-9009
Fax (901) 332-1636
www.hunt-phelan.com
Führungen März bis Memorial Day tägl. 10–17, Memorial bis Labor Day tägl. 9–17, sonst Do–Mo 10–17 Uhr
Edle Villa von 1828–1832 mit wertvollen Möbeln und Kunstgegenständen. Eintritt $ 10.

Elvis Presley's Graceland
3765 Elvis Presley Blvd. (US 51S)
Memphis, TN 38168-0508
© (901) 332-3322 oder
© 1-800-238-2000, www.elvis.com
Im Sommer Mo–Sa 9–17, So 10–16, sonst Mi–Mo 10–16 Uhr
Start- und Endpunkt der klimatisierten Bustour ist ein Shopping Center: klingende Andenken gegen klingende Münze. Der Handel mit CDs und Fotos blüht. Hier, wo früher Wiesen grünten, grasen heute Touristen die Souvenirregale ab. Im August ist hier besonders viel los und Geduld gefragt, dann jährt sich der Todestag der Ikone, der 16. August 1977.

Doch es geht nicht nur ums Geschäft. Den meisten Fans ist auch wichtig, über *ihn* zu sprechen. Einer im Laden erzählt: »Am Radio hielten sie ihn anfangs für einen Schwarzen, wegen seiner Stimme.« Elvis hörte damals die bei Weißen verpönten schwarzen Radiosender und spielte die Musik der Ghetto-Idole auf einer billigen Gitarre nach. Erst später tauschte er sie gegen jene ein, von der man sagt, sie hätte die Welt verändert. Auch das Personal lässt sich mitreißen. »Gott hat ihn uns nur geliehen. Daher sein früher Tod«, erklärt die Verkäuferin mit glänzenden Augen im Coffee Shop in der Nähe von Graceland.

Ab und zu zieht die eine oder andere Verkäuferin unterm Ladentisch die wahren Sachen hervor: Amateurfotos vom *King*, Familienbilder, die noch nicht millionenfach vervielfältigt wurden, alle eigentlich unverkäuflich. Aber dann doch nicht.

Anschließend folgt die Besichtigung von Haus und Grab. Graceland Mansion: das mit Memorabilien vollgestopfte langjährige Wohnhaus von Elvis, Garten und Grab des Meisters. Sie signalisierte seinerzeit den Aufstieg ihres Eigentümers – angesichts der bescheidenen Hütte, in der er geboren wurde, einem typischen *Shotgun*-Haus in Tupelo, Mississippi.

Im Innern finden die Pilger reichlich Stoff. Ein goldener Konzertflügel, jede Menge Goldene Schallplatten und die von Top-Designern und Innenarchitekten ausstaffierten Räume (jeder in einem anderen Stil). Überraschend: die zahllosen Spiegel, die, wohin man sieht, Wände und Decken verkleiden und mitunter so raffiniert zueinander gedreht sind, dass sich der Betrachter wie in einem Kaleidoskop unendlich oft gebrochen sieht. Man munkelt, dass der Hausherr sie allesamt verhängen ließ, als er mit seinen leiblichen Pfunden zu wuchern begann, die auch der Squash Court im Garten nicht abbauen konnte.

Andere Installationen enthüllen Elvis als Medien- und Elektronikfanatiker: die Monitoren des perfekten Überwachungssystems ebenso wie rund 30 TV-Schirme, die innerhalb des Hauses so verteilt sind, dass es praktisch keinen fernsehlosen Winkel gibt. Draußen sind rund ums Grab bunte Votiv-Eckchen arrangiert, Blumengebinde aus Plastik und Natur, Herzen aus rotem Damast und Schmuck, mit dem man sich sonst bei wohltätigen Madonnen bedankt. Die Fans, das sieht man, haben sich ihre Liebe etwas kosten lassen. Ticket $ 25. Wer nur das Haus sehen möchte, zahlt $ 16.

Beale Street Historic District
203 Beale St.
Memphis, TN 38103
✆ (901) 526-0110
www.bealestreet.com
Historischer Straßenzug mit Jahrhundertwende-Architektur, Bars, Musikkneipen und **A. Schwab Dry Goods Store** (Hausnummer 163, ✆ 901-523-9782, Mo–Sa 9–17 Uhr) – einer Institution seit 1876!

Sun Studio
706 Union Ave.
Memphis, TN 38103-3218
✆ (901) 521-0664, www.sunstudio.com
Tägl. 10–18 Uhr, Führungen stündlich
Geburtsstätte des Rock 'n' Roll mit Original-Aufnahmegeräten und Fotos aus den 1950er Jahren, als hier der junge Elvis, Carl Perkins, Jerry Lee Lewis, Johnny Cash, Muddy Waters u.a. ihre ersten Hits aufnahmen. Kostenlose Hörproben. Tour $ 9.50.

The Pyramid Arena
One Auction Ave.
Memphis, TN 38105
✆ (901) 521-9675
www.pyramidarena.com
Führungen April–Sept. Mo–Sa 10–16, So 12–16, sonst 12, 13, 14 Uhr
Was wäre Memphis ohne den Hauch von Gizeh? Also baute man die über 100 m hohe Pyramide in Flussnähe, eine rostfreie, stählerne Mehrzweckhalle für Sport- und andere Großveranstaltungen (über 21 000 Sitzplätze).

Orpheum Theatre
203 S. Main & Beale Sts.
Memphis, TN 38103-3905
✆ (901) 525-7800
www.orpheum-memphis.com
Der alte Vaudeville-Palast von 1928 erstrahlt wieder in theatralischem Glanz – bei Broadway-Stücken, Filmvorführungen und Konzerten.

Elvis' Grab in »Graceland«

Hauptstraße des Blues: Beale Street, Memphis

W. C. Handy

Chucalissa Archaeological Museum
1987 Indian Village Dr.
Memphis, TN 38109-3005
✆ (901) 785-3160, Fax (901) 785-0519
www.cas.memphis.edu/chucalissa
Di–Sa 9–17, So 13–17 Uhr
Aufschlussreiches anthropologisches Museum auf dem Boden einer Indianersiedlung (1000–1500 n. Chr.) mit Bibliothek und einem Dorf mit Ausgrabungen und rekonstruierten Hütten. (*Chucalissa* heißt »verlassene Häuser« in der Sprache der Chowtaw-Indianer.) Eintritt $ 5.

Memphis Queen Line Riverboats
45 S. Riverside Dr. (Ende von Monroe St., am Fluss), Memphis, TN 38057
✆ (901) 527-5694 oder 1-800-221-6197
www.memphisqueen.com
April–Sept. täglich 2-stündige Bootstouren. So–Do 14.30 und 17, Fr/Sa 10.30, 14.30 und 17 Uhr. Tour $ 14.50.

Peabody Place Retail & Entertainment Center
Vom Mississippi-Ufer bis zur Beale St., Downtown Memphis
www.belz.com
Teil der Stadterneuerung: Neben Büroräumen und Apartments gibt es 22 Kinoleinwände (einschließlich IMAX-3D-Theater), Bowling-Bahnen, jede Menge Boutiquen und Restaurants.

The Gibson Beale Street Showcase
145 Lt. George W. Lee Ave. (Downtown)
Memphis, TN 38103
✆ (901) 544-7998
www.gibsonmemphis.com
Halbstündige Führungen So–Mi 13, Do–Sa 11, 12, 13, 14 Uhr
Gitarren in Handarbeit. Sie gelten als die Cadillacs der Gitarren, wie z.B. die berühmte »Lucille« von B.B. King. Eintritt $ 10.

Cielo
679 Adams Ave.
Memphis, TN 38105
✆ (901) 524-1886
Fine Dining in hübscher Villa im *Victorian District*. Internationale Küche. So/Mo geschl. $$–$$$

Paulette's
2110 Madison Ave.
Memphis, TN 38104
✆ (901) 726-5128
Gegrillter Lachs, Forelle und hausgemachte Suppen (und die himmlischen Nachtische!) sind hier besonders beliebt. Regionale amerikanische Küche, gesetztes Publikum. An milden Tagen wird auch draußen gedeckt. Cocktail Lounge. Lunch ($) und Dinner. $$

KoTo's Restaurant
22 S. Cooper St.
Memphis, TN 38104
✆ (901) 722-2244
Klein, aber chic mit interessanter dänisch-japanischer Geschmacksmischung. $$–$$$

Dux
149 Union Ave. (Peabody Hotel)
Memphis, TN 38103
✆ (901) 529-4199
Originelle Gerichte, guter Geschmack, angenehme Atmosphäre. Das Einzige, was aus Respekt vor der Philosophie des Hotels nicht auf der Speisekarte steht, ist Ente. Frühstück, *power lunch* und Dinner. $$–$$$

Rendezvous
52 S. 2nd St. (Hintereingang)
Memphis, TN 38103
✆ (901) 523-2746
»Seit Adam war keine Rippe berühmter ...« heißt der Slogan dieses urigen und beliebten BBQ-Souterrains der trockenen, scharfen Rippchen. Dazu fließt massig Bier. Nur Dinner. So/Mo geschl. $–$$

Sekisui Midtown
25 S. Belvedere Blvd.
Memphis, TN 38104
✆ (901) 725-0005
Japanische Köstlichkeiten, ergiebige Sushi-Bar. Cocktails. Lunch ($) und Dinner. $–$$

B. B. King's Blues Club
143 Beale & 2nd Sts.
Memphis, TN 38103
✆ (901) 524-5464
www.bbkingsclub.com
Zu *Catfish* und Gumbo gibt es Live-Blues. $–$$

Abendfahrt – mit dem »Memphis Showboat«

Rum Boogie Cafe
182 Beale St.
Memphis, TN 38103
✆ (901) 528-0150
www.rumboogie.com
Live-Blues, Tanz – dazu gibt es Köstliches aus der Cajun-Küche.
$-$$

8 Nashville

Nashville – schon der Name verbreitet Wohlklang, heißt es, aber so angenehm er sein mag, beim Anblick der realen Stadt macht sich erst mal Nüchternheit breit. Dennoch gibt es Aufwärtstrends, der Broadway zum Beispiel. Diese einst schäbige *(seedy)* Gegend ist langsam wieder im Kommen. Auffällig über allem thront das mächtige Hochhaus der Telekommunikationsgesellschaft Bell South, wegen seiner seitlichen Spitzenaufsätze im Volksmund auch Batman Building genannt. Kühn sogar und mit Glasturm: die Nashville Arena, eine Mehrzweckhalle für Konzerte und Sportveranstaltungen.

Auch und vor allem Lower Broad, der dem Fluss zugewandte Teil der Straße, hat sich gemausert. Hier waren ohnehin schon tapfere Oldtimer zu Hause, der Ernest Tubb Record Store oder Tootsie's Orchid Lounge. Seit einiger Zeit macht auch die auf den ersten Blick völlig unscheinbare **Robert's Western World** von sich reden, eine unnachahmliche Combo aus Bar und *boot shop*, und andere *small joints*, in denen die so genannten »B-boys« auftreten, Musiker aus der zweiten Reihe, die sich aber durchaus hören lassen können.

Nashvilles Selbstbewusstsein war stets ausgeprägt. Lange sonnte sich die Stadt im Ruf eines Athens des Südens, einer wegen seiner zahlreichen Bildungseinrichtungen und kulturfreundlichen Gesinnung geachteten Hochburg. Dem sollte auch der Nachbau des **Parthenon** in Originalgröße Ausdruck verleihen. Seit 1931 umschließen 46 dorische Säulen den Bau, der heute vielen Kunstgalerien und wechselnden Ausstellungen einen würdigen Rahmen bietet, gelegentlich auch klassischem Theater.

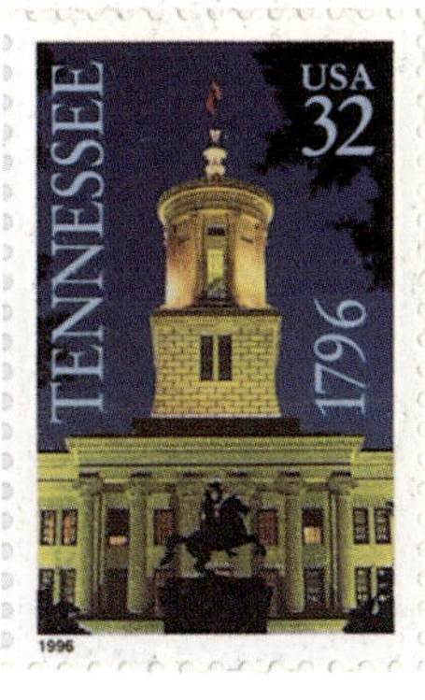

Das Kultur-Image wurde abgelöst durch das der Finanzen. Die Konzentration von Banken und Versicherungen machte Nashville zur *Wall Street of the South*. Die Geldinstitute führen nach wie vor die Wirtschaft an, dicht gefolgt vom Druckereigewerbe, das insbesondere den religiösen Markt bedient – mit Bibeln am laufenden Band. Zusammen mit seinen sage und schreibe 700 Kirchen (für ein städtisches Kerngebiet von gerade mal 500 700 Einwohnern) ist Nashville eine feste Burg der Fundamentalisten, eine Art Vatikan der Protestanten, ja, die Schnalle im Bibelgürtel. Und während man in Las Vegas zum

Beispiel auf der Straße kleine Infozettel mit einschlägigen Adressen von Nude Shows oder Bordellen zugesteckt bekommt, werden in Downtown Nashville hier und da kleine Bibelsprüche verteilt, in Winzformaten, die denen der alten Pfuschlexika für die Lateinarbeit ähneln.

Ein alles in allem weiter Weg, wenn man an die bescheidenen Anfänge des **Fort Nashborough** denkt, mit dem die Stadt 1779 ihren Ausgang nahm. Wer über Broadway hinunter zum Cumberland River spaziert, trifft auf das alte Fort. Bescheiden steht es da, solide mit wehrhaftem Palisadenzaun.

Wie sich die Zeiten geändert haben! Music City U.S.A., das Nashville von heute, hat ja ganz andere Grundlagen. Man sieht sie nicht, aber man kann sie hören. »Diese Stadt ist auf Songs gebaut«, weiß ein erfolgreicher Musikproduzent. Musiker, Plattenfirmen, Studios, Musikverleger und Agenturen – in Nashville wimmelt es davon. Hinter Los Angeles belegt die Stadt Platz zwei auf der Skala der amerikanischen Musikindustrie. Die rustikale Holzfällersiedlung schottischer und irischer Pioniere wandelte sich längst zur Großstadt des klingenden Kapitals. Dabei war das lukrative Geschäft mit den C&W-Noten keineswegs vorauszusehen. Die spröde Musik der Hinterwäldler stand nicht gerade hoch im Kurs. Was diese Leute aus den verschlafenen Bergnestern von Tennessee, Kentucky und den Carolinas vortrugen, war eben *hillbilly* oder *bluegrass sound*, schlichte Klänge von Tennen und Scheunen – nichts Feines fürs Ohr und schon gar nichts für den Export. Und so lag zu der Zeit, als der Rock'n' Roll Ende der 50er Jahre Wirkung zeigte, Nashville musikalisch noch im Tiefschlaf. Viele im lokalen Musik-Establishment waren sogar sauer auf Elvis, weil sie glaubten, sein *Heartbreak Hotel* zum Beispiel würde ihrer Musik die Schau stehlen und ihnen das Geschäft vermasseln.

Aber genau das Gegenteil trat ein. Der Rock'n'Roll leitete den bis heute ungebrochenen Boom der Country Music ein. Elvis, Jerry Lee Lewis, Buddy Holly oder die Everly Brothers gewöhnten Millionen von jungen Zuhörern an einen Sound, der bis dahin allenfalls älteren Farmern das Herz erwärmte. Dieser musikalische Trittbrettfahrer-Effekt hielt in den 60er und 70er Jahren an, denn Bob Dylan, Linda Ronstadt oder Gruppen wie Buffalo Springfield, Creedence Clearwater Revival, The Band und The Eagles boten – instrumental und textlich – populäre Annäherungen an die C&W-Musik. Dabei leisteten Radiosendungen und TV-Shows (vor allem die von Johnny Cash) Schützenhilfe. Cash war überhaupt eine der zugkräftigsten Integrationsfiguren, weil er zwischen älterem und jüngerem Publikum vermittelte. Für die Teens und Twens spielte er mit Joni Mitchell und Bob Dylan zusammen, und den gereifteren Jahrgängen bot er Lagerfeuer-Romantik und todtraurige Geschichten aus den Pionierzeiten des Wilden Westens im Sprechgesang.

Seither ist C&W dick im Geschäft. Robert Altmans bissiger Hollywoodfilm »Nashville« hat daran nichts ändern können. Millionen Besucher strömen jährlich herbei, um den Nashville Sound mal am eigenen Leibe zu spüren und dabei den Stars so nah wie möglich zu sein, am liebsten natürlich im Bayreuth der Branche, in der **Grand Ole Opry**. Sie ist seit längerem aus dem altehrwürdigen Ryman Auditorium in einen aufwendigen, mit hochmoderner Elektronik ausgestatteten Konzertsaal umgezogen. Freitags- und samstags abends geht hier die älteste Radio-Show der Welt über die Bühne, mit Top-Stars am laufenden Band, live für den Kanal 650 WSM: eine zwei- bis dreistündige perfekte Mischung aus mitreißender Musik, andächtigem Starkult und aggressiver Werbesendung vor der malerischen Kulisse der roten Scheune.

Grand Ole Opry in Nashville

Wer keine Tickets bekommen hat, am »falschen« Tag in Nashville ist oder die andauernden *commercials* während der Show in der Opry nicht ertragen kann, den versorgt die Stadt auch sonst reichlich mit Musik, in den zahlreichen Bars, Tanzlokalen und Restaurants. Die meisten Aufnahmestudios konzentrieren sich an der Music Row, einer Quadratmeile im Süden von Downtown, wo die Talente und Aufsteiger Schlange stehen. »Ein guter Song«, erklärt ein Produzent, »bleibt in dieser Stadt nicht länger als fünf Minuten geheim. Die meiste Zeit suche ich nach so einem. Es ist wie in einer Diamantmine. Oft muss man erst zehn Tonnen Dreck wegschaufeln, bevor man einen Edelstein findet.« Was soll's, das *show biz* von Nashville blüht durchaus auch mit manchem Halbedelstein. Dasselbe gilt für seine unmittelbare Umgebung, wo sich die Stars, unter ihnen Roy Acuff, Barbara Mandrell, Conway Twitty, Johnny Cash und Loretta Lynn, ihre Villen oder Ranches zu ganzen musikalischen Vergnügungsparks ausgebaut haben. Musikliebe und Reiselust – auf den Punkt gebracht.

Service & Tipps:

Nashville Convention & Visitors Bureau
211 Commerce St., Suite 100
Nashville, TN 37201
✆ (615) 259-4700 oder 1-800-657-6910
Fax (615) 244-6278
www.nashvillecvb.com

Nashville Visitor Information Center
501 Broadway (im Glasturm der Nashville Arena), Nashville, TN 37203
✆ (615) 259-4747, tägl. 8.30–17.30 Uhr
Infos, Reservierungen, verbilligte Tickets.

Country Music Hall of Fame & Museum
222 Fifth Ave. S., Nashville, TN 37203
✆ (615) 416-2096 oder 1-800-852-6437
www.countrymusichalloffame.org
Tägl. 10–18 Uhr
Spektakulärer, knapp 40 Millionen Dollar teurer Neubau des Mausoleums der C&W-Musikgeschichte – Kostüme, Instrumente, Filme und TV-Clips. Hörproben kann man sich auf CD brennen lassen; Chancen für neu aufgelegte, bisher vergriffene Platten. Unter den Highlights auch der *solid gold cadillac* und der ebenso goldene Flügel von Elvis Presley. Eintritt $ 16/8.

Tennessee State Museum
Deaderick St. (James K. Polk Cultural Center), Nashville, TN 37243
✆ (615) 741-2692
www.tsmuseum.org
Di–Sa 10–16, So 13–16 Uhr
Breites Spektrum der Landesgeschichte – von Sam Houston's Gitarre, über den Conestoga-Planwagen und Blockhütten, prähistorische Funde bis zum Bürgerkrieg und den Suffragetten. Eintritt kostenlos.

The Hermitage
4580 Rachel's Lane
Hermitage, TN 37076
✆ (615) 889-2941
www.thehermitage.com
Tägl. 9–17 Uhr
Haus von Andrew Jackson, des 7. US-Präsidenten, der hier zwischen 1804–1845 lebte. Heute Museum, umgeben von Gärten, originalen Holzhütten, Jacksons Grab, einer alten Kirche und einem Konföderiertenfriedhof. Jackson war einst der reichste Baumwollfarmer in der Umgebung von Nashville. Anfahrt: I-40 nach Osten, Exit Old Hickory Blvd., rechts an Rachel's Lane. Eintritt $ 12/5.

Belle Meade Plantation
5025 Harding Rd.
Nashville, TN 37205
✆ (615) 356-0501 oder 1-800-270-3991
www.bellemeadeplantation.com
Mo–Sa 9–17, So 11–17 Uhr
Restaurierter Landsitz eines berühmten Pferdezüchters im Greek-Revival-Stil (1853), auch bekannt als die »Queen of the Tennessee Plantations«. Verschiedene Wirtschaftsgebäude. Zufahrt: 11 km südwestlich der Stadt über Broadway, der zu West End Ave. (am Parthenon vorbei) und Harding Rd. (US 70 S) wird. Eintritt $ 10/4.

Fort Nashborough
170 First Ave., N. (Riverfront Park), Nashville, TN 37201
✆ (615) 862-8400, Di–So 9–16 Uhr
Rekonstruiertes Gründungsfort der ersten Pioniere Ende des 18. Jh. Eintritt kostenlos.

Ryman Auditorium, Nashville, Tennessee

The Parthenon
West End Ave. (Centennial Park)
Nashville, TN 37201
✆ (615) 862-8431, www.parthenon.org
Im Sommer Di–Sa 9–16.30, So 12.30–16.30, sonst Di–Sa 9–16.30 Uhr
Eins-zu-eins-Nachbau des griechischen Parthenons, der heute die städtische Kunstsammlung beherbergt. Eintritt $ 3.50.

Ryman Auditorium
116 5th Ave. N.
Nashville, TN 37219
✆ (615) 889-3060
www.ryman.com
Tägl. 9–16 Uhr
Die neugotische »Mutterkirche« der Country Music wurde von einem Kapitän als religiöses Tabernakel finanziert, tatsächlich aber als Konzerthalle für Live-Musik genutzt (1943–1974). Tagsüber Museum. Backstage-Führungen. Eintritt $ 8/4.

Opry Mills
433 Opry Mills Dr.
Nashville, TN 37214
✆ (615) 514-1100 oder 1-877-SHOP FUN
Fax (615) 514-1120
www.oprymills.com
Mo–Sa 10–21.30, So 11–19 Uhr
»Entertailing« oder »Shoppertainment« – beides steht für eine Mischung aus Shopping und Unterhaltung, das in Opry Mills umgesetzt wird, eine neue Mega-Mall der Mills Corporation und der Gaylord Entertainment Company, der unter anderem das Grand Ole Opry, das Opryland Hotel und Opryland Productions gehört. Auf einer Fläche, die 23 Football-Feldern entspricht, werben 200 Anbieter um die Gunst der Kunden. Der besondere Clou dabei ist *interactive shopping*: Kunden können bei der Herstellung der Produkte zusehen, mitmachen oder sie vor dem Kauf gleich vor Ort testen.

So schaut man bei der **Gibson Guitar Corporation** den Gitarrenbauern über die Schulter, beobachtet bei **Apple Barn & Cider Mill**, wie allerlei süße Verführungen produziert werden, bastelt beim **Build-A-Bear** Workshop seinen eigenen Teddybär oder testet bei **Sun & Ski Sports** neues Equipment für die Kletterwand.

Ernest Tubb Record Shop
417 Broadway
Nashville, TN 37203
✆ (615) 255-7503
www.etrecordshop.com
Einschlägiger C&W-Musikladen.

Dangerous Threads
105 Second Ave. N.
Nashville, TN 37201-1901
✆ (615) 256-1033
Top-Laden für *Western Wear*.

Manuel Exclusive Clothier
1922 Broadway
Nashville, TN 37203-2720
✆ (615) 321-5444
Mo–Fr 9–18 Uhr, Sa bei Voranmeldung
Für Western-Wear-Fans.

Pancake Pantry
1796 21st Ave. S.
Nashville, TN 37212
✆ (615) 383-9333
Seit fast 40 Jahren stehen hier die Nashvillians geduldig Schlange – zum Frühstück und zum Lunch. Es lohnt sich eben! Die *cheese blintzes* z. B. sind Spitze. $

Cafe One Two Three
123 12th Ave.
Nashville, TN 37202
✆ (615) 255-2233
Gemütlich ausgeleuchtet und *hip*: kreative amerikanische Küche. Cocktail Lounge. Nur Dinner. So geschl. $$

Midtown Cafe
102 19th Ave. S.
Nashville, TN 37203-2716
✆ (615) 320-7176
www.midtowncafe.com
Intim und freundlich: frische Meeresfrüchte, Lamm, *crab cakes*. Lunch ($) und Dinner. An Feiertagen geschl. $$–$$$

Sunset Grill
2001 Belcourt Ave.
Nashville, TN 37212
✆ (615) 386-3663
www.sunsetgrill.com
Bistro mit einfallsreichen Gerichten und kalifornisch dominierter Weinkarte. Lunch und Dinner. Abends Reservierung empfohlen. $–$$

Solo in der Bull Pen Lounge

The Stock Yard Restaurant
901 2nd Ave. N. & Commerce (Downtown), Nashville, TN 37201
✆ (615) 255-6464
www.stock-yardrestaurant.com
Gute Steaks und Seafood; Live-Entertainment. Renommierter Weinkeller! $–$$$

Elliston Place Soda Shop
2111 Elliston Place
Nashville, TN 37203-5203
✆ (615) 327-1090
Ein Stück Nashville-Geschichte seit 1939 mit kühler 50er-Jahre-Atmosphäre. Beliebte Lunch-Adresse. So geschl. $

The Merchant's Restaurant
401 Broadway St.
Nashville, TN 37203
✆ (615) 254-1892
www.merchantsrestaurant.com
Beliebtes Restaurant in einem historischen Hotel in Downtown. Bei gutem Wetter kann man auch draußen sitzen. Amerikanische Küche, große Auswahl an Fisch- und Fleischgerichten. Cocktail Lounge. Lunch ($) und Dinner. $$–$$$

Laurell's Second Avenue Raw Bar
123 Second Ave. N.
Nashville, TN 37201-1901
✆ (615) 244-1230
Kleines familiäres Restaurant: Seafood, Pasta. $–$$

Green Hills Grille
2122 Hillsboro Dr.
Nashville, TN 37215
✆ (615) 383-6444
Südwestküche und -dekor. Cocktail-Bar. Vor allem Lunch, aber auch Dinner. $–$$

Nashville Palace
2400 Music Valley Dr. (McGavock Pike)
Nashville, TN 37214
✆ (615) 885-1540
www.nashvillepalace.com
Populär, neue Talente, Tanz. Zwischen 17–22 Uhr werden Steaks und Fisch serviert.

Wildhorse Saloon
120 2nd Ave. N.
Nashville, TN 37201
✆ (615) 902-8200
www.wildhorsesaloon.com
Groß und beliebt: Country Disco, Mix aus Video- und Live-Entertainment. Restaurant und Bar.

Grand Ole Opry
2804 Opryland Dr.
Nashville, TN 37214
✆ (615) 871-6779 oder 1-888-777-6779
www.opry.com
Shows Fr 19.30, Sa 18.30 und 21.30 Uhr
Größtes Musikstudio der Welt, nachdem die populäre Radio-Show 1974 aus dem Ryman Auditorium in diese moderne Konzerthalle mit 4 400 Sitzen umgezogen ist. Fr/Sa: zweieinhalb Stunden C&W-Show vor der Kulisse der berühmten Scheune. Tickets: Grand Ole Opry Ticket Office; $ 24–40.

Ernest Tubb Midnite Jamboree
2416 Music Valley Dr. (Texas Troubadour Theatre)
Nashville, TN 37214-1001
✆ (615) 885-2424
www.etrecordshop.com
Sa um Mitternacht *live* Country Music Radio Show.

Station Inn
402 12th Ave. S. (Downtown)
Nashville, TN 37203
✆ (615) 255-3307, tägl. 19–1 Uhr
Live-Musikclub: vor allem Bluegrass. Sonntagabends kostenlose Bluegrass Jam Session.

Tootsie's Orchid Lounge
422 Broadway
Nashville, TN 37203-3931
✆ (615) 726-0463
www.tootsies.net
Tägl. 10–2 Uhr morgens
Museum und Nachtclub: berühmte Country Music Bar.

Robert's Western World
416 Broadway
Nashville, TN 37203-3931
✆ (615) 244-9552 oder 1-800-555-5411
Combo aus Musikkneipe, Bar und Schuhladen – typisch für die Country-Szene von *Lower Broad.*

The Bluebird Café
4104 Hillsboro Rd.

Light-Show-Spektakel im Opryland Hotel, Nashville

Nashville, TN 37215-2700
✆ (615) 383-1461
www.bluebirdcafe.com
Bekannte Adresse zum Musikhören: kleiner Raum, Kleinigkeiten zum Essen (auch Vegetarisches).

9 Oak Ridge

Das kleine Oak Ridge, dessen Labors bei der Entwicklung der Atombombe mitmischten, gilt als ein Beispiel dafür, wie unbemerkt eine Gruppe von Naturwissenschaftlern unversehens in ein ursprünglich rein agrarisches Umfeld eindringen konnte. Viele Dollar aus Washington halfen beim Aufbau der im Zweiten Weltkrieg geheim gehaltenen Forschungsarbeiten. Regierungsagenten erkoren diesen abgelegenen Winkel für die Herstellung von Uran 235 aus, denn die dünn besiedelten Täler und Höhenzüge ebenso wie große Regenmengen kamen ihren Sicherheitsvorstellungen entgegen.

1949, vier Jahre nach dem Abwurf der Bombe über Japan, ließ man die Katze aus dem Sack und gab sich der Öffentlichkeit zu erkennen. Seither gehört in »Atomic City« das **Oak Ridge National Laboratory** zu den wichtigsten US-Nuklearforschungsstätten.

Service & Tipps:

Oak Ridge Convention & Visitors Bureau
302 S. Tulane Ave.
Oak Ridge, TN 37830-6726
✆ (865) 482-7821 oder 1-800-887-3429
www.oakridgevisitor.com

The Bleu Hound Grille
80 E. Tennessee Ave.
Oak Ridge, TN 37830
✆ (865) 481-6101
Serviert wird hier gediegene amerikanische Küche.
Mo–Fr Lunch, Sa Dinner.
So geschl. $

Music City, USA: Nashville

10 Pigeon Forge

Dank **Dollywood** und anderen Country-Theatern ist der ehemals stille Bergort regelrecht aus den Fugen geraten und zu einem Imperium der Familienunterhaltung mutiert – mit Fun Parks und Shopping Outlet Malls ohne Ende.

Service & Tipps:

Pigeon Forge Department of Tourism
2450 Parkway
Pigeon Forge, TN 37868-1390
✆ (865) 453-8574 oder 1-800-251-9100
www.mypigeonforge.com

Dollywood
1020 Dollywood Lane, 1 Meile nordöstl. von US 441
Pigeon Forge, TN 37868
✆ (865) 428-9488 oder 1-800-365-5996
Im Sommer tägl. 9–18 Uhr
Dolly Parton entwarf und leitet diesen Themenpark, der sich dem Erbe der Smoky Mountains annimmt: Läden mit viel Folklore, Jahrmarktattraktionen, Live Country Music und einem Museum, das Dolly Partons Karriere nachzeichnet. Sie selbst lässt sich allerdings selten blicken. Genügend Abwechslung für einen ganzen Tag. Gift Shop. Eintritt $ 34.25 zuzgl. $ 5 Parkgebühr.

Santo's
3270 Parkway
Pigeon Forge, TN 37863
✆ (865) 428-5840
www.santositalianrestaurant.com
Angenehmer Familienbetrieb mit italienisch inspirierter Küche und Entertainment. Nur Dinner. So geschl. $

Old Mill Restaurant
164 Old Mill Ave.
Pigeon Forge, TN 37863
✆ (865) 429-3463
www.old-mill.com
Neben der alten Mühle: Südstaatenküche, gemütliches Ambiente. Lunch ($) und Dinner. $–$$

Vista Point Rundreise durch die Südstaaten

Die Route

Eine Karte mit dem eingezeichneten Routenverlauf finden Sie in der hinteren inneren Umschlagklappe.

Die Route

1 Willkommen und Abschied

Von Atlanta nach Athens

<u>*Boomtown Atlanta*</u>
So rapide wie Atlanta sind die Städte im Süden überhaupt erst in den letzten 30 Jahren gewachsen. Heute haben vor allem Jackson (Mississippi), Birmingham (Alabama), Nashville (Tennessee) und New Orleans (Louisiana) das pastorale Image des Südens kräftig verändert.

Route: Atlanta (Rundgang); Atlanta – Athens (110 km/68 mi)

Vormittag	In Atlanta **Peachtree Center**, mit **MARTA** zur **World of Coca-Cola.**
Mittag	**Underground Atlanta, Fox Theatre.**
Nachmittag	**Ponce de Leon Ave.** (US 78 East) nach **Athens.** (Fahrzeit: ca. 2 Std.)

Einen Stadtplan von Atlanta finden Sie auf S. 19, die komplette Route in der hinteren Klappe.

Ende des 15. Jahrhunderts begleitet der Spanier Ponce de León Kolumbus auf dessen zweiter Expedition nach Amerika. Er wurde später Gouverneur von Boriquen (Puerto Rico, 1510–1512) und erhielt 1512 von der spanischen Krone den Auftrag, nördlich von Kuba den Jungbrunnen zu suchen. Entsprechend erwartungsvoll beginnt unsere Reise durch die Südstaaten auf der Ponce de Leon Avenue (oft liebevoll »ponzi« gesprochen) stadtauswärts nach Osten – auf jener Grenzlinie, die die Wohnviertel der Schwarzen von denen der Weißen trennt. Die Nordseite der Straße ist traditionell weiß, die Südseite schwarz. Die meisten Straßen, die Ponce de Leon kreuzen, wechseln auf mysteriöse Weise ihre Namen, weil die weißen Anwohner nicht den Eindruck erwecken wollen, im Viertel der Schwarzen zu wohnen und umgekehrt.

Mega-Thorax: Lobby im Marriott Marquis Hotel, Atlanta

Schon nach wenigen Minuten schimmern die weißen Konturen der ersten Südstaatenhäuser durch die alten Bäume, die Skulpturen aus Blattwerk ähneln, so sehr hat sie der Kudzu, der »grünen Würger«, überwuchert. Nach einer Weile taucht – wie eine Fata Morgana – plötzlich der glatzköpfige Felsdom des **Stone Mountain** (s. S. 31) auf, so monolithisch, als sei er der Ayers Rock von Georgia.

Die Universitätsstadt **Athens** (s. S. 49 f.) spielt den Part der Ouvertüre zur Reise: atmosphärisch mit ihrem geruhsamen Kleinstadtcharakter, kulinarisch durch die vielleicht erste Berührung mit *jambalaya, grits* und *gumbo.*

Alternativen: Es spricht vieles dafür, nach der Landung in **Atlanta** am Nachmittag die Stadt gleich zu verlassen und schnurstracks nach **Athens** zu fahren: Flughafen, US 85 North, US 78. Die zwei Fahrstunden bringen bereits erste typische Eindrücke vom ländlichen Georgia und den Vorteil, abends noch ein bisschen in dem kleinen Ort umherlaufen zu können – statt im klimatisierten Peachtree Center. Außerdem »spart« man noch einen ganzen Reisetag. (Für Camper bietet sich diese Lösung ohnehin an.) Atlanta kann man sich auch am Ende der Reise ansehen, vgl. Route 17. – Der schnellere, weil mehrspurige Weg von Atlanta nach Athens führt über die I-85 nach Norden und den Hwy. 316/US 29 (wird in Athens zur Epps Bridge Rd.), allerdings nicht am Stone Mountain vorbei.

2 Blaue Berge

Durch die Blue Ridge Mountains nach Asheville, North Carolina

Route: Athens – Franklin – Cherokee – Asheville (381 km/238 mi)

km/mi	Zeit	Route
0	8.30 Uhr	In **Athens** US 441 nach Norden über Commerce, Homer, Cornelia, **Tallulah Gorge State Park** (zum Visitor Center und kurzer Spaziergang über einen der Trails zu den Aussichtspunkten), Clayton, Mountain City (hier lohnt ein kurzer Abstecher: dem Zeichen BLACK ROCK STATE PARK etwa 5 Min. bis zum *overlook* folgen), Dillard, Franklin bis
227/142	12.00 Uhr	**Cherokee**, Lunch und Museum (ca. 1 1/2 Std.). Über den **Blue Ridge Parkway** nach Osten (*nicht* beim ersten Hinweis auf ASHEVILLE abbiegen, sondern über den French Broad River hinwegfahren) und auf der US 25 nach Norden dem Schild zum
378/236	16.00 Uhr	**Biltmore Estate** folgen, Besichtigung (ca. 2–3 Std.). – US 25 (Asheland St.) bis Patton Ave., diese rechts und an Haywood St. links nach Downtown
381/238		**Asheville**.

»Green, cool Asheville« – schwärmt die Dame des Hauses im schwülen Athens beim Abschied. Die Höhenlage der Stadt würde für trockenere Luft und Kühle sorgen: gute Aussichten auf das heutige Tagesziel.

Am Weg nach Norden liegt erst einmal das Örtchen **Commerce** mit einer Art Drive-in-Galerie für Südstaaten-Bauweise. Von pompösen Säuleneingängen bis zu verbretterten Buden gibt es hier auf engstem Raum die ganze Palette zu sehen. Das gilt auch für die Route, wo das Grün ab und zu von aufgeworfener roter Erde unterbrochen wird. Antiquitätenläden wechseln ab mit Gerümpel, Gemüsegärten mit Friedhöfen, Flohmärkte mit filigranen Viktorianern, die gut zu Hitchcocks »Psycho« passen würden.

Dann dampfen die ersten *boiled peanuts* an der Straße – in wuchtigen Eisenkesseln an schweren Ketten über offenem Feuer. Es sind ungeschälte Erdnüsse, die wie Bohnen schmecken. Mit riesigen Löffeln rühren die Köche darin herum und hoffen auf Kunden, die an ihren Ständen auf die Bremse treten. Dasselbe hoffen die Obsthändler: U PICK STRAWBERRIES ermuntert ein Schild Selbstversorger und Vitaminjäger. Dazwischen immer wieder *yard sales*, denn schließlich ist Samstag, und an diesem Tag räumt – jahraus, jahrein – ganz Amerika seine Garagen leer, um die Oldies zu verhökern.

Auch *croach control* gegen Schaben und Sprays gegen Mücken werden unterwegs versprochen. Wer noch nicht ausgerüstet ist, muss sich – Umweltliebe hin, Umweltliebe her – entscheiden: Ozonloch oder Loch im Bein.

Ab **Cornelia** gewinnen die Georgia Mountains Kontur am Horizont, jene Bergregion, die findige Prospektoren und Digger in den ersten Goldrausch der USA versetzte. Dann werden sie langsam von den

Die Route

Stichwort Mücken
Heimlich und meist unhörbar schleicht es näher: das Thema Mücken. Das bedeutet Furcht, Kampf und Leiden durch jene Mini-Vampire, die es fertig bringen, dass wir uns plötzlich um Körperteile wie Zehen und dergleichen so intensiv kümmern müssen wie sonst nie. Stehende Wasser, Schatten und milde Winter fördern diese lästige Brut, die an schlimmen Tagen abends die Kühlergrills wie Leichenwagen aussehen lässt.

Die Route

höheren Blue Ridge Mountains überlagert, deren südwestliches Ende in die Great Smoky Mountains übergeht.

Pumpkin Power: am Blue Ridge Parkway

Nächster Stopp: **Cherokee** (s. S. 39 f.), gewissermaßen die Hauptstadt der gleichnamigen Indianer. Hier beginnt der landschaftlich schönste Teil der heutigen Route: über den **Blue Ridge Parkway** (s. S. 36). Bald nach der Auffahrt nähert sich der Highway seinem höchsten Punkt und schlängelt sich zwischen steilen grünen Baumschneisen dahin, um dabei herrliche Ausblicke auf die bewaldeten Berghänge zu eröffnen, während dicht bei der Straße possierliche Opossums seelenruhig vor sich hin mümmeln. Schöner *vista point* für Fotos: Looking Glass Rock. **Asheville** (s. S. 34 ff.) liegt jetzt praktisch um die Ecke – kühle Luft, gute Restaurants, komfortable Hotels.

Extras und Alternativen: Wer mehr von den Bergen haben will, der sollte eine zusätzliche Übernachtung in Dillard oder Franklin einplanen, vor allem, um durch einen kleinen Abstecher einen der schönsten Seitenwege im Grenzgebiet zwischen Georgia und North Carolina kennen zu lernen: das mit schönen Wasserfällen und tollen Aussichten reichlich gesegnete »Dreieck« zwischen Dillard, Highlands und Franklin, das, weil völlig »untouristisch«, durchaus noch als ein Geheimtipp gelten darf. Route: Von Dillard (nördlich von Clayton, an der US 441) die grenzüberschreitende S 246/106 mit den *overlooks* (Osage und Blue Valley) und den **Glen Falls** (halbstündige Wanderung) bis nach **Highlands** (mit 1400 m tatsächlich der höchst gelegene Ort östlich des Mississippi). Von dort die US 64 vorbei an weiteren Wasserfällen (**Dry Falls, Cullasaja Falls**) über Gneiss und Cullasaja nach Franklin, wegen der vielen Saphire und Rubine ringsum in den Bergen auch »Gem City U.S.A.« genannt.

Zwei direkte Routen nach Charleston:

1. Von **Athens** im kühlen Dunst der dampfenden Nebel und in schönem Morgenlicht Richtung Elberton, S 29, S 72 über Colbert nach Comer, wo das Schild WATSON MILL BRIDGE zum Umweg zu einem hübschen Creek und verführerischen Badeplatz am **Broad River** lockt. Von dort über Carlton wieder auf die S 72, über Elberton, das gepflegte Calhoun Falls nach **Abbeville, SC**; weiter über Greenwood, S 178 Business nach Saluda, S 387 Richtung Lexington/Columbia, S 1, I-20 und I-26 nach **Charleston**. Gesamtstrecke inkl. Lunchpause in Abbeville: 596 km; Fahrzeit: 7 Std.

2. Noch kürzer ist die Route über Washington, Augusta, Bamberg nach Charleston. Von **Athens**: US 78, I-20, US 78, US 178, I-26 (ca. 365 km; knapp 5 Std.).

3 Grand Strand

Myrtle Beach, South Carolina

Route: Asheville – Hendersonville – Myrtle Beach (531 km/332 mi)

km/mi	Zeit	Route
	9.00 Uhr	**Asheville:** Besuch des **Thomas Wolfe Memorial** und kurzer Rundgang.
0	10.00 Uhr	Ab **Asheville** I-240 West, I-26 South, I-26 East Richtung Hendersonville/Spartanburg. Ausfahrt Hendersonville; dort an Main St. links nach
42/26		**Hendersonville.** Weiter über Main St. (US 25) nach Flat Rock, Little River Rd. rechts zum
48/30	11.00 Uhr	**Carl Sandburg Home** (ca. 1/2 Std.). Weiter die US 25 zur I-26. Ausfahrt Nr. 28 (US 221), dann links den Schildern folgen zur
138/86	12.30 Uhr	**Walnut Grove Plantation** (ca. 1 Std.). Zurück zur I-26 Richtung Columbia; dort I-20 Richtung Florence. Abbieger US 521 nach
323/202		**Camden**, Mittagspause (ca. 1/2 Std.). Zurück auf I-20. Vor Florence I-95 (North) bis Ausfahrt Myrtle Beach; US 76 East, S 576, US 501 bis
531/332	18.00 Uhr	**Myrtle Beach.**

Gesäumt von rotem Mohn und gelben Butterblumen zieht sich der Highway von Asheville in Richtung **Hendersonville** (s. S. 43). Der hübsche Ort liegt in einer landschaftlich attraktiven Umgebung, wie sich bald herausstellt, denn die bewaldete Ausfallstraße Richtung Flat Rock führt in eine der ältesten Sommerfrischen in North Carolina voll knuffiger Häuschen, Motels und Golfplätze.

Mittendrin, malerisch an See und Wald gelegen, noch eine Dichterklause, das **Carl Sandburg Home** (s. S. 42), ein Farmhaus mit dem klangvollen Namen »Connemara«, wo der Schriftsteller Carl Sandburg (1878–1967) mit seiner Familie die letzten rund 20 Jahre seines Lebens wohnte und dichtete, während sich seine Frau, Lilian »Paula« Steichen, um die Farm kümmerte und preisgekrönte Ziegen züchtete.

Der Highway, zunächst noch dem sanften Auf und Ab der bewaldeten Hügel verhaftet, wird jenseits der Grenze zu South Carolina und vor Spartanburg – wo die besten Pfirsiche der Welt gedeihen sollen – langsam, aber merklich flacher.

Dicke Luft über Myrtle Beach

Die **Walnut Grove Plantation** (s. S. 121) bringt eine ebenso willkommene wie lehrreiche Abwechslung auf dem Weg zum Atlantik. Dabei ist diese erste Plantage auf der Reise eine ganz und gar ungewöhnliche im Vergleich zu den noch folgenden. Dennoch ist Walnut Grove ein typisches Beispiel einer frühen Plantage des *Upcountry*.

Dem kurzen historischen Lehrstück folgen lange Passagen über den Interstate Highway. Der Abzweig nach **Camden**, der ältesten Stadt (1733) im Hinterland von South Carolina, bietet die Gelegenheit zu einer kleinen Verschnaufs- und Stärkungspause: eine unscheinbare, aber hübsche Kleinstadt, die sich stolz einen **Revolutionary War Park** hält.

Die Abzweigung nach Myrtle Beach bedeutet das Ende der Interstates. Im Nu weitet sich die *tunnel vision* der grünen Straßenschläuche zur freien Sicht auf das Land ringsum: Felder, einzelne markante Häuser, verrottete oder verrostete Wellblechhütten, aber stets tadellose Kirchen. Die Überquerung des fast zugewachsenen braunflüssigen **Pee Dee River** bringt jede Menge Entenflott zum Vorschein.

Dann folgt viel Jux am Highway: z.B. die zahllosen Reklameschilder für FIREWORKS. South Carolina gehört zu den Südstaaten, wo Pyromanen oder solche, die es werden wollen, Knallfrösche, Kracher und Kanonenschläge legal kaufen können.

Schlag auf Schlag geht es dem Wasser entgegen: Erst enthüllt eine Brücke über die seenartige Erweiterung des Waccamaw River eine aquatische Landschaft voller Taucher, Schwimmer, Angler und Bötchenfahrer, dann folgt die Überquerung des Intracoastal Waterway, jenes Schifffahrtswegs, der sich rund 3 200 Kilometer an der Ostküste von Maine bis Miami hinzieht. Zuletzt tauchen grelle Schilder auf, dann das Grellste selbst, der *amusement park*, der Kirmesplatz in **Myrtle Beach** (s. S. 115 ff.), Treff der berühmt-berüchtigten Jugendkultur mitten im turbulentesten Seebad von South Carolina.

4 Urbane Karibik

Charleston, South Carolina

Route: Myrtle Beach – Georgetown – Charleston (168 km/105 mi)

km/mi	Zeit	Route
		Einen Stadtplan von Charleston finden Sie auf S. 100.
0	10.00 Uhr	Von **Myrtle Beach** US 17 nach Süden.
30/19		**Brookgreen Gardens**, Besichtigung (ca. 1 Std.).
66/41	12.00 Uhr	**Georgetown.** Von der US 17 im Ort links am Schild DOWNTOWN HISTORIC DISTRICT bis Front St. Besichtigung des **Rice Museum** und Lunch (ca. 1 1/2 Std.). – Über Screven St. wieder auf US 17 bis
150/94	15.00 Uhr	**Boone Hall Plantation**, Besichtigung (ca. 1 Std.).
168/105	16.30 Uhr	**Charleston.** Ausfahrt Meeting St., Schild DOWNTOWN folgen.

Der erste Stopp: **Brookgreen Gardens** (s. S. 119). Dann folgen ruhigere Gefilde in der Höhe von Murrells Inlet und Pawleys Island. Die Brücke über den Intracoastal Waterway, diesen fortan treuen Reisebegleiter, eröffnet den ersten Weitblick auf die schöne Marschlandschaft, die das *Low country* prägt.

Doch so ganz ohne Dorn im Auge läuft die Sache nicht, denn über dem saftigen Grün qualmen bald die Papiermühlen von Georgetown, deren Geruch denn auch nicht lange auf sich warten lässt. Kein Wunder, schließlich ist der größte Teil des Landes bewaldet – Futter genug für den Papierhunger der Welt. Jenseits von Pee Dee und Black River macht der historische Kern von **Georgetown** (s. S. 113) dieses Defizit allerdings mehr als wett.

Screven, Broad oder Queen Streets führen auf die US 17 zurück, vorbei an hübschen alten Holzvillen, luftig umhüllt von Veranden, den *porches.* Deren Möblierung trägt der Hitze Rechnung: Wippen und Schaukelstühle, Bänke und Hängematten – *to catch the breeze.*

Der Santee River markiert die Nordgrenze des **Francis Marion National Forest,** der prompt dem Highway ästhetischen Auftrieb gibt – durch Zypressendickichte und abwechslungsreiche Perspektiven. Benannt ist das Sumpfgebiet nach Francis Marion, der seinen Spitznamen (»Swamp Fox«) seiner Ortskenntnis und List verdankt, mit denen er im Unabhängigkeitskrieg die Engländer ins Schwitzen brachte.

Boone Hall Plantation (s. S. 105) liefert einen standesgemäßen Einstieg in die Pflanzerkultur rund um Charleston. Zuletzt noch eine schmale Brücke – dann **Charleston** (s. S. 98 ff.).

Die Route

Charleston – Schwarz und Weiß

Die Spannung zwischen den Rassen ist geblieben, aber sie passt selten in ein moralisches Schwarz-Weiß-Schema. An der Uferpromenade von Charleston flanieren heute weiße Charlestonians an Gruppen von jugendlichen Schwarzen vorbei, die hier angeln. Ich komme mit einem älteren Ehepaar ins Gespräch, und nach einer Weile reden sie über die Schwarzen und wie wenig lange es eigentlich her sei, als sie noch Sklaven waren. Sie leide sehr unter der Tatsache, dass ihr Großvater noch Sklaven besessen habe, erzählt die Frau. Und um ihr schlechtes Gewissen zu beruhigen, versucht sie jeden Tag, den Schwarzen alles nur denkbar Gute zu tun. Sobald sie einen am Steuer sieht, lässt sie ihm die Vorfahrt. Doch niemand bedankt sich je, sagt sie. Und sie versteht das.

5 Piazzas und Plantagen

Charleston und Umgebung

Programm: Charleston und Umgebung

Vormittag	**Zu den Plantagen:** Broad oder Calhoun St. führen in westl. Richtung automatisch auf die Ashley River Bridge (US 17 South); an **Ashley River Road** (S 61) rechts und weiter rechts halten (S 61 North), braunen Schildern folgen bis **Drayton Hall** (Besichtigung: 1 knappe Std.). – Weiterhin River Rd. bis **Magnolia Plantation and Gardens** (Parken am Plantation House). Rundgang durch die Gärten und auf dem Rückweg, nahe der Ausfahrt, ein Besuch des **Audubon Swamp Park** (1 gute Std.). – River Rd. nach **Middleton Place** (ca. 1 Std.). – Zurück nach
Mittag	**Charleston** (Lunch und Pause).
Spätnachmittag	**Stadtrundgang.**

Einen Stadtplan von Charleston finden Sie S. 100.

Luftig umbaut wie die meisten Villen im Süden: Two Meeting Street Inn

Mond über Charleston: Hugenottenkirche

Morgens, wenn es noch kühl ist und die Jogger durch die noble Welt von Charleston traben, versteht man, warum die alten Pflanzer an den nahen Flussläufen bisweilen die Stadt ihren opulenten Landsitzen vorzogen: aus merkantilen Gründen, aber eben auch aus klimatischen.

So bewegt sich unser Morgenausflug zu den Plantagen landeinwärts in umgekehrter Richtung zu dem Weg der Landbesitzer, die es einst in den Sommermonaten in ihre Stadthäuser drängte, um der schwülen Hitze und der Malariagefahr zu entrinnen – gemäß dem alten Sprichwort: »Im Frühling ist Carolina das Paradies, im Sommer die Hölle und im Herbst ein Krankenhaus.« Kurz, die Fahrt über die Ashley River Bridge führt nicht nur in die Vergangenheit, sondern auch in höhere Temperaturen.

Die von ausladenden Eichenkronen schattig überwölbte Ashley River Road zu durchfahren, ist dagegen ein voller Genuss. Nicht auszudenken, dass hier einst Unionstruppen durchmarschierten und alles niedermachten, was an Plantagenkultur in mehr als anderthalb Jahrhunderten gewachsen war. Nach dem Dreiklang der drei Plantagen – **Drayton Hall, Magnolia** und **Middleton** (s. S. 107, 108) – kann man zum Lunch zurück nach Charleston fahren, um sich für einen Stadtrundgang zu stärken.

6 Southern Comfort

Savannah, Georgia

Route: Charleston – Beaufort – Savannah (200 km/125 mi)

km/mi	Zeit	Route
		Einen Stadtplan von Savannah finden Sie auf S. 81.
0	9.00 Uhr	Ab **Charleston:** Meeting St. stadtauswärts; Calhoun St. links, die auf die US 17 nach Südwesten führt. Bei Gardens Corner geht es über S 21 links nach Beaufort; aber zunächst kurz über diese Kreuzung hinwegfahren und gleich rechts dem Schild OLD SHELDON CHURCH folgen; kurz darauf schimmern rechts im Wald die
91/57		**Sheldon Church Ruins** (ca. 1/2 Std.). – Zurück zu Gardens Corner, dort US 21 rechts nach Beaufort: Schild HISTORIC DOWNTOWN folgen, Carteret St., an Bay St. rechts bis zum
125/78	11.30 Uhr	Waterfront Park in **Beaufort** (Parken). Lunch und Rundfahrt (ca. 1/2 Std.) im Zickzack-Kurs: Bay St. Richtung Osten, links an New St., rechts an Craven, links an East St., rechts an Federal St. am **William Fripp** und **James Robert Verdier House**, links an Pinckney, rechts an King, dann links an Short St. vorbei zum **Paul Hamilton** und zum **James Fripp House** und zurück. – Abfahrt von Beaufort: Richtung Port Royal S 281, 802, 170, US 17 ALT bis nach
200/125	15.00 Uhr	**Savannah.** US 17 ALT führt direkt nach Downtown (Bay St.): **River Walk.** – Hotel-Check-in und anschließender Rundgang (ca. 2 Std.).

Südlich des Ashley River löst sich Charleston langsam in Creeks und Marschwiesen auf. Doch dann wachsen wieder undurchdringlich scheinende Wände aus Kiefern und Zypressen zu beiden Seiten der Straße, jede Menge Holz, wie es für den Süden typisch ist. Nur gelegentlich sorgen simple Obststände und Verkaufsbuden für ein bisschen Abwechslung. Sie breiten das Füllhorn der Landesfrüchte aus, üppige Wassermelonen oder Pfirsiche, süße Kartoffeln, Tomaten, Erd- und Walnüsse.

Man muss schon genau aufpassen, um die ruinösen Reste der **Old Sheldon Church** (s. S. 109 f.) nicht zu verpassen, die sich hinter den Bäumen einer schön bewachsenen Seitenstraße verstecken. Hinter dem Abzweig nach Beaufort weitet sich, je näher das Meer rückt, der Blick auf Maisfelder, Marschen und den samtig-grünen Schlickbewuchs des Whale Branch River, an dem frische Shrimps und Aale zu haben sind – friedliche Bilder, wie es scheint. Doch an der folgenden Militärbase, einer Marine Corps Air Station, verrät ein Schild, dass und warum es in dieser Idylle auch mal ungemütlich werden kann: THE NOISE IS THE SOUND OF FREEDOM. – Südlich des ansehnlichen **Beaufort** (s. S. 97 f.) folgt eine Brücke der anderen über Siele und Flüsse bis **Savannah** (s. S. 80–88).

Die Route

Perfekt restauriert: Crane Cottage – eine der Villen des Millionärsclubs auf Jekyll Island

7 Juist in Georgia

Jekyll Island

Route: Savannah – Brunswick – Jekyll Island (149 km/93 mi)

km/mi	Zeit	Route
0	10.00 Uhr	Ab **Savannah:** Abercorn St. nach Süden, S 204, I-95; US 17 über **Midway**. Später, links vom Highway, geht es zur
112/70	11.30 Uhr	**Hofwyl-Broadfield Plantation**. Besichtigung (ca. 1 Std.). – Weiter Richtung Brunswick, beim Schild DOWNTOWN rechts abbiegen und über Gloucester St. in die Innenstadt von
133/83	Mittag	**Brunswick**. Kurze Stadtrundfahrt und Lunch (ca. 1 1/2 Std.): Gloucester St. bis zum Ende (Shrimp Dock), wenden und Lunch; weiter Gloucester bis Union St., dort rechts, acht Blocks bis Dartmouth St., links bis Egmont, links zurück bis Gloucester St., rechts zur US 17. Über den Ocean Hwy. (US 17, S 25), links an S 520; Schildern folgen nach
149/93	16.00 Uhr	**Jekyll Island**.

Beim Abschied entfaltet Savannah sein soziographisches Strickmuster wie die Zwiebel ihre Ringe. Abercorn Street etwa, an ihrem

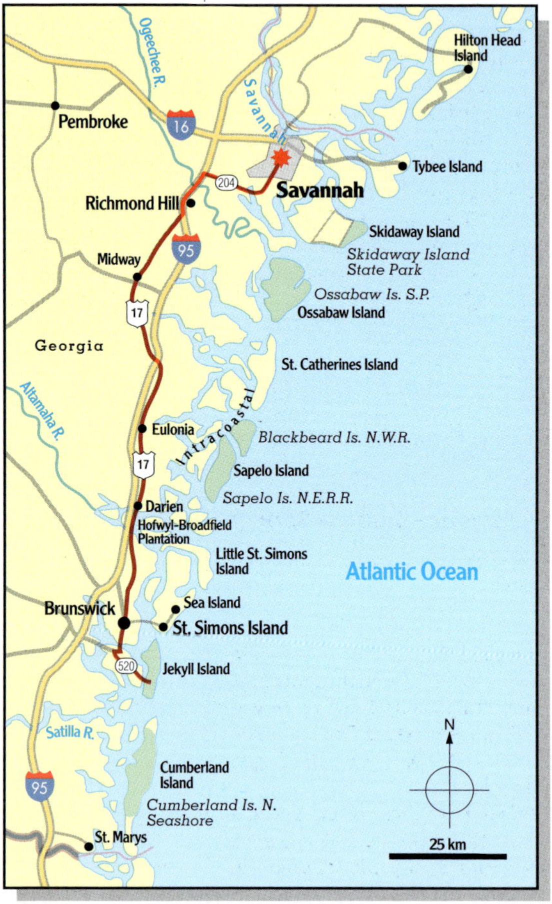

Anfang eine der Straßen des historischen Viertels, durchzieht bald den viktorianischen und bisweilen angeschlagenen Teil von Savannah, wo in der Mehrzahl Schwarze wohnen. Kaum aber ist der Victory Drive überquert, sind die Straßenfronten wie ausgewechselt – durch prächtige Villen im Beverly-Hills-Geschmack. Wie in Charleston wohnen auch in Savannah, anders als in den US-Städten sonst, die begüterten Weißen vor allem im Stadtzentrum. In Savannah bilden die Schwarzenviertel lediglich einen Puffer zwischen der historischen heilen Welt der Oglethorpeschen Planquadrate und den neueren gepflegten Vororten. Stadtauswärts schließt sich dann die letzte Zone an, diesmal eine typisch amerikanische: die Parade der Malls und Megamärkte. Erst weiter südlich versöhnen die sich durchs Watt windenden Flussläufe das Auge wieder mit den Reizen des *tidal Lowcountry*, seinen Zypressen, Anglern und Libellen.

Die gute alte US 17 schafft willkommene Abwechslung von den immergrünen Baumkulissen entlang der Interstate 95. Das stille **Midway** (s. S. 73) – *nomen est omen* – markiert tatsächlich in etwa die Hälfte der Tagesstrecke. Die Landstraße führt allerlei zerplatzte Träume vor: verrostete Wellblechdächer, windschiefe Motelruinen, verlassene oder bis auf die gemauerten Schornsteine abgebrannte Häuser, die aussehen wie Filmkulissen aus »Vom Winde verweht«. Den Kudzu kümmern Rost und Reste nicht. Im Gegenteil: Er verschlingt sie alle. Erst die Kutter gewähren vor den im Licht blinkenden Schilfgewässern und wogenden Gräsern des Darien und Butler River schönere Aussichten. Und selbstverständlich stellt sich Glynn County als eine beschauliche Wasserlandschaft vor. Schließlich ist sie nicht eine unter vielen, sondern Heimat jener **Marshes of Glynn**, die durch die Naturlyrik von Sidney Lanier literarisch Furore machten.

Südlich von Darien bringt sich die verflossene Reiskultur durch die **Hofwyl-Broadfield Plantation** (s. S. 65) in Erinnerung. Im Sommer steht im Pförtnerhäuschen der Pfeil des BUG REPORT, der Moskito-Pegel, meist bedrohlich auf MISERABLE, höchste Zeit, sich den Repellentien im Reisegepäck zuzuwenden bzw. sich möglichst zugeknöpft auf den heißen Pfad zur Plantage zu begeben, der gewöhnlich auch schon mal von Schlangen und Feuerameisen mitbenutzt wird. Viele Besucher verzichten deshalb darauf, bis zu den Ruinen der Reismühle beim Deich am Rand der Süßwassermarsch des Altamaha River vorzudringen. Trotzdem: Immer Sekunden, nachdem man unter einen der Bäume tritt, setzt dort oben das Geschnarre der Zikaden ein, als sei es eine Alarmanlage.

Keine Ampel, sondern zwei zierliche Einfahrtstörchen begrüßen den Reisenden unterwegs nach Jekyll. Eine praktische Funktion haben sie nicht. Aber wer sie kennt, der schätzt sie wie Pforten zum Paradies. In den endlosen Salzmarschen und Wattwiesen stehen die Silberreiher so unbeweglich da, als wären sie handgeschnitzt. Gleich hinter der Brücke über den Jekyll Creek heißt es STOP am Pförtnerhäuschen. Hier muss man eine kleine pauschale Parkgebühr entrichten, Kurtaxe für den Erhalt des natürlichen Charmes von **Jekyll Island** (s. S. 69 ff.).

Abschied von der High School

8 Reise in Grün

Durch den Okefenokee Swamp nach Wakulla Springs

Route: Jekyll Island – Valdosta – Thomasville – Wakulla Springs (429 km/268 mi)

km/mi	Zeit	Route
0	8.00 Uhr	Ab **Jekyll Island:** S 520 (US 17) links dem Schild nach Waycross folgen. Nach Unterquerung der I-95: US 17 nach Süden Richtung Spring Bluff und Waverly. Ab White Oak S 252 bis Folkston. Dem braunen Schild OKEFENOKEE WILDLIFE REFUGE folgen (S 121) zum Eingang des
102/64	10.00 Uhr	**Okefenokee Wildlife Refuge:** Swamp-Tour mit dem Boot (ca. 2 Std.). – S 121 weiter nach Süden, in St. George S 94 rechts Richtung Fargo, Statenville und

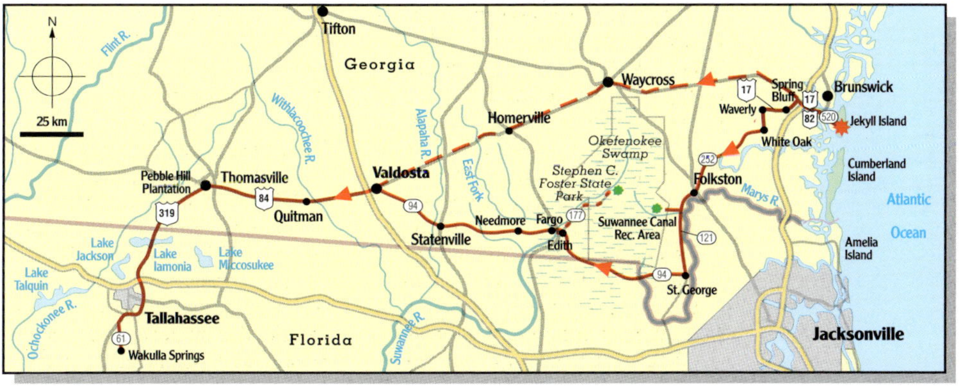

Die Route

267/167	12.30 Uhr	**Valdosta**. Hinter der Ortsgrenze von Griffith Ave. halbrechts auf Patterson St., über die Hochstraße auf Ashley St., auf dieser hinter Magnolia St. links, an Rogers St. links und hinter dem **Barber-Pittman House** (Chamber of Commerce) parken - oder eine kurze Rundfahrt (ca. 1/2 Std.): Rogers St. weiter bis Patterson, dort rechts vier Blocks bis Gordon St. und links an **The Crescent** parken. Patterson St. zurück und hinter Magnolia St. (vorbei am **Converse-Dalton-Ferrell House**) an Central Ave. rechts US 84 West nach
341/213	14.00 Uhr	**Thomasville.** US 84 (Smith St.) mündet in Broad St.: Lunch in Höhe von Jackson St. - Anschließend kurze Fahrt zum **Lapham-Patterson House**, weiter über Broad, rechts an Webster, rechts an Dawson St. (Stopp), rechts an Clay zurück auf Broad St., links bis Jackson St., dort rechts US 319 zur
352/220		**Pebble Hill Plantation**, Rundgang (ca. 1 Std.). - US 319 nach Süden Richtung Tallahassee. An der 4. Ampel links einordnen und auf den Capital Circle. Beim Abzweiger S 61 links nach Süden Schild folgen zur
429/268	17.30 Uhr	**Wakulla Springs Lodge**: Bad im klaren Quellwasser.

Alternativen: Swamp-Fans, die lieber laufen, als das Boot benutzen wollen, können gleich beim Picknickplatz am Parkeingang den **Swamp Island Wildlife Drive** wählen und nach kurzer Fahrt einen **Swamp Walk** über den Holzsteg machen. - Westlich von Folkston liegt der **Stephen C. Foster State Historic Park**, ein weiterer Parkeingang zum Okefenokee Swamp. Sollten beide Eingänge wegen Wasserknappheit und/oder plötzlicher Flächenbrände geschlossen sein, bleibt zum Trost die Vorfreude auf ausgedehntere Badefreuden in Wakulla Springs. - Wer ohnehin die Bootsausflüge von Wakulla Springs denjenigen auf eigene Faust in Okefenokee vorzieht, sollte gleich die Zeit sparende (weil 72 km kürzere und schnellere) Route nehmen: Jekyll - US 84 über **Waycross** nach Valdosta und weiter.

Die Marschen schimmern im Morgenlicht und die Vögel zwitschern. Eine Weile noch begleitet die gefällige Wattlandschaft die Reise nach Westen, dann schleusen Kiefernhaine den Blick nach vorn, und außer ein paar Brücken über Wasserläufe sorgen nur mächtige Holzlaster für Unterhaltung. Auf Strecken dieser Art grüßen sich die wenigen Autofahrer.

Armadillos liegen tot auf ihren gepanzerten Rücken am Straßenrand. Früher sah man diese Gürteltiere im Südosten der USA nie; erst in den letzten Jahren sind sie eingewandert. Die extrem langsamen Gesellen können den Autos nicht schnell genug ausweichen.

Bei der Annäherung an den Sumpf führt der Straßenstrang wie auf einem Deich durch die Feuchtgebiete; gerodete Flächen wechseln mit Aufforstungen ab, zerzauste alte Kiefern recken ihre langen Hälse und spärlichen Kronen über Armeen von adrettem hölzernen Jungvolk. Hier wie vielerorts im Süden ist man der kommerziellen Verführung erlegen, anstelle von Zypressen schnell wachsende und verwertbare Kiefern zu pflanzen.

Schließlich kündigt ein (gemaltes) Krokodil den Okefenokee Swamp an – genauer gesagt in **Folkston**, dessen zauberhafte Main Street hervorragend in einen alten Western passen würde oder in einen Werbespot für Designer-Jeans im Stil der 1950er Jahre.

Dem **Okefenokee Swamp** (s. S. 73 ff.), seit 1936 unter Staatsschutz, geht es ökologisch besser als beispielsweise den Everglades in Florida, die unter Schwund leiden. Zwar hatten es seit Ende des 19. Jahrhunderts verschiedene Firmen durch den Bau von Sägewerken auf die Zypressen abgesehen: erst die Suwannee Canal Company, die den Sumpf durch einen Kanalbau trockenlegen wollte, und später die Hebard Lumber Company, die sogar eine Eisenbahn baute. Aber die Bäume überlebten ebenso wie die Alligatoren, denen es zeitweise so böse an den Kragen ging, dass sie auszusterben drohten.

Schnurgerade durchschneidet das Asphaltband den Wald in Richtung St. George, wo eine malerische Moos-Allee den engen Waldesblick lichtet. Aber nur kurz. Dann kehrt dasselbe in Grün zurück. Urwald, Kahlschlag und Neuanpflanzung: Das bleibt der dominierende Dreiklang, der sich auch beim kurzen Sprung durch Florida nicht ändert. Ab und zu übt sich ein Reiher auf einem Bein in Geduld und macht damit den Vorbeireisenden vor, was zwischen Fargo und Statenville vor allem Sache ist. Ein Flecken nennt sich Needmore. Man könnte es nicht besser ausdrücken.

Valdosta (s. S. 92 f.) dagegen hat seine Reize, und pastorale Perspektiven bestimmen den Weg zwischen diesem Städtchen und Thomasville. Nussbaumplantagen folgen den Baumwoll- und Tabakfeldern, alter Baumbestand den Getreidesilos. Irgendwo dazwischen liegt das propere Quitman. Je näher **Thomasville** (s. S. 90 ff.) rückt, umso mehr dominieren die Hügel und die ebenso fruchtbare wie mustergültig gepflegte Landwirtschaft: Erdnussfelder und ordentlich gerollte Strohballen, Schuppen und Scheunen.

Für **Tallahassee** (s. S. 135) bleibt auf der Durchreise nur Zeit für einen Kurzbesuch der **Pebble Hill Plantation** (s. S. 91). Auf der Weiterfahrt blinzelt die bereits tief stehende Sonne durch den »spanischen Schwamm«, wie Simone de Beauvoir das dekorative Moos in den Bäumen des Südens einmal nannte. WELCOME TO FLORIDA. THE SUNSHINE STATE, heißt es am Rand der malerischen Straße, und zuletzt erfreuen wilde Kudzu-Wucherungen, prächtige Eichen und südstaatlich verformte englische Gärten das Auge.

8A Badezeit am Golf

Alternativroute: Tallahassee – Panama City Beach – Pensacola – Biloxi (drei Extratage)

<u>Bitte nicht füttern!</u>
Vom Saint Marks National Wildlife Refuge aus erweist sich die Fahrt zum Lighthouse als wirklich schöne Strecke durch die Marschen zu beiden Seiten der Deichstraße. Hier sonnen sich die Alligatoren gern, umringt von Seerosen und Libellen. FEEDING ALLIGATORS PROHIBITED, ist zu lesen. Es gibt diverse Reiher, Enten, Füchse und Wild. Und wenn es einen von ihnen erwischt hat, sind die schwarzen Aasgeier (vulture) zur Stelle.

1. Tag – Route: Tallahassee – Wakulla Springs – Saint Marks – Apalachicola (St. George Island State Park, St. Joseph Peninsula State Park) – Panama City Beach (343 km/214 mi)

km/mi	Zeit	Route
0	9.00 Uhr	In **Tallahassee** S 61 nach Süden.
26/16		**Wakulla Springs Lodge**,
46/29	10.00 Uhr	Saint Marks und
61/38		**Saint Marks National Wildlife Refuge** und zum
72/45		Leuchtturm. Rückfahrt zur US 98, diese nach Westen zunächst bis
187/117	12.00 Uhr	**Apalachicola** (es sei denn, man wählt kurz zuvor den Abzweiger in Eastpoint, um es sich am Strand im St. George Island State Park bequem zu machen). – Von Apalachicola zum
243/152	12.45 Uhr	**St. Joseph Peninsula State Park**. Weiter westlich, bei Mexico Beach, gewinnt man 1 Std. Zeit (Wechsel von *Eastern Time* zu *Central Time*).
343/214		**Panama City Beach** (ca. 1 1/2 Std. Fahrzeit).

2. Tag – Route: Panama City – St. Andrew's State Park – Seaside – Fort Walton Beach – Navarre Beach – Pensacola (155 km/ 97 mi)

km/mi	Zeit	Route
0	9.00 Uhr	In **Panama City Beach** erst einmal den Schildern zur **St. Andrew's State Park** folgen. Von dort auf der Front Beach Rd. (US 98) nach Westen, hinter dem Ortsausgang links auf die Walton County Rd. 30A (TO BEACHES) nach
43/27	10.00 Uhr	Seagrove und **Seaside**. Kurz hinter Seaside kommt der Abzweig nach **Grayton Beach**. Wer dort nicht pausieren will, fährt weiter auf der 30A und zurück zur US 98 über Destin, **Fort Walton Beach**, Navarre, **Pensacola Beach** und nach
155/97		**Pensacola** (ca. 2 Std. Fahrzeit).

3. Tag – Route: Pensacola – Perdido Key – Gulf Shores – Dauphin Island – Bayou La Batre – Biloxi (311 km/194 mi)

Die Route

Zischen und Fischen – die Golfküste wimmelt nur so von Wassersportlern

km/mi	Zeit	Route
0	9.00 Uhr	Downtown **Pensacola** über Main St. nach Westen, diese wird Cypress, Barrancas Ave. (SR 292 South), Gulf Beach Hwy., Sorrento Rd. Abzweig nach links über Bauer Rd. zur
22/14		**Big Lagoon State Park** (Fahrzeit 1/2 Std.). Von Big Lagoon zum Eingang von
33/21	10.00 Uhr	**Perdido Key State Park** (Fahrzeit 15 Min.). Von dort SR 292 weiter nach Westen, 182 West, an SR 59 rechts, dem Schild FERRY folgend, S 180 nach Westen und in Fort Morgan zur Fähre nach
199/124		**Dauphin Island** (Fahrzeit ca. 1 Std.). Über die 193 nach Norden, an S 188 nach Westen über Coden (vgl. Karte S. 244) und **Bayou La Batre**, US 90, Pascagoula und gleich zweimal über den Singing River nach
311/194	17.00 Uhr	**Biloxi** (Fahrzeit 1 1/2 Std.).

Die Route

9 Zum Golf

Nach Biloxi

Route: Wakulla Springs – Panama City Beach – Pensacola Beach – Bayou La Batre – Biloxi (600 km/375 mi)

km/mi	Zeit	Route
0	7.30 Uhr	Von **Wakulla Springs** S 267 nach Norden, US 319 über Crawfordville, US 98 über Panacea nach
74/46		**Carrabelle**, Frühstück (ca. 1/2 Std.). – US 98 nach Westen über Apalachicola nach
	10.00 Uhr	**Mexico Beach**. Zeitgrenze: *Eastern Time* und *Central Time*, d.h. in dieser Fahrtrichtung **eine Stunde Zeitgewinn**. (Bei den folgenden Zeitangaben berücksichtigt.) – Westlich von
205/128		Panama City und **Panama City Beach** Abfahrt von der US 98 zum
261/163	10.30 Uhr	**Eden State Gardens**, Rundgang (ca. 1/2 Std.) und evtl. Picknick. – US 98 nach Fort Walton Beach und in Navarre links auf S 399 einordnen und über Toll Bridge ($ 1) nach Santa Rosa Island, d.h. zur
349/218	12.30 Uhr	**Gulf Islands National Seashore**. Lunch und Badepause in Navarre Beach, Santa Rosa Island oder Pensacola Beach (ca. 2 Std.). – Über den Sund, US 98 nach Westen, I-110, I-10 (North) Richtung Pensacola, I-10 West Richtung Mobile. – Westlich von Mobile: Ausfahrt Nr. 15 A (US 90) und dem Schild folgen nach
507/317	16.00 Uhr	**Bellingrath Gardens**, Besichtigung (1 knappe Std.). – S 59 nach Süden, 188 nach **Coden** und **Bayou La Batre**, US 90 über Pascagoula und Ocean Spring nach
600/375	18.00 Uhr	**Biloxi**.

Alternativen: Es spart Zeit (ca. 1 Std.) und 30 km, wenn man auf den Seitensprung zu den Bellingrath Gardens verzichtet und von Mobile über die I-10 sofort nach Biloxi fährt.

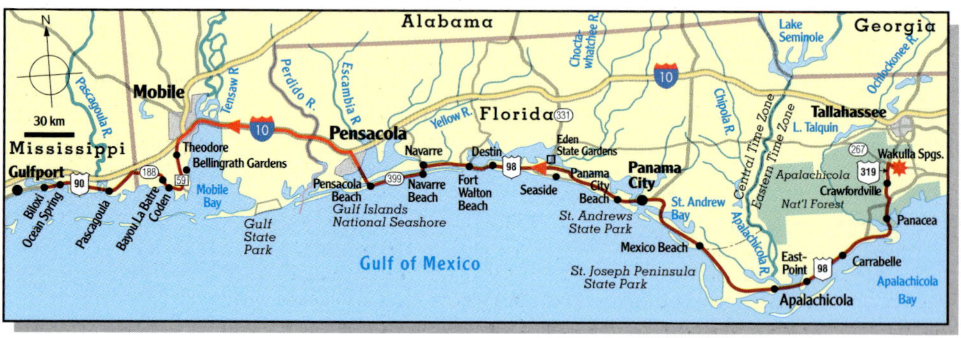

Der Griff der Pfanne Floridas ist lang. Wie sehr, das lässt die heutige Fahrt durch den *Panhandle* ahnen: Schon die Karte zeigt es, eine stramme Tour! Sie blättert die weniger bekannten Facetten Floridas auf, was nicht heißt, dass sich hier nicht auch einige der weltweit bekannten Merkmale dieses touristischen Superstaats wiederfänden.

Im Morgengrauen hängt der Bodennebel tief über den klaren Wassern der Wakulla-Quelle. Im Berufsverkehr auf der diesigen Landstraße nach Süden fahren alle noch mit Licht. Doch die Sonne siegt, und bald kündigen nautische Symbole die Nähe zum Golf an: Bootsschuppen, Zubehörhandlungen und Reparaturwerkstätten, Läden, wo es Shrimps, Krebse und andere Meeresfrüchte gibt. Wo es auf die Ochlockonee Bay zugeht, tauchen Tümpel und Flussläufe das Festland in Wasser, in dem sich weiße Reiher ergehen. Warum die Häuser hier – wie überall am Golf – hoch auf Stelzen stehen, leuchtet unmittelbar ein: Unter ihnen parken die Boote. Manchmal verrät ein besonderes Straßenschild, wo es langgeht, wenn die Natur die Feuchtigkeit wieder einmal bedrohlich übertreibt: EVACUATION ROUTE. Der nächste Hurrikan kommt bestimmt.

Westlich von **Carabelle** (s. S. 126) unterbricht die schier endlose Gorrie Bridge die Perlenkette der Seebäder, um an ihre Stelle (rechts) den Hafen von Apalachicola und (links) die leuchtend grünen Inseln der Bay zu setzen. Vom Betonband ihrer Abfahrt rollt man nach **Apalachicola** (s. S. 125 f.) hinunter und mündet in einer kleinen Rundfahrt durch das sehr ansprechende Städtchen.

Wie überall am Golf besteht der nicht sehr breite Strand aus blendend weißem und pudrigem Quarzsand, der beim Gehen knirscht und knurpscht. Die Tyndall Air Force Base, die größte Luftwaffenbasis der Welt, hat allerlei Kriegsgerät an die frische Luft gestellt und dadurch ein martialisches Drive-in-Museum geschaffen – ein Aspekt von Florida, den es übrigens mit den anderen Südstaaten teilt.

Nach dem Reklame-Chaos von Panama City, nach nur kurzer erholsamer Unterbrechung durch die West Bay, naht **Panama City Beach** (s. S. 130 ff.) – eine Parade von Vergnügungsmonstern am Highway, *kitsch as kitsch can*. Durchweg harmlose allerdings, denn nur die Austern werden »oben ohne« serviert, wie am Schild TOPLESS OYSTERS an einem Restaurant zu erkennen ist.

Ein kleiner Umweg landeinwärts: zu den **Eden State Gardens** (s. S. 127). Der diensthabende Gärtner bringt die Vorzüge dieser beschaulichen Enklave auf einen kurzen Nenner: Eden State sei schön, kostenlos, liege nicht weit von der Straße und sei für ein schattiges Picknick am Wasser bestens geeignet.

Destin (s. S. 127) trumpft wieder auf mit krassem Entertainment, und erst **Fort Walton Beach** (s. S. 128) sorgt für ein beruhigendes Zwischenspiel. Erst recht Navarre, wo es über eine Mautbrücke hinaus zur **Gulf Islands National Seashore** (s. S. 134) geht, eine vorgelagerte Inselgruppe mit (meist) unberührten Dünenketten und feinen Sandstränden.

Auch **Pensacola Beach** (s. S. 133) kann sich sehen lassen. Hier nimmt die private Landnahme zwar wieder ihren Lauf (mit Häuschen, die mitunter so aussehen, als sei ein Ufo gelandet, neben anderen mit oktogonalem Grundriss, Bretterbuden und Spitzdächern), aber dennoch bleibt ausreichend Platz für jedermann. Die Brücke über die Pensacola Bay zurück

zum Festland mündet in einen Highway auf hohen Rampen, die die Fahrbahn über **Pensacola** (s. S. 132 ff.) hinwegheben.

Bucht folgt auf Bucht, ohne Rücksicht auf Staatsgrenzen. Die nächste heißt Mobile Bay und liegt bereits in Alabama. Ihre strategische Lage brachte ihr heiße Kämpfe ein und viele Sieger. Einer der Ersten war der Spanier Hernando de Soto, der auf seiner Goldsuche die indianische Siedlung Maubilla zerstörte, von der das heutige **Mobile** (s. S. 176 f.) seinen Namen geerbt hat. Nur wenig westlich der Stadt zweigt eine friedliche Landstraße zu einer weiteren bedeutenden Gartenanlage des Südens ab, den **Bellingrath Gardens** (s. S. 178).

Die nachfolgende Landschaft scheint ganz gut ohne große menschliche Eingriffe und Visionen ausgekommen zu sein, die alten Bäume, die betagten Häuser, die unscheinbaren und deshalb um so reizvolleren kleinen Dörfer, die so aussehen, als gäbe es sie hier seit uralten Zeiten. Die Straße nach Coden (S 188) erweist sich trotz schnurgerader Teilstrecken durch Nadelgehölz als eine schöne Landstraße, zu der das liebliche **Coden** und **Bayou La Batre** (s. S. 179) durchaus passen.

Die Rückkehr zur US 90 – dem *Old Spanish Trail* – setzt der Beschaulichkeit erst mal einen Dämpfer auf. Werften und Docks bestimmen die Szene am Singing River bei Pascagoula, wo einmal der größte Holzhafen der Welt ansässig war. Der »singende« Fluss kam zu seiner Bezeichnung wegen der manchmal seltsamen Geräusche, die man an ruhigen Nachsommer- und Herbstabenden hören kann. Sie sollen vom Todesgesang der Pascagoula-Indianer stammen, die hier Massenselbstmord begingen, um nicht in die Hände der Biloxi-Indianer zu fallen.

Hektischer Straßenverkehr vermiest bekanntlich jede Lust am Sightseeing. Und so geht es denn Schlag auf Schlag: noch eine lange Brücke, ein Seafood Museum, Kutter auf See, ein schöner Leuchtturm aus dem Mitte des 19. Jahrhunderts: **Biloxi** (s. S. 189 ff.).

Schöne Landspitze: St. Andrew's State Recreational Area

10 Bays and Bayous

Von Biloxi über Bay Saint Louis nach New Orleans

Route: Biloxi – Bay Saint Louis – New Orleans (142 km/89 mi)

km/mi	Zeit	Route
	8.30 Uhr	**Biloxi**, kurzer Stadtrundgang. Start: Ecke Beach Blvd. (US 90) und Main St. beim **Visitors Center** (vgl. S. 190). Parken und zu Fuß: Lameuse, Water, Magnolia St., **Magnolia Hotel, Mary Mahoney's Old French House**, Magnolia St., **Vieux Marché Mall** und zurück.
0	9.30 Uhr	Beach Blvd. (US 90) nach Westen und Stopp bei
8/5		**Beauvoir** (ca. 1/2 Std.). – Über **Pass Christian** nach
43/27	11.00 Uhr	**Bay Saint Louis**, kurzer Rundgang (ca. 1/2 Std.). – US 90 nach Westen wird im Einzugsbereich von **New Orleans** zum Chef Menteur Hwy., dann zum Gentilly Blvd. Hier nach einer Weile links einordnen für Richtung Broad St., diese bis Esplanade, dort links (nur möglich via Wenden bei erstbester Gelegenheit). Esplanade bis Rampart, wo rechter Hand das
142/89	13.00 Uhr	**French Quarter** beginnt. Zum Entree: Lunch in »The Court of Two Sisters«.

Schon wenige Minuten nach der Abfahrt von **Beauvoir** und praktisch ohne Übergang liegen das geruhsame **Gulfport** (s. S. 191) und das schöne Plantagenhaus **Grass Lawn** am Weg. **Long Beach** (s. S. 194), Sitz der University of Southern Mississippi, schmückt sich ebenfalls mit einer beneidenswerten Wohnkultur im Schatten immergrüner Eichen, ähnlich wie **Pass Christian** (s. S. 191), das außer Antebellum-Architektur und schönen Stränden noch eine mit Krabbenbooten vollgepackte Marina zu bieten hat.

Dann fügt sich der Highway einer Ziehbrücke nach der anderen, die ihn sicher und trocken durch die Wasserwelt der Bays und Bayous leiten, und landet, nach einem kurzen Linksabbieger, am Fuße der Brückenabfahrt, in **Bay Saint Louis** (s. S. 179). Whites Bayou, Hausboote, Teppiche aus grünen Sumpfgräsern, Zieh- und Drehbrücken – fast ein Hauch von Holland?

Am westlichen Ende der gewaltigen Brücke, die zwischen Lake Pontchartrain und dem Golf den Highway weiterführt, blickt man linker Hand auf die strategisch geschickte Anlage von Fort Pike. Danach wird es eng; der Straße bleibt praktisch nur ein deichartig schmaler Landstreifen. Aber so

was ist üblich in Louisiana. Wo das Wasser aufhört und das Land beginnt oder umgekehrt, ist oft schwer zu sagen.

Im Umkreis von wogendem Ried, schlingernden Booten, Piers und Marinas haben die Zweithaus-Kolonien sichtlich Angst vor nassen Füßen und stehen auf Stelzen. Noch ein Fort, ein bisschen Vorort, ein wenig Swamp – dann beginnt unwiderruflich **New Orleans** (s. S. 138 ff.), und zwar mit dem Wichtigsten: dem Hafen, einem der größten der USA.

Royal Street im French Quarter, New Orleans

Graue Vorstädte folgen. Sieht so die Traumstadt New Orleans aus? Erst Esplanade Avenue versöhnt mit viel Grün, Villen und Hütten, nachbarschaftlich beieinander. Esplanade ist eine der drei Straßen, die das Vieux Carré vom Rest der Welt in New Orleans trennen.

Zu den verwirrenden ersten Eindrücken der Stadt gehören unter anderem die vielen Einbahnstraßen oder auch die Tatsache, dass Bezeichnungen wie East, West, North und South ausnahmsweise nichts bedeuten (während sie in den USA sonst fast alles bedeuten), Begriffe wie *lakeside, riverside, uptown, downtown* dafür um so mehr.

Mit der französischen Sprache ist es auch so eine Sache. Wer die Gerichte in den Schlemmerlokalen tatsächlich französisch ausspricht, hat schlechte Karten. Ihre Schreibweise dient ausschließlich der Preislegitimation. Und nur mit Mühe findet ein Taxifahrer das Hotel an der Dauphin Street oder gar Chartres Street, wenn man die Namen nicht auf Englisch über die Lippen bringt, was erst mal gar nicht so einfach ist.

Ja, und dann überhaupt die Aussprache des Wichtigsten! Von wegen: »nu orl'iiins«! Ganz unpoetisch heißt es »'nolins« oder doch so ähnlich.

Jazz in der Preservation Hall

11 The Big Easy

Ein Tag in New Orleans

Programm: New Orleans **Stadtpläne finden Sie auf S. 138, 139.**

Morgens Rundgang im **French Quarter** (s. S. 140 ff.).

Mittags Lunch. Anschließend Ecke Canal St. oder Carondelet/St. Charles Ave.: mit der Straßenbahn über **Charles Avenue** bis Stopp Washington St.; zu Fuß zum **Lafayette Cemetery** und kurzer Blick in den **Garden District**. – Weiter mit der Bahn bis **Audubon Park** (Stopp Nr. 36). Mit dem Shuttle-Bus oder zu Fuß (25 Min.) durch den Park zum **Zoo**.

17.00 Uhr Von dort mit dem (letzten) Schiff über den Mississippi bis **Woldenberg Riverfront Park** (Aquarium, Fahrzeit ca. 1/2 Std.) und zu Fuß zurück ins **French Quarter**.

Dining al fresco: im Court of Two Sisters, New Orleans

New Orleans s. S. 138 ff.

Die Route

11A Cajun Visit

New Orleans – Lafayette – Natchez (2 Tage)

1. Tag – Cajun-Route: New Orleans – Thibodaux – Napoleonville – Labadieville – Franklin – Jeanerette – New Iberia – Saint Martinville – Breaux Bridge – Lafayette (ca. 318 km/199 mi)

km/mi	Zeit	Route
0	9.00 Uhr	In **New Orleans**: I-10 nach Westen, I-310 (Richtung Houma), US 90 (demnächst I-49) West. In Raceland LA 308 nach
96/60	10.00 Uhr	Thibodaux, **Madewood Plantation** und Napoleonville; dort Spitzkehre und über die S 1 und Labadieville, LA 398, US 90 und Ausfahrt nach **Franklin**/Garden

		City, LA 182 (Louisiana Scenic Byway) am Bayou Teche entlang nach
264/165	14.30 Uhr	New Iberia, **Shadows-on-the-Teche** (Stopp), und
278/174	15.30 Uhr	**Saint Martinville**, LA 31 nach Breaux Bridge, dort dem Schild zur I-10 folgen (erst rechts, dann links)
318/199	17.00 Uhr	nach **Lafayette**.

Die Reise geht am Bayou Lafourche und Teche entlang durchs *Cajun Country*, das im Wesentlichen von den Nachfahren der akadischen Farmer besiedelt ist, die sich zum großen Teil heute noch von kleinen Farmen, vom Fischen und Fallenstellen in den Swamps ernähren. Neben den Meeresfrüchten erweisen sich die Bayous als reiche Jagdgründe für Schildkröten, Biber und Nerze, Waschbären und Otter. Kenner behaupten, dass sich hier mehr als 150 verschiedene Felltiere tummeln. »Manche Leute haben in den Swamps 800 Fallen gleichzeitig liegen. Man kann einzelne Swamp-Parzellen erwerben und dort jagen«, erzählt ein Mann aus dem Cajun-Dorf Kraemer.

Viele Cajuns fühlen sich noch mit der französischen Kultur verbunden, sind zweisprachig, sprechen aber selten französisch, sondern akadischen Dialekt, die Sprachmelange des so genannten *patois*, das zum Teil auf dem alten Französisch der Vorfahren beruht, die einst, weil sie sich nicht der englischen Krone beugen wollten, aus Nova Scotia vertrieben wurden und im damals spanischen Louisiana unterkamen. Dennoch gibt es eine Menge Cajuns, die besser französisch als englisch sprechen. Ähnliche Mischungsverhältnisse herrschen auch in den Kochtöpfen und in der Musikszene.

Grünglitzerndes Entenflott und Girlanden Spanischen Mooses begleiten den Highway von New Orleans in Richtung Des Allemands, einer Siedlung, die ausnahmsweise deutschen Ursprungs ist.

Wenn nicht Zuckerrohrfelder die Szene beherrschen, flankiert bald darauf gepflegte Wohnkultur den Bayou Lafourche. Während der Erntezeit im Herbst sind die Straßen voll der süßen Rohre, die von den Lastwagen gepurzelt sind. Es waren übrigens die Jesuiten, die um 1726 hier Land kauften, und das Zuckerrohr aus Santo Domingo mitbrachten, »großes, grünes Gras«, wie sie es nannten, und das sie anfangs als Süßigkeit zum Kauen verkauften. Erst Ende des 19. Jahrhunderts gelang es einem Pflanzer, Zucker zu granulieren. Damit wuchs eine Industrie der Zuckerbarone heran, die Louisiana für mehrere Jahre zum reichsten ländlichen Gebiet Amerikas machte.

Nördlich von **Thibodaux** (s. S. 167) sorgt die **Madewood Plantation** (s. S. 162) für den ersten ungewöhnlichen Akzent durch ihre stattliche Greek-Revival-Fassade, deren weiße Säulen in vornehmer Distanz zum Highway aufragen. In **Napoleonville** (s. S. 162) setzt man über den Bayou, um auf der anderen Seite in Richtung Süden weiterzufahren; erst über die S 1, dann über die attraktive LA 398. Nach rund einer Stunde ist man in **Franklin** (s. S. 158) und **New Iberia** (s. S. 164), wo eine der elegantesten Villen des Südens ihre Schatten auf den Bayou wirft: **Shadows-on-the-Teche** (s. S. 164). Auf **Saint Martinville** (s. S. 166) und **Breaux Bridge** (s. S. 156) folgt schließlich **Lafayette** (s. S. 160).

Die Route

<u>Zucker</u>
Die hauptsächlichen Anbaugebiete lagen/liegen im Mississippi-Delta und am Bayou Teche. Große Zuckerkonzerne sitzen in Baton Rouge, New Iberia, Thibodaux und Plaquemine. Jesuiten, die um 1726 in New Orleans Land kauften, brachten aus Santo Domingo Pflanzen mit, »großes, grünes Gras«, Zuckerrohr, das sie dort anpflanzten und als süßes Konfekt zum Kauen verkauften. Erst Ende des 19. Jahrhunderts gelang es einem Pflanzer, Zucker zu granulieren. Ein Problem war, den zähflüssigen Sirup, der oft seine Substanz und sein Aussehen veränderte, zu transportieren. Die lehmartige Masse schmeckte zwar gut, sah aber unappetitlich aus. Mit dem erfolgreichen Granulierungsverfahren wuchs eine Industrie, die Louisiana für mehrere Jahre zum reichsten ländlichen Gebiet der USA machte. Früher wurden der Zuckeranbau, Ernte und Verarbeitung auf der Plantage durchgeführt. Das so genannte Zuckerhaus lag gewöhnlich zwischen Herrenhaus und dem meist angrenzenden Bayou oder Swamp. Auf den alten Zuckerplantagen starben übrigens die meisten Sklaven: Es war billiger, sich neue Sklaven zu kaufen, als die alten gut zu versorgen.

2. Tag – Route: Lafayette – Chretien Point Plantation – Grand Coteau – Opelousas – Ville Platte – Alexandria – Natchez (325 km/ 203 mi)

km/mi	Zeit	Route
	Morgens	Sightseeing in **Lafayette**.
0	Mittags	Aufbruch nach Natchez (Fahrzeit ca. 4 Std.). Vom Evangeline Thruway zur I-10 West, Ausfahrt bei Exit 97 auf die LA 93 (über die LA 356 geht es kurz ab zur
27/17		**Chretien Point Plantation**) nach Sunset und **Grand Coteau**. Von hier zurück auf die I-49 North, Exit 23 über die LA 167 nach Ville Platte, dort S 29 zurück zur I-49 bis Alexandria, dort S 28 und US 84 über Ferryday und Vidalia nach
325/203	Spätnachmittag	**Natchez**. Happy Hour am Fluss in **Natchez-under-the-Hill**.

Nördlich von Lafayette, in der so genannten *Cajun Prairie*, ändert sich wenig am akkuraten Zustand der Rasenflächen vor den ländlichen Anwesen, dafür umso mehr im landwirtschaftlichen Bereich. Das Zuckerrohr macht Pause und überlässt die Felder dem Getreide und dem Vieh. Weil auch dies ansehnlich inszeniert werden kann, heißt der Highway denn auch *Scenic Byway*, das heißt im Einklang mit dem Frankophilen ringsum *Chemin Pittoresque de Louisiaine*. Die Schilder sind eine Weile lang zweisprachig. Im Umkreis der **Chretien Point Plantation** dominiert plötzlich wieder der Zucker, während auf dem Weg nach Sunset und **Grand Coteau** (s. S. 158 f.) erneut die Rinderfarmen zum Zuge kommen.

Flusskreuzfahrt de luxe: die edelrestaurierte »Mississippi Queen« auf der Fahrt zwischen New Orleans und Saint Louis

Auf Grand Coteau folgen **Ville Platte** und die reizvolle Landstraße (S 29), die den Anschluss zur Interstate sucht und dabei zum ersten Mal zarte Andeutungen von Bodenerhebungen mit sich bringt, die sich in Richtung **Alexandria** (s. S. 154) fortsetzen, dem geographischen Zentrum des Staates am Red River. Zwischen den beiden Orten ein Stück weiter westlich erstreckt sich mit den Orten **Eunice** (s. S. 157) und Mamou das *Music Country* von Louisiana, hier vor allem ist die Cajun-Musik zu Hause. Die Richtung Mississippi führenden Highways bieten von allem im Alten Süden etwas: Baumwollfelder, die vor der Ernte so aussehen, als hätte es geschneit, COLD BEER, Swamps, rostiges Wellblech und Baptistenkirchen. Dann geht es schnell – Jonesville, vorbei an der alten Eisenbahnbrücke über den Black River, Ferryday, durch Vidalia mit seinem programmatischen Supermarkt SACK and SAVE und über die rechte Seite des eisernen Pärchens der Riesenbrücken über den Großen Fluss – nach **Natchez** (s. S. 195 ff.).

12 Texaco Country

Von New Orleans nach Natchez, Mississippi

Route: New Orleans – Oak Alley – Houmas House – Nottoway Plantation – Natchez (374 km/234 mi)

km/mi	Zeit	Route
0	8.30 Uhr	Abfahrt von **New Orleans:** z.B. Dauphine (wird westl. der Kreuzung mit Canal St. zu), Baronne St., unterhalb der Stadtautobahn scharf rechts, (nicht auf die I-10), sofort (an Oretha Castle Healey Blvd.) links, und dann rechts dem Schild MISSISSIPPI RIVER BRIDGE folgen, US 90 (Business) bzw. West Bank Expwy. über Westwego bis Boutte, dort LA 52 rechts und an der **Old River Road** (LA 18) links West. Über Edgard, an der **Evergreen-Plantage**, und Vacherie vorbei zur
99/ 62	10.00 Uhr	**Oak Alley Plantation**, Rundgang (ca. 1/2 Std.). – LA 18 weiter Richtung Donaldsonville, LA 70 rechts über die Sunshine Bridge (einordnen nach Sorrento), am anderen Ufer gleich rechts über LA 44, LA 942 links am Deich entlang und dem Schild zur Plantage folgen:
134/ 84		**Houmas House**, Besichtigung (ca. 1 Std.). – Zur Kreuzung von LA 44 und LA 942 zurück, dort links etwa eine Meile bis
	12.00 Uhr	**The Cabin**, Mittagspause (ca. 1 Std.). – Zurück zur Sunshine Bridge, LA 70 nach Donaldsonville und über die LA 1 nach White Castle, dort Schild rechts folgen zur
176/110		**Nottoway Plantation**, Rundgang, Lunchmöglichkeit (ca. 1 Std.). – Weiter LA 1: Plaquemine, hinter North Port Allen einordnen: US 190 nach Westen (identisch mit LA 1). Beim Abzweiger nach New Roads führt die LA 1 nach Norden zum **False River**. In New Roads dem Schild ST. FRANCISVILLE/FERRY folgen (an der kath. Kirche und Ampel links), Fähre über den Mississippi nach
274/171	16.30 Uhr	**Saint Francisville.** Dort US 61 nach Norden und
374/234	18.00 Uhr	**Natchez.** Auf US 61 links einordnen und dem DOWNTOWN-Schild folgen: Homochitto St., Orleans St., rechts an Pearl St. bis Stanton Hall (vgl. Stadtplan S. 196).

Alternativen und Extras: Wer auf die Mittagspause in **The Cabin** verzichten oder dort nur einen Eistee trinken möchte, kann sie auf der Nottoway-Plantage nachholen (Lunch 11–15 Uhr), wenn man Glück hat, in der Vor- und Nachsaison, ausnahmsweise im Haupthaus in stilvollem Ambiente. – Ein Besuch der **Rosedown Plantation** bei Saint Francisville verlängert die Tagesroute um zwei Meilen und mindestens eine halbe Stunde. – Die landschaftlich reizvoll gelegene **Rosemont Plantation** bietet eine Alternative zu den Hotels in Natchez; erst recht für einen geruhsamen Extratag in Natchez und Umgebung.

Im Morgendunst schwingt sich die Stadtautobahn über eine Betonrampe auf die Mississippi-Brücke. Das French Quarter bleibt in der Ferne zurück, und die letzten Blicke auf New Orleans müssen sich mit den Bauklötzen von Downtown und dem zierlichen Superdome begnügen, der wie eine Art steinerner Big Mac im Zentrum hockt. Wie die meisten Ausfallstraßen beschert auch die US 90 keine Augenweiden, sondern platten Kommerz auf beiden Seiten, der langsam und auch nur selten durch Entengrütze in Wassertümpeln und ein paar *egrets* beim Frühstück in diversen Pfützen unterbrochen wird. Ansonsten sieht es so aus, wie Faulkner einst in seinen »Landmäusen« schrieb: »Der Staat Louisiana sauste als grüne Ununterscheidbarkeit – an uns vorbei.«

Erfreulicherweise ändern sich die Bilder in Boutte durch eine liebliche Landstraße, die an Viehweiden und Schwarzenhütten entlang zum Fluss führt. Am Deich beginnt die berühmte **Old River Road**, jene Schnur, deren Windungen die alten Mississippi-Plantagen wie Perlen vergangener Pracht aufreihen. Baumwolle und Zuckerrohr, Indigo und Tabak sorgten hier einst für den gewaltigen Reichtum. Um 1850 lebten im unteren Mississippi-Tal zwischen New Orleans und Natchez mehr als die Hälfte aller amerikanischen Millionäre.

Man kann die Kiesrampen hochfahren (etwa bei der Auffahrt zur

Die Route

Die Evergreen Plantation (1830) mag trotz ihres einladend geschwungenen Treppenaufgangs keine Besucher. Zaungästen bleibt also nur der Blick aus der Ferne auf die adrette Parkanlage und die klassizistische Schauseite des Hauses.

Fähre hinüber zur **Destrehan Plantation**) und einen Blick auf den Fluss werfen; aber mit dem Auto auf dem Deich zu fahren, das ist verständlicherweise nicht erlaubt.

Mit den frisch gemähten Deichwiesen rechter Hand korrespondieren links von der Straße kleine Ortschaften, deren Grundstücke manikürte Rasenflächen und wie aus dem Ei gepellte Häuschen zieren: **Hahnville** zum Beispiel.

Der erste Blickkontakt mit einer Plantage (**Home Place**), einem frühen Kolonialbau von 1790, legt den Schluss nahe, grandiose Geschichte und nüchterne Neuzeit lebten noch in idyllischer Eintracht. Doch schon die nächste Kurve kratzt herb an diesem Wunschbild, denn sie legt das Raffineriepanorama des Chemiekonzerns Union Carbide frei. Spanisches Moos und Öl-Tanks, Pipelines und Zuckerrohr, Terminals und alte Eichen: die River Road als Drive-in-Chemie. Und der Atomreaktor von Edgard vollendet das neue Bild vom Alten Süden. Zwischendurch Südstaaten-Nostalgie vom Feinsten: **Oak Alley** (s. S. 168).

Von der **Sunshine Bridge** gleitet der Blick über den Strom – Öltanker, gewaltige Schubkähne, Raffinerien: Texaco Country. Auch am Ostufer setzen sich die Wechselbäder zwischen romantischer Historie und prosaischer Gegenwart fort: nach DuPont, einem weiteren Chemie-Riesen, das schöne **Houmas House** (s. S. 156) und später dann die **Nottoway Plantation** (s. S. 169). Hier, spätestens, sollte man einmal auf den Deich gehen und einen Blick auf den Fluss werfen!

Nördlich von Plaquemine gehören Himmel und Erde wieder der Chemie: Raffinerien, Tanks, Exxon-Gelände. Kein Zweifel, **Baton Rouge** (s. S. 155), Hauptstadt und Zentrum der chemischen Industrie von Louisiana, rückt näher. Doch der Highway 190 macht alles wieder gut und entpuppt sich als schöne Baumallee durch eine weite Pampa, lange Zuckerrohrschneisen, Baumwollfelder und Nussplantagen. Noch schöner wird's am **False River**, dem beliebten Erholungs- und Wassersportgebiet an einem der toten Arme des Mississippi.

Viel Freizeitbetriebe finden sich weit und breit: Bootsstege, Angler, Jachtklubs und Wochenendhäuschen, die meisten vorsichtshalber auf Stelzen. Etwas zurückgesetzt vom Westufer des ehemaligen Flusses, linker Hand von der Straße, liegen weitere stattliche *antebellum homes*, unter ihnen Riverlake, **North Bend**, **Pleasant View** und – **Austerlitz**.

Das **Parlange Plantation Home** aus dem Jahre 1750 thront auf einer alten Indigopflanzung, die später durch Zuckerrohr ersetzt wurde. Das Herrenhaus gilt als architektonischer Prototyp des Kolonialstils von Louisiana und ist heute immer noch im Besitz der Gründerfamilie.

In **New Roads**, an der Rampe zur Fähre, werden den Wartenden kleine Stärkungen angeboten, Erdnüsse meist oder *fried pig tails.* Auf der anderen Seite des Flusses warten im hübschen **Saint Francisville** (s. S. 165) weitere historische Schätzchen.

Die US 61 führt durch grüne Blättertunnel, in denen der Kudzu aus einzelnen Bäumen ulkige Tanzbären geformt hat. Jenseits der Staatsgrenze zu Mississippi öffnet sich der Blick auf hügelige Felder und Weiden, auf denen Vieh und kleine Teiche für bukolische Tupfer sorgen. Ein Schild weist zur **Rosemont Plantation** (s. S. 198 f.), dem Elternhaus von Jefferson Davis.

Am Rande weiß schimmernder Baumwollfelder sorgt eine knallrote Imbissbude für einen Farbklecks am Straßenrand: **Mammy's Cupboard** (s. S. 198), die unter ihrem roten Backsteinrock Schutz und Erfrischungen für unterwegs bietet, meist allerdings nur zur Lunch-Zeit.

Am Spätnachmittag ist es in **Natchez** (s. S. 195 ff.) unten am Fluss am schönsten. Still treibt das große braune Wasser und auf ihm die Container-Konvoys im Dämmerlicht dahin. Während der *twilight zone* werden im Casinoschiff (s. S. 197, 198) von Minute zu Minute mehr Lichter angeknipst. Shuttle-Busse der Hotels spucken die ersten Besuchergruppen aus.

Schwarze rollen in dicken Chrom-Schlitten vorbei, und ab und an eilt uniformiertes Casino-Personal zum funkelnden Boot – in silbrigen Westen und schwarzen Fracks, als wären sie auf dem Weg zu einer Premiere bei den Salzburger Festspielen.

Kudzu, der grüne Würger, hat die Südstaaten fest im Griff

13 Grüße von Palladio

Route: Natchez – Emerald Indian Mound – Port Gibson – Windsor Ruins – Vicksburg (139 km/87 mi)

km/mi	Zeit	Route
	9.00 Uhr	Rundfahrt durch Natchez (ca. 2 Std.): **River Park, Stanton Hall, Twin Oaks, Dunleith, Green Leaves, The Elms** und **Magnolia**. – Von dort zum alten **Friedhof:** Pearl St., an Main St. links, an Canal St. rechts und dem Schild NATIONAL CEMETERY folgen, Clinton St. – Auf der Rückfahrt vom Friedhof an der ersten Gabelung links halten (Maple St.), an den Schwarzensiedlungen vorbei und an Madison St. rechts zum Broadway.
0	11.00 Uhr	Abfahrt von **Natchez** von Broadway, Franklin St., US 61, S 553 North links ab zum **Emerald Indian Mound** und zur **Springfield Plantation**, über **Lorman** nach Norden bis
64/40	12.00 Uhr	**Port Gibson**. An Carroll St. (S 552) links zu den
80/50		**Windsor Ruins**. – Zurück nach
96/60	13.00 Uhr	**Port Gibson** und Mittagspause (ca. 1 Std.). – Weiter über US 61 nach
139/87	14.30 Uhr	**Vicksburg**. (Bei der Einfahrt links halten, erst DOWNTOWN-, dann WELCOME CENTER-Zeichen folgen: Aussichtspunkt.) – **Stadtrundfahrt:** Cedar Grove, Balfour House, Old Court House Museum, Anchuca House, Martha Vick House, McRaven Tour Home. (Vgl. Stadtplan S. 203.)

Alternativen: Statt US 61 zwischen Natchez und Port Gibson den **Natchez Trace Parkway** fahren; allerdings bietet er gerade in diesem Streckenabschnitt mit seiner durchgängig grünen Tunnel-Vision landschaftlich keine Vorzüge gegenüber der US 61.

Im **River Park** von Natchez kann man nach Herzenslust herumlaufen oder sitzen und auf den Mississippi schauen. Die meisten Besu-

Mississippi, praktisch

cher zieht es jedoch nicht zum Fluss, sondern zu den Symbolen der glorreichen Vergangenheit. Nicht zuletzt verdankt Natchez die Fülle seines Erbes von über 300 Antebellum-Bauten dem Umstand, dass es im Bürgerkrieg strategisch nicht die Bedeutung hatte wie beispielsweise Vicksburg.

Kein Wunder also, dass Natchez als Reiseziel so umschwärmt ist, besonders während der jährlichen *Pilgrimage*-Touren im Frühjahr und Herbst, wenn während der größten jährlichen Architektur- und Antiquitäten-Wallfahrt in den USA die Denkmäler der Pflanzerklasse den bewundernden Blicken offen stehen. Verschwenderische Feste waren hier einst gang und gäbe. Noch heute werden bei Kerzenlicht-Galas in der Vorweihnachtszeit in vielen Salons die guten alten Zeiten heraufbeschworen.

Ob nun Natchez Trace oder US 61 – zwischen Natchez und Port Gibson geht es am wildwüchsigsten auf der ganzen Südstaatenreise zu. *Kudzu de luxe*, fleischige Urwälder aus hölzernen Tanzbären mit grünem Pelz. Die so genannte **Church Hill Loop** (S 533), umrahmt von alten Kirchen, Wald und Wiesen, wartet mit weiteren historischen Zeugnissen auf. Zunächst mit dem eindrucksvollen **Emerald Indian Mound,** einem im Wald versteckten indianischen Tempelhügel, sodann mit der feinen Säulenreihe der **Springfield Plantation** (s. S. 199).

Auch bei den **Windsor Ruins** (s. S. 201) westlich von **Port Gibson** (s. S. 200) geht es um Säulen, genau genommen um 23, aber sie sind das Einzige, was noch stehen geblieben ist von der malerisch ausgebrannten Residenz, die, zu-

Anders als beispielsweise im Südwesten der USA sind die Indianer im Südosten der Kolonialisierung zum Opfer gefallen. Nur die verstreuten Mounds, die Erdhügelgräber und die zahlreichen Orts- und Flussnamen mit ihren wohlklingenden den Doppelvokalen erinnern daran, wem das Land einmal gehörte.

mindest für kurze Zeit, zu den verwegensten im Süden gehört haben muss.

Tagesziel ist **Vicksburg** (s. S. 201 ff.). Die Fahrt entlang Washington Street Richtung Downtown zeigt die Stadt als eine durchwachsene Sache – abgetakelte Lagergebäude, frei stehende Geisterhäuser, Wäschereien, »Lottie's Beauty Shop«, traurige Schuppen. Der Staat Mississippi, der mit Abstand ärmste im US-Bunde – das lässt sich hier nicht verbergen. Auch die Casinoschiffe haben grundsätzlich bisher nichts daran geändert. Gut, im Geschäftsbezirk des Old River Market hat Washington Street ein *face lifting* erfahren, aber das wirkt seltsam erratisch und abgehoben vom Rest der Innenstadt. »Wir haben hier viel zu spät mit der Restaurierung angefangen und zu viel abgerissen«, klagt eine alte Dame und gebürtige Vicksburgerin, die selbst mit gutem Beispiel vorangehen wollte und ihr altes Haus zur schmucken Pension hergerichtet hat. »Aber der Tourismus wird neuen Schwung nach Vicksburg bringen«, meint sie, während sie von ihrem Empire-Sofa aus zum süßen Sherry auf dem chintzbedeckten Tischchen greift.

14 Memphis

Von Vicksburg nach Memphis, Tennessee

Route: Vicksburg – Memphis (385 km/241 mi)

km/mi	**Zeit**	**Route** **Vgl. Karte hintere Umschlagklappe.**
0	9.00 Uhr	Von **Vicksburg** I-20 nach Osten, US 61 nach Norden über Mound Bayou (für Lunch und sonstige Pausen insgesamt ca. 2 Std.) bis zum Südrand von Memphis. Von der US 61 links in die Mitchell Rd. und dort ca. 8 km zum **Chucalissa Archaeological Museum** (ca. 361 km/226 mi; eine knappe Stunde reicht zur Besichtigung aus).
385/241	16.00 Uhr	**Memphis** (rechtzeitig zum Enten-Gag im **Peabody Hotel:** US 61 wird zur 3rd St., an Union links zum Hotel).

Das Delta beginnt in der Lobby des Peabody Hotels in Memphis und endet in der Catfish Row in Vicksburg, so hieß es früher. Gemeint waren Anfang und Ende des flachen Agrarlands im Einzugsbereich von Mississippi und Yazoo River.

Die heutige Tagesreise verbindet Anfang und Ende, allerdings verläuft sie in umgekehrter Richtung, also von Süden nach Norden. Die Catfish Row hat es wohl tatsächlich mal in Vicksburg gegeben. Schließlich war und ist der *catfish* der Fisch, den man in Mississippi am häufigsten fängt und isst. Heute allerdings wirkt die Gegend hier eher verlassen, außer ein paar Anglern und einem im braunen Wasser dümpelnden Ausflugsboot, das bessere Tage gesehen hat.

Im Vergleich zum größten Teil der heutigen Strecke beschert diese Idylle freilich schon ein Höchst-

Onward, ein kleiner Ort nördlich von Vicksburg, reklamiert für sich, die Geburtsstätte des Teddybären zu sein

Der Highway 61 gilt als Route der Blues-Founder: Yazoo City, Greenville, Cleveland, Clarksdale und Lake Sardin.

maß an Sensation, denn die US 61, die sich seit Saint Francisville als ein durchaus brauchbarer Lieferant abwechslungsreicher Bilder bewährte, lässt den Reisenden bald ganz schön im Stich. Links und rechts wiederholen sich Baumwoll- und Sojabohnenfelder, Speichergebäude und ärmliche Hütten, und jedes dritte Geschäft an der Straße verkauft Trecker. Nur der Hinweis auf eine Winery lässt schmunzeln: Weinbau mitten in Mississippi! Von alter Pracht also weit und breit keine Spur. Wegen der ständigen Überschwemmungen vor dem Bau der Deiche gegen Ende des 19. Jahrhunderts hatten sich die Begüterten ins angrenzende Hügelland abgesetzt. Das Delta war lediglich ein riesiger Arbeitsplatz.

Heute ist es zu einer Art Spielwiese geworden. Die Invasion der Casinodampfer entlang der US 61 hat die Region drastisch verändert, vor allem in Tunica County. Wie einst die Baumwolle sollen die schwimmenden Spielhallen Dollars ins bettelarme Delta spülen. Die Erfolge sind umstritten. Zwar gibt es neue Arbeitsplätze, aber die Pfandhäuser *(pawn shops)* schießen seither ebenso schnell aus dem Boden wie die Casinos. Wie auch immer: Mit heftigem Wochenendverkehr südlich von **Memphis** (s. S. 214 ff.) ist zu rechnen.

15 Music City, U.S.A.

Von Memphis nach Nashville

Route: Memphis – Nashville (350 km/219 mi)

km/mi	Zeit	Route	Vgl. Karte hintere Umschlagklappe.
0	10.00 Uhr	**Downtown Memphis**: Union Ave. stadtauswärts, rechts auf Bellevue Blvd., der zum Elvis Presley Blvd. wird, in südlicher Richtung nach **Graceland** (ca. 2 Std. oder länger). – Anschließend Elvis Presley Blvd. nach Norden, I-55 ebenso, I-240 und I-40 East (die jetzt den Namen MUSIC HIGHWAY trägt) bis	
350/219	17.00 Uhr	**Nashville** (s. S. 219 ff.).	

16 Wald und Whiskey

Von Nashville zurück nach Atlanta

Route: Nashville – Lynchburg – Chattanooga – Atlanta (475 km/297 mi)

km/mi	Zeit	Route	Vgl. Karte hintere Umschlagklappe.
0	9.00 Uhr	Abfahrt von **Nashville**: I-40 East, I-24 East (Richtung Chattanooga), Exit 111 nach Lynchburg: SR 55 West folgen, in Tullahoma gleich hinter der Überführung rechts (US 41) und am Friedhof wieder links (SR 55) nach	

155/97 11.00 Uhr **Lynchburg.** Tour **Jack Daniel's Distillery** und Lunchpause am Marktplatz in Lynchburg (ca. 2 Std.). Weiterfahrt über SR 50 East nach Winchester, dort ALT 41 und US 64 East über Cowan nach Monteagle, dort I-24 nach **Chattanooga.** Hier möglicherweise Lunch/ Pause im alten Bahnhof: von der I-24, US 124, Exit E. Main St. rechts bis Market St., dort links. Auf I-75 nach

475/297 18.00 Uhr **Atlanta.** (1 Std. ist durch die Rückkehr in die *Eastern Time Zone* verloren gegangen.)

Agrar-Quartett in Tennessee

Mai und Oktober gelten als die schönsten Reisemonate für Tennessee. Dann zeigen sich die bewaldeten Hügel in bestem Licht, im Frühjahr in frischem Grün, im Herbst mild und bunt. Das gilt auch für den Highway südlich von Nashville.

Erst eine Weile Interstate, dann Landstraße. Je näher sie Lynchburg rückt, um so ansehnlicher wird sie: weidendes Vieh auf weiß durchzäuntem hügeligem Terrain, Rostdächer von Scheunen in mildem Licht. Und dann naht sie, die Quelle des Whiskey, die **Jack Daniel's Distillery** (s. S. 213).

Tennessee (auch Kentucky) und der Whiskey: Das Thema lässt sich durch eine Werksbesichtigung allein natürlich nicht ausschöpfen. Geschichte und Geschichten gehören dazu; die meisten von ihnen spielen während der Prohibition in den 1920er und 1930er Jahren. Aus Filmen kennt man die wilden Verfolgungsjagden, auf denen die *liquor runners* ihre illegalen

Underground Atlanta

Schnapsfässer vor den Augen des Gesetzes in Sicherheit zu bringen suchten. Die Produkte der *bootleggers* und *moonshiners* (Familienbetriebe allesamt) mussten nicht nur nachts, heimlich und flott erzeugt, sondern die Autos auch frisiert werden, um Sheriff und Steuerfahndung zuvorzukommen. Was häufig die stillschweigende Zusammenarbeit mit den örtlichen Behörden nicht ausschloss.

Die Vorläufer der bis heute vor allem im Südosten der USA beliebten *Stock-car*-Rennen reichen in diese Ära zurück. Schon damals probte man bei den Wettrennen den Ernstfall, und viele Fahrer und Rennveranstalter brachten es zu legendärem Ruhm. Sie haben ein wichtiges Kapitel in der Geschichte der amerikanischen Autokultur geschrieben. Diese wilden Zeiten sind heute vorbei, doch der *Sour Mash* ist geblieben.

Der Highway 50 sorgt in der Folge für die reizvollsten Abschnitte der ländlichen Provinz im Süden von Tennessee: friedliches Farmland, das hübsche kleine Cowan, eine kurvige Bergstraße hinauf nach Monteagle zur Interstate, die ihrerseits für eine Weile die dramatische Windungen durch die Gebirgslandschaft fortsetzt – nach **Chattanooga** (s. S. 207 f.). Von hier aus noch ein letzter Sprung, dann taucht aus den Mischwäldern Georgias die Skyline von **Atlanta** (s. S. 18–30) auf.

16A Back East – Zurück nach Osten

Von Vicksburg nach Selma, Alabama

Alternativroute 1. Tag: Vicksburg – Jackson – Demopolis – Selma (411 km/257 mi)

km/mi	Zeit	Route
0	9.00 Uhr	Ab **Vicksburg** I-20 nach Osten. Bei Jackson I-55 nach Norden, Abfahrt an Lakeland Dr. und Schildern folgen zum

77/48	10.00 Uhr	**Mississippi Agriculture and Forestry/National Agricultural Aviation Museum** (Museumsbesuch ca. 1 Std.). – Zurück denselben Weg zur I-20, östl. von Meridian US 80 bis
326/204	14.30 Uhr	**Demopolis**, Stadtrundfahrt. Von US 80 links auf Cedar Ave. Rechts liegt **Gaineswood** (1/2 Std.). Weiter Cedar bis Capitol St., links bis Main, rechts bis Monroe, dort links bis Bluff St.: **Bluff Hall** (1/2 Std.). – Zurück über Main St., links an Pettus St., rechts an Cedar Ave., links an US 80 East. Kurz nach der Auffahrt, auf der rechten Straßenseite Möglichkeit zum späten Lunch im »Ellis V Restaurant«.
411/257	17.30 Uhr	**Selma**. Bummel Nähe Broad St. und Water Ave. beim Fluss.

Wer in Vicksburg die I-20 nach Osten wählt, muss für den großen Sprung nach Selma Siebenmeilenstiefel anziehen oder sich in Geduld üben und die Sache aussitzen. Zwar erlaubt der Militärpark bei der östlichen Stadtausfahrt, die Spuren des 47-tägigen Kampfes um Vicksburg im Jahre 1863 auf einer 16 Meilen langen Autoroute abzufahren und sich Schützengräben, Wehranlangen, Fortruinen und Kanonen anzusehen. Wen die kriegerischen Relikte jedoch kalt lassen, der muss wohl oder übel auf dem Highway Kurs halten, am besten, indem er eine angemessene »Cruising«-Einstellung wählt.

Platt geht es zu ringsum: in den Baumwollfeldern, den Zypressen-Swamps, auf den Weiden, bei der Überquerung des Big Black River, der weder *big* noch *black*, sondern kümmerlich und braun vor sich hin treibt. Wer Glück hat, dem bietet vielleicht ein zünftiges Südstaatengewitter eine spektakuläre Show.

Gut, dass es bei all dem wenigstens noch ein Museum gibt. Und was für eins! Wer meint, Land- und Forstwirtschaft seien langweilig und erst recht in einem Museum, der wird im **Mississippi Agriculture and Forestry Museum** (s. S. 193) in der Landeshauptstadt **Jackson** (s. S. 192 ff.) eines Besseren belehrt.

Auch Alabama (aus der Sprache der Choctaw-Indianer übersetzt heißt das *brush gatherers*, Reisig-Sammler) ändert an der Gleichförmigkeit der vorüberziehenden Eindrücke zunächst nicht viel. Bei manchen Dörfern sucht man zum Ortsschild vergeblich den dazugehörigen Ort, etwa in Cuba, das sich mit wenig mehr als einer Exxon- und einer Chevron-Tankstelle vorstellt, die DIXIE DIESEL verkaufen.

Erst die US 80 bringt ein wenig Farbe in die Schauplätze: Nadelwald, rote Erde und ein eindrucksvolles Wasserpanorama bei der Überquerung des Tombigbee Ri-

Die Route

ver. Auch das Seelenheil kommt hier nicht zu kurz. In großen Lettern steht zu lesen: JESUS IS LORD OVER DEMOPOLIS. Zumindest höheres Wissen kann in **Demopolis** (s. S. 173 f.) nicht schaden, denn die irdischen Informationsquellen scheinen an den entscheidenden Stellen versiegt. Einige der gewohnten Hinweisschilder mit dem dicken Fragezeichen, die TOURIST INFO versprechen, sind offenbar abhanden gekommen.

Rassenunruhen 1905 in Selma

Die Weiterfahrt bietet grüne Weiden mit offensichtlich zufriedenem Rindvieh. **Uniontown** ist eine Schwarzen-Stadt, und ihre ruinösen Häuser und ärmlichen Schuppen schaffen ein architektonisches Kontrastprogramm zu Demopolis, wie es die Reise schon mannigfach gezeigt hat. Hin und wieder steht eine *service station* am Straßenrand, der typische Treff auf dem Land, wo alles Lebensnotwendige zu haben ist: Autoreparaturen, Informationen und Lebensmittel, darunter oft Melonen, die so aussehen, als könne sie einer allein gar nicht heben. Am Ende: **Selma** (s. S. 182 ff.).

Der Fundamentalismus im Bible Belt sorgt hin und wieder für schlechte Schlagzeilen – weniger durch bibelschwingende Wanderprediger und fahrende Gottesmänner in der Provinz, sondern durch »Televangelists«, die riesigen und finanzstarken Glaubens-Unternehmen vorstehen. Auf Kanzeln und TV-Schirmen wettern sie gegen den Sittenverfall, ereifern sich vollmundig über moralische Verfehlungen und bedienen damit das traditionelle Sendungsbewusstsein vieler Südstaatler, die sich ungeachtet ihres eigenen Erbes – Sklaverei, Sezession, Armenhaus der Nation – nach wie vor als die Verteidiger der echten amerikanischen Werte verstehen. Doch dann müssen sie sich plötzlich wegen amouröser Abenteuer verantworten.

16 B Nicht »Grand«, aber grandios

Providence Canyon, Georgia

Alternativroute 2. Tag: Selma – Eufaula – Providence Canyon – Atlanta (496 km/310 mi)

km/mi	Zeit	Route
		In **Selma: Sturdivant Hall** (von Broad St. über Jeff Davis Ave. nach Westen, an Mabry St. links).
0	9.30 Uhr	Abfahrt von **Selma** (Kreuzung Water Ave. & Broad St.) US 80 nach Osten. In der Nähe von Montgomery rechts halten, US 231 und US 82 nach Osten, um die Stadt herum über Union Springs nach
211/132	12.00 Uhr	**Eufaula**. Eufaula Ave. mit **Shorter Mansion**, Lunch (ca. 1 Std.). – Weiter US 82 und links einordnen nach Georgetown, GA (und damit 1 Std. Zeitverlust: Rückkehr zur *Eastern Time*, die ab jetzt berücksichtigt ist), S 39 nach Norden und auf ihr bleiben (d.h. nicht dem Schild PROVIDENCE STATE PARK folgen), an S 39 C rechts in Richtung Lumpkin zum
259/162	14.00 Uhr	**Providence Canyon**, Rundgang und Pause (ca. 1 Std.). – In Lumpkin S 1 bzw. US 27 nach Norden über Columbus, I-185, I-85 nach
496/310	17.30 Uhr	**Atlanta** (Peachtree Plaza).

Alternativen: Alle, die einen geruhsamen Abschied vom Süden suchen, bevor es auf die zügigen Interstates geht, können nördlich von Columbus die I-185 über den Abzweig S 116 verlassen, um einen kurzen Abstecher durch die hübschen Örtchen **Hamilton** (mit seiner farbenfrohen Main Street) und **Pine Mountain** zu fahren und von dort über US 27 wieder auf die I-185 zurück.

Die Route

Hamilton, Georgia – eine liebliche Kleinstadt mit alten Holzhäusern, filigran verziert mit viktorianischem Gingerbread-Schnitzwerk und blühenden Büschen vor den Veranden.

Wir verlassen Selma via Pettus Bridge, die über den Alabama River führt. Auf ihr marschierten im März 1965, gewissermaßen im zweiten Anlauf, 25 000 Schwarze nach Montgomery zum dortigen Kapitol, angeführt von Martin Luther King und zum Schutz begleitet von der Nationalgarde. Wie bei der Einfahrt nach Selma wechseln auch nach dem Abschied von der Stadt Baumwollfelder und Waldstücke auf hügeligem Farm- und Ranchland einander ab.

Östlich von **Montgomery** (s. S. 179 f.) wimmelt es plötzlich wieder von Verkaufsbuden für die landauf, landab beliebten *fireworks*. Ein paar *billboards* der regionalen Tourismusindustrie locken mit Hinweisen auf Hotels und Restaurants für Ferien auf dem Bauernhof. Doch im Wesentlichen durchstreift die Straße friedliche Landschaften mit Ranches und Waldstücken, in deren pastoralen Grundton sich die Baptistenkirchen bestens fügen. Je einsamer alles aussieht, desto mehr fallen sie auf, diese schlichten und stets frisch getüncht wirkenden Holzkästchen, die weißen Wohnzimmer Gottes.

Union Springs, Midway, Lugo – diesem Dreisprung über südstaatliche Provinz folgt schließlich das erste Highlight des heutigen Tages, **Eufaula** (s. S. 174 ff.). Am See, gleich beim Verlassen der Stadt, naht nicht nur die Grenze zu Georgia, sondern auch die zur Zeit.

Nördlich von **Georgetown** (s. S. 68) entpuppt sich die kurviger und hügeliger werdende SR 39 als eine gefällige Landstraße, deren rote Erde in schönem Kontrast zu waldigem Grün oder grasenden Pfer-

Am Grab von Martin Luther King Jr.

den steht. Ab und zu schimmert der Eufaula Lake durch die Bäume; er ist der mittlere der Seen, die der Chattahoochee River füllt, seit er in den 1960er und 1970er Jahren gestaut wurde, um ihm seine ständigen Überschwemmungen abzugewöhnen. Die vielen Holzlaster deuten auf den weiteren Abbau von Waldflächen, die Sprinkleranlagen auf die sich ausbreitende künstlich bewässerte Landwirtschaft. Baumwollfelder, Hütten, Scheunen und Silos zählen zu ihrem Inventar.

BRIDGE MAY ICE IN WINTER: Mit weit über 40 Grad im Auto lesen sich diese Schilder wie leere Versprechungen! Nur wer alle Jahreszeiten und den Hang des Südens zur Feuchtigkeit in Bodennähe kennt, weiß, wie realistisch die Warnungen sind. Die Böschungen werden nun röter und röter und bereiten damit das spektakuläre und ziemlich überraschende Finale dieser Reise vor, den **Providence Canyon** (s. S. 66 f.). In Utah oder sonst wo im Südwesten der USA würde eine derartige Erosionskunst ganz selbstverständlich passen. Aber ausgerechnet im Küstenflachland von Georgia? – Noch ein Weilchen weiter auf dem Highway, und es gibt ein Wiedersehen mit Atlanta.

17 Atlanta/Abflug

17. Tag – Programm: Atlanta

Morgens	**High Museum of Art** (So erst ab Mittag, Mo geschl.), Lunch.
Nachmittags	Abflug vom **Hartsfield Atlanta International Airport**.

Einen Stadtplan von Atlanta finden Sie auf S. 19.

Hotels, Motels, B&Bs, Resorts, Campingplätze

Die angegebenen Preiskategorien gelten stets für einen *double room.* Einzelzimmer sind nur unwesentlich billiger, während man für ein zusätzliches Bett etwa $ 5–10 zuzahlen muss. Für Kinder, die im Zimmer der Eltern schlafen, wird meist kein Aufpreis berechnet.

$ – bis 70 Dollar
$$ – 70 bis 110 Dollar
$$$ – 110 bis 130 Dollar
$$$$ – über 130 Dollar

Praktisch schwanken diese Preiskategorien erheblich. Manchmal gewinnt man den Eindruck, die Hotels ändern ihre Preise beinah stündlich. Auf jeden Fall aber reagieren die Raten flexibel auf Feiertage, lokale Events, Wochentage und Wochenende, die Reisesaison etc. In den Städten sinken die Übernachtungspreise meist am Wochenende, in Ausflugsgebieten steigen sie dann entsprechend. Und umgekehrt. Häufig sorgen spektakuläre Discounts allerdings für erfreuliche Überraschungen.

ALABAMA

Birmingham

The Tutwiler – A Wyndham Historic Hotel
2021 Park Place N. (Downtown)
Birmingham, AL 35203
✆ (205) 322-2100 oder 1-800-845-1787
Fax (205) 325-1183
www.wyndham.com/tutwiler
Klassisch-elegantes Hotel von 1914 mit 147 Zimmern, Restaurants (**The Grille, The Pub**), Bar, Fitnessraum. $$$–$$$$

Crowne Plaza Birmingham – The Redmont
2101 Fifth Ave. N. (Downtown)
Birmingham, AL 35203
✆ (205) 324-2101 oder 1-800-359-7234
Fax (205) 324-0610
Zentrale Lage, historisch-elegantes Ambiente, 114 Zimmer, Restaurant, Cocktail Lounge, Fitnessraum. $$$$

Pickwick Hotel
1023 20th St. S., Birmingham, AL 35205
✆ (205) 933-9555 oder 1-800-255-7304
Fax (205) 933-6918, www.pickwickhotel.com
Kleines Hotel in Downtown-Nähe: 63 Zimmer, Fitnesscenter, Pianobar. Kleines Frühstück inkl. $$–$$$$

Radisson Hotel Birmingham
808 20th St. S., Birmingham, AL 35205
✆ (205) 933-9000 oder 1-800-333-3333
Fax (205) 933-0920
In Downtown-Nähe, 298 Zimmer, Restaurant, Cocktail Lounge, Pool, Fitnessraum. $$–$$$$

Demopolis

Days Inn
1005 Hwy. 80 E., Demopolis, AL 36732
✆ (334) 289 2500, Fax (334) 289-9351
Preisgünstiger Standard: 42 Zimmer, Pool, Fitnessraum, Waschsalon. $–$$

Holiday Inn Express
943 Hwy. 80 W., Demopolis, AL 36732
✆ (334) 289-9595, Fax (334) 289-9570
Guter Standard: 51 Zimmer, Pool, Waschsalon. $$

Eufaula

Kendall Manor Inn
534 W. Broad St., Eufaula, AL 36027
✆ (334) 687-8847, Fax (334) 616-0678
Gastfreundlicher B&B Inn in einem ansehnlichen, denkmalgeschützten Antebellum-Haus (ca. 1860) im *Italianate Style* mit zierlichen Säulchen und Ausguck. $$–$$$

Unterkünfte in Alabama

Best Western Eufaula Inn
1375 S. Eufaula Ave. (Hwy. 431 S.), südl. von Downtown Eufaula, AL 36027
✆ (334) 687-3900, Fax (334) 687-6870
No Frills: 42 Zimmer, Pool, kleines Frühstück inkl. $

Huntsville

Hilton Huntsville
401 Williams Ave., Huntsville, AL 35801
✆ (256) 533-1400, Fax (256) 534-7787
Gute Lage in Downtown: 277 Zimmer, Restaurant, Pool, Whirlpool, Fitnessraum. $-$$$

Baymont Inn & Suites Huntsville
4890 University Dr.
Huntsville, AL 35816
✆ (256) 830-8999, Fax (256) 837-5720
Solide und preisgünstig: 99 Zimmer und Pool. $-$$

Ditto Landing
293 Ditto Landing Rd. S.E., südl. von Huntsville
Nähe US 231
Huntsville, AL 35803
✆ (256) 883-9420, www.dittolanding.com
Schattig und ruhig am Tennessee River. *Full hookups,* auch Zelte.

Mobile

Malaga Inn
359 Church St., Mobile, AL 36602
✆ (251) 438-4701 oder 1-800-235-1586
www.malagainn.com
Zwei anmutige Stadthäuser (Baujahr 1862) in ruhiger Downtown-Lage: romantische Adresse, hübsche Räume (35), Pool und Cocktail Lounge. $$-$$$

Radisson Admiral Semmes Hotel
251 Government St. (Downtown)
Mobile, AL 36602
✆ (334) 432-8000 oder 1-800-678-8946
Fax (334) 405-5942, www.radisson.com
Gepflegtes Haus (1940) in der Altstadt mit 170 geräumigen Gästezimmern, im Restaurant (**Oliver's**) kocht man kreolisch, Bar, Pool, Whirlpool, Fitnesseinrichtungen. $$$-$$$$

Brown's Mobile Home & RV Park
1619 Jasper Rd., Mobile, AL 36618
✆ (334) 342-3383
Campingplatz mit *full hookups,* Münzwäscherei, Duschen und Kiosk. Anfahrt: von Kreuzung I-65 und US 98 (Exit 5B) 6 km auf US 98 nach Westen bis Howells Ferry Rd., dort links bis Dover St., dort links einen Straßenblock weiter. Park liegt rechts.

Montgomery

Embassy Suites Montgomery
300 Tallapoosa St., Montgomery, AL 36104
✆ (334) 269-5055 oder 1-800-EMBASSY
Fax (334) 269-0360, www.embassysuites.com
Das Atrium überrascht als Regenwald: 237 großzügige Suiten, Restaurant, Cocktail Lounge, Pool, Fitnesscenter, Whirlpool, Sauna, Waschsalon. Frühstück im Übernachtungspreis eingeschl. $$$-$$$$

Guesthouse International Hotel & Suites
120 Madison Ave., Montgomery, AL 36104
✆ (334) 264-2231, Fax (334) 263-3179
www.guesthouseintl.com
In der Lobby rauscht ein Wasserfall: 170 Zimmer und Suiten, Restaurant, Cocktail Lounge, Pool, Fitnessraum, Waschsalon. Elvis Presley hat hier einmal übernachtet. $$

La Quinta Inn
1280 East Blvd., Montgomery, AL 36117-2231
✆ (334) 271-1620, Fax (334) 244-7919
www.laquinta.com
Einfach und preisgünstig: 130 Zimmer, Pool, kleines Frühstück inkl. $-$$

Gunter Hill Park
561 Booth Rd., Montgomery, AL 36108
✆ (334) 269-1053
Friedlicher Platz am Alabama River: 146 Stellplätze mit *full hookups.* 2 Tage vorab reservieren. Anfahrt: von I-65, Exit 167, auf US 80 14 km nach Westen, an County Road 7 rechts und Schildern folgen.

Selma

Holiday Inn
1710 W. Highland Ave. (US 80 W., ca. 4 km westl. von Selma), Selma, AL 36701
✆ (334) 872-0461 (auch Fax) oder
✆ 1-800-359-7234
Solides Hotel mit 164 Zimmern, Pool, Fitnessraum, Cocktails. $-$$

Grace Hall
506 Lauderdale St., Selma, AL 36701
✆ (334) 875-5744, Fax (334) 875-9967
www.gracehallbandb.com
Anmutiger B&B Inn von 1857 mit 6 Gästezimmern. $$-$$$$

Saint James Hotel
1200 Water Ave. (Downtown), Selma, AL 36701
✆ (334) 872-3234 oder 1-800-678-8946
Fax (334) 872-0332
www.stjameshotelselma.com
Hübsch restauriert: 42 Zimmer, einige auf der Seite zum Alabama River. Restaurant (**The Troop House Restaurant** mit amerikanischer Küche). Die James-Brüder sollen hier 1881 übernachtet haben. $$-$$$

Lake Lanier Travel Park
655 Lake Lanier Rd. (US 80 W.), 14 km westl. von Selma via US 80, Selma, AL 36701
✆ (334) 875-1618
Campingplatz mit Waschsalon, Schwimmgelegenheit, Kinderspielplatz. *Full hookups*. Ganzjährig.

Paul M. Grist State Park
1546 Grist Rd., Selma, AL 36701
✆ (334) 872-5846
Ruhiger Campground, 24 km nördlich von Selma. Schwimmen, Angeln im See.

Tuscaloosa

Best Western Park Plaza Motor Inn
3801 McFarland Blvd. (Nähe I 59/20, Exit 73 via US 82), Tuscaloosa, AL 35405
✆ (205) 556-9690 oder 1-800-235-7282
Fax (205) 561-0184
118 Zimmer, Pool, Whirlpool, Fitnesscenter, kleines Frühstück inkl. $$-$$$

La Quinta Inn
4122 McFarland Blvd. E. (Nähe I 59/20, Exit 73 via US 82), Tuscaloosa, AL 35403
✆ (205) 349-3270, Fax (205) 758-0440
Preisgünstig: 122 Zimmer, Pool, kleines Frühstück inkl. $

FLORIDA (PANHANDLE)

Amelia Island/Fernandina Beach

Elizabeth Pointe Lodge
98 S. Fletcher Ave., Fernandina Beach, FL 32034
✆ (904) 277-4851 oder 1-800-772-3359
Fax (904) 277-6500
www.elizabethpointelodge.com
Netter B&B am Strand. Haupthaus von 1890 – mit Veranda, Schaukelstühlen und Frühstück. $$$$

Florida House Inn & Restaurant
22 S. Third St., Fernandina Beach, FL 32034
✆ (904) 261-3300 und 1-800-258-3301
Fax (904) 277-3831
www.floridahouseinn.com
Eins der ältesten Gästehäuser Floridas (seit 1857) – mit knarrenden Dielen und kleinen Türen. Beliebtes Restaurant (Frühstück, Lunch, Dinner). $$

The 1735 House
584 S. Fletcher Ave., Amelia Island, FL 32034
✆ (904) 261-4148 und 1-800-872-8531
Fax (904) 277-0018, www.1735house-bb.com
Nautisches Dekor am Strand. Auch Zimmer mit Küche. Kleines Frühstück. $$$-$$$$

Amelia Island Plantation
6800 First Coast Hwy., Amelia Island, FL 32034
✆ (904) 261-6161 oder 1-888-261-6161
Fax (904) 277-5945, www.aipfl.com
Sportler-Paradies am langen Strand: Golfplatz (54 Löcher), 23 Tennisplätze, 19 Pools, Fitnesscenter, Wanderwege, Reiten, Fahrradfahren, Angeln. Spitzenrestaurant. $$$$

Fort Clinch State Park
2601 Atlantic Ave. (Amelia Island)
Fernandina Beach, FL 32034
✆ (904) 277-7274
Wehrhafter Backsteinbau an der Nordspitze der Insel: Camping; Naturpfade, Picknick, Radwege, Fishing Pier.

Apalachicola

The Gibson Inn
51 Ave. C, Apalachicola, FL 32329
✆ (850) 653-2191, Fax (850) 653-3521
www.gibsoninn.com
Hübsches, restauriertes Hotel (30 Zimmer) von 1907 am östlichen Stadteingang. Empfehlenswertes Cajun-Restaurant (Lunch und Dinner). $$

Coombs House Inn
80 6th St., Apalachicola, FL 32320
✆ (850) 653-9199, Fax (850) 653-2785
www.coombshouseinn.com
Nostalgischer Bed & Breakfast in hübsch restaurierter Villa eines Holzbarons aus der Zeit um 1900. $$$

Destin

Sandestin Golf & Tennis Resort
9300 Emerald Coast Pkwy. W. (US 98 W.)
Sandestin, FL 32550
✆ (850) 267-8000 oder 1-800-622-1038
Fax (850) 267-8222
www.sandestin.com
Weitläufiges Ferienresort mit mehreren Golfplätzen und großer Tennisanlage. Dazu ein herrlicher weißer Sandstrand. $$-$$$

Camping on the Gulf Holiday Travel Park
10005 W. Emerald Coast Pkwy.
Destin, FL 32550
✆ (850) 837-6334 oder 1-877-226-7485
226 Stellplätze direkt am Wasser.

Panama City/Panama City Beach

Driftwood Lodge
15811 Front Beach Rd.
Panama City Beach, FL 32413
✆ (850) 234-6601 oder 1-800-442-6601

www.driftwoodpcb.com
Sympathisches Motel direkt am Strand. Viele Zimmer mit kleiner Küche und Balkon. $$-$$$

Holiday Inn SunSpree Resort
11127 Front Beach Rd.
Panama City Beach, FL 32407
✆ (850) 234-1111 oder 1-800-633-0266
Fax (850) 235-1907
www.sunspreeresort.com
Geräumige Zimmer mit Eisschränken, Mikrowelle etc., Golf-Packages. $$$-$$$$

Sunset Inn
8109 Surf Dr., Panama City Beach, FL 32408
✆ (850) 234-7370
Fax (850) 234-7370
Eher ruhiges Strandmotel mit 62 Zimmern, einige mit Küche, Pool, Waschsalon. $$-$$$

Marriott Bay Point Resort
4200 Marriott Dr. (HINWEISSCHILD am Thomas Dr. beachten)
Panama City Beach, FL 32408
✆ (850) 236-6000 oder 1-800-874-7105
Fax (850) 233-1308
www.marriottbaypoint.com
Grüne Oase mit Marina und Golfplätzen, zum Surfen und Windsurfen. Gutes Preis-Leistungs-Verhältnis. Strategisch günstig: die Pool-Bar für den Sonnenuntergang! $$$-$$$$

Ramada Limited
12907 Front Beach Rd.
Panama City Beach, FL 32407
✆ (850) 234-1700 oder 1-800-633-0266
Fax (850) 235-2700
Tropisch anmutende Zimmer zum Meer mit Balkon, Pools, Sauna, romantisch drapierter Wasserfall, Restaurant. Schöner Strand. Manchmal deutlich reduzierte Sonderpreise. $$$-$$$$

Saint Andrew's State Recreational Area
4607 State Park Lane (am Ostende von Thomas Dr.), Panama City Beach, FL 32408
✆ (850) 233-5140
Wanderwege, Bootsrampe, Angeln, Camping, schattige Picknickplätze. Dünen, feine Strände, türkisfarbenes bis blaues Wasser – ideal zum Schwimmen!

Panama City Beach KOA
8800 Thomas Dr.
Panama City Beach, FL 32408
✆ (850) 234-5731, www.koa.com
Strandnah und gut ausgestattet.

Pensacola

New World Landing Inn
600 S. Palafox St., Pensacola, FL 32501
✆ (850) 432-4111, Fax (850) 432-6836
www.newworldlanding.com
Angenehm und zentral gelegen. Mit 15 Zimmern und kleinem Frühstück. Gutes Restaurant im Haus. $$

Residence Inn by Marriott
7230 Plantation Rd. (University Mall)
Pensacola, FL 32504
✆ (850) 479-1000 oder 1-800-331-3131
Fax (850) 477-3399
Schöne Suiten mit voll eingerichteter Küche, Wohn- und Schlafzimmer, 2 Bäder, Pool, Nachmittags-Drinks, kleines Frühstück.
(Zufahrt von Downtown Pensacola: I-110 bis zur I-10, diese kurz nach Osten bis EXIT 5, danach links und gleich wieder rechts in die University Mall.)
$$$-$$$$

The Pensacola Grand Hotel
200 E. Gregory St., Pensacola, FL 32501
✆ (850) 433-3336 oder 1-800-348-3336
Für Eisenbahn-Nostalgiker: das riesige Bettenhaus klebt an einem alten Bahnhof (1912), der nun Lobby, Bars und Restaurant beherbergt. Ab und an röhren die Loks mit Güterwaggons vorbei. Pool, Fitnessräume. $$-$$$

Howard Johnson Pensacola
6919 Pensacola Blvd., Pensacola, FL 32505
✆ (850) 478-4499 oder 1-800-359-7366
Fax (850) 857-1250
Einfaches Motel mit 120 Zimmern und Pool. $

Pensasola Beach/Gulf Breeze/ Perdido Key

Best Western Pensacola Beach
16 Via De Luna, Pensacola Beach, FL 32561
✆ (850) 934-3300 oder 1-800-934-3301
Fax (850) 934-4366, www.bestwestern.com
Ferienmotel (122 Zimmer) am Strand von Santa Rosa Island. Mit Frühstück. Im Sommer durchschnittlich $$$-$$$$, im Winter $-$$

Clarion Suites Resorts
20 Via De Luna Dr., Pensacola Beach, FL 32561
✆ (850) 932-4300 oder 1-800-874-5303
Fax (850) 934-9112
Ansprechendes Strandmotel mit karibischem Touch – durch das Ensemble kleinerer Häuser intimer als die meisten kompakten Gesamtkomplexe.
$$$-$$$$

17 Best Western Perdido Key Beach
13585 Perdido Key Dr., Pensacola, FL 32507
✆ (850) 492-2755 oder 1-800-554-8879
Fax (850) 492-9587
Solide, strandnah, Pool. $$-$$$$

Fort Pickens Campground
1801 Gulf Breeze Pkwy./1401 Ft. Pickens Rd. (Santa Rosa Island), Gulf Breeze, FL 32561
✆ (850) 934-2621
Großer Campingplatz auf der Insel vor Pensacola. Keine Reservierungsmöglichkeit.

Big Lagoon State Recreation Area
Von Pensacola über SR 292A, dann Bauer Rd. Perdido Key, FL 32507
✆ (850) 492-1595
Campingplatz auf erholsamer Lagune.

Ponte Vedra Beach

Ponte Vedra Beach Resort
200 Ponte Vedra Blvd. (südl. von Jacksonville Beach)
Ponte Vedra Beach, FL 32082
✆ und Fax (904) 285-1111 oder 1-800-234-7842
www.pvresorts.com
Elegantes, historisches Strandhotel von 1927 mit zwei Golf- und 15 Tennisplätzen, mehreren Pools und Restaurants. $$$-$$$$

Suwannee

Pelican's Roost
SR 349, Suwannee, FL 32359
✆ (352) 542-9712, Fax (352) 542-3298
Idyllischer B&B Inn am Golf von Mexiko; sehr nette Gastgeber. $$

Tallahassee

Governors Inn
209 S. Adams St., Tallahassee, FL 32301-1720
✆ (850) 681-6855 oder 1-800-342-7717
Fax (850) 222-3105, www.thegovinn.com
Zentral beim Capitol und im Fußgängerbereich gelegener B&B Inn, mit Happy-Hour-Drinks und kleinem Frühstück. $$$-$$$$

Radisson Hotel Tallahassee
415 N. Monroe St. (1/2 Meile nördl. des Kapitols)
Tallahassee, FL 32301-1222
✆ (850) 224-6000 oder 1-800-222-0335
Fax (850) 224-6000
Zentral gelegen. Guter Standard. $$-$$$

Cabot Lodge
2735 N. Monroe St., Tallahassee, FL 32303
✆ (850) 386-8880 oder 1-800-223-1964
Fax (850) 386-4254, www.cabotlodge.com
Ruhig und mit Südstaaten-Flair: 160 Zimmer, Pool, kleines Frühstück im Preis eingeschlossen. $$

La Quinta Inn North
2905 N. Monroe St., Tallahassee, FL 32303
✆ (850) 385-7172, Fax (850) 422-2463, www.lq.com
Einfaches, freundliches Kettenmotel nahe der Autobahn am Nordrand der Stadt. $$

Tallahassee RV Park
6504 Mahan Dr., Tallahassee, FL 32308
✆ (850) 878-7641, Fax (850) 878-7082
www.tallahasseervpark.com
Privater, schattiger Campingplatz am Stadtrand.

Wakulla Springs

Wakulla Springs Lodge
SR 267, Wakulla Springs, FL 32305
✆ (850) 224-5950, Fax (850) 561-7251
Spartanische Herberge und Restaurant in neospanischem Stil (1937) mit einem Hauch von Sanatorium (kein TV, kein Alkohol) in reizvoller Umgebung des **Edward Ball Wakulla State Park**. Schwimmen in der Quelle des Flusses (bis 19, im Winter bis 18 Uhr); Dschungel-Bootsfahrten (9.45–17 Uhr) durch vogel- und artenreiche Wasserlandschaften. Attraktive Glasbodenbootsfahrten bei klarem Wasser tägl. 11–15 Uhr.

In den letzten Jahren allerdings hat sich der Tanningehalt des Wassers so erhöht, dass die trüben Perioden immer häufiger vorkommen und länger dauern. Naturpfade. An Wochenenden und Feiertagen rechtzeitig reservieren. $$-$$$

GEORGIA

Athens

Nicholson House Inn B&B
6295 Jefferson Rd., Athens, GA 30607
✆ (706) 353-2200
Fax (706) 353-7799
www.nicholsonhouseinn.com
9 Zimmer in einer ruhig gelegenen Südstaaten-Villa von ca. 1820. $$$-$$$$

Magnolia Terrace
277 Hill St. (Downtown), Athens, GA 30601
✆ (706) 548-3860 oder 1-800-891-1912
Feine viktorianische Pension mit 8 Zimmern. $$

3 Foundary Park Inn & Spa
295 E. Dougherty St., Athens, GA 30601
✆ (706) 549-7020,
Fax (706) 549-7085
Komfortables kleines Hotel am Stadtrand: 119 Zimmer, Restaurant, Spa. $$$

Athens Courtyard by Marriott
166 N. Finley St., Athens, GA 30601
✆ (706) 369-7000 oder 1-800-321-2211
Fax (706) 548-4224

Zuverlässiges ruhiges Haus mit 105 Zimmern und Suiten in der Innenstadt; Restaurant, Lounge, Fitnessraum, Pool. $$$-$$$$

17 Holiday Inn Express
513 W. Broad St., Athens, GA 30603
✆ (706) 546-8122, Fax (706) 546-1722
Guter Standard: 160 Zimmer, Pool, Fitnessraum, Münzsalon. $$-$$$

Watson Mill Bridge State Park
5 km auf SR 22 nach 560 Watson Mill Park Rd. südlich von Comer
✆ (706) 783-5349, tägl. 7–22 Uhr
Hübsche überdachte Holzbrücke *(covered bridge)* von 1885. Erholsamer Naturpark für Picknick und Camping, Kanufahren, Baden und Angeln im Fluss. Parkgebühr $ 2

Pine Lakes RV Campground
5540 High Shoals Rd. (S 441, S 186 nach Westen)
Bishop, GA 30621
✆ (706) 769-5486
Schattiges Plätzchen am friedlichen See. 19 km südl. von Athens.

Atlanta

Atlanta Marriott Marquis
265 Peachtree Center Ave., N.E. (Downtown)
Atlanta, GA 30303
✆ (404) 521-0000 oder 1-800-932-2198
Fax (404) 586-6299, www.marriott.com
Erstklassiges Hotel (1 671 Zimmer und Suiten) mit atemberaubendem Atrium, 4 Restaurants, Pools, Fitnesscenter. Von dem Architekten: John Portman. $$$$

Hyatt Regency Atlanta
265 Peachtree St. N.E., Atlanta, GA 30303-1204
✆ (404) 577-1234 oder 1-800-233-1234
Fax (404) 588-4137, www.atlanta.hyatt.com
Typischer Hyatt-Atrium-Bau von John Portman, zentral gelegen: 1 264 Zimmer und Suiten, drei Restaurants, Lounges, Coffee Shop, Fitnesscenter und Pool. $$$$

Wyndham Atlanta
160 Spring St. N.E. (International Blvd., Downtown), Atlanta, GA 30303
✆ (404) 688-8600, Fax (404) 542-5543
www.wyndham.com
Mitten in Downtown: 321 Zimmer und Suiten, Restaurant und Cocktailbar, Pool, Fitnessraum. $$$-$$$$

Days Inn Downtown
300 Spring St. Atlanta, GA 30308
✆ (404) 523-1144, Fax (404) 577-8495
www.daysinnatl.com
263 Zimmer, Pool, Fitnessraum, Waschsalon. 24-Std.-Coffee-Shop. (Gelegentlich gibt es Sonderpreise: $) $$$-$$$$

Atlanta Downtown TraveLodge
311 Courtland St. N.E. (Downtown)
Atlanta, GA 30303
✆ (404) 659-4545 oder 1-800-578-7878
Fax (404) 659-5934
Einfach, zentral gelegen: 71 Zimmer, Pool. Kleines Frühstück und Morgenzeitung im Preis eingeschlossen. $$$-$$$$

Courtyard by Marriott
175 Piedmond Ave.(Downtown)
Atlanta, GA 30303
✆ (404) 659-2727 oder 1-800-321-2211
Fax (404) 688-6332, www.marriott.com/atlcd
Zentral: 211 ordentliche Zimmer, Restaurant, Cocktail Lounge, Pool, Fitnessraum, Waschsalon. $$$

Fairfield Inn by Marriott
175 Piedmont Ave. (Downtown)
Atlanta,GA 30303
✆ (404) 659-7777 oder 1-800-228-2800
Fax (404) 688-6518, www.marriott.com/atlfd
Zentral gelegen: 242 Zimmer, Pool, Fitnesseinrichtungen, Waschsalon. Kleines Frühstück inkl. $$$

Cheshire Motor Inn
1865 Cheshire Bridge Rd., N.E. (Midtown)
Atlanta, GA 30324
✆ (404) 872-9628 oder 1-800-872-9628
Sehr ordentlich, gleich nebenan das bei *locals* sehr geschätzte Restaurant **The Colonnade**. $

Stone Mountain Park Campground
P.O. Box 778, Stone Mountain, GA 30086
✆ (770) 498-5710 oder 1-800-385-9807
Fax (770) 413-5082, www.stonemountainpark.com
US 78, etwa 27 km östlich von Atlanta (1/2 Std. Fahrzeit). *Full hookups*.

Augusta

The Azalea Inn
312-316 Greene St., Augusta, GA 30901
✆ (706) 724-3454, Fax (706) 724-1033
www.theazaleainn.com
Angenehmer B&B Inn in günstiger Lage bei »Olde Town«. Frühstück kommt im Körbchen ans Bett. $$$-$$$$

Radisson Riverfront Hotel
2 10th St., Augusta, GA 30901
✆ (706) 722-8900 oder 1-800-333-3333
Fax (706) 823-6513, www.radisson.com

Gleich am Fluss: 234 Zimmer und Suiten, Restaurant, Cocktail Lounge, Pool, Sauna, Fitnessraum. $$$-$$$$

Holiday Inn Augusta-West
1075 Stevens Creek Rd., Augusta, GA 30907
✆ (706) 738-8811 oder 1-800-734-4275
Fax (706) 737-3600
239 Zimmer, Restaurant, Cocktail Lounge, Pool, Waschsalon und Fitnessraum. $$

The Partridge Inn
2110 Walton Way
Augusta, GA 30904
✆ (706) 737-8888 oder 1-800-476-6888
Fax (706) 731-0826, www.partridgeinn.com
Hübscher historischer Bau mit 155 Zimmern, Pool, Fitnessraum und empfehlenswertem Restaurant (**Bambu**). Frühstücksbuffet inkl. $$$-$$$$

West Bank Inn
2904 Washington Rd., Augusta, GA 30909
✆/Fax (706) 733-1724
Guter Standard: 47 Zimmer, Münzwäscherei, kleines Frühstück. $

Mistletoe State Park
3723 Mistletoe Rd. (Nähe Augusta)
Appling, GA 30802
✆ (706) 541-0321 oder 1-800-864-7275
Fax (706) 541-9793
Campingplatz in schöner Lage am Clarks Hill Lake, der bei Barsch-Anglern hoch im Kurs steht. Strand, Schwimmen, schattige Wanderwege, Kanuverleih. (Anfahrt via I-20, Exit 175, dort auf SR 150 13 km bis Mistletoe Rd., dort 5 km Schildern folgen.)

Brunswick

Waters Hill Bed & Breakfast
728 Union St., Brunswick, GA 31520
✆ (912) 264-4262, Fax (912) 265-6326
www.watershill.com
Angenehme Pension mit 5 Zimmern, zentral gelegen. Frühstück auf der Veranda. $$$

McKinnon House
1001 Egmont St., Brunswick, GA 31520
✆ (912) 261-9100 oder 1-866-261-9100
www.bolins.com/mckinnonhouse
Angenehmer Bed & Breakfast Inn (Baujahr 1902) mit 3 Zimmern im historischen Distrikt. Frühstück inkl. $$$

Hampton Inn
230 Warren Mason Blvd. (Exit 36A von I-95)
Brunswick, GA 31520
✆ (912) 261-0002 oder 1-800-HAMPTON
Fax (912) 265-5599
www.hampton-inn.com/brunswick
Gutes Standardmotel mit 129 Zimmern, Pool, kleinem Frühstück. $$-$$$

Golden Isles Vacation Park
7445 Blythe Island Hwy., Brunswick, GA 31525
✆ (912) 261-1025, Fax (912) 265-5861
Auf Blythe Island gelegen: 75 *full hookups*, 20 Zeltplätze, Restaurant, Waschsalon, Pool, Kinderspielplatz. (Anfahrt von I-95 (Exit 29) knapp 1 km nach Westen zur SR 303, diese rechts 300 m nach Norden.)

Cumberland Island

Greyfield Inn
Reservierung: 8 N. 2nd St., Fernandina Beach, FL 32035-0900
✆ (904) 261-6408 oder 1-800-678-8946
Fax (904) 321-0666, www.greyfieldinn.com
Traumhaft gelegenes historisches Herrenhaus mit 17 Zimmern und Suiten auf Cumberland Island, einst im Besitz der Carnegie-Familie. Ganzjährig. $ 290 und mehr pro Nacht, einschließlich Fähre, Vollpension, Fahrrad, Angelausrüstung, Fitnessraum und, gegen einen kleinen Aufpreis, Jeep-Tour über die friedliche Insel. $$$$

Dahlonega

The Smith House
84 S. Chestatee St., Dahlonega, GA 30533
✆ (706) 867-7000
Der historische Country Inn von 1884 hat 18 Zimmer und ein sehr beliebtes Restaurant mit guter Südstaatenkost. $$-$$$

Worley Homestead Inn
168 Main St., Dahlonega, GA 30533
✆ (706) 864-7002
Hübscher kleiner B&B Inn (von 1845) mit 7 komfortablen Zimmern. Ein reichliches Landfrühstück inkl. $$$-$$$$

Etowah River Campground
437 Rider Mill Rd., Dahlonega, GA 30533
✆ (706) 864-9035
Schöne Lage am Etowah River: 62 *full hookups*, auch Zelte. Kinderspielplatz, Duschen. *Tubing*, Forellenangeln und Goldwaschen.

Helen

Edelweiss German Country Inn
351 Duncan Bridge Rd. (5 km von Helen)
Sautee, GA 30571
✆ (706) 865-7371, Fax (706) 219-340
Cabins, BBQ-Grills, Wanderwege, deutsche Küche. $-$$$

Unterkünfte in Georgia

Unicoi State Park
1788 Highway 356 Rd., Helen, GA 30545
✆ 1-800-864-7275
Campground in den Bergen, Wanderwege, Mountainbiking, Angeln, Schwimmen und Kanu- und Tretbootverleih. – 3 km nordöstlich von Helen via SR 356.

Jekyll Island

Jekyll Island Club Hotel
371 Riverview Dr., Jekyll Island, GA 31527
✆ (912) 635-2600 oder 1-800-535-9547
Fax (912) 635-2818, www.jekyllclub.com
Altmodisch-elegantes Kurhotel und ehemaliges Klubhaus der Millionäre aus dem Jahr 1887 mit elegant-gediegenem Flair und einem Hauch von Bad Neuenahr. 139 Zimmer, 15 Suiten, Pool, Krocket- und 13 Tennisplätze, Fahrräder, eleganter Speiseraum (**Grand Dining Room**). Zwei ehemalige Prominentenvillen – **Crane** und **Cherokee Cottage** – erweitern inzwischen das Betten- und Restaurantangebot: **Courtyard At Crane** – mit schönem Innenhof. $$$-$$$$. Vgl. Abb. S. 69.

Buccaneer Beach Resort
85 S. Beachview Dr., Jekyll Island, GA 31527
✆ (912) 635-2261 oder 1-800-253-5955
Fax (912) 635 3230
www.buccaneerbeachresort.com
In die Dünen eingebundenes familienfreundliches Strandhotel. 207 Zimmer, Restaurant, Pool, Tennis- und Kinderspielplatz, Fahrradverleih, Waschsalon. Unter den Dauergästen (mit Vollpension): exotische Vögel, Eichhörnchen, Kaninchen. $$-$$$$

Holiday Inn Beach Resort
200 S. Beachview Dr.
Jekyll Island, GA 31527
✆ (912) 635-3311 oder 1-800-753-5955
Fax (912) 635-2901, www.basshotels.com
Sympathisches, zwischen Eichen und Dünen verstecktes Strandhotel. 204 Zimmer, Fitnesseinrichtungen, Pool, Tennisplätze, Kinderspielplatz, Fahrräder, Restaurant ($$) und Bar mit Live-Entertainment. $$-$$$

Jekyll Island Campground
1197 Riverview Dr. (Nähe Fishing Pier am Nordende der Insel), Jekyll Island, GA 31527
✆ (912) 635-3021 oder 1-866-658-3021
Gut ausgestatteter Platz im schattigen Kiefern- und Eichengrund; Duschen, Waschmaschinen.

Macon

1842 Inn
353 College St., Macon, GA 31201
✆/Fax (478) 741-1842 und 1-800-336-1842
Opulente Südstaatenvilla, *Grand Antebellum Style*. Exquisit dekorierte Räume (21) mit englischen Antiquitäten. Restaurant (auch zum draußen Sitzen) und Fitnessraum. Schöner Garten. In der Bibliothek werden nachmittags Drinks und Hors d'œuvres serviert. $$$$

La Quinta Atrium Suites
3994 River Place Dr., Macon, GA 31210
✆ (478) 475-0206 oder 1-800-531-5900
Fax (478) 475-8577, www.lq.com
Solide und gut geführt: 142 Zimmer und Suiten, Pool, Whirlpool, Fitnessraum, Münzwäscherei. Kleines Frühstück im Preis inkl. (I-75, Exit 169-Arkwright Rd.) $$-$$$

Crowne Plaza Hotel
108 First St. (Downtown), Macon, GA 31201

Auftakt: Zufahrt nach Melon Bluff

✆ (478) 746-1461, Fax (478) 746-7460
Großhotel in zentraler Lage: 297 Zimmer und Suiten, Restaurant, Bar, Pool, Sauna, Fitnesscenter. $$$-$$$$

Forsyth KOA
414 South Frontage Rd., Forsyth, GA 31029
✆ 1-800-562-8614
20 Minuten von Macon entfernt: *Full hookups,* Angeln, Pool. (Anfahrt: von I-75, Exit 186 und Schildern folgen.)

Madison

Burnett Place
317 Old Post Rd., Madison, GA 30650
✆ (706) 342-4034, Fax (706) 342-0023
Schöne Villa von 1830 mit allem Neuzeitkomfort und Frühstück. $$-$$$

Midway

Melon Bluff
2999 Islands Hwy., Midway, GA 31320
✆ (912) 884-5779 oder 1-888-246-8188
Fax (912) 884-3046, www.melonbluff.com
Die ehemalige Plantage, seit 1735 in Familienbesitz, umfasst ein weit reichendes Naturschutzgebiet mit versteckten Seen, alten Bäumen, Flüssen und Marschen, wilden Truthähnen, Egrets, Pelikanen, Kolibris. Es gibt ein Naturkundezentrum und Übernachtungsmöglichkeiten: **Palmyra Plantation** von 1850, eine gemütliche, geschmackvoll eingerichtete Scheune mit allem zeitgenössischen Komfort. Großes Schwimmbad. Ideal zum Wandern, Vögel beobachten, Kanu-, Kayak- und Radfahren. Frühstück ist inklusive. Dinner kann man 24 Stunden zuvor bestellen: Gekocht wird nach traditionellen Familienrezepten der *low country cuisine – gourmet style.* (Anfahrt von I-95, Exit 76 [Midway-Sunbury Exit], 3 Meilen nach Osten und auf Schilder achten.) $-$$$$

Milledgeville

Antebellum Inn
200 N. Columbia St., Milledgeville, GA 31061
✆ (478) 454-5400, Fax (478) 453-3993
Hübscher Bed & Breakfast Inn (1890) in Downtown Milledgeville mit 5 eleganten Zimmern. Pool. $$-$$$

Holiday Inn Express
1839 N. Columbia St., Milledgeville, GA 31061
✆ (478) 545-9000
Fax (478) 454-9001
Standard: 68 Zimmer und Suiten, alle mit Mikroherd, Kühlschrank, Bügelbrett und Föhn. Pool, Fitnessraum, Waschsalon. Frühstück inkl. $$

Best Western Inn & Suites
2621 N. Columbia St., Milledgeville, GA 31061
✆ (478) 453-2212, Fax (478) 453-0869
Ordentlich und preisgünstig: 47 Zimmer, Pool, Fitnessraum. $$

Little River Park
3069 N. Columbia St. (US 441)
Lake Sinclair, Milledgeville, GA 31061
✆ (478) 452-1605
Campground, Picknickplätze und Kiosk an einem erholsamen, bei Wassersportlern und Anglern beliebten See.

Saint Simons Island/Little Saint Simons Island

Village Inn
500 Mallery St., Saint Simons Island, GA 31522
✆ (912) 634-6056 oder 1-888-635-6111
Fax (912) 634-1464, www.villageinnsuites.com
Mitten im Village unter jahrhundertealten Eichen: mediterran anmutender B&B Inn mit 28 Zimmern (die meisten mit eigenem Balkon) und Pub. Kleiner Pool, kleines Frühstück. $$$$

The King & Prince Beach & Golf Resort
201 Arnold Rd., Saint Simons Island, GA 31522
✆ (912) 638-3631 oder 1-800-342-0212
Fax (912) 634-1720
www.kingandprince.com
Eins der führenden Strandhotels. (Hier gibt es auch einen öffentlichen Strand: PUBLIC BEACH ACCESS.) Mit 148 Zimmern und Suiten, mehreren Restaurants, 5 Pools, Tennisplätzen, Fitnesscenter, Fahrradverleih und Reitgelegenheit. $$$-$$$$

Beach Bed & Breakfast
907 Beachview Dr.
Saint Simons Island, GA 31522
✆ (912) 634-2800, Fax (912) 634-4656
www.captjoe.com
Luxuriöse Villa am Meer, die Terrassen der Zimmer mit Ozeanblick. $$$$

Little Saint Simons Island
P.O. Box 1078, Saint Simons Island, GA 31522
✆ (912) 638-7472 oder 1-888-733-5774
Fax (912) 734-1811
Die kleine vorgelagerte Insel in Privatbesitz ist ein exklusives Resort für maximal 30 Gäste in dem ansonsten fast unberührten Naturparadies. Die Unterbringung ist allerdings eher rustikal-karg, ohne TV und Telefon. Dafür Superstrand, ideal zum Windsurfen, Reiten, Angeln, Baden. Nur nach vorheriger Reservierung. Zwei Nächte Minimum. Fähre zweimal täglich von der Hampton

River Club Marina am Nordende von Saint Simons Island. Einschl. Vollpension, Fähre, Transfer, Reiten, Angelboot und Naturführer deutlich über $$$$.

Savannah

River Street Inn
124 E. Bay St. (Factor's Walk)
Savannah, GA 31401
✆ (912) 234-6400 oder 1-800-253-4229
Fax (912) 234-1478, www.riverstreetinn.com
Gediegen renoviertes Backstein-Lagerhaus für Baumwolle von 1817: 86 ansprechende Zimmer mit Blick auf den Fluss. Bar, Coffee Shop und Terrassenrestaurant. Auf dem Dach kann man sich sonnen oder in die *hot tub* steigen. $$$$

Planters Inn
29 Abercorn St. (Reynolds Sq.)
Savannah, GA 31401
✆ (912) 232-5678 oder 1-800-554-1187
Fax (912) 232-8893
www.plantersinnsavannah.com
Elegantes kleines Hotel von 1890: 60 Zimmer, Cocktail Lounge, Fitnessraum. Kleines Frühstück und Tageszeitung im Preis eingeschlossen. $$$$

Magnolia Place Inn
503 Whitaker St., Savannah, GA 31401
✆ (912) 236-7674 oder 1-800-238-7674
Fax (912) 236-1145, www.magnoliaplaceinn.com
Hübsche Gästevilla mit 13 Zimmern gegenüber vom Forsyth Park. *Hot tub.* $$$$

Mediterraner Touch: der Village Inn auf Saint Simons Island

William Kehoe House
123 Habersham St., Savannah, GA 31401
✆ (912) 232-1020 oder 1-800-820-1020
Fax (912) 231-0208, www.kehoehouse.com
Hübscher viktorianischer B&B Inn (1892) am Columbia Square: 13 Zimmer, Nachmittagstee und Hors d'œuvres, reichliches Frühstück. $$$$

Foley House Inn
14 W. Hull St., Savannah, GA
✆ (912) 232-6622 oder 1-800-647-3708
Fax (912) 231-1218, www.foleyinn.com
Feiner Bed & Breakfast Inn mit 18 Zimmern in zentraler Lage. Jacuzzi, Lounge und Frühstück. $$$$

The Senator's Gate
226 E. Hall St., Savannah, GA 31401
✆ (912) 233-6398, www.thesenatorsgate.com
Gut geführter, komfortabler B&B Inn, 5 Zimmer mit Whirlpools. $$$$

Hampton Inn
201 E. Bay St., Savannah, GA 31401
✆ (912) 231-9700 oder 1-800-426-7866
Fax (912) 231-0440, www.hotelsavannah.com
Zentral an Bay Street gelegen (die nach hinten gelegenen Zimmer sind ruhiger): Pool auf dem Dach, Fitness Center. Kleines Frühstück inklusive. $$$

Days Inn – Days Suites
201 W. Bay St. (Historic District)
Savannah, GA 31401
✆ (912) 236-4440 oder 1-800-325-2525
Fax (912) 236-3074
Nah am Fluss und City Market; 253 Zimmer und 57 Apartments, Restaurant, Pool. $$$–$$$$

Savannah International Youth Hostel
304 E. Hall St., Savannah, GA 31401
✆ (912) 236-7744
24 Zimmer, Küche, Lounge, Pool. $

Skidaway Island State Park
52 Diamond Cswy., Savannah, GA 31406
✆ (912) 598-2300 oder 1-800-864-7275
www.gastateparks.org
Bester Campingplatz bei Savannah (ca. 20 Min. über Liberty St. nach Osten, Wheaton St. nach Süden, Skidaway Rd. Richtung gleichnamiger Insel). Pool, Picknickplätze, Angeln, Wanderwege, Tierbeobachtung.

Sea Island

The Cloister
Sea Island, GA 31561
✆ (912) 638-3611oder 1-800-732-4752
Fax (912) 638-5159, www.seaisland.com
Außer Kreuzgang-Resten in der pompösen Lounge von Kloster keine Spur: luxuriöses Tennis- und Golf-Resort, Beach Club, Spa- und Fitnesszentrum, Reitställe, Fahrräder, Fischer- und Segelboote, Live-En-

tertainment. Ab 18.30 Uhr strengere Kleiderordnung. Familienfreundlich (Kinder frei). Mit Vollpension. Keine Kreditkarten. $$$$

Thomasville

Serendipity Cottage Bed & Breakfast
339 E. Jefferson St., Thomasville, GA 31792
✆ (229) 226-8111, Fax (229) 226-2656
Historischer Bed & Breakfast Inn (4 Zimmer) Downtown. Mit Frühstück. $$$

1884 Paxton House Inn
445 Remington Ave., Thomasville, GA 31792
✆ (229) 226-5197, Fax (229) 226-9903
Hübscher historischer Inn mitten in der Altstadt, Pool, reichliches Frühstück. $$$$

Jameson Inn
1670 Remington Ave., Thomasville, GA 31792
✆ (229) 227-9500, Fax (229) 227-6308
Standard: 39 Zimmer, Pool, Fitnessraum. $$

Sugar Mill RV Park
4857 McMillan Rd. (bei US 19 N., 16 km von Thomasville via US 19 nach Norden)
Ochlocknee, GA 31773, ✆ (229) 227-1451
Schattig; Waschsalon, Fischteich und Wanderwege.

Tybee Island

Beachside Colony Condominiums
404 Butler Ave. (Hwy. 80 E)
Tybee Island, GA 31328
✆ (912) 786-4535 oder 1-800-786-0770
Fax (912) 786-5667, www.beachsidecolony.com
Gleich am Strand, guter Standard, 74 Zimmer, Restaurant (**The Grill Beachside**) und Pool-Bar. Preise je nach Jahreszeit und Wochentag. Auch Vermietung von hübschen Ferienwohnungen. $$-$$$$

The Hunter House
1701 Butler Ave., Tybee Island, GA 31328
✆ (912) 786-7515, www.hunterhouseinn.com
Netter B&B (von 1910), Restaurant. $$-$$$

River's End Campground & RV Park
915 Polk St., Tybee Island, GA 31328
✆ (912) 786-5518 oder 1-800-786-1016
Fax (912) 786-4126
www.gocampingamerica.com/riversendga
Schön gelegener Platz – »Where the river meets the ocean«, 130 Stellplätze; *full hookups*, Pool.

Valdosta

La Quinta Inn & Suites
1800 Clubhouse Dr., Valdosta, GA 31601
✆ (229) 247-7755, Fax (229) 245-1359
Guter Standard: 120 Zimmer, Pool, Fitnessraum, kostenlose Wäscherei. Abends gibt es sogar einen Drink aufs Haus. $$

17 Holiday Inn
1309 St. Augustine Rd., Valdosta, GA 31601
✆ (229) 242-3881, Fax (229) 244-1822
Solider Standard: Restaurant, Bar, Pool, Waschsalon. $$

LOUISIANA

Alexandria

Hotel Bentley
200 DeSoto St. (Downtown)
Alexandria, LA 71301
✆ (318) 448-9600, Fax (318) 619-9616
Historisches Haus (1908) mit 178 Zimmern, eleganter Lobby, gutem Restaurant (**The Bentley Room**), Pool und Fitnessraum. $$-$$$

Clarion Hotel Alexandria
2716 N. MacArthur Dr.
Alexandria, LA 71303
✆ (318) 487-4261, Fax (318) 445-0891
Gediegen: 127 Zimmer mit Eisschrank und Mikroherd, Restaurant, Cocktail Lounge. Frühstücksbüfett im Übernachtungspreis eingeschlossen. $-$$$

Baton Rouge

Embassy Suites Baton Rouge
4914 Constitution Ave., Baton Rouge, LA 70808
✆ (225) 924-6566 oder 1-800-433-4600
Fax (225) 923-3712, www.embassysuites.com
In zentraler Lage: 223 Zimmer mit Kitchenette, Restaurant, Cocktail Lounge, Pool, Sauna, Whirlpool, Dampfbad, Fitnessraum, Waschsalon. Frühstück inkl. $$$-$$$$

Holiday Inn-South
9940 Airline Hwy., Baton Rouge, LA 70816
✆/Fax (225) 924-7021 oder 1-800-HOLIDAY
333 Zimmer, Restaurant und Cocktail Lounge, Pools, Fitnessraum, Waschsalon. $$$

Comfort Inn
2445 S. Acadian Thruway (I-10, Exit 157B)
Baton Rouge, LA 70808
✆ (225) 927-5790 oder 1-800-228-5150
Fax (225) 925-0084
145 Zimmer, Pool, Waschsalon. Kleines Frühstück inkl. $$

Baton Rouge KOA
7628 Vincent Rd., Denham Springs, LA 70726
✆ (225) 664-7281 oder 1-800-562-5673
Ruhig und schattig, Pool und Sauna. (11 km

östl. von Baton Rouge: I-12, Exit 10, dann 800 m nach Süden, anschließend 400 m nach Westen.)

Lafayette

Hilton Lafayette & Towers
1521 W. Pinhook Rd., Lafayette, LA 70503-2586
✆ (337) 235-6111 oder 1-800-332-2586
Fax (337) 237-6313, www.lafayette.hilton.com
Strategisch gut gelegen, angemessenes Preis-Leistungs-Verhältnis. 327 Zimmer, Restaurant, Bar, Fitnessräume, Pool, Sonnenterrasse, Sauna, Waschsalon. $$-$$$

Acadiana Hotel (Best Western)
1801 W. Pinhook Rd., Lafayette, LA 70508
✆ (337) 233-8120 oder 1-800-826-8386
Fax (337) 234-3932
Guter Standard. 295 Zimmer, Restaurant, Pool, Jacuzzi, Fitnessraum, Waschsalon. $$-$$$

Days Inn-Lafayette
1620 N. University Ave. (I-10, Exit 101)
Lafayette, LA 70506, ✆ (337) 237-8880
oder 1-800-329-7466, Fax (337) 235-1386
Einfach, familienorientiert (z.B. BBQ am Pool), preisgünstig. Münzwäscherei. Kleines Frühstück. $

Belmont Campground
1000 Lot 1 Belmont Rd., New Iberia, LA 70552
✆ (337) 364-6020
Ganzjährig: Stellplätze mit Strom- und Wasseranschluss, Zeltplätze, Picknicktische, Fischteich, Kinderspielplatz und Wachsalon.

New Orleans

Windsor Court Hotel
300 Gravier St., New Orleans, LA 70130
✆ (504) 523-6000 oder 1-888-596-0955
www.windsorcourthotel.com
Erste Adresse; Restaurant (**Grill Room**), Pool, Sauna, Fitnessräume. $$$$

Hotel Provincial
1024 Chartres St., New Orleans, LA 70116-3298
✆ (504) 581-4995 oder 1-800-535-7922
Fax (504) 581-1018, www.hotelpovincial.com
Hotel mit Restaurant, Pools und Patios. $$$$

Hotel St. Pierre
911 Burgundy St., New Orleans, LA 70116
✆ (504) 524-4401 oder 1-800-255-4040
Fax (504) 524-6800
www.historicinnsneworleans.com
Pittoresk verschachteltes Labyrinth aus Innenhöfen, 2 Pools und Korridoren am Rande des French Quarter. Kleines Frühstück. $$$-$$$$

Maison Pierre Lafitte Hotel
108 University Place (Canal St.)
New Orleans, LA 70112
✆ (504) 527-5800 oder 1-800-726-5800
Fax (504) 527-5802
Hübsch restauriertes kleines Haus im Schatten des großen Fairmont Hotel mit nostalgisch eingerichteten, doch mit modernen Küchen versehenen Suiten am Rand des French Quarter. $$$-$$$$

Dauphine Orleans Hotel
415 Dauphine St., New Orleans, LA 70112-3405
✆ 1-800-521-7111, www.dauphineorleans.com
Angenehme Unterkunft im French Quarter; besonders exquisit und ruhig: die Dependance gegenüber. $$$-$$$$

Holiday Inn Chateau LeMoyne
301 Rue Dauphine
New Orleans, LA 70112-3199
✆ (504) 581-1303 oder 1-800-747-3279
Fax (504) 522-7930
Teils in historischen Gebäuden. Restaurant, kleiner Pool. $$$-$$$$

Royal Sonesta Hotel
300 Bourbon St., New Orleans, LA 70130
✆ (504) 586-0300, Fax (504) 586-0335
www.royalsonestano.com
Luxushotel mit Restaurant, Pool, Fitnesszentrum, Entertainment. $$$-$$$$

Saint Ann/Marie Antoinette Hotel
717 Rue Conti (zw. Bourbon & Royal Sts.)
New Orleans, LA 70130
✆ 1-877-535-9707
www.stannmarieantoinette.com
Hübsches Hotel mit Patio-Restaurant und Pool. $$-$$$$

Le Richelieu
1234 Chartres St., New Orleans, LA 70116
✆ (504) 529-2492 oder 1-800-535-9653
Fax (504) 524-8179
www.lerichelieuhotel.com
Günstige Lage am Rande des French Quarter, geräumige Zimmer, Pool. Terrassencafé, Lounge. Keine Parkprobleme. $$$

The Garden District
2418 Magazine St., New Orleans, LA 70130
✆ (504) 895-4302, Fax (504) 895-4306
Klein und gastlich in schöner ruhiger Lage. $$

Jude Travel Park & Guest House
7400 Chef Menteur Hwy. (US 90)
New Orleans, LA 70126
✆ (504) 241-0632 oder 1-800-523-2196
Fax (504) 245-8070

Klein und sauber (Familienbetrieb); *full hookups*, Pool, Waschmaschinen. Neuerdings mit kleinem Gästehaus. Shuttle-Bus zum French Quarter.

New Orleans Riverboat Travel Park
6232 Chef Menteur Hwy. (US 90)
New Orleans, LA 70126
✆ (504) 246-2628
Kleiner, gut ausgestatteter Platz mit Waschmaschinen, Pool. (Gleich daneben: ein Holiday Inn mit Restaurant.) $ 15–20

Saint Martinville

La Place d'Evangeline Inn
220 Evangeline Blvd.
Saint Martinville, LA 70582
✆ (337) 394-4010 oder 1-800-621-3017
Historischer B&B Inn am Bayou Teche mit gutem Restaurant und 5 Zimmern. Frühstück inkl. $–$$

Lake Fausse Pointe State Park
LA 96 & LA 3083, knapp 30 km südöstl. von St. Martinville (Abzweig von W. Atchafalaya Levee Rd.)
✆ (318) 229-4764
Campingplatz und Cabins, Spiel- und Picknickplätze, Wanderwege durch Wälder und Swamps.

MISSISSIPPI

Biloxi

The Old Santini House
964 Beach Blvd., Biloxi, MS 39530
✆ (228) 436-4078 oder 1-800-686-1146
Fax (228) 432-9193
www.waidsoft.com/santinibnb
Freundlicher B&B (Baujahr 1837) mit 4 hübsch dekorierten Zimmern. Whirlpool, Fahrradverleih, kleines Frühstück. Mindestbuchung: 2 Nächte. $$$

Best Western Swan Motel
1726 Beach Blvd., Biloxi, MS 39531
✆ (228) 432-0487 oder 1-800-528-1234
Fax (228) 374-3547
Einfaches Motel am Westende der Stadt, gleich am Strand. $

Broadwater Beach Resort
2110 Beach Blvd., Biloxi, MS 93531
✆ (228) 388-2211 oder 1-800-647-3964
Fax (228) 385-1801
Motel mit Restaurant, Golf-, Tennisplatz; Casino (**President**) und Marina gegenüber, wo man Segel- und Motorboote chartern kann; Hochseefischen. $$$

Biloxi Beach Campground
1816 Beach Blvd. (ca. 4 km westl. auf US 90)
Biloxi, MS 39531
✆ (228) 432-2755 oder 1-800-860-7043
Überwiegend schattig, gegenüber vom Strand. 76 Stellplätze, Münzwäscherei, Pool, Kinderspielplatz. Ganzjährig.

Jackson

Millsaps Buie House
628 N. State St. (Nähe Kapitol)
Jackson, MS 39202
✆ (601) 352-0221 oder 1-800-784-0221
Fax (601) 709-3315, www.millsapsbuiehouse.com
Viktorianischer Bed & Breakfast Inn (1888) mit 11 Zimmern und reichlichem Südstaatenfrühstück inkl. $$$–$$$$

Fairview Inn
734 Fairview St., Jackson, MS 39202
✆ (601) 948-3429 oder 1-888-948-1908
Fax (601) 948-1203, www.fairviewinn.com
Stattliche Villa in ruhigem Wohnbezirk (Belhaven): 8 Räume und ein komplettes Südstaatenfrühstück. $$$–$$$$

The Edison Walthall Hotel
225 E. Capitol St. (Downtown)
Jackson, MS 39201
✆ (601) 948-6161 oder 1-800-932-6161
Fax (601) 948-0088, www.edisonwalthall.com
Feines, im Stil des 19. Jh. errichtetes Grandhotel: 203 Zimmer und Suiten, Restaurant, gemütliche Bar, Pool, Whirlpool, Fitnessraum, Friseur. $$

Best Western Metro Inn
1520 Ellis Ave., Jackson, MS 39204
✆ (601) 355-7483, Fax (601) 353-8869
Angenehmes Haus (134 Zimmer), Pool, Fitnessraum, Waschsalon, Whirlpool und kleines Frühstück. $$

LeFleur's Bluff
2140 Riverside Dr. (I-55, Exit Lakeland Dr.)
Jackson, MS 39202
✆ 601 987-3985
Grüne Oase in Jackson: Campground im Park, der Möglichkeiten zum Angeln, Picknicken, Wandern und Golfspielen bietet.

Natchez

Monmouth Plantation
36 Melrose Ave. (am John A. Quitman Pkwy.)
Natchez, MS 39120
✆ (601) 442-5852 oder 1-800-828-4531
Fax (601) 446-7762, www.monmouthplantation.com
Romantisches Herrenhaus von ca. 1818 in ruhiger Parklage; 30 Zimmer, Frühstück, freie Cocktails und

Hors d'œuvres. Elegantes Restaurant mit südstaatlich geprägter Küche (nur Dinner, $$$). Eintritt für Besichtigungen $ 6. $$$$

Ramada Inn Hilltop
130 John R. Junkin Dr., Natchez, MS 39120
✆ (601) 446-6311 oder 1-800-256-6311
Fax (601) 446-6321
Solides Haus mit Restaurant, Pool und (besonders bei Sonnenuntergängen) schöner Aussicht vom Hügel: auf die dicke Sonne und den davon völlig ungerührten Fluss. Unmittelbar unterhalb vom *vista point* wuchert ein Kudzu-Canyon. $$

Natchez Eola Hotel
110 N. Pearl St., Natchez, MS 39120
✆ (601) 445-6000 oder 1-866-445-3652
Fax (601) 445-0561
Hotel (1927) mit 131 Zimmern in zentraler Lage, Restaurant und Fitnessraum. $$$-$$$$

Natchez State Park
Hwy. 61 North, Exit 230B (Wickcliff Rd.), 16 km nördl. von Natchez, MS 39120
✆ (601) 442-2658
Schöner (ganzjähriger) Campingplatz am See mit Rad- und Wanderwegen.

Rosswood Plantation
Hwy. 552, Lorman, MS 39096
✆ (601) 437-4215 oder 1-800-533-5889
Fax (601) 437-6888, www.rosswood.net
Bed & Breakfast Inn (mit überwältigendem Frühstück) in einer alten Baumwollplantage im Greek-Revival-Stil von 1857 – übrigens vom selben Architekten, der auch Windsor gebaut hat. Der ursprüngliche Besitzer war maßgeblich an der Sklavenbefreiung beteiligt. (Nördlich (51 km) von Natchez: in Lorman von der US 61 an SR 522 rechts ab.) $$$- $$$$

Vicksburg

Cedar Grove Mansion
2300 Washington St., Vicksburg, MS 39180
✆ (601) 636-1000 oder 1-800-862-1300
Fax (601) 634-6126
www.cedargroveinn.com
Stdl. Führungen tägl. 9–11 und 13–16 Uhr
Sehenswerte Anlage (1840–58) mit (meist) blühenden Gärten, Brunnen und Gazebo (Führungen $ 5). – 30 Zimmer, Pool, Spa, Fahrradverleih, Frühstück. Zur Happy Hour serviert man im Tea Room *Mint Julep* und andere Cocktails zu dezenten Pianoklängen. Gutes Restaurant (**Andre's**) mit romantischem Kerzenschein und freundlichem Service (Mo geschl., $$-$$$). $$$-$$$$. Vgl. Abb. S. 202.

Annabelle
501 Speed St., Vicksburg, MS 39180
✆ (601) 638-2000 oder 1-800-791-2000
Fax (601) 636-5054, www.annabellebnb.com
Elegante Pension von ca. 1865. Pool und Garten mit Schatten spendenden Magnolien und Nussbäumen. Herr Mayer, der deutschsprachige Innkeeper, kennt sich in der Region bestens aus. $$$-$$$$

Belle of the Bends
508 Klein St., Vicksburg, MS 39180
✆ (601) 634-0737 oder 1-800-844-2308
Fax (601) 638-0544
Viktorianische Pension (1876), an deren Ausstattung einst auch bayrische Zimmerleute mitgearbeitet haben, mit Blick auf den Yazoo River. Viele Fenster reichen deshalb bis zum Boden, weil damals nur Fenster, nicht aber Türen besteuert wurden. Wandschränke galten ebenfalls als steuerpflichtig, daher gibt es hier keine. Nicht ohne Grund rühmt man sich im Haus seiner guten Beziehungen zum Fluss: 1898 hieß ein berühmter Schaufelraddampfer »The Belle of the Bends«, und die heutige Besitzerin ist die Enkelin seines Kapitäns. Geschichte und Geschichten garnieren denn auch allmorgendlich den üppigen Südstaaten-Frühstückstisch. $$$-$$$$

Anchuca
1010 First East St., Vicksburg, MS 39183
✆/Fax (601) 661-0111 oder
✆ 1-888-686-0111
Stattliche Greek-Revival-Villa von ca. 1830 (*Anchuca* heißt in der Sprache der Indianer »glückliches Haus«.) Eintritt $ 5. Zugleich eleganter Bed & Breakfast Inn mit 7 Zimmern, Pool, Jacuzzi, Garten und Plantagenfrühstück. Kinderfreundlich. $$$-$$$$

Battlefield Inn
4137 I-20 N. Frontage Rd. (Exit 4-B)
Vicksburg, MS 39183-3498
✆ (601) 638-5811 oder 1-800-359-9363
Fax (601) 638-9249
Ordentliches und preisgünstiges Motel. 117 Zimmer, Restaurant, Pool, Waschsalon, Minigolf und Kinderspielplatz. Frühstück und Begrüßungscocktails inkl. $-$$

Isle of Capri RV Park
720 Lucy Bryson St. (Washington St.)
Vicksburg, MS 39180
✆ (601) 631-0402 oder 1-800-946-4753
67 Stellplätze mit *full hookups*. Münzwäscherei, Duschen, Picknickplätze, Pool. $ 17

NORTH CAROLINA

Asheville

The Grove Park Inn Resort and Spa
290 Macon Ave., Asheville, NC 28804

✆ (828) 252-2711 oder 1-800-438-5800
Fax (828) 253-7053
www.groveparkinn.com
Seit 1913 oberhalb von Asheville gelegenes Resort-Hotel. Während die Deckenlampen an schweren Eisenketten baumeln, bilden wuchtige unbehauene Granitsteine die Wände der Lobby. Schöne Terrasse, exzellente Sport- und Fitness-Einrichtungen, Pool in romantischem Grotten-Look, Golfplatz. $$$–$$$$

Richmond Hill Inn
87 Richmond Hill Dr., Asheville, NC 28806
✆ (828) 252-7313 oder 1-888-745-9238
Fax (828) 252-8726
www.richmondhillinn.com
Traumvilla im Grünen mit renommiertem Restaurant **Gabrielle's** in tollem Speiseraum ($$$). (Zufahrt von Downtown Asheville: I-240 West, US 19/23 Richtung Weaverville nach Norden, Abfahrt bei Hill St. und Schildern folgen.) $$$$

Comfort Inn River Ridge
800 Fairview Rd., Asheville, NC 28803
✆ (828) 298-9141 oder 1-800-836-6732
Fax (828) 298-6629
178 Zimmer und Suiten, Pool, Whirlpool, Minigolf, Kinderspielplatz, Sportplätze, Waschsalon. Frühstücksbüfett inkl. $$–$$$

Best Western Asheville Biltmore
22 Woodfin St., Asheville, NC 28801
✆ (828) 253-1851 oder 1-888-854-6897
Fax (828) 252-9205
www.bestwestern.com/ashevillebiltmore
Preisgünstig und zentral: 149 Zimmer und Suiten, Cocktail Lounge, Pool, Sportgeräte. $$

Hampton Inn Tunnel Road
204 Tunnel Rd., Asheville, NC 28805
✆ (828) 255-9220 oder 1-800-426-7866
Fax (828) 254-4303
Ordentlich und preisgünstig. Pool, Sauna, Fitnessraum, Frühstück im Preis inbegriffen. $$

Lake Powhatan Campground
375 Wesley Branch Rd., Asheville, NC 28806
✆ (828) 877-3265 (Ranger Station) oder 1-877-444-6777 (National Reservation Service)
Ganzjährig, schön gelegen, 96 Stellplätze (auch Zelte), ca. 20 Min. von Downtown Asheville (I-240 East, Exit 2, via SR 191 7 km nach Süden, an FR 806 rechts ab und Schildern folgen).

Asheville West KOA
309 Wiggins Rd., Candler, NC 28715
✆ (828) 665-7015 oder 1-800-562-9015
www.koa.com
Im Bergland, ganzjährig mit Münzwäscherei, Pool, Spielplatz, Naturpfade. 15 Min. von Asheville (via I-40 20 km nach Westen, Exit 37, dort US 19/23 und Schildern folgen).

Black Mountain

The Red Rocker Inn
136 N. Dougherty St.
Black Mountain, NC 28711
✆ (828) 669-5991 oder 1-888-669-5991
Fax (828) 669-5560, www.redrockerinn.com
Schönster B&B Inn vor Ort: 18 Zimmer, vorzügliches Restaurant. Geöffnet: 1. Mai–Ende Okt. $$–$$$

Cherokee

Holiday Inn
37 Tsalagi Rd. (US 19)
Cherokee, NC 28719
✆ (828) 497-9181, Fax (828) 497-5973
154 Zimmer, 2 Pools, Whirlpool, Kinderspielplatz, Waschsalon. $$–$$$

Adventure Trail Campground
Camp Creek Rd., Cherokee, NC 28719
✆ (828) 497-3651
Campground mit Kinderspielplatz und zahlreichen sportlichen Freizeitangeboten, u.a. Schwimmen und Wandern. (Südlich von Cherokee, von US 441 via Camp Creek Rd.)

Highlands

Chandler Inn
Hwy. 64 E & Martha's Lane, etwas außerhalb von Highlands, NC 28741
✆ (828) 526-2992 oder 1-888-378-6300
Gemütliche rustikale Herberge mit 17 Zimmern, Schaukelstühlen und friedlicher Umgebung. Frühstück im Übernachtungspreis eingeschlossen. Ganzjährig geöffnet. $$–$$$$

Betulich und lecker: Southern Breakfast

Unterkünfte in South Carolina

Old Edwards' Inn
445 Main St., Highlands, NC 28741
✆ (828) 526-8008, Fax (828) 526-8301
www.oldedwardsinn.com
Altehrwürdig (seit 1878), steinern und gastfreundlich: 29 historisch dekorierte Zimmer mit Frühstück. (Im Winter preiswerter.) Das Restaurant wartet mit reichhaltiger Speise- und Weinkarte auf. $$$$

Highlands Inn & Kelsey Place Restaurant
420 Main St. (4th St.), Highlands, NC 28741
✆ (828) 526-9380 oder 1-800-964-6955
Fax (828) 526-8072
www.highlandsinn-nc.com
Charmanter alter Landgasthof (1880) mit 31 Zimmern, luftigen Balkonen und Frühstück. Empfehlenswertes Restaurant. $$$-$$$$

SOUTH CAROLINA

Beaufort

The Beaufort Inn
809 Port Republic St., Beaufort, SC 29902
✆ (843) 521-9000, Fax (843) 521-9500
www.beaufortinn.com
Erstklassiger B&B mit 12 Zimmern. Angesehenes Restaurant mit einfallsreicher Südstaatenküche ($$-$$$, Außer-Haus-Gäste sollten reservieren!) und (für alle offene) Weinbar (täglich ab 17 Uhr). Schöner kleiner Garten. Reichliches Frühstück, Nachmittagstee. $$$$

The Rhett House Inn
1009 Craven St. (New Castle St.)
Beaufort, SC 29902
✆ (843) 524-9030 oder 1-888-480-9530
Fax (843) 524-1310, www.rhetthouseinn.com
Historische Villa von 1820 mit eindrucksvoller Veranda, hübschen mit Antiquitäten möblierten Zimmern, einige mit Kamin. Nah am Wasser, nah am Zentrum. Volles Frühstück. $$$$

Cuthbert House Inn
1203 Bay St., Beaufort, SC 29902
✆ (843) 521-1315 oder 1-800-327-9275
Fax (843) 521-1314, www.cuthberthouseinn.com
Eleganter historischer Inn (1810, denkmalgeschützt) mit einladender Veranda und schönem Blick aufs Wasser. Gourmet-Frühstück. $$$$

Best Western Sea Island Inn
1015 Bay St., Beaufort, SC 29902
✆ (843) 522-2090 oder 1-800-528-1234
Fax (843) 521-4858, www.sea-island-inn.com
Zentral gelegen: 43 Zimmer, Pool, Fitnessraum, Fahrradverleih und kleines Frühstück. $$$-$$$$

Charleston

Charleston Place
205 Meeting St., Charleston, SC 29401
✆ (843) 722-4900 oder 1-800-611-5545
Fax (843) 722-0728
www.charlestonplacehotel.com
Gepflegter Komplex (mit 433 Zimmern und Suiten) im historischen Stadtkern. Restaurants, Lounge, Shopping-Arkaden, Pool, Sauna, Tennisplatz, Fitnessräume. $$$$

The Mills House Hotel
115 Meeting St. (Queen St.)
Charleston, SC 29401
✆ (843) 577-2400 oder 1-800-310-1292
Fax (843) 577-7215, www.millshouse.com
Noble Adresse: historisches Hotel (seit 1853) in zentraler Lage. 215 Zimmer, Pool, renommiertes Restaurant (**Barbadoes**). $$$$

Hampton Inn Historic District
345 Meeting St., Charleston, SC 29403
✆ (843) 723-4000 oder 1-800-HAMPTON
Fax (843) 722-3725, www.charleston-hotels.com
Solides Haus am Rand des historischen Viertels: 171 Zimmer, Pool. $$$-$$$$

Vendue Inn
19 Vendue Range (Waterfront Park)
Charleston, SC 29401
✆ (843) 577-7970 oder 1-800-845-7900
Fax (843) 577-2913, www.vendueinn.com
Elegant und intim, historisches Ambiente, renommiertes Restaurant (**The Library**). Von der Bar auf dem Dach hat man Stadt und Hafen gut im Blick. Mit Frühstück. $$$$

John Rutledge House Inn
116 Broad St., Charleston, SC 29401
✆ (843) 723-7999 oder 1-800-476-9741
Fax (843) 720-2615, www.charminginns.com
Elegante Villa (1763) in zentraler Lage mit 15 Zimmern, 4 Suiten, authentischer Ausstattung und gutem Service. Kleines Frühstück im Preis eingeschlossen. Besichtigungen tägl. 10–16 Uhr. $$$$

Holiday Inn-Riverview
301 Savannah Hwy., Charleston, SC 29407
✆ (843) 556-7100 oder 1-800-766-4451
Fax (843) 556-6176
Am Ufer des Ashley River: 180 Zimmer, Restaurant, Cocktail Lounge, Pool, Fitnessraum, Waschsalon. Kostenloser Shuttle nach Downtown. $$$

Best Western Sweetgrass Inn
1540 Savannah Hwy. (US 17)

Charleston, SC 29407
✆ (843) 571-6100, Fax (843) 766-6261
87 Zimmer, Pool, Fitnessraum, Waschsalon. Kleines Frühstück inkl. $$

Days Inn Charleston Historic District
155 Meeting St., Charleston, SC 29401
✆ (843) 722-8411 oder 1-800-329-7466
Fax (843) 723-5361
Zentral, 124 Zimmer, Restaurant und Pool. $$-$$$

Edisto Beach State Park
8377 State Cabin Rd. (80 km auf Hwy. 176 südöstl. von Charleston)
Edisto Island, SC 29438
✆ (843) 869-2756 (Park) und (843) 869-2156 (Camping), Fax (843) 869-3023
www.southcarolinaparks.com
Eichenwald, Salzmarschen und schöner Strand zum Baden, Laufen und Muschelsammeln. Picknicktische, Campingplatz. Eintritt $ 2.

Pelican Cove R.V. Resort
77 Center St., Folly Beach, SC 29439
✆ (843) 588-2072
36 Stellplätze. (Von Charleston: S 171, 15 km südl. der Kreuzung mit US 17.)

The Campground at James Island County Park
871 Riverland Dr., Charleston, SC 29412
✆ (843) 795-7275, www.ccprc.com
Landschaftlich schön in Süß- und Salzwasser-Marschland gelegener Campingplatz. Shuttle-Bus nach Charleston. *Full hookups.* (Etwas südlich von Charleston: US 17, S 171 und Hwy. 700 Richtung Folly Beach.)

Mount Pleasant/Charleston KOA
3157 Hwy. 17 N., Mount Pleasant, SC 29466
✆ (843) 849-5177 oder 1-800-562-5796
Fax (843) 849-2275
www.koakampgrounds.com
Stell- und Zeltplätze, Cabins, Waschsalon, Pool und Minigolf. (Von der Kreuzung I-526 und US 17 N. 5 Meilen nach Norden.)

Lake Aire RV Park & Campground
4375 Hwy. 162, Hollywood, SC 29449
✆/Fax (843) 571-1271
www.lakeairerv.com
Stell- und Zeltplätze in schöner Lage am See. Schattiger Kinderspielplatz, Fitnesscenter, Pool, Paddelboote. Ca. 15 Min. von Downtown Charleston entfernt. (Von I-95 in südlicher Richtung: I-26, Exit I-526 nach Savannah. Am Ende rechts auf Hwy. 17. Nach 13 km links auf Hwy. 162. Der Campingplatz liegt nach 300 m links bei Yamasee. Von I-95 in nördlicher Richtung: über Hwy. 17 nach Norden.)

The Beaufort Inn

Unterkünfte in South Carolina

Columbia

Claussen's Inn
2003 Greene St. (Five Points)
Columbia, SC 29205
✆ (803) 765-0440 oder 1-800-622-3382
Fax (803) 799-7924
Früher mal Bäckerei, heute geschmackvolles kleines Hotel: 29 Suiten, Whirlpool, kleines Frühstück inkl. $$$$

Adam's Mark Columbia Hotel
1200 Hampton St. (Five Points)
Columbia, SC 29201
✆ (803) 771-7000 oder 1-800-444-2326
Fax (803) 254-8307, www.adamsmark.com
Downtown-Hotel für gehobene Ansprüche: 303 Zimmer und Suiten, Restaurant, Sports Bar, Pool, Whirlpool, Fitnessraum, Waschsalon. $$$–$$$$

Hampton Inn Downtown Historic District
822 Gervais St., Columbia, SC 29201
✆ (803) 231-2000 oder 1-800-426-7866
Fax (803) 231-2868
www.hamptoninncolumbia.com
122 Zimmer (einige mit Mikroherd und Kühlschrank), Pool, Fitnessraum, kostenlose Frühstücksbar. $$$–$$$$

AmeriSuites-Columbia/I-26
1130 Kinley Rd., Irmo, SC 29063
✆ (803) 407-1560 oder 1-800-833-1516
Fax (803) 407-9365, www.amerisuites.com
Guter Standard: 128 Suiten, Pool, Fitnesscenter. Frühstücksbüfett inkl. $$

Sesquicentennial State Park
9564 Two Notch Rd., Columbia, SC 29223
✆ (803) 788-2706
Schöner State Park am See mit Wanderwegen und Picknickplätzen. (US 1, 21 km nordöstl. von Columbia und 5 km von I-20 und 2 km von I-77.)

Georgetown

1790 House
630 Highmarket St., Georgetown, SC 29440
✆ (843) 546-4821 oder 1-800-890-7432
Fax (843) 520-0609, www.1790house.com
Hübscher historischer B&B Inn mit karibischem Touch: 6 Zimmer, Fahrräder, Veranda und reichliches Frühstück. $$$–$$$$

Du Pre House Bed & Breakfast Inn
921 Prince St., Georgetown, SC 29440
✆ (843) 546-0298, Fax (843) 520-0771
Zentral gelegenes Haus mit langer Geschichte: 5 Zimmer, Pool, Fahrräder, schöner Garten. $$$

Hilton Head/Daufuskie Island

Holiday Inn Oceanfront Resort
1 South Forest Beach Dr. (Nähe Pope Ave. & Coligny Plaza), Hilton Head Island, SC 29928
✆ (843) 785-5126 oder 1-800-423-9897
Fax (843) 785-6678
Komfortables Strandhotel mit 200 Zimmern, Restaurant, Pool, Sonnenterrasse, Spielplatz, Fahrradverleih. Kinder schlafen und essen kostenlos. $$$$

Hilton Oceanfront Resort
23 Ocean Lane, Hilton Head Island, SC 29928
✆ (843) 342-8000 oder 1-800-845-8001
Fax (843) 341-8033, www.hilton.com
324 Zimmer und Suiten, 2 Restaurants, Pools, Whirlpools, Saunas, Fitnessraum, Kinderspielplatz, Fahrräder, Volleyball, Münzwäscherei. (Anfahrt: US 278 East bringt Sie auf die Insel. Biegen Sie kurz hinter der Brücke links Richtung Palmetto Dunes ab, um das Hilton Resort zu erreichen.) $$$–$$$$

Fairfield Inn by Marriott
9 Marina Slide Dr. (US 278)
Hilton Head Island, SC 29928
✆/Fax (843) 842-4800 oder 1-800-228-2800
Nicht am Strand, aber gefällig angelegt, gutes Preis-Leistungs-Verhältnis. Pool, Tennis und Golf; Restaurant. Frühstück inkl. $$

Hampton Inn
1 Dillon Rd., Hilton Head Island, SC 29926
✆ (843) 681-7900, Fax (843) 681-4330
Landschaftlich ansprechend unter moosbehangenen Eichen gelegen. Radverleih. (Anfahrt: US 278, Airport Rd.) $$–$$$

Red Roof Inn
5 Regency Pkwy.
Hilton Head Island, SC 29928
✆ (843) 686-6808 oder 1-800-RED-ROOF
Fax (843) 842-3352, www.redroof.com
111 Zimmer und Suiten, Pool, Waschsalon. (Anfahrt: US 278 East. Das Hotel liegt auf der rechten Seite vom Hwy., ca. 9 Meilen hinter der Brücke zwischen der Shipyard Plantation und Palmetto Dunes.) $–$$

Sea Pines Resort
32 Greenwood Dr.
Hilton Head Island, SC 29928
✆ (843) 785-3333 oder 1-8888-807-6873
Fax (843) 642-1475, www.seapines.com
Luxuriöse Feriensiedlung, die praktisch den gesamten Südzipfel der Insel einnimmt: komfortable Apartments, tropische Gärten, Gour-

met-Restaurants (**Truffles Cafe**), Golf und Tennis, Reiten, Segeln, Radfahren, Racquet und Beach Club. (Auch Golf Holiday Packages mit 3, 5 oder 7 Übernachtungen.) $$$$

Isle of Palms

Wild Dunes Resort
5757 Palm Blvd., Isle of Palms, SC 29451
✆ (843) 886-6000 oder 1-888-343-7930
Fax (843) 886-2916, www.wilddunes.com
Üppige Anlage und Paradies für Golfer: 300 Zimmer und Suiten, 8 Pools, diverse Restaurants, Whirlpool, Sauna, Massage, Verleih von Fahrrädern und Booten, reiches Sportprogramm, 16 Tennisplätze, 36-Loch-Golfplatz, Münzwäscherei. Das Beste aber liegt vor der Haustür: ein Superstrand! $$$$

Ocean Inn Apartments & Motel
1100 Pavilion Blvd., Isle of Palms, SC 29451
✆ (843) 886-4687 oder 1-888-832-2956
Fax (843) 886-0057, www.ocean-inn.com
Strandnahe gute Unterkunft mit Küche, Pool und kostenlosen Fahrrädern. $$$–$$$$

Campingplätze
Vgl. Charleston S. 281.

Kiawah Island

Kiawah Island Golf Resorts
12 Kiawah Beach Dr., Kiawah Island, SC 29455
✆ (843) 768-2121 oder 1-800-654-2024
Fax (843) 768-6099
www.kiawahresort.com
Komfortables Sporthotel in unmittelbarer Nähe vorzüglicher Anlagen (Golf- und Tennisplätze) und stiller Strände: 150 Zimmer, 4 Restaurants, Pools, Fahrradverleih. $$$$

Myrtle Beach

Java East
1502 N. Ocean Blvd.
Myrtle Beach, SC 29577
✆ (843) 448-2341 oder 1-800-233-3206
Direkt am Wasser und nicht klotzig, 30 Zimmer, z.T. mit Balkon, Pool. $–$$$

The Breakers Resort Hotel
2206 N. Ocean Blvd.
Myrtle Beach, SC 29578-0485
✆ (843) 444-4444 oder 1-800-952-4507
Fax (843) 626-5001, www.breakers.com
Ferienhotel am Strand mit allem Drum und Dran: 245 Zimmer, Restaurant, Videospiele, Bar, Sauna, 3 Pools, Fitnessraum, Kinderprogramme, Waschsalon. Sehr variable Preise je nach Saison und Wochentag. $$–$$$$

Isle of Palms

Unterkünfte in South Carolina

Wayward Winds Oceanfront Inn
2609 S. Ocean Blvd.
Myrtle Beach, SC 29577
✆ (843) 448-5121 oder 1-800-654-0645
Fax (843) 448-3416
Ordentliches Familien-Motel am Strand; Coffee Shop, Waschautomaten, Pool, verglaster Whirlpool und Solarium. $$-$$$

The Caribbean Resort & Villas
3000 N. Ocean Blvd. (30th Ave.)
Myrtle Beach, SC 29577
✆ (843) 448-7181 oder 1-800-552-8509
Fax (843) 448-3224
www.caribbeanresort.com
Fast am Nordende der Motelkette: großes Familienhotel am Strand, 9 Pools. Cocktails, Restaurant nebenan. $$-$$$$

Court Capri
2610 N. Ocean Blvd.
Myrtle Beach, SC 29577
✆ (843) 448-6119 oder 1-800-533-1338
Fax (843) 626-9259, www.courtcapri.com
Zweckmäßiger Bau am Strand mit diversen Zimmertypen (einige mit Küche), mehreren Pools (sogar ein herzförmiger auf dem Dach), Fitnessraum, Golf Packages, Restaurant.
$$-$$$

Myrtle Beach KOA
613 5th Ave. S. (Nähe Hwy. 17)
Myrtle Beach, SC 29577
✆ (843) 448-3421 oder 1-800-562-7790, www.koa.com
Privater, zentral gelegener Campingplatz. Ganzjährig.

Ocean Lakes Family Campground
6001 S. Kings Hwy., Surfside Beach, SC 29575
✆ (843) 238-5636 oder 1-877-510-1413
Privater großer Campground (900 Plätze) am Strand, Pool und See mit zahlreichen Sporteinrichtungen. (US 17, 4 Meilen südl. von Myrtle Beach.)

Pawleys Island

Litchfield Plantation
Kings River Rd.
Pawleys Island, SC 29585
✆ (843) 237-9121 oder 1-800-869-1410
Fax (843) 237-1041
www.litchfieldplantation.com
Perfekt restaurierte Reisplantage aus dem 18. Jh., heute eleganter Country Inn inmitten moosbehangener Eichen am Waccamaw River. Erstklassiges Restaurant, Pool, Tennisplätze, Fitnesscenter, Strandhaus am Meer. Zahlreiche Golfplätze in nächster Nähe. Plantagenfrühstück inkl.
$$$$

Summerville

Woodlands Resort & Inn
125 Parsons Rd., Summerville, SC 29483
✆ (843) 875-2600 oder 1-800-774-9999
Fax (843) 875-2603, www.woodlandsinn.org
Südstaatliches Shangri-La: elegantes Plantagenhaus (1906), herrliche (20) Zimmer, schöne Gärten, Pool, Tennisplätze, Crocket, Reiten, hervorragendes Restaurant (Lunch ($) und Dinner ($$$)). (Anfahrt von Downtown Charleston: via I-26, Exit 199A, US 17, dann SR 165 nach Osten.) $$$$

TENNESSEE

Chattanooga

Holiday Inn Chattanooga Choo Choo
1400 Market St., Chattanooga, TN 37402
✆ (423) 266-5000 oder 1-800-872-2529
Fax (423) 265-4635, www.choochoo.com
Komfort auf dem Abstellgleis: Aus dem Bahnhof der vorletzten Jahrhundertwende ist heute ein Restaurantkomplex ($-$$) geworden sowie ein Hotel, das den ehemaligen Wartesaal als Lobby nutzt. Einige der 351 Zimmer gibt es auch in Eisenbahnwagen, Pools, Whirlpool, Fitnessraum und Tennisplätze. $$$-$$$$

Days Inn Rivergate
901 Carter St., Chattanooga, TN 37402
✆ (423) 266-7331 oder 1-800-329-7466
Fax (423) 266-9357
www.daysinn.com
Downtown-Nähe und Standard: 138 Zimmer, Restaurant und Cocktail Lounge, Pool, Fitnessraum.
$-$$

Chattanooga Clarion Hotel
407 Chestnut St. (Downtown)
Chattanooga, TN 37402
✆ (423) 756-5150 oder 1-800-252-7466
Fax (423) 265-8708
www.chattanoogaclarion.com
201 Zimmer, Restaurant, Bar, Pool, Fitnessraum, kleines Frühstück inkl. $$$

Raccoon Mountain Caverns and Campground
319 W. Hills Rd. (I-24, Exit 174)
Chattanooga, TN 37419
✆ (423) 821-9403 oder 1-800-823-2267
www.raccoonmountain.com
Campground am Fuß des Raccoon Mountain, nur 5 Min. von Downtown entfernt. Wanderwege, Kinderspielplatz, Höhlenbesichtigung.

Gatlinburg

Buckhorn Inn
2140 Tudor Mountain Rd., ca. 8 km außerhalb von Gatlinburg, TN 37738
✆ (865) 436-4668, Fax (865) 436-5009
www.buckhorninn.com
Gepflegte Erholung im Grünen. 18 Zimmer und Cottages, Wanderwege, Angeln. An Wochenenden 2 Nächte Minimum. Frühstück inkl. $$$–$$$$

Best Western Twin Islands
539 Parkway, Gatlinburg, TN 37738
✆ (865) 436-5121 oder 1-800-223-9299
Fax (865) 436-6208
Zentral und am Fluss gelegen: 111 Zimmer und Suiten (einige mit Kitchenette), Restaurant, Pool, Kinderspielplatz, Gelegenheit zum Angeln, Waschsalon. $$

Holiday Inn Sunspree Resort
520 Historic Nature Trail
Gatlinburg, TN 37738
✆ (865) 436-9201 oder 1-800-435-9201
Fax (865) 436-7974
Familienorientiert: 400 Zimmer, 2 Restaurants, diverse Pools, Fitnessraum, Sauna, Wachsalon. $$–$$$

Rainbow Motel
390 E. Parkway
Gatlinburg, TN 37738
✆ (865) 436-5887 oder 1-800-422-8922
Fax (865) 436-5889
www.rainbowmotellogcabin.com
Tipp für preisbewusste Reisende: 40 Zimmer (einige mit Küche und/oder Whirlpool), Pool. $

Twin Creek RV Resort
1202 E. Parkway (Hwy.321)
Gatlinburg, TN 37738
✆ (865) 436-7081 oder 1-800-252-8077
75 Stellplätze noch innerhalb der Stadtgrenze. Keine Zelte. April–Okt.

Great Smoky Mountains National Park

Vgl. Gatlinburg und Pigeon Forge.

Memphis

Peabody Memphis
149 Union Ave. (Downtown)
Memphis, TN 38103
✆ (901) 529-4000 oder 1-800-678-8946
Fax (901) 529-3600
www.peabodymemphis.com
Grand Hotel (1869) mit Traum-Lobby und Lounge. Fitnessclub, Pool. Gourmet-Restaurants **Dux** ($$) und **Chez Philippe** (✆ 901-529-4188, $$$, So. geschl.).

Viele Mississippians glauben, der Himmel sähe so aus wie die Lobby des Peabody ... Der berühmte Entenmarsch findet tägl. um 11 und 17 Uhr statt. $$$$

The Radisson Hotel Memphis
185 Union Ave., Memphis, TN 38103
✆ (901) 528-1800 oder 1-800-333-3333
Fax (901) 526-3226
www.radisson.com
Komfortabel, 280 Zimmer, zentral gelegen, Pool, Sauna, Fitnessraum. Restaurant. $$$–$$$$

Sleep Inn at Court Square
40 N. Front St.
Memphis, TN 38103
✆ (901) 522-9700 oder 1-800-SLEEP-INN
Fax (901) 522-9710
Einfach und ordentlich: 124 Zimmer, Fitnessraum. Mit Frühstück. Keine Parkgebühren. $$–$$$

Mississippi River RV Park
870 Cotton Gin Pl., Memphis, TN 38106
✆ (901) 946-1993
Ganzjähriger Campingplatz.

Nashville

The Hermitage Hotel
231 6th Ave. N., Nashville, TN 37219
✆ (615) 244-3121oder 1-888-888-9414

Gun Room Suite, Litchfield Plantation

Fax (615) 254-6909
www.thehermitagehotel.com
Seit 1910 erste Adresse in Nashville, 2003 renoviert, zentral in Downtown, gute Restaurants (**The Capitol Grille** und **Oak Bar**). $$$$

Doubletree Hotel Downtown Nashville
315 4th Ave. N. & Union St.
Nashville TN 37219
✆ (615) 244-8200
Fax (615) 747-4894
www.doubletreehotels.com
Solides Hotel (338 Zimmer) in guter Lage. Mit Restaurant, Pool und Fitnessraum. $$–$$$$

Sheraton Nashville Downtown
623 Union St.
Nashville, TN 37219-1776
✆ (615) 259-2000 oder 1-800-447-9825
Fax (615) 742-6057
www.sheratonnashville.net
Zentral gelegener Atrium-Hotelturm: 476 Zimmer, Restaurant, Lounge, Pool, Fitnesseinrichtungen. $$$$

Gaylord Opryland Resort
2800 Opryland Dr.
Nashville, TN 37214
✆ (615) 889-1000 oder 1-877-456-OPRY
Fax (615) 871-5843
www.gaylordhotels.com
Mega-Hotel mit 2 881 Zimmern, tropisch garniertem Atrium in Flughafengröße mit 15 Restaurants, 5 Ballsälen, 10 Bars. $$$–$$$$

Hampton Inn – Vanderbilt
1919 West End Ave.
Nashville, TN 37203
✆ (615) 329-1144 oder 1-800-426-7866
Fax (615) 320-7112
www.hamptoninnnashville.com
Hotel in der Nähe von Downtown und Music Row. 171 Zimmer, Pool, Fitnessraum. Möglichst vorher reservieren! $$–$$$

Shoney's Inn
1501 Demonbreun St. (Music Row)
Nashville, TN 37203
✆ (615) 255-9977 oder 1-800-522-4667
Fax (615) 242-6127
Einfach und preiswert: Pool und Frühstück inkl. $$

Union Station – A Wyndham Historic Hotel
1001 Broadway
Nashville, TN 37203
✆ (615) 726-1001 oder 1-800-331-2123
Fax (615) 248-3554
Umgebauter Bahnhof, Luxus-Restaurant (**Arthur's**, $$$), kleines Frühstück. $$$$

Nashville KOA Kampground
2626 Music Valley Dr.
(Briley Pkwy., Exit 12)
Nashville, TN 37214
✆ (615) 889-0286 oder 1-800-562-7789
Fax (615) 883-9113
www.koa.com
460 Campingplätze, 25 Cabins, 1,5 km nördl. von Opryland. Abends oft C&W-Live-Shows.

Pigeon Forge

Best Western Plaza Inn
3755 Parkway
Pigeon Forge, TN 37868
✆ (865) 453-5538 oder 1-800-232-5656
Fax (865) 453-2619
Günstige zentrale Lage, familienfreundlich: 201 geräumige Zimmer, mehrere Pools, Whirlpool, Sauna, Fitnessraum, Waschsalon. Kleines Frühstück im Übernachtungspreis eingeschlossen.
$–$$$

Mainstay Suites
410 Pine Mountain Rd.
Pigeon Forge, TN 37863
✆ (865) 428-8350 oder 1-888-428-8350
www.mainstaypigeonforge.com
Am Little Pigeon River mit Balkonblick auf die Berge: 129 Suiten mit Küche, Pool, Whirlpool, Fitnessraum, Waschsalon.
$$–$$$

Music Road Hotel
303 Henderson Chapel Rd.
Pigeon Forge, TN 37863
✆ (865) 429-7700 oder 1-800-429-7700
www.musicroadhotel.com
Zentral gelegenes Großhotel mit 163 ordentlichen Zimmern, Pool.

Grand Resort Hotel
3171 Parkway (Hwy. 441)
Pigeon Forge, TN 37863-0010
✆ (865) 453-1000 oder 1-800-251-4444
Fax (865) 428-3944,
www.grandresorthotel.com
Zentral und groß: 397 Zimmer, Restaurant, Pool, Whirlpool, Waschsalon. $$–$$$

River Bend Campground
2479 Riverbend Loop
Pigeon Forge, TN 37863
✆ (865) 453-1224
www.riverbendcampground.com
101 schattige Plätze am Gebirgsbach, *full hookups*, Duschen, Waschsalon, Schwimmen, Schlauchbootfahren. April–Nov.

Service von A–Z

An- und Einreise

Zur Einreise in die USA reicht für Besucher aus Deutschland, Österreich und der Schweiz ein Reisepass, der mindestens bis zum Ende der geplanten Reise gültig sein muss. Alle Reisenden, auch Babys und Kinder, benötigen einen maschinenlesbaren Pass. Für deutsche Staatsangehörige ist nur der rote Europapass zulässig. Vorläufige Reisepässe, Kinderausweise oder Einträge in den Reisepässen der Eltern werden nicht mehr akzeptiert. Das gilt jedoch nicht für Reisende, die ein US-Visum besitzen. Möglicherweise wird es weitere Verschärfungen geben, deshalb erkundigen Sie sich am besten kurz vor Ihrer Abreise bei der Amerikanischen Botschaft oder unter www.usembassy.de/visa nach den aktuellen Bestimmungen.

Ein weiterer Hinweis, der mit den strengeren Sicherheitsbestimmungen in den USA zu tun hat: Sie sollten Ihr **Gepäck bei der Aufgabe am Flughafen nicht verschließen**, da es sonst mit großer Wahrscheinlichkeit von den Behörden mit Gewalt aufgebrochen wird.

Während des Fluges füllt man die einschlägigen Einreiseformulare aus, die vom Flugpersonal verteilt werden. Am besten trägt man dabei die Anschrift eines reservierten Hotels ein und gibt an, dass man Tourist sei.

Vor der Gepäckausgabe wartet der *immigration officer*, ein Beamter der Einwanderungsbehörde, der einen **Fingerabdruck ab- und ein digitales Foto** aufnimmt und die Aufenthaltsdauer festsetzt. Er erkundigt sich deshalb nach der Dauer Ihrer Reise, manchmal auch nach ihrem Zweck *(business* oder *vacation)*. Anschließend folgen Sie den Hinweisschildern zu den Autovermietungen, deren Pendelbusse Sie zum Mietbüro bringen.

Der wichtigste Zielflughafen des amerikanischen Südens ist **Hartsfield Atlanta International Airport** (ATL). Nonstopflüge aus Europa erreichen nach rund 9 Stunden Flugzeit (und 6 Stunden Zeitunterschied) meist am frühen Nachmittag die Hauptstadt von Georgia.

Über preiswerte Holiday- und andere Sondertarife sowie Charterflüge informieren die Reisebüros.

Ärztliche Vorsorge

In den USA ist man automatisch Privatpatient – und die Arzt- bzw. Krankenhauskosten sind extrem hoch. Man sollte also tunlichst vorsorgen und sich zunächst bei seiner Krankenkasse nach einer Kostenrückerstattung erkundigen. Falls nicht alle in den USA erbrachten Leistungen übernommen werden, ist unbedingt eine **Auslandskrankenversicherung** anzuraten, die für Urlaubsreisen preiswert zu haben ist. Allerdings müssen Sie beachten: Auch wenn Sie versichert sind, muss in den USA beim Arzt oder im Krankenhaus sofort bezahlt werden – meist sogar im Voraus. Für solche Notfälle erweist sich wiederum eine Kreditkarte als sehr nützlich. Erkundigen Sie sich gegebenenfalls auch, welche Leistungen Ihre (oder eine) Kreditkarte im Krankheitsfall im Ausland einschließt.

Apotheken *(pharmacy)* sind in der Regel in *drugstores* zu finden, die auch Toilettenartikel und

Kosmetika verkaufen. Ständig benötigte Medikamente sollte man schon von zu Hause mitbringen (Arzt-Attest ausstellen lassen für den Fall, dass der Zoll Fragen stellt). Viele Medikamente, die in Europa rezeptfrei zu haben sind, können in den USA nur vom Arzt verschrieben werden.

Zur Vorsorge für das eigene Wohlbefinden gehört besonders bei einer Reise in die Südstaaten naturgemäß etwas gegen **Mücken, Stechfliegen und Moskitos**. Was am besten gegen Stiche hilft, ist bei Kennern und Opfern umstritten. Einige halten sich an lokale Repellentien, die vor Ort im *drugstore* zu haben sind, andere schwören auf die Creme von der legendären Avon-Tante (»Avon's Skin-So-Soft«), die es ebenfalls in *drugstores* gibt, und wieder andere behaupten, die Mücken hätten sich längst an Avon gewöhnt, weit besser sei das streng riechende »Dolmix« (in hiesigen Apotheken zu bekommen). Auf keinen Fall schadet *Aloe Vera*, das man sich eigentlich als Erstes in den USA kaufen sollte.

Auskunft

Die meisten der örtlichen Handelskammern *(Chambers of Commerce)* und Verkehrsämter *(Convention & Visitors Bureaus)* sind im **Internet** vertreten, z.B.:

Alabama: www.touralabama.org
Florida: www.flausa.com
Georgia: www.georgia.com
Mississippi: www.mississippi.gov
Louisiana: www.louisianatravel.com
North Carolina: www.visitnc.com
South Carolina: www.travelsc.com
Tennessee: www.state.tn.us/tourdev

Außerdem informieren (auch über das Reiseportal www.usa.de) zahlreiche **US-Ländervertretungen in Deutschland** über Destinationen in den Südstaaten:

Georgia Department of Industry, Trade & Tourism
c/o Travel Marketing Romberg
Schwarzbachstr. 32, 40822 Mettmann
✆ (021 04) 79 74 51, Fax (021 04) 91 26 73
www.georgiaonmymind.de.

Fremdenverkehrsamt Louisiana
c/o Wiechmann Tourism Services
Scheidswaldstr. 73, 60385 Frankfurt/M.
✆ (069) 44 56 55, Fax (0 69) 43 96 31
info@wiechmann.de

North Carolina Travel & Tourism
c/o Mangum Management GmbH
Sonnenstr. 9, 80331 München
✆ (089) 23 66 21 35, Fax (0 89) 260 40 09
think@mangum.de

South Carolina Tourism Office
c/o ESTM E. Sommer Tourism Marketing
Postfach 1425, 61284 Bad Homburg
Fax (061 72) 92 16 05, www.travelsc.com

Tennessee Tourism
Horstheider Weg, 108a, 33613 Bielefeld
✆ (0521) 986 04 12, Fax (0521) 986 04 11
www.tennesseetourism.de

Florida Versandhaus
c/o PELA Touristikservice
Postfach 1227, 63798 Kleinostheim
Fax (060 27) 976 96 82
floridainfo@t-online.de
Nur schriftliche Anfragen!

Memphis & Mississippi Tourism
c/o Global Contact
Bahnhofstr. 5, 82340 Feldafing
✆ (081 57) 99 78 78, Fax (081 57) 99 78 79
www.memphis-mississippi.de
global-contact@t-online.de

Auskunft vor Ort

Fast alle größeren Orte besitzen – meist sogar gut ausgeschildert – ein *Visitors Bureau* oder eine *Chamber of Commerce,* die Unterkünfte vermitteln und Tipps für Unternehmungen und Veranstaltungshinweise geben (vgl. *Service & Tipps*). Man muss dort nicht unbedingt hinfahren, sondern kann anrufen.

Wer mit dem Pkw unterwegs ist, sollte sich die *Tourbooks* des amerikanischen Automobilclubs AAA (American Automobile Association) besorgen, die es gegen ADAC- oder TCS-Ausweis kostenlos gibt und die ein recht verlässliches Hotelverzeichnis enthalten.

Automiete/Autofahren

Wenn Sie gelandet sind, sollte die Frage Auto- oder Campermiete längst beantwortet sein. So oder so sollten Sie den Wagen bereits durch Ihr Reisebüro mieten und vor Antritt der Reise bezahlen. Das ist preislich günstiger.

Mit dem Pkw ist man besonders in der Stadt beweglicher, an Bord eines Wohnwagens mehr draußen in der Natur, flexibler, was die Zeiteinteilung angeht, und insgesamt ein bisschen billiger dran. Selbstverständlich kann man einen Wagen, den man in Atlanta mietet, z.B. auch in New Orleans zurückgeben, wenn man die Reise eventuell mit dem Mississippi-Dampfer fortsetzen oder nach Atlanta zurückfliegen möchte. Anfragen (Wochenpauschalen, Freikilometer und Überführungsgebühren) richtet man ans Reisebüro oder an die internationalen Autovermieter, z.B. Avis oder Hertz. Camper reserviert und mietet man ebenfalls schon über das Reisebüro.

Wer ohne Reservierung anreist, kann sich am Flughafen an die Autovermieter wenden oder sich in der Innenstadt nach Sonderangeboten umsehen. Vorheriger telefonischer Vergleich der Preise und Bedingungen (Kilometergebühren, Wochenendpauschalen und eventuelle Sondertarife) lohnt sich.

Bei der Übernahme bzw. Anmietung des Fahrzeugs vor Ort muss man den **Führerschein** vorlegen. Eine **Kreditkarte** ist nahezu unersetzlich, denn ohne sie muss man im Voraus bezahlen oder zumindest eine Kaution hinterlegen. Die angebotene Vollkaskoversicherung – *Collision Damage Waiver* (CDW) – ist zwar nicht billig, kann sich aber schon bei leichten Blechschäden auszahlen. Den CDW kann man zu einem etwas günstigeren Tarif oft schon im Voraus mitbuchen.

Achtung bei verdeckten Kosten! Die Firmen jubeln dem Kunden neben dem CDW gern weitere Versicherungen unter. Prüfen Sie daher vorher, ob diese nicht durch Ihre sonstigen Versicherungsleistungen (Haftpflicht, Kreditkarten) abgedeckt oder bereits mit dem Gutschein für die Automiete *(voucher)* bezahlt sind!

Bei der Übernahme des Wagens sollte man zunächst alles prüfen (Reserverad, Automatikschaltung) und sich insbesondere beim Camper alles genau erklären lassen. Nehmen Sie sich bei den Vermietfirmen deren Stadtpläne mit, damit Sie schon mal für die Fahrt in die Innenstadt gerüstet sind.

Autofahren

Als verkehrsgeschulter Europäer hat man in den Südstaaten leichtes Spiel. Man fährt dort vergleichsweise immer noch rücksichtsvoller und gemächlicher. Meistens jedenfalls. Einige Verkehrsregeln und Verhaltensweisen unterscheiden sich von denen in Europa:

– Die **Höchstgeschwindigkeit** ist ausgeschildert: auf Interstate Highways meist 65 m.p.h. (Meilen pro Stunde oder 105 km/h), 55 m.p.h. (89 km/h) oder 70 m.p.h. (112 km/h); auf den meisten US und State Highways 55 m.p.h., in Ortschaften 25–30 m.p.h. (40–48 km/h).

– **Schulbusse** mit blinkender Warnanlage, die Kinder ein- und aussteigen lassen, dürfen nicht passiert werden. Das gilt auch für Fahrzeuge aus der Gegenrichtung!

– **Rechtsabbiegen an roten Ampeln** ist erlaubt, aber erst nach vollständigem Stopp und Vergewisserung, dass kein Fußgänger und kein anderer Wagen behindert wird.

– Außerhalb von Ortschaften muss man zum Parken oder Anhalten mit dem Fahrzeug **vollständig von der Straße runter**.

– Fußgänger, besonders Kinder, haben immer Vorrang! Sobald Fußgänger einen Zeh auf die Straße setzen, gilt es anzuhalten.

Die **Farben** an den Bordsteinkanten markieren die Parkgesetze:

Rot: Halteverbot
Gelb: Ladezone für Lieferwagen
Gelb und Schwarz: Lkw-Ladezone
Blau: Parkplatz für Behinderte
Grün: 10 Minuten Parken
Weiß: 5 Minuten Parken während der Geschäftszeiten.

Wenn keine Farbe aufgemalt ist, darf man ungestraft und unbegrenzt parken. Aber: Parken Sie nie an Bushaltestellen und vor Hydranten!

An **Tankstellen** muss man oft **im Voraus bezahlen** (PAY FIRST) bzw. eine Kreditkarte hinterlegen. Die Preise variieren: Gegen Barzahlung und/oder bei Selbstbedienung (SELF SERVE) gibt's mehr Sprit als auf Kreditkarte und/oder beim Tankwart (FULL SERVE).

Bei **Pannen** sollte man sich als Erstes mit seiner **Mietfirma** in Verbindung setzen, um die weiteren Schritte abzusprechen. Über Notrufsäulen an den Highways *(call boxes)* wendet man sich in Notfällen an die Highway Patrol. Diese informiert dann

Abschleppdienste, Notarzt usw. Auch der AAA unterhält einen eigenen Pannendienst, den man als Mitglied des ADAC, ÖAMTC und anderer Clubs beanspruchen kann. In allen Südstaaten herrscht Gurtpflicht für jeden im Auto.

Einkaufen

Für Konsumfreuden sind die USA seit eh und je das ideale Terrain, da machen auch die Südstaaten keine Ausnahme. Kaufhäuser, Supermärkte und Shopping-Centers haben die Rolle der alten Marktplätze übernommen, mit reichlichen Vergnügungs- und Restaurantangeboten *(food courts)*.

Feiertage/Feste

An den Feiertagswochenenden (besonders im Sommer) quellen die Strände entlang den Küsten von South Carolina, Georgia und Florida über. Planung und frühe Reservierung von Hotelzimmern und Campingplätzen sind an diesen Tagen unerlässlich.

Da viele US-Feiertage auf Montage fallen, entstehen lange Wochenenden und gewöhnlich touristische Staus. Eng wird's auch bei lokalen Festivals. Banken, öffentliche Gebäude sind feiertags geschlossen, die meisten Museen montags.

Offizielle Feiertage

Neujahrstag (1. Januar)
Martin Luther King Day (3. Montag im Januar)
President's Birthday (3. Montag im Februar)
Memorial Day (letzter Montag im Mai, Beginn der Hauptsaison)
Independence Day (Unabhängigkeitstag, 4. Juli)
Labor Day (1. Montag im September, Ende der Reisesaison)
Columbus Day (2. Montag im Oktober)
Veterans Day (11. November)
Thanksgiving (4. Donnerstag im November)
Weihnachten (25. Dezember)

Richtig gefeiert wird davon eigentlich nur der 4. Juli. Termingerecht macht sich an diesem Tag der enorme Patriotismus der Amerikaner Luft. Bei lokalen und ethnischen Festivals bietet sich die Gelegenheit, den Mikrokosmos der amerikanischen Gesellschaft kennen zu lernen. Es gibt etwas zu essen, zu trinken, gute Musik und viel zu sehen.

Geld/Devisen

Die Reisekasse verteilt man am besten auf zwei Zahlungsmittel: **US-Dollar-Bargeld** und eine (oder mehrere) **Kreditkarte** (Eurocard, VISA oder American Express). Sie dürfen bis zu $ 10 000 in bar oder anderen Zahlungsmitteln in die USA mitbringen. Wegen des häufigen Missbrauchs von Kreditkarten in den USA verlangt man auf den Belegen manchmal außer der Unterschrift eine Telefonnummer.

Euro-Reiseschecks und **Bargeld in Euro** werden selbst in den Großstädten nur an internationalen Flughäfen und – zu normalen Banköffnungszeiten – in einigen wenigen Wechselstuben umgetauscht.

Der US-Dollar ist in 100 Cents unterteilt. Es gibt **Münzen** zu 1 Cent (penny), 5 Cent (nickel), 10 Cent (dime), 25 Cent (quarter), 50 Cent (half dollar) und 1 Dollar. Vorsicht: Die **Dollar-Scheine** *(bills, notes)*, die es im Wert von 1, 2, 5, 10, 20, 50 und 100 Dollar gibt, **sind alle gleich groß und grün** (neuerdings mit Ausnahme der pfirsichfarbenen $-20-Noten). Größere Geldscheine (z.B. Hunderter) werden ungern gesehen und in manchen Läden und Tankstellen (vor allem nachts) nicht akzeptiert. Lieber im Hotel wechseln lassen oder von zu Hause bereits Reiseschecks in $-20- und $-50-Stückelung mitnehmen.

In den USA muss man nicht nur bei der Automiete mit verdeckten Kosten rechnen. So ist es z.B. üblich, dass Preise grundsätzlich ohne **Umsatzsteuer** angegeben werden, d.h. man bezahlt (außer bei Zeitungen u.Ä.) immer mehr, als angegeben ist. In den Südstaaten heißt das: Auf alle ausgezeichneten Beträge kommen, je nach Region und Kommune, mindestens **6 %** ***(sales tax)*** hinzu!

Gepäck/Klima und Kleidung

Schon wegen der schwül-heißen Sommertemperaturen mit hoher Luftfeuchtigkeit liegt lockere **Freizeitkleidung** in allen Lebenslagen im Süden nahe. Wer allerdings in Atlanta, Savannah oder New Orleans schick ausgehen will, braucht offiziellere Garderobe. Ganz allgemein legt man im Süden in vielen Restaurants abends erheblich größeren Wert auf Schlips und Kragen als anderswo in den USA. Trotzdem kann man sich meist zwanglos mit Jeans, T-Shirts, Freizeithemden und Turnschuhen der amerikanischen Umwelt anpassen.

Zwei Tipps für Frauen: stichfreie Beine erfordern robustes Schuhwerk – Turnschuhe mit Socken sind da schon mal ein guter Anfang. Sollten Sie ein Lieblings-Shampoo besitzen, statten Sie sich reichlich aus, denn die durchweg hohe Luftfeuchtigkeit tut zwar der Haut gut, nicht aber den Haaren. Nicht nur Atlantik und Golf bieten reihenweise hervorragende Bademöglichkeiten (April bis Ende Oktober), sondern ganzjährig die wohl temperierten Pools in den Hotels, Motels und auf Campingplätzen.

Das Klima an der subtropischen Atlantik- und Golfküste schwankt. Frühjahr und Herbst haben Durchschnittstemperaturen um Mitte 20 Grad, die Sommer werden im Inland ziemlich heiß; nur in unmittelbarer Nähe zum Ozean profitiert man von kühleren Brisen. Die Winter sind ungewöhnlich kurz und an der Küste sehr mild. Die besten Reisezeiten: im Frühling in Atlanta die ersten beiden Aprilwochen, in den Appalachian Mountains die ersten beiden Wochen im Mai; im Herbst in Atlanta die beiden letzten Oktoberwochen, in den Bergen die 2. und 3. Woche im Oktober.

Je heißer es draußen ist, umso eisiger wirken die Klimaanlagen, was Probleme schaffen kann. Man sollte sich vorsichtshalber durch zusätzliche Kleidungsstücke darauf einstellen.

Wenn man mit eigenem Rasierapparat oder Fön anreist (die auf 110 Volt umgestellt werden können), sollte man einen **Adapter** für amerikanische Steckdosen mitbringen. In den USA muss man oft lange danach suchen Auch. **Filme** kauft man besser zu Hause, da die Preise in den USA höher liegen und Filmentwicklung nicht eingeschlossen ist.

Temperaturen:

Fahrenheit (°F)	104	100	90	86	80	70	68	50	40	32
Celsius (°C)	40	37,8	32,2	30	26,7	21,1	20	10	4,4	0

Bekleidungsmaße:

Herrenkonfektion

Deutsch	46	48	50	52	54	56	58
Amerikanisch	36	38	40	42	44	46	48

Damenkonfektion

Deutsch	38	40	42	44	46	48
Amerikanisch	10	12	14	16	18	20

Kinderbekleidung

Deutsch	98	104	110	116	122
Amerikanisch	3	4	5	6	6X

Kragen/*collars*

Deutsch	35–36	37	38	39	40/41	42	43
Amerikanisch	14	14½	15	15½	16	16½	17

Strümpfe/*stockings*

Deutsch	35	36	37	38	39	40	41
Amerikanisch	8	8½	9	9½	10	10½	11

Schuhe/*shoes*

Deutsch	36	37	38	39	40	41	42	43	44	45	46	47
Amerikanisch	5	5¾	6½	7¼	8	8¾	9½	10¼	11	11¾	12½	13¼

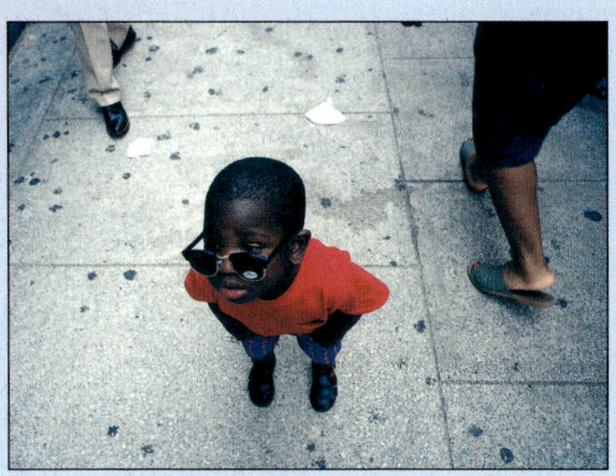

Achtung: Dixieland liegt voll im Trend des amerikanischen Spielfiebers. Da **Casinos** an Land (außer in New Jersey und Nevada) verboten sind, schwimmen und dümpeln die Spielhallen auf den Gewässern des Golfs und des Mississippis. (Nur die Indianer dürfen Spielcasinos auf ihren Reservatsgebieten errichten.) Der Casino-Boom verstopft vornehmlich an Wochenenden Zufahrtsstraßen und Hotelbetten gleichermaßen (z. B. in Biloxi, Gulfport, Bay St. Louis, New Orleans, Natchez und Vicksburg).

Kinder

Die Südstaaten sind, wie die USA überhaupt, durchweg kinderfreundlich. Kindermenüs, eigene Sitzkissen und Kindertische in den Restaurants, billige, wenn nicht gar kostenlose Unterbringung in Hotels und Motels sind selbstverständlich. Besonders mit dem Camper macht den Kindern das Reisen Spaß: Grillen, Wanderungen oder Sand- und Badefreuden am (meist bewachten) Strand lassen Langeweile nicht aufkommen. Auch die Amerikaner reisen viel mit Kind, so dass Kontaktmöglichkeiten nicht ausbleiben: Kinder mit Kindern und Eltern mit Eltern.

Das zuständige Visitors Bureau/Chamber of Commerce und die Hotels in den Städten vermitteln Babysitter.

Längenmaße:	1 *inch (in.)*	=	2,54 cm
	1 *foot (ft.)*	=	30,48 cm
	1 *yard (yd.)*	=	0,9 m
	1 *mile*	=	1,6 km
Flächenmaße:	1 *square foot*	=	930 cm^2
	1 *acre*	=	0,4 Hektar (= 4 047 m^2)
	1 *square mile*	=	259 Hektar (= 2,59 km^2)
Hohlmaße:	1 *pint*	=	0,57 l
	1 *quart*	=	0,95 l
	1 *gallon*	=	3,79 l
Gewichte:	1 *ounce (oz.)*	=	28,35 g
	1 *pound (lb.)*	=	453,6 g
	1 *ton*	=	907 kg

Maße und Gewichte

Vor einigen Jahren schien die Umstellung der USA auf das metrische System schon in Sicht, doch heute ist wieder alles beim Alten: *inch* und *mile, gallon* und *pound*. Man muss sich also wohl oder übel umstellen. Die Anleitung in den Tabellen S. 291, 292 soll dabei helfen.

Notfälle

Bei Notfällen ruft man den *Operator* (»0«) oder die Notrufzentrale (»911«) an und nennt Namen, Adresse oder Standort und Sachlage. Der Operator informiert dann Polizei, Rettungsdienst oder Feuerwehr.

Bei Autopannen lohnt es, im Automobilclub zu sein: Der amerikanische Club AAA hilft auch den Mitgliedern der europäischen Clubs (Mitgliedsausweis mitbringen). In den Nationalparks haben die Ranger die Polizeigewalt; sie sind auch für Notfälle zuständig.

Falls die Papiere (Reisepass etc.) verlorengegangen sind:

Generalkonsulat der Bundesrepublik Deutschland
285 Peachtree Center Ave., N.E. (Marquis Two Tower, Suite 901)
Atlanta, GA 30303-1221
✆ (404) 659-4760, Fax (404) 659-1280
www.germany-info.org/atlanta

Schweizer Generalkonsulat
1275 Peachtree St., N.E., Suite 425
Atlanta, GA 30309-3533
✆ (404) 870-2000, Fax (404) 870-2011
www.eda.admin.ch/atlanta

Österreichisches Konsulat
10 N. Parkway Sq., 4200 Northside Parkway N.W.
Atlanta, GA 30327
✆ (404) 264-9858, Fax (404) 266-3864
Mo–Fr 10–14 Uhr

Öffentliche Verkehrsmittel

Außer der Metro MARTA in Atlanta und der nostalgischen St. Charles Avenue Streetcar in New Orleans beherrscht grundsätzlich der Individualverkehr alle Städte im Süden – abgesehen von den Fähren zu einzelnen *Barrier Islands* an der Atlantikküste und über den Mississippi. Wer also den Mietwagen/Camper stehen lassen möchte, bleibt auf die eigenen Füße oder **Taxis** angewiesen. Etwa 15 % Trinkgeld sind üblich. Mit $ 7–10 (einschließlich Trinkgeld) kommt man in den Innenstädten fast überall hin. Nummern von Taxi-Unternehmen in den Städten entnimmt man den gelben Telefonbuchseiten oder fragt den Hotelportier, wenn die Taxis nicht schon vor der Türe warten.

Post

Postämter gibt es sogar in den winzigsten Orten. Und je kleiner das Nest, umso kürzer sind die Wartezeiten für den, der ein Päckchen aufgeben oder Briefmarken kaufen will. Die Beförderung einer Postkarte in die Heimat dauert oft länger als eine Woche. Man kann sich postlagernde Sendungen nachschicken lassen, z. B. wie folgt adressiert:

(Name, Familienname unterstreichen)
c/o General Delivery
Main Post Office
New Orleans, LA ...
USA

Das Telefonsystem hat mit dem Postwesen in den USA nichts zu tun, daher findet man in den Postämtern auch keine Telefonzellen. Telegramme können bei der **Western Union Telegraph Company** aufgegeben werden (auch telefonisch).

Restaurants/Verpflegung

Die ethnisch-kulinarische Vielfalt von Charleston, Atlanta oder erst recht von New Orleans hat sich bisweilen auch in Europa herumgesprochen. Kreolisch, chinesisch oder thailändisch, *southern* oder italienisch: Die Vorschläge im Reiseführer möchten Ihnen die Wahl der Leckerbissen erleichtern und Experimente ersparen. Aufgrund der Alkoholgesetze, die den Ausschank in den meisten Südstaaten an Sonntagen einschränken, überhaupt verbieten oder nur gegen teure Sonderlizenzen erlauben, haben **viele Restaurants sonntags geschlossen**.

Fürs Picknick oder auch für die Abend-Vesper im Hotelzimmer empfiehlt sich, gleich zu Beginn der Reise einen ausreichend geräumigen (ab 20 l) Cooler bzw. eine (billigere) Styropor-Eiskiste für den Kofferraum zu kaufen. Eis gibt's in Supermärkten, kleinen Märkten und Tankstellen. Picknickfreunde und Selbstversorger sollten überdies wissen, dass man sich in Restaurants grundsätzlich alles, was man einmal bestellt hat, einpacken lassen kann – zum Mitnehmen. Amerikaner haben in dieser Hinsicht keinerlei Hemmungen.

Die unter *Service & Tipps* empfohlenen Restaurants sind nach Preiskategorien für ein Abendessen pro Person (ohne Getränke) gestaffelt:

$ – bis 15 Dollar
$$ – 15 bis 25 Dollar
$$$ – über 25 Dollar

Sprache im amerikanischen Süden

Der Süden unterscheidet sich vom Rest der USA durch seine Sprache und eine gelegentlich schleppende Aussprache. Einige sagen, es liege an der Hitze: »Um schnell zu sprechen, braucht man zu viel Energie. Also ziehen wir alles in die Länge. Oder wir hängen noch Silben dran. Das entspannt. Das ist unser Akzent.« Mark Twain fragte: »Wann verschwand das »r« aus der Sprache der Südstaatler, und wieso verschwand es? Viele Leute ... fügen hier und da ein »y« in Worte ein, die mit dem R-Laut beginnen. Sie sagen z.B. Herr K'yahtah (Carter) und sprechen von »playing k'yahd« (playing cards) ...« Seine Schlussfolgerung: »Die Sprache dieser Leute ist wie Musik.«

Einen besonders melodiösen Klang hat die Sprache der Schwarzen, ganz abgesehen davon, dass noch zahlreiche Wörter afrikanischer Herkunft im Umlauf sind: z.B. *jazz, gumbo, banjo, okra* etc. Erst recht ungewohnt ist die *Low country language*, die »Gullah« genannt wird. (Beispiel: »T'ENGK GAUD FUH CHAA'STUN«, d.h. »Thank God for Charleston«.) Einige der folgenden Wörter und Ausdrücke hört man im Süden häufiger als sonst in den USA – oder in einer Aussprache, die in keinem phonetischen Standardwörterbuch auftaucht:

antebellum – alles (Häuser, Kultur, Ära) vor dem amerikanischen Bürgerkrieg, also vor 1861.
bayou – indianisch für Bach
Cajun – Slang-Ausdruck für die Akadier, die Französisch sprechenden Siedler, die im 18. Jh. aus Nova Scotia (Kanada) nach Louisiana kamen. Außerdem Bezeichnung für eine Kultur und Küche.

Civil War – Richtige Südstaatler finden den Ausdruck beleidigend. Sie nennen den Bürgerkrieg den »Krieg zwischen den Staaten« *(The War Between the States)* oder »den Krieg« *(The War*, gesprochen: woa), manchmal *War of Northern Aggression* bzw. die »jüngste Unpässlichkeit« *(late unpleasantness)*.
Creole – Siedler spanischer und französischer Herkunft, die im Süden von Louisiana geboren wurden, ihre Küche und Architektur.
Dixieland – (Kurzform: Dixie) Alter Name für den amerikanischen Süden, dessen Herkunft ungeklärt ist; 1859 gab es ein Lied mit dem Titel »Dixie«. »Dixie« außerdem: Musikform des Jazz.
krewe – traditioneller Karnevalsverein, der für die Paraden an Mardi Gras verantwortlich ist.
loggia – (besondere Aussprache: *louscha*) überdachte Veranda etc.
Mardi Gras – Karnevalsdienstag – Höhepunkt der Paraden und Bälle der N.O. Session im Januar und Februar.
mosquitaire – Gazevorhang über dem Himmelbett – eng genug, um die Mücken fernzuhalten; weit genug, um möglichst viel Luft durchzulassen.
parish – Verwaltungsbezirk, in den USA sonst *county* genannt.
porch – Veranda
potpourri – (gesprochen: *poperi*) eigentlich *potpourri of smells,* d.h. Duftkissen mit duftenden Blättern, Nelken und anderen Kräutern und Gewürzen, die dem großen Duftverströmungsbedürfnis des Südens entsprechen und demnach aus den meisten feinen Häusern nicht wegzudenken sind.
rebel flag – (offiziell: *Confederate Flag*) Fahne der Südstaaten, die von vielen Amerikanern als zwiespältiges Symbol empfunden wird – einerseits begleitete sie im Bürgerkrieg patriotische Männer und Frauen, die, unterstützt durch ihre Sklaven, für den Erhalt ihres Lebensstils, ihrer ökonomischen Grundlagen und ihres Ehrgefühls kämpften; andererseits wehen bei ihr auch immer noch rassistische Untertöne mit. Der Ku Klux Klan zeigt sie immer.
shotgun house – simples, schmales Wohnhaus im Süden mit hintereinander liegenden Räumen, so dass eine Gewehrkugel durchschlagen könnte, ohne eine Wand zu berühren. Entstehung und Verbreitung seit Ende des 19. Jh.
Southern Belle – Südstaaten-Schöne
Spanish moss – weder spanisch noch Moos, noch parasitär, sondern eine Pflanze aus der Familie der Ananas, die von Luft und Wasser lebt. Es heißt, sie sterbe wegen der zunehmenden Umweltverschmutzung durch Autoabgase aus.
Yankee – ein Nordstaatler, der den Süden besucht; ein *damned Yankee* ist einer aus dem Norden, der sich im Süden niederlässt.

Yankee shot – (scherzhaft) für Bauchnabel
Zydeco – durch den Blues beeinflusste Tanzmusik französisch sprechender kreolischer Schwarzer.

Zu den Besonderheiten der **Südstaaten-Küche** zählen u.a.:

beignet – puderbezuckertes Gebäck, das einem rechteckigen *doughnut* ohne Loch gleicht (verbreitet besonders in New Orleans)
cafe brulot – Kaffee mit Gewürzen, Orangenschale und Likör
Calabash – (oder *Calabash style* oder *calabashish*) nach dem Hafenstädtchen und der Fischlokal-Hochburg Calabash in North Carolina (nördlich von Myrtle Beach) benannte Zubereitungsart von Meeresfrüchten: mächtig fettig frittiert
crawfish – Spielzeug-Hummer und allgegenwärtig in vielen Gerichten, vor allem in Louisiana; ein *crawfish etoufee* kann Hausmannskost de Luxe sein.
etoufee – saftige Soße auf Tomatenbasis, oft in Zusammenhang mit der Verwendung von *crawfish* und Shrimps
Gumbo – dicke Suppe mit Meeresfrüchten, Huhn oder Wurststücken mit vielen Gewürzen und viel Reis
hush puppies – Unerlässliche Beilage zu fast jedem Fischgericht: kleine Brötchen aus Mais- und Getreidemehl, Eiern und Buttermilch, in Fett gebacken. Ursprünglich diente diese Knabbersache beim nächtlichen Lagerfeuer dazu, die Hunde zu beruhigen und vom Bellen abzubringen: *to hush the puppies.*
Jambalaya – Eintopf aus gelbem Reis, Meeresfrüchten, Wurststückchen, Gemüse (Rezept vgl. S. 161).
Milk Punch – ebenfalls nicht ohne: Vanilla (Brandy), Milch, Zucker (Sirup), Bourbon. Warum so viele *eyeopener*? Angeblich, weil im Süden viele so verschlafen sind.
Mint Julep – Pfefferminz-Whiskey, durch »Vom Winde verweht« berühmt gemacht, ein starkes Gesöff, von dem manche Barkeeper behaupten, niemand würde einen zweiten bestellen. Zubereitung: Zuerst werden die Minze-Blätter zerstampft, dann die Eisstücke und schließlich mit Bourbon aufgegossen.
muffuletta – Super-Sandwich mit italienischem Schinken, Käse und Salat
po-boy – ein mit verschiedenen Fleisch- und Käsesorten reichlich belegtes Baguette
Ramos Gin Fiz – harter *southern drink* (*eyeopener* zum Frühstück): Eiweiß, Sahne, Gin
sweet corn bread – süßes Maisbrot (auch *sweet potatoes* sind im Süden sehr beliebt)

Telefonieren

An öffentlichen Telefonen herrscht in den USA kein Mangel: Man findet sie an Tankstellen, in Supermärkten und in freier Wildbahn. Benutzen Sie sie! Besonders bei der Reservierung von Unterkünften und Führungen erspart das Zeit und Enttäuschungen. Hilfreich ist zu allen Zeiten der Operator (»0«), der die Rufnummern vermittelt, Vorwahlnummern *(area codes)* durchgibt und auch die Preiseinheiten für Ferngespräche vorhersagt.

Um eine Nummer herauszufinden, ruft man die *directory assistance,* die man im eigenen Vorwahlbezirk unter der Nummer »411« erreicht; für andere Bezirke wählt man den entsprechenden *area code* (...) und dann die 555-1212. Auskünfte über die gebührenfreien »1-800«-Nummern gibt es unter 1-800-555-1212.

Das Telefonieren aus der **Telefonzelle**, dem *payphone,* erfordert etwas Übung. Ortsgespräche *(local calls)* sind einfach. Man wirft 25 Cent ein und wählt die siebenstellige Nummer.

Wie man **Ferngespräche** *(long distance calls)* führt, wird meist in der Aufschrift am Telefon erläutert. Häufig wählt man die dreistellige Vorwahl und die Nummer, manchmal ist jedoch eine 1 oder andere Zahl als Vorwahl erforderlich. Danach meldet sich der Operator und verlangt die Gesprächsgebühr für die ersten 3 Minuten. Spricht man länger, kommt die Stimme wieder und möchte mehr Geld. Es empfiehlt sich also, 25-Cent-Stücke zu horten, um allzeit telefonbereit zu sein.

In den USA gibt es auch einige Gesprächsarten, die in Europa nicht oder nicht mehr üblich sind – z.B. **R-Gespräche**, die der Angerufene bezahlt. Man wählt dafür 0-Vorwahl-Teilnehmernummer und bittet den Operator um einen *collect call.* Man kann sich auch in der Telefonzelle zurückrufen lassen. Vom **Hotel/Motel** aus kann man entweder über den Hotel-Operator oder direkt innerhalb der USA und auch nach Europa telefonieren.

Angesichts der verwirrenden, aber durchweg hohen Telefontarife in den USA empfiehlt sich gleich zu Beginn der Reise der Kauf einer **Prepaid-Telefonkarte**. Solche Karten gibt es speziell für *international calls* teilweise mit extrem günstigen Tarifen (z.B. 3 Cents pro Minute nach Deutschland). Erhältlich sind diese Karten vor allem in Supermärkten (die *World Card* z.B. bei Filialen von 7 Eleven), Tankstellen oder Telefonshops zu $ 5-, 10-, 50- etc. Beträgen. Minutenpreise und sonstige Konditionen (z.B. *minimum fee*) sowie Reichweite unbedingt vergleichen.

Trinkgeld

Man gibt den Kofferträgern, je nach Hotelklasse ca. 50 Cents bis $ 1 pro großem Gepäckstück, Taxifahrern und Frisören ca. 15–20 % vom Rechnungsbetrag, in den Bars ca. 50 Cents je Drink und dem Zimmermädchen bei längerem Aufenthalt $ 3–4. Restaurants sind ein Kapitel für sich. Hier lässt man rund 15 % des Rechnungsbetrages als *tip* auf dem Tisch liegen. Das ist nicht als hohes Trinkgeld aufzufassen, da es in den USA nicht im Preis enthalten ist und die Bedienung im Wesentlichen davon lebt und nicht vom Gehalt.

Unterkunft

Wie auch sonst in den USA sind im Süden Hotels und Motels in der Regel einwandfrei und zuverlässig. Viele Unterkünfte können von Europa aus reserviert werden. Anzuraten ist das im einen oder anderen Fall während der Hauptreisezeit Juni, Juli, August und dann besonders an Wochenenden und Feiertagen. Gewöhnlich muss man in Myrtle Beach, Charleston, Biloxi (wegen der Casinos) und New Orleans an Wochenenden mit Engpässen rechnen.

Unterwegs sollte man Zimmer über die kostenlosen 1-800-Nummern vorbestellen. Die Kreditkartennummer garantiert die Reservierung; einige Hotels nehmen für Wochenenden bzw. Feiertage telefonische Reservierungen überhaupt nur mit Kartennummer entgegen. Bei Reservierungen ohne Kreditkarte muss man bis **spätestens 18 Uhr** einchecken. Bei der kurzfristigen Zimmersuche sind die örtlichen Visitors Bureaus behilflich.

Tipp: Das Reisebudget kann beim Übernachten in Hotels und Motels durch das Sammeln von so genannten Rabattcouponheften deutlich entlastet werden. Die Hefte gibt es in Klappboxen an Tankstellen, Straßenkreuzungen und im Visitor Center sowie oftmals an der Hotellobby. Auch ist es oft vorteilhaft, sich nicht nur ein Heft zu nehmen, sondern noch nach Alternativen zu suchen, da die Angebote, gerade bei Übernachtungen, stark variieren.

Bed & Breakfast, das angelsächsische Pendant zum Hotel garni, bedeutet Zimmer mit Frühstück. Das steht in den Südstaaten hoch im Kurs. Diese Übernachtungsart entspricht in erster Linie den Bedürfnissen amerikanischer Touristen, die kuschelige Simulationen alter Pracht inklusive opulentem Frühstück stereotypen Motelräumen vorziehen. Für europäische Besucher bieten B&Bs manchmal den Vorteil, dass sie – ähnlich wie beim Camping – Kontakte und gegenseitiges Kennenlernen fördern.

Camping ist in den vorwiegend ländlichen Südstaaten eine angemessene Unterkunftsart. Die im Allgemeinen großzügig angelegten Plätze bieten oft eine herrliche Lage, direkten Anschluss an Wanderwege, Seen und Strände. Die staatlichen Campingplätze liegen meist in den State Parks, haben Feuerstellen, Holzbänke und -tische sowie Waschanlagen. Vorbestellung ist oft nicht möglich, daher sollte man einchecken, sobald man am jeweiligen Ort angekommen ist.

Die privaten Plätze sind meist vorzüglich ausgestattet – mit sauberen Duschen, Grillplätzen und oft mit kleinem Laden. Wildcampen für mehrere Tage wird nicht gern gesehen, doch kann man durchaus über Nacht sein *motorhome* auf einem Parkplatz oder – nach Rücksprache am *front desk* – im Ausnahmefall auch auf Hotel- und Motelparkplätzen abstellen.

Zeitzone

Die hier dargestellten Südstaaten umfassen zwei Zeitzonen, die *Eastern Time Zone* (Georgia, Florida, South Carolina; MEZ minus 6 Stunden) und die *Central Time Zone* (Alabama, Louisiana, Mississippi, Tennessee; MEZ minus 7 Stunden). Von Ende April bis November herrscht Sommerzeit (*daylight saving time*, DST), die Uhr wird wie in Europa um eine Stunde vorgestellt.

Zoll

Zollfrei in die USA mitbringen darf man außer der persönlichen Reiseausrüstung (Kleidung, Kamera etc.): 200 Zigaretten oder 100 Zigarren (aber bitte keine aus Kuba) oder 1 500 g Tabak; 1 Liter Alkohol; Geschenke im Wert von bis zu $ 100. **Tierische und pflanzliche Frischprodukte (Obst, Wurst, Gemüse) dürfen nicht eingeführt werden**. Die Zollbeamten sind da unerbittlich – Wurststulle und Orange werden konfisziert. Dagegen sind Gebäck, Käse und Süßigkeiten (keine Schnapspralinen!) erlaubt.

Den eigenen Wagen darf man (bis zu einem Jahr) mitbringen, was sich aber nur ab einer Aufenthaltsdauer von mindestens 2 Monaten lohnt. Bleibt man länger als 12 Monate, muss das Fahrzeug nach den amerikanischen Sicherheitsbestimmungen umgerüstet werden. Wenn man seinen Wagen nach einer Reise in den USA verkaufen möchte, heißt es ebenfalls umrüsten und zusätzlich Zoll bezahlen.

Spezielle Auskünfte erteilen auch die US-Konsulate.

Orts- und Sachregister

Die *kursiv* gesetzten Begriffe und Seitenzahlen beziehen sich auf den Serviceteil, **fette** Ziffern verweisen auf ausführlichere Erwähnungen.

Orts- und Sachregister

Orts- und Sachregister

Namenregister

Namenregister

Zeichenerklärung

In diesem Buch werden die nachfolgenden Symbole verwendet:

- Information
- Sehenswürdigkeit
- Museum, Kunstgalerie
- Nationalpark, Naturpark
- Tierpark
- Aquarium, Seaquarium
- Vogelschutzgebiet, -beobachtung
- Botanischer Garten, Park
- Theater, Festival
- Live-Musik, Konzert
- Jazz, Blues
- Spielcasino
- Sport und Erholung, Wandern
- Für Familien geeignet
- Hits für Kids
- Restaurant, Picknick
- Café, Bistro
- Bar, Nachtclub
- Einkaufen, Shopping-Center
- Öffentliche Verkehrsmittel
- Bootsfahrt, Bootsausflug
- Schiffsverbindung, -fahrt
- Badestrand
- Swimmingpool
- Hotel, Motel, B&B
- Campingplatz

Restaurants: Die Preiskategorien für ein Abendessen pro Person werden wie folgt angegeben (ohne Vor- und Nachspeise, Getränke, Steuer, Trinkgeld):

$	- bis 15 Dollar
$$	- 15 bis 25 Dollar
$$$	- über 25 Dollar

Verwendete Abkürzungen:

Ave.	- Avenue
B & B	- Bed & Breakfast
Blvd.	- Boulevard
Dr.	- Drive
Fwy.	- Freeway
Hwy.	- Highway
Pkwy.	- Parkway
Rd.	- Road
Rt.	- Route
Sq.	- Square
St.	- Street
N.	- North
E.	- East
S.	- South
W.	- West
N.E.	- Northeast
N.W.	- Northwest
S.E.	- Southeast
S.W.	- Southwest

Impressum

Fotonachweis:
Bernd Arnold/laif, Köln: S. 15, 18 o., 52 o., 292
Asheville Convention & Visitors Bureau/Jim Valentine, North Carolina: S. 35, 36
Klaus Bossemeier/Bilderberg, Hamburg: S. 30 u., 264, 289 (Umschlagrückseite)
Cherokee Tourism Promotion Office, Cherokee, North Carolina: S. 39
Dexter Avenue King Memorial Baptist Church, Montgomery, Alabama: S. 181
Fotoarchiv München: S. 107 o.
Fridmar Damm, Köln: S. 97 o., 114 u.
Fox Theatre, Atlanta: S. 28
Franz Marc Frei, München: S. 25 u., 260
The Gastonian Inn, Savannah: S. 84
Georgia Department of Industry, Trade & Tourism, Atlanta: S. 22 m., 31
Peter Ginter, Köln: S. 4 l., 16/17 (Umschlagrückseite), 26 o., 30 o., 40, 74, 85 o., 86, 87, 94/95, 100, 102, 105, 107 u., 116, 117, 118, 120 o., 123, 124/125, 129, 136, 141, 145, 146, 147, 148, 150 o., 158, 167, 168, 172, 178, 179, 190, 198 o., 202, 210, 211, 213, 214, 215, 217 o., 222, 223, 224, 228, 230, 239, 247 o., u., 256, 259
Golden Isles Convention & Visitors Bureau, Brunswick, Georgia: S. 65
Christian Heeb, Bend, Oregon: S. 18 u., 32/33, 62/63, 79, 88, 97 u., 101, 139, 151, 166, 226, 246
High Museum of Art, Atlanta: S. 27
Jekyll Island Club Hotel, Georgia: S. 73 o., 235
Karl Johaentges/LOOK, München: S. 195, 197, 204
Litchfield Plantation, South Carolina: S. 4/5, 285
Melon Bluff/Palmyra Plantation, Georgia: S. 272
Middleton Place, South Carolina: S. 108
Mississippi Development Authority, Jackson, Mississippi: S. 186, 199, 200, 241, 250
Myrtle Beach Convention & Visitors Bureau, South Carolina: S. 119
Adam Roy, Columbia, South Carolina: S. 111
Horst Schmidt-Brümmer, Köln: S. 5 r., 20, 23, 26 u., 37 u., 38 u., 41 o., 42, 43, 44, 45, 49, 50, 51, 52, 53, 54, 55, 56, 57, 58, 59, 60, 66, 67, 69, 70, 83, 85 u., 90, 91, 92, 93, 99, 103, 106, 109 o., 110 o., 113, 114 o., 120 m., 121, 126, 127, 130 u., 133 o., 140, 142, 144, 150 u., 153, 157, 162, 164, 169, 173, 175, 177, 184, 188, 189, 193, 196, 198 u., 204/205, 212, 216, 217 u., 219, 232, 233, 244, 253, 254, 274, 279, 281, 283, 294
Andreas Schulz, Köln: S. 143
Selma-Dallas County Chamber of Commerce, Alabama: S. 182/183
Carl A. Smith, Clayton, Georgia: S. 14 u., 21, 24, 29, 41 u., 47, 68, 73 u., 77, 78, 80, 122, 225
Carina Sieler, Köln: S. 237
Thomas Wolfe House, Asheville, North Carolina: S. 33 o.
Vicksburg Convention & Visitors Bureau, Mississippi: S. 203
Visit Florida, Frankfurt: S. 110 u., 128, 131 o., 134, 135, 240, 243

Alle übrigen Abbildungen stammen aus dem Archiv des Autors.

Titelbild: Straßenmusiker in New Orleans. Foto: Christian Heeb und Horst Schmidt-Brümmer
Haupttitel (S.2/3): Anhinga in Wakulla Springs, Florida. Foto: Peter Ginter
Vordere Umschlagklappe (innen): Übersichtskarte der Südstaaten mit den eingezeichneten Reiseregionen
Hintere Umschlagklappe (innen): Übersichtskarte mit der eingezeichneten Rundreise

Reihenkonzeption: Horst Schmidt-Brümmer, Andreas Schulz
Redaktion: Kristina Linke
Lektorat: Christina Richter/Textagentur Da Rin
Layout und Herstellung: Sandra Penno-Vesper, Andreas Schulz
Kartographie: Borch GmbH, Fürstenfeldbruck
Gedruckt auf chlorfrei gebleichtem Papier

Printed in Spain
ISBN 3-88973-232-1

Judith Keller
Wilde Manöver